JN438880

최신판 과학기술과 법

-사례와 이론 중심-

오승한 저

머리말

2020년 개정판을 출간한지 불과 5년여의 시간이 흘렀지만, 그 동안 변경된 주요 판례와 개정법의 내용을 반영하기 위해 2025년 9월 개정판을 출간하게 되었다. 지난 5년 동안 '과학기술과 법'에 수록된 주요 사례들이 사회 문제화되는 과정에서 국회의 입법과 헌법불합치 등 판결을 통해 그 내용이 수정되어 이 책 내용의 상당부분에 대한 개정이 불가피하였다. 상속과 관련된 민법 규정들을 중심으로 일부 수정이 되었고, 그 외 이 책의 초판에서 수록되었던 과거 사례들이 현실과 맞지 않는 부분들도 있어서 삭제하고 대체하였다.

2025년을 맞이하는 우리 사회는 벌써 5년 전과 너무나 다른 생경한 경제적 · 가치관적 혼란을 맞이하고 있다. 과거 우리 사회를 앞도 하던 4차 산업혁명의 물결은 이미 벌써 진부한 표현이 되었고, 미국에서 시작된 관세 무역장벽은 너무나 당연하게 여기던 WTO 체제의 국제무역질서를 흐트러트리고 국가간 계약인 FTA 마저 형해화 하고 있다. 따라서 앞으로 글로벌 산업질서 및 이와 관련된 한국의 과학산업과 관련된 법 질서가 어떤 방향으로 개편될지 예상하기 어려운 현실에 처해 있다.

인간의 가치관과 법제도는 사회구성원의 가치관과 사상을 내포할 수밖에 없고, 필경 현재의 상황은 현행 법 제도의 변화로 이어질 것이다. 향후 이와 같은 법 개정 및 사회상황의 변화를 반영하기 위해 이 책의 개정 작업이 또 필요할 것임은 당연한 현실이지만, 그 개정내용이 우리 사회의 보다 발전된 모습을 반영하기 위한 것이기를 간절히 기도한다.

끝으로 본서의 개정 작업을 위해 도움을 주신 기한재 김형근 사장님께 감사드립니다.

2025년 8월
아주대학교 법학전문대학원 연구실에서
오승한

chapter 3 민법의 가치관과 첨단 과학 기술

chapter 4 **지식재산권법**

법의 가치관

chapter 1

Ⅰ. 법학의 대상으로서 법의 의의

Ⅱ. 법의 이념과 정의

Ⅰ. 법학의 대상으로서 법의 의의

법학은 법을 연구하는 학문으로 일상생활에서 일반인이 부딪치는 모든 무형·유형의 법이 그 연구대상이다. 그러나 일반인이 준수하고 따라야 할 법은 그 보다는 좁은 범위로 한정되는데 특히, 도덕적인 관념과 일반적인 관습, 특정집단의 규율 등과 비교할 때 법은 반드시 준수하여야 할 강제 규범으로서 구별되어야 한다.

1. 법의 의의와 특징

사례❶

대학생 A는 졸업 후 본인의 희망대로 유명한 미국 K 대학 패션 디자인 전공 박사과정 진학을 위해 필요한 유학자금을 마련하기 위해 대학 시절 내내 편의점에서 컵라면과 김밥으로 끼니를 때우면서 아르바이트를 하였고, 졸업에 임박하여 겨우 1억원의 적금을 모을 수 있었다. 그런데 A의 아버지 B는 A가 10세 되던 해, 외도로 집을 나간 후 어머니 C와 이혼을 하고 A에게 양육비 등 일체의 부양의무를 부담한 적이 없다.

A의 졸업식에 갑자기 연락을 취하며 집으로 찾아온 B에 대한 최소한 도리를 위해 저녁을 준비하던 중 잠시 자리를 비우고 시장을 다녀온 A는, B가 자신이 모아온 유학자금이 들어 있는 적금통장과 도장을 모두 훔쳐서 달아난 사실을 알게 되었다.

B는 통장 표지에 써져 있던 비밀번호를 사용하여 A의 적금 전액을 인출하여 도박자금과 유흥비로 모두 탕진하였다. 이에 A는 친부 B를 절도죄로 형사고발 하였으나, 친아버지의 처벌을 요구하는 것은 한국인의 정서상 타당하지 않다는 이유로 경찰은 B에 대한 수사를 포기하고 A의 고소를 거부하였다. 경찰의 판단은 타당한가?

사례❷

2004년 10월 11일 프랑스 리용 제3 대학의 교수인 브뤼노 골니쉬는 프랑스 극우당 '국민전선(FN)'의 제2인자로서 기자회견을 하던 중에 그의 극우적 정치태도와 관련해 '나치 집단수용소에 대한 그의 입장'에 대하여 질문을 받았다. 골니쉬는 기자회견장에서 "나찌의 유태인 수용소에 가스실이 있었는지는 논의를 해봐야 한다." 또한 "강제수용소에서 죽은 희생자 수가 정확히 얼마인지는 역사가의 연구에 다시 맡겨야 할 일이다."라고 답하였다.

2차 대전 중 독일의 지배를 받아 나찌즘을 인류 최대의 범죄로 간주하는 유럽 국가로서, 인종, 국가, 종교 등의 일방적 편견에 의한 증오범죄를 처벌하는 프랑스는 법무장관이 직접 골니쉬에 대한 법적 처벌과 현 교수직의 직무정지를 법원에 청원하였고 법원은 한화 200만 원 상당의 벌금과 함께 공무원인 교수직을 1년 동안 직무정지 하도록 결정하였다. 또한 추가적으로 골니쉬를 '반인도범죄'에 대한 방조 혐의로 정식 기소하였다. 반면 학교측은 법원의 결정과 별도로 5년간 교수직의 정직을 결정하고 골니쉬의 강단접근을 막았다.

반면, 2005년 4월호 일본 간행지인 월간 <正論>(정론)에서 한상조 '고려대 명예교수 및 자유시민연대 공동대표'는 "공산주의 · 좌파사상에 기인한 친일파단죄의 어리석음: 한일병합을 재평가하자"는 글을 기고했다.[1] 한상조 교수는 이 글에서 "당시의 국제정세와 열강과의 관계를 잘 이해하면 한국이 당시 러시아에 점거 · 병합되지 않은 것이 오히려 다행이었던 것을 알 수 있다…, 일본의 한국에 대한 식민지지배는 오히려 매우 다행스런 일이며, 원망하기보다는 오히려 축복해야 하며 일본인에게 감사해야 할 것"이라고 일본의 식민지 지배를 정당화하는 주장을 제기하였다. 더 나아가 "친일행위자를 반민족행위자로 보는 좌파의 논리는 일방적인 역사인식"에 불과하다고 주장하여 친일행위자를 옹호하였다.

한국 정부는 한 교수의 발언에 대하여, 국가보안법상의 이적단체에 대한 찬양 · 고무죄 처벌 규정 등은 현행 우방인 일본에 대해서는 적용할 수 없기 때문에 이는 단순한 개인의 표현의 자유에 대한 문제로 어떠한 법적처벌 대상도 될 수 없다고 밝혔다.

프랑스와 한국의 동일 유사행위에 대한 법적 처벌이 다른 이유는 무엇인가?

(1) 법의 의의

법의 의의에 대해서는 저명한 철학자와 법학자들의 다양한 의견과 명언들이 있지만 일반인들에게 가장 쉽게 설명할 수 있는 방법은 "사회적 약속에 대한 강제력의 부과"라고 설명할 수 있다.[2] 먼저 법은 일종의 사회적 약속을 반영한다. 물론 법학적으로 행

1 오마이뉴스 2005-03-04 기사.

2 독일의 라드브루흐(G. Radbruch)는 법에 대하여 "법 이념에 봉사하는 의미를 가진 현실"이라는 용어를 사용하였다(Gustav Radbruch(최종고 번역), 『법철학』(삼영사, 2007), 63면).

정편의적 규제를 위한 각종의 행정규범이 모두 사회적 약속을 반영한 것이라고 할 수는 없지만, 적어도 일반인들의 행동에 기준을 제공하는 기본법적 형법을 비롯한 각종 행정 질서법과 사인 간에 기본적 법률관계를 규정하는 민법 등은 그 사회 구성원의 약속을 반영하고 있다.

1) 그 사회 구성원들의 약속을 반영한 법

법이 그 사회 구성원간의 일반적인 약속에 근거를 두고 있다고 할 때 사회 구성원의 관념이 다른 국가들은 각각 서로 다른 법을 가지고 있다. 또한 동일 국가라고 하더라도 시대의 변화에 따라 사회 구성원간의 약속도 변화할 수밖에 없기 때문에 시대에 따라 법의 내용은 달라지게 된다.

사례 1은 한 국가의 사회적 약속(인식)을 반영한 법이 해당 국가를 구성하는 사회 구성원의 인식에 따라 독특한 특성을 보이는 사례를 보여주는데, 이러한 특수성도 당해 국가 안에서 시간의 흐름에 따라 사회구성원의 인식이 변화하면 함께 변경되고, 결국 이를 기반으로 한 법률이 변경되는 현상을 보여주고 있다. 우선, 한국의 경우 과거 유교사상 및 농업사회의 영향으로 친족간의 관계유지 등을 법률에 따른 분쟁해결보다 더 우선시하는 사회적 약속이 존재해 왔고, 실제 이것이 법률로 제정되어 존재해 왔다. 대표적인 것이 사례에서 문제된 형법상 '친족상도례(형법 제328조 등)' 규정인데, "친족간의 재산범죄로서 절도 · 횡령 · 배임 및 사기 · 공갈죄 등에 대해서는 직계혈족, 배우자, 동거친족, 동거가족 또는 그 배우자 간에는 그 형을 면제하고, 그 외의 친족간 범죄에 대해서는 고소를 하여야 공소를 제기할 수 있는 친고죄"로 규정한 것을 의미한다.[3] 그런데 최근 친족간의 유대가 약해지고, 오히려 법적절차를 더 중요하게 생각하는 구성원들의 의식이 다수가 됨에 따라, 이와 같은 친족상도례 등은 과도하게 개인의 기본권을 억압하는 규정이라는 사회적 인식이 대두되었고,[4] 결국, 헌법재판소는 이러한 사회적 약속의 변화를 반영하여, 2024년 6월 27일 해당 규정에 대해 헌법불합치를

3 제328조(친족간의 범행과 고소) ①직계혈족, 배우자, 동거친족, 동거가족 또는 그 배우자간의 제323조(권리행사 방해)의 죄는 그 형을 면제한다. ② 제1항 이외의 친족간에 제323조(권리행사 방해)의 죄를 범한 때에는 고소가 있어야 공소를 제기할 수 있다. <개정 1995. 12. 29.> ③ 전 2항의 신분관계가 없는 공범에 대하여는 전 이항을 적용하지 아니한다. 제344조(친족간의 범행) 제328조의 규정은 제329조 내지 제332조(절도 특수절도 등)의 죄 또는 미수범에 준용한다. 제361조(친족간의 범행, 동력) 제328조와 제346조의 규정은 본장의 죄(횡령 · 배임)에 준용한다. 제354조(친족간의 범행, 동력) 제328조와 제346조의 규정은 본장의 죄(사기 · 공갈)에 준용한다.

4 방송인 박수홍씨의 친형이 저지른 배임 · 횡령 관련 사건 등이 그 배경이 되었다. "형 측근 "박수홍 명의 아파트 3채-상가 8채 50% 지분"[인터뷰①]", https://m.entertain.naver.com/article/108/0002944384

판결하였다.[5] 이와 유사하게 2008년까지 우리 헌법재판소는 형법의 '간통죄' 규정을 전통적인 가족윤리관과 건전한 사회질서를 보호하기 위한 법률로서 타당하다고 판단하여 그 적법성을 인정해 왔으나, 2015년 2월에는 "형법 제241조의 간통죄는 전통적인 가치질서를 보호하는 역할 보다 개인의 성적 자기결정권을 침해하는 효과가 더 커서 위헌 · 무효임"을 결정하였다.[6]

이와 같이 사회구성원들의 약속은 시대의 변화에 따라 바뀔 수 있고, 결국 사회적 약속에 대한 강제력을 의미하는 '법' 또한 변경될 수밖에 없다. 참고로, 헌법재판소가 위헌 결정을 내리면 원칙적으로 형법 법률은 소급하여 무효가 되지만, 이미 법률 또는 법률의 조항에 대하여 종전에 합헌으로 결정한 사건이 있는 경우에는 그 결정이 있는 날의 다음 날로 소급하여 효력을 상실한다.[7] 따라서 과거 합헌으로 판단한 2008년 10월 30일 이후 간통죄로 처벌받은 자들은 재심을 청구하여 무죄 판결을 받을 수 있다.

사례 2에서 동일 유사한 행위에 대한 한국과 프랑스의 법적 처벌이 다른 이유는 사안에 적용되는 법이 사회구성원들이 가지는 집단의식에 근거한 사회적 약속에 의하여 형성되고 각 사회집단의 약속이 나라마다 각각 다르기 때문이다. 즉, 프랑스가 2차대전을 거치면서 반유태인사상, 파시즘, 나찌즘 등의 대책으로 증오범죄 및 반인도범죄를 옹호하는 행위 자체를 처벌하는 강력한 법을 규정한 반면, 한국의 경우 과거 군사정권하에서 국민의 기본권을 억압하던 다수의 악법에 대한 기억 때문에 유사한 표현의 자유를 제한하는 법률의 제정에 대단히 소극적 태도를 취하고 있다. 또한 프랑스를 비롯한 유럽 다수의 국가가 극좌파와 극우파 모두를 처벌하는 법률을 제정한 반면, 한국의 경우 6.25 전쟁 이후의 반공주의 및 군사정권의 반공 이데올로기 조성 때문에 극우적 시각에 대해서는 관대한 국민정서를 가지고 있기 때문이다.

그 외, 미국에서는 이미 오래 전부터 다수의 판례가 설사 자신의 소유가 아니라 하더라도 집주인은 집 주위 통행로 인근에 쌓인 눈을 제거할 책임을 인정해왔고 상당수의 주법은 이를 직접 주민의 의무로 규정하여 법률로 강제한다. 그러나 우리나라의 경

5 헌법재판소 2024. 6. 27. 헌법불합치 선고, 2020헌마468, 2020헌바341, 2021헌바420 ,2024헌마146(병합)("…형법(2005. 3. 31. 법률 제7427호로 개정된 것)…, 제328조 제1항은 헌법에 합치되지 아니한다. 법원 기타 국가기관 및 지방자치단체는 2025. 12. 31을 시한으로 입법자가 개정할 때까지 위 법률조항의 적용을 중지하여야 한다.").

6 헌재 2015. 2. 26. 선고, 2009헌바17 등.

7 헌법재판소법 제47조
② 위헌으로 결정된 법률 또는 법률의 조항은 그 결정이 있는 날부터 효력을 상실한다.
③ 제2항에도 불구하고 형벌에 관한 법률 또는 법률의 조항은 소급하여 그 효력을 상실한다. 다만, 해당 법률 또는 법률의 조항에 대하여 종전에 합헌으로 결정한 사건이 있는 경우에는 그 결정이 있는 날의 다음 날로 소급하여 효력을 상실한다.

우에는 과거 집 앞에 쌓인 눈을 치울 의무를 집주인에게 직접 부여하는 강행법률이 존재하지 않았고, 결과적으로 손해배상 의무를 인정하기도 어려웠다. 한국에서는 2005년 자연재해대책법이 시행된 이후에야 비로소 각 지방자치 단체의 조례에 따라 건축물의 소유자를 비롯한 관리자 등은 건축물 주변의 제설·제빙 책임을 부담하게 되었다.[8]

2) 법의 강제력

법은 또한 강제력을 수반한다는 점에서 단순한 사회적 약속인 도덕규범, 일반적인 상식, 종교적 의무와 구분이 된다.[9] 물론 법 중에서는 강제성을 띄지 않는 임의법규들도 상당수가 존재한다. 특히 개인 간의 법률관계에 대한 일반적인 기준을 정하고 있는 민법의 상당수 규정들은 당사자가 합의에 의해 그 법률규정 이외의 다른 사항을 정할 수 있는 임의법규이다. 그러나 일반인들에게 중요한 법률로서 형법을 비롯해 다양한 행정법규 등은 강행법규로서 강제력을 수반한다. 여기서 강제력이라 함은 그것을 지키지 않았을 때 반드시 책임이 따른다는 것을 의미한다. 이러한 점에서 법은 직접적인 국가의 강제력이 수반되지 않는 단순한 사회적 약속, 일반적인 상식, 종교적 의무 등과 차이가 있다. 특히 종교국가가 아닌 한국에서는 법규범이 아닌 특정 종교적 집단의 각종 규범이 그 집단 밖에서 국가적 강제력을 수반할 수는 없다.

그러나 일반적으로 법은 강제력을 수반한다는 명제에도 불구하고, 많은 예외가 존재한다. 다음에서 몇 가지 예를 살펴본다.

8 자연재해대책법 제27조(건축물관리자의 제설책임) ① 건축물의 소유자·점유자 또는 관리자로서 그 건축물의 관리책임이 있는 자(이하 "건축물관리자"라 한다)는 관리하고 있는 건축물 주변의 보도·이면도로 및 보행자 전용도로, 시설물의 지붕(대통령령으로 정하는 시설물의 지붕으로 한정한다)에 대한 제설·제빙작업을 하여야 한다.
② 건축물관리자의 구체적 제설·제빙 책임범위 등 필요한 사항은 해당 지방자치단체의 조례로 정한다. ; 이 법률의 위임에 따라 울산시를 비롯한 일부 지자체에서는 겨울철 폭설 등의 자연재해를 예방하기 위한 "건축물관리자의 제설 및 제빙책임범위" 등과 같은 조례를 제정 시행하기 시작하였다.

9 Gustav Radbruch, 앞의 책, 117면 ; 최종고, 『법철학』(박영사, 2007), 134면.

(2) 법의 강제력과 그 현실

1) 법적 강제력과 집행 가능성-국제법

사 례

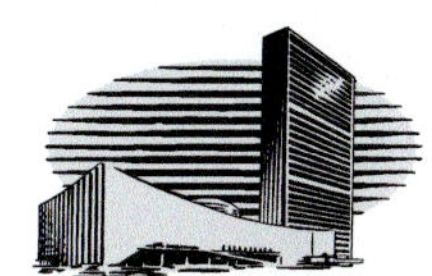

1929년 체결된 "전쟁 포로의 대우에 대한 제네바 협약"은 1949년 개정된 이래 전 세계 189개국이 비준하여 시행되는 국제법규로서 제3조는 무기를 버린 전투원, 혹은 부상을 입어 전투력을 상실한 자들에게 인도적 대우를 규정하고 있고, 특히 제13조는 억류 하에 포로를 사망하게 하거나 그 건강에 중대한 위해를 가하는 억류국의 여하한 작위 또는 부작위를 금지하고 있다. 또한 제17조는 종류의 여하를 불문하고 정보를 입수하기 위한 목적으로 포로에 대한 어떠한 형태의 육체적, 정신적 고문을 금지하고 답변을 거부하는 포로에 대한 협박이나 모욕, 또는 모든 형태의 불쾌하거나 불리한 대우를 하지 못한다고 규정하고 있다.

최근 테러와의 전쟁을 시작한 미국은 테러리스트의 정보를 얻기 위해 체포한 탈레반 정부군을 상대로 CIA가 직접 고문을 행한 사실이 밝혀졌다. 그러나 실제로 고문을 가한 CIA 정보원은 어떠한 처벌도 받지 않았다.

제네바 협약은 실제 법규범이라고 할 수 있을까?

국제조약 등은 강제력을 발휘하기가 쉽지 않지만 여전히 법규의 일종인가?

법의 특징은 사회 구성원인 공동체의 단순한 약속차원을 넘어서, 그 약속에 강제력이 수반되는 것을 의미한다. 그러나 현실적으로 모든 법이 충분한 강제력을 발휘하고 있다고 할 수는 없다. 그 중의 한 예는 실제 법을 집행할 주체가 모호하여 강제력이 약한 국제법을 들 수 있다. 사례에서 예를 든 "전쟁 포로의 대우에 대한 제네바 협약"이나 "집단살해죄의 방지와 처벌에 관한 협약(Genocide 조약)" 등은 국제사회에서 당연히 지켜야 할 국제적 법규로 승인된 것으로 간주될 수 있다. 그러나 이와 같이 '일반적으로 승인된 국제법규'도 실제로는 각국의 정치력에 좌우되어 충분한 강제력을 발휘하지 못하는 경우가 존재한다.

참고로 우리 헌법 제6조 ①항은 "헌법에 의하여 체결·공포된 조약과 일반적으로 승인된 국제법규는 국내법과 같은 효력을 가진다."고 규정하고 있다. 우리 헌법조항에 따라 우선 국제관습법과 같이 국제사회가 '일반적으로 승인한 국제법규'는 국회비준과 같은 별다른 조치가 없이도 국내법으로서 효력이 인정된다. 그 외의 일반적인 국제조약은 헌법이 규정한 절차에 따라 체결 공포되어야만 국내법으로서 대한민국 국민이 준수할 의무를 가지게 된다. 여기서 헌법이 정한 절차란 국회의 비준 동의 등을 의미한다.[10]

2) 법의 규범력-국내법

사례

20세의 미혼모 A는 아이를 임신한 사실을 알고 남자친구에게 도움을 요청하였으나 거절당하였다. A는 도저히 대학 1학년생인 자신의 신분상 아이를 양육할 수 없음을 알고 체념하여, 낙태를 결심하였다.

A의 눈물 어린 호소를 들은 산부인과 의사 B는 낙태시술을 하였다. 그러나 A의 남자친구 C는 이후에 이 소식을 듣고 산부인과 의사 B를 낙태죄로 고소하였다.

B는 현실적으로 대부분의 산부인과에서 낙태는 공공연하게 시행되는 것으로서 낙태죄는 효력 있는 법규가 아님으로 구속력이 없고, 낙태는 이미 사회적으로 위법성이 없는 행위라고 주장한다.

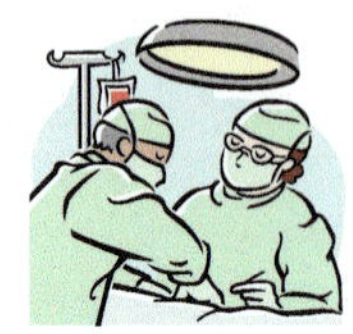

B의 주장은 타당한가?

현실적으로 단속 실적이 거의 없는 형법상 낙태죄 규정도 국민이 지켜야 할 강제력을 가진 법규인가?

국제법과 달리 국내법은 명확히 그 집행 주체로서 각국의 정부가 있으나 당해 법규의 집행이 이루어지지 않는 경우가 있다. 예를 들어 성매매 행위를 금지하기 위해 2005년 제정된 "성매매알선 등 행위의 처벌에 관한 법률" 이전에 존재하던 윤락행위방지법상의 성매매행위 단속규정, 과거 형법 제269조 낙태죄 등은 법이 존재하지만 실질적인 법집행이 잘 이루어지지 않는 경우이다.

이와 같이 집행이 잘 이루어지지 않는 법규는 그 규범성이 약화되어 결국 법의 강제성 혹은 효력이 의심받게 된다. 이러한 법의 규범성의 약화와 관련해 법철학자들은 법효력의 근거를 사회적인 동의 혹은 승인 등에서 찾으며 그 실효성의 문제를 다양한 방식에서 접근해 왔다.[11]

그러나 다양한 법이론의 문제를 떠나서 현행 법률은 그 규범력이 약화된다고 하여도 국회가 이를 공식적으로 폐지하거나, 헌법재판소의 판결에 의하여 무효가 되기 전에는 엄연히 법규로서 강제력을 가진다. 물론 이때 국민이 명목상의 실정법을 지켜야 하는지 아니면 일반적 정의관념(자연법)을 따르면 족한 것인지 논란이 있을 수는 있다.

10 헌법 제6조 ①항: 국회는 상호원조 또는 안전보장에 관한 조약, 중요한 국제조직에 관한 조약, 우호통상항해조약, 주권의 제약에 관한 조약, 강화조약, 국가나 국민에게 중대한 재정적 부담을 지우는 조약 또는 입법사항에 관한 조약의 체결·비준에 대한 동의권을 가진다.

11 Gustav Radbruch, 앞의 책, 117~127면.

사례의 낙태죄 조항과 관련하여, 낙태 수술을 67차례 해준 혐의로 1심에서 징역 1년에 집행유예 2년을 선고받은 산부인과 의사가 2017년 "임산부의 자기결정권을 침해해 위헌"이라며 헌법소원을 제기하였고, 헌법재판소는 2019년 4월에 "형법 제269조와 제270조의 낙태죄 규정은 2020년 12월31일 개정될 때까지 계속 적용된다"는 조건을 달아 헌법불합치 결정을 내렸다.[12]

'헌법불합치'는 법 개정시까지는 여전히 효력을 유지한다는 의미로써, 2020년 12월 31일까지 국회가 대체입법을 하지 않았을 경우에 법의 효력을 상실한다. 실제, 2020년 6월 임신 34주 태아가 불법 낙태 시술을 받은 뒤 숨진 사건에서 검찰은 낙태 시술 후에도 살아있는 아기를 숨지게 한 혐의로 의사를 기소하였고, 해당 의사는 태아가 살아있는 줄 몰랐고 낙태죄도 헌법불합치 결정이 내려져 무죄라고 주장했지만 1심 법원은 낙태죄의 성립을 인정하였다.[13]

2. 법과 사회규범의 구별

사례 ❶

1 A는 별장을 지을 목적으로 임야를 구매하였다. 그러나 임야 일부에 전 주인이 별도로 임대하지 않은 묘지가 있는 것을 발견한 A는 소유자로서 정당한 권리를 행사하기 위해 묘지를 없애 버렸다. 일반적으로 선산은 산 주인의 구두 허락을 받고 묘지를 쓰는 것이 일반화된 관습이었다.

A의 행위는 정당한가?

2 A는 16살에 결혼을 한 직후 남편이 사망하여 청상과부가 되었다. A를 안타깝게 생각하고 평소부터 연모해온 건너 마을의 노총각 C는 A를 몰래 보자기에 싸 집안 어른들의 눈을 피하여 빼오기 위해 친구들과 공모하였다. 당시 양반가문에서 청상과부의 재가는 공식적으로 금지되어 있어서, 재혼을 하기 위해 보쌈을 하는 것은 암묵적인 관습이었다.

현행법 하에서 자기가 짝사랑하는 부녀자를 납치한 C의 행위는 허용되는 것인가?

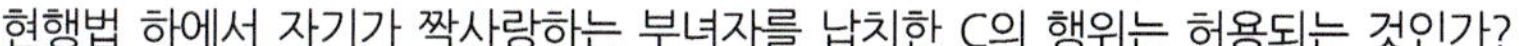

관습이라는 유사한 성질을 가진 두 개의 규율 중에서 강제성을 가지는 것은 무엇이고 그 근거는 무엇인가? 또한 그로부터 추론할 수 있는 법과 일반 사회규범의 차이점은 무엇인가?

12 헌법재판소 2019. 4. 11자 2017헌바127 결정【헌법불합치】

13 SBS 뉴스, ""오래 못 살 것" 낙태 도중 살아난 아기 숨지게 한 의사", *Available at,* https://news.sbs.co.kr/news/endPage.do?news_id=N1005831047&plink=ORI&cooper=NAVER.

(1) 법과 사회적 관습

법은 사회적 관습과 행동의 근거기준이라는 점에서 유사한 점이 있으나 원칙적으로 '강제력'을 가진다는 점에서 당연히 구분된다. 다만, 법은 사회규범인 관습과 엄격히 분리되어 전혀 다른 분류로서 존재하는 것이 아니라 때로는 사회규범인 관습을 수용하여 강제성을 인정하거나, 법률을 보충하는 의미로 사용하기도 한다.

사례 1은 기존의 사회적 관습을 법이 정당한 것으로 승인하였던 것으로 분묘기지권의 예를 설명한다. 즉, 우리 판례는 1) 자신의 소유 토지에 분묘를 설치한 이후에 분묘에 관한 특별한 약정 없이 이 토지를 매도하였거나, 2) 분묘 설치할 때 토지 소유자인 타인의 승인을 얻어서 분묘를 설치한 후에 이 토지가 또 다른 제3자에게 양도된 경우에는 분묘의 주인은 관습적으로 현재 토지소유자의 의사와 관계없이 분묘를 관리하고 제사를 지내는 데 필요한 범위 안에서 주변 토지를 사용할 수 있는 권리를 가지는 것으로 인정하였다. 이것은 관습이 사회적 승인을 받음으로써 법률적 효력을 인정받았던 하나의 예가 된다.

또한 우리 민법 제1조는 판결의 근거가 되는 법원에 대해 "민사에 관하여 법률에 규정이 없으면 관습법에 의하고 관습법이 없으면 조리에 의한다."고 하여 관습법에 대해 법률을 보충하는 효력을 인정하고 있다.

다만, 이러한 관습법상 분묘기지권은 토지 소유자에게는 전혀 예기치 못한 손해를 야기하는 것으로 2001년부터 시행된 "장사 등에 관한 법률"에서는 이 법률 제정 후부터 더 이상 토지소유자의 명시적 허락 없이 설치된 분묘에 대해 관습법상 분묘기지권을 인정하지 않는다.[14] 그러나 관습이 강제적 효력을 전혀 갖지 못하는 경우가 존재하는데, 이것은 관습이 사회적 승인을 얻지 못한 경우이다.

사례 2에서는 조선시대에 엄격한 유교교리를 회피하여 재가가 허용되지 않은 청상과부들의 재가를 위해 이용되었던 보쌈제도를 설명하고 있다. 당시에 민간의 관습으로서 암묵적으로 용인되었던 보쌈은 현대에는 어떠한 목적으로도 허용될 수 없는 것으로 이와 같은 민간의 관습은 사회적 승인을 받지 못했기 때문에 더 이상 유효하게 존속할 수 없다.

14 동법 제27조 제3항은 1) 토지 소유자의 승낙 없이 해당 토지에 설치한 분묘, 2) 묘지 설치자 또는 연고자의 승낙 없이 해당 묘지에 설치한 분묘의 어느 하나에 해당하는 분묘의 연고자는 해당 토지 소유자, 묘지 설치자 또는 연고자에게 토지 사용권이나 그 밖에 분묘의 보존을 위한 권리를 주장할 수 없다 고 규정한다.

사례❷

서울시 종로구 시장골목에서 A의 가게를 임차하여 20년 동안 빈대떡집을 운영해 온 김할머니는 나이가 들어서 더 이상 장사가 어렵게 되자 60세의 박씨에게 가게를 물려주는 조건으로 권리금 2억을 받았다. 60세의 박씨는 40년 동안 시장통에서 노점상과 파출부일 등으로 벌어 모은 돈 2억을 권리금으로 김할머니에게 지급하면서 김할머니 가게의 유명세와 단골들 때문에 계속 식당을 잘 운영한다면 투자한 2억은 금세 만회할 수 있을 것으로 보았다.

박씨가 가게를 인수한 후에 집주인 A에 대한 임차료는 매달 100만 원을 지급하기로 하였고, A는 특별한 사정이 없는 한 박씨에게 김할머니와 마찬가지로 가게를 장기적으로 임차하겠다고 약속하였지만 구체적으로 권리금이 얼마인지는 알지 못한다.

그러나 박씨가 가게를 인수한 후 6개월 후에 종로구 일대 주택 소유자들은 20년 이상 된 건물을 포함하는 인근 지역의 재개발을 추진하기로 하여 재개발추진협의회를 설립하고 서울시에게 종로구 일대를 재개발지구로 지정해줄 것으로 요구하였다. 얼마 후 서울시는 종로구 재개발추진협의회의 요구대로 인근 일대를 재개발지구로 지정하였다. 건물 소유자 A로부터 모든 권리를 위임받은 재개발조합은 가게를 철거하기 위해 박씨에게 이사비용 200만 원을 줄 테니 빨리 가게를 비우라고 요구하였다. 박씨는 이에 대해 자신의 임대차 입주시 월세를 지급하는 한 계속 빈대떡 가게를 영업할 수 있다는 암묵적 동의가 있었음을 주장하며 가게 명도이전을 거부하고, 만일 자신이 가게영업을 포기하는 경우 발생하는 권리금 2억 원과 인테리어 비용 3000만 원을 재개발조합이 지불한다면 가게를 비울 수 있다고 주장하였다. 다시 이에 대해 재개발조합은 2억 원의 권리금은 전임차인 김할머니와 박씨 사이에서 주고 받은 구태의연한 관습으로 가게 소유자가 이를 보호할 의무는 없고, 건물의 철거는 주택지구 재개발사업에 따른 불가피한 조치임으로 고의, 과실에 의한 계약 위반이 성립하지 않는다고 주장하고 있다. 재개발조합의 주장은 타당한가?

사회적 승인을 받지 못한 관습의 또 하나의 예는 권리금으로서 일반인들이 식당이나 미장원 등의 목적으로 건물을 임차하여 사용하다가 이 가게가 유명세를 타게 되면 이 건물을 제3자에게 양도할 때 상당한 금액을 새로운 임차인에게 요구하는 관행이 있다. 이것은 택지나 건물의 실 소유자와 관계없이 현재의 임차인이 새로운 임차인에게 받는 건물의 유명세와 같은 것인데 민간에서는 관습적으로 상가임대차 계약에서 널리 이용되는 것이지만 2013년 상가임대차보호에 관한 법률의 개정 전에는 법적으로 보호 받을 수가 없는 관습에 불과하였다.

그런데 막대한 권리금을 내고 입주한 상가건물의 임차인이 임대인의 일방적인 퇴거요구에 따라 권리금을 전혀 회수하지 못한 상태에서 퇴거됨으로써 받는 불이익을 최대한 줄이기 위해 상가건물임대차보호법은 권리금 보호규정을 신설하여 2013년과 2015

년 5월 13일 개정을 통해 시행되고 있다. 이 법규정은 권리금에 대한 직접적인 청구권을 인정하는 것은 아니지만 임대차 계약이 끝나기 3개월 전부터 임대인이 정당한 사유 없이 이전 임차인과 신규 임차인 간 권리금 수수 행위를 방해할 수 없도록 규정하여 권리금을 일정한도에서 법적 권리로 보호하고 있다.

이에 따라, 임대차 계약이 만료되기 3개월 전부터 계약 종료 시점 사이에 기존 세입자가 주선한 새로운 세입자에게 건물주가 직접 권리금을 받거나, 세입자끼리 권리금을 주고받지 못하게 막는 행위, 임대료를 급격히 높여서 계약 체결을 무산시키는 행위 그 외 정당한 이유 없이 새 세입자와 계약 맺기를 거절하는 행위 등이 금지된다.[15]

가장 중요한 점은 건물 주인이 상가 세입자끼리 권리금을 주고받는 걸 방해하면 손해배상 책임을 지도록 한 것인데, 임차인은 임대인을 상대로 손해배상을 청구할 수 있다. 또한 건물주가 바뀌어도 임대차 계약 10년을 보장받게 되어, 최소한 이 한도 내에서는 '권리금'에 대한 관습이 사실상 법적 의미 안으로 포섭된 것으로 판단될 여지도 있다.[16] 다만, 권리금 인상의 기준이 모호한 점, 권리금 분쟁이 많은 백화점 같은 대규모 점포, 재개발·재건축 상가가 법제화 대상에 포함되지 않는다는 점은 여전히 법제도의 한계로 지적되고 있다.[17]

따라서 사례의 경우 박씨는 김할머니에게 지급한 권리금을 재개발조합에게 청구할 수 없고, 이것을 가지고 집주인 A에게 대항할 수도 없다. 특히 집주인 A가 "특별한 사정이 없는 한 계속 건물을 사용할 수 있도록 해주겠다."는 약속은 임대차의 지속을 위한 계약조건이라고 할 수 있는데, 원칙적으로 법적 계약이 행위자의 고의·과실 없이 실행 불가능하다면 그 행위자는 행위위반에 따른 법적책임을 부담하지 않게 된다.

사례에서, 재개발조합지구의 지정에 따른 건물의 철거는 A의 고의·과실이라고 할 수 없어서 A가 건물철거로 인한 박씨의 영업불가능의 책임을 부담한다고 해석하기는 어렵다. 그러나 만일 A가 박씨와 계약 당시에 이미 주택재개발조합의 재개발추진계획을 알고 있었지만 그 내용을 숨긴 것이라면 형법상의 사기죄 등에 해당할 가능성은 남아 있다.

15 상가건물 임대차보호법, 제10조의 4(권리금의 회수기회 보호 등).

16 상가임대차보호법 제10조(계약갱신 요구 등) ①..... ② 임차인의 계약갱신요구권은 최초의 임대차기간을 포함한 전체 임대차기간이 10년을 초과하지 아니하는 범위에서만 행사할 수 있다.

17 상가건물임대차보호법 제10조 1항 단서(7호 재건축의 경우 제외), 10조의5(대규모 유통업 제외).

(2) 법과 도덕

사례

21세의 여대생 A는 2개월 전 헤어진 남자친구로부터 다시 만나자는 전화를 받았으나 거절하였다. 매우 추운 겨울 다음 날 전 남자친구는 술을 마신 채 A의 집 앞까지 와서 만나줄 것을 요구하였다. 그러나 남자친구의 요구가 불쾌하다고 생각한 A는 그 요구에 응하지 않았다. 새벽 2시에 창문을 열어 본 결과 남자친구는 아직 밖에 앉아 있었다.

A는 매우 추운 겨울 밤 저렇게 계속 앉아 있다가는 죽을 수도 있을 것이라고 생각하였지만, 헤어진 남자친구를 만나는 것이 탐탁하지 않아 나가보지 않았고, 귀찮아서 경찰에 신고조차 하지 않았다.

실제로 남자친구는 그 다음날 A의 집 앞에서 사망한 채로 발견되었다. 전 남자친구의 부모는 A가 자신의 아들이 죽는 것을 그대로 방치하였으므로 유기치사의 책임을 져야 한다고 주장한다.

A의 책임은?

전 여자친구 A는 전 남자친구가 죽는 것을 방지하기 위해 최소한 경찰에 신고하는 등의 행동을 할 일종의 '배려의무'가 법으로 강제되는가?

1) 법과 도덕의 구분

사회 안에는 도덕적으로 '어떠한 일을 하여야 한다' 혹은 '하지 않아야 한다'는 다양한 판단이 존재한다. 그러나 모든 도덕적 판단이 법의 기준과 정확하게 일치하는 것은 아니다. 즉, 도덕적인 기준에서 볼 때 비난 받을 행동이 모두 법으로 금지되거나 혹은 강제되는 것은 아니다. 이러한 관점에서 볼 때 법과 도덕은 또다시 강제력의 존재여부라는 점에서 구별이 된다고 할 수 있다.

사례는 이른바 "착한 사마리아인 조항"과 관련된 내용을 설명하고 있다. 착한 사마리아인 조항이란 강도를 당하여 길에 쓰러진 유대인을 당시 유대사회의 지도층인 제사장과 레위인은 모두 모른 척하고 그냥 지나쳤지만, 오히려 유대인이 가장 경멸하던 사마리아인이 구해 주었다는 《신약성경》의 이야기에서 유래되었다.[18]

신약성경 구절에 나와 있는 제사장이나 레위인과 같이 옛날 남자친구를 겨울 밤 밖에 남겨놓고 어떠한 조치도 취하지 않은 여자친구에게 유기치사죄의 법적 책임을 물을

18 신약성경의 누가복음(10:30~35).

수 있기 위해서는 도덕적인 당연함을 넘어서서 법이 여자친구에게 구조의무를 강제하여야 한다.

현행 형법 하에서는 오직 '보증인적 지위'에 있는 자만이 구조의무를 부담한다. 여기서 보증인적 지위와 의무는 유아를 돌볼 책임이 있는 유모와 같이 당사자 간의 계약에 의해 발생하는 경우 혹은 민법상 부양의무를 지는 부모, 각종 행정규제법에 의한 경찰, 의사, 소방관 등과 같이 법률에 의해 발생하는 경우 등으로 구분된다.

2) 과학기술의 발전과 법적 강제의 충돌

가. 법에 의한 도덕의 강제

사례❶

사례 1: 유명 연예인 A는 아역 배우 출신 B가 어린 시절부터 성인 배우로 성장하는 과정에서 자신의 인맥과 경제적 능력을 동원하여 지원을 아끼지 않았고, 현재의 지위에 오르는데 상당한 기여를 하였다. 그런데 최근 B의 매니저를 자처하는 부모와 소속사 이전문제로 갈등을 겪는 과정에서, A가 B와 15세 시절부터 사귀었고, 밀접한 신체접촉을 한 증거 사진이 온라인에 공개되었는데 B의 부모는 A를 미성년자에 대한 성추행혐의로 형사 고발하였다.

본래 형법 제305조 제1항에서 처벌하는 '미성년자 간음, 추행죄'는 '13세 미만의 자'를 대상으로 상대방의 동의와 관계없이 13세 미만자와 간음, 추행한 자를 형법 제298(강간죄)로 무조건 처벌하기 위한 규정이었다. 그런데 2020년 형법 개정에서 제2항이 신설되어, "13세 이상 16세 미만의 사람에 대해서 간음 또는 추행을 한 19세 이상의 자"도 역시 처벌 대상으로 추가되었다.[19]

그런데 A와 사귈 당시 15세의 B는 모델로 활발한 경제활동을 하면서 YouTube 수익은 물론 주식투자, 부동산 투자까지 하고 있었고, 무엇보다 같은 나이의 다른 연예인 18세의 C와도 일시 사귀면서 긴밀한 신체 접촉 등을 한 것으로 스스로 고백한 바가 있다. 이와 관련하여, 실제 정황상 사물 변별능력을 갖추고 있는 것이 분명한 B의 의사와 관계없이, 19세 미만인 C는 처벌대상이 아니지만, 19세 이상인 A를 처벌대상으로 하는 이 규정은 실제 적절한 것인가?

19 형법 제305조(미성년자에 대한 간음, 추행) ① 13세 미만의 사람에 대하여 간음 또는 추행을 한 자는 제297조, 제297조의2, 제298조, 제301조 또는 제301조의2의 예에 의한다. <개정 1995.12.29, 2012.12.18, 2020.5.19> ② 13세 이상 16세 미만의 사람에 대하여 간음 또는 추행을 한 19세 이상의 자는 제297조, 제297조의2, 제298조, 제301조 또는 제301조의2의 예에 의한다.

사례❷

사례 2: 57세의 A는 가정폭력으로 이혼한 이후, 큰딸과 작은딸을 혼자서 양육해 오고 있다. A는 큰 딸 B가 중학생이 된 이후부터 말을 듣지 않으면 동생 C를 건드리겠다는 협박을 하면서 B가 22세가 된 2001년까지 상습적으로 성추행 및 강간을 해왔다. A가 고등학생인 동생 C까지 강간을 하고 강제로 임신중절을 시키는 것을 본 B는 용기를 내어 A를 상습 성추행 및 강간죄로 형사 고소하였으나, 경찰은 B의 고소를 '친족 간의 내부적인 불화'로 사건을 접수할 수 없다고 통보하고 접수를 거부하였다. 경찰의 고소접수 거부행위는 타당한가?

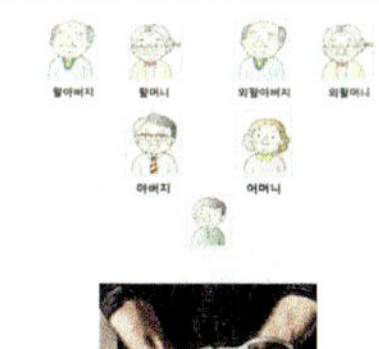

A가 B의 신체 일부를 사고 팔기로 한 행위가 비도덕적이라고 한다면, 이것을 법적으로 금지하는 것이 타당한가? 법이 도덕적인 행위를 하도록 직접 강제할 수 있는가?

법은 사회구성원의 인식을 반영하여야 함으로 사회구성원의 문화적 감정이 들어있는 그 사회의 도덕성을 반영하는 것이 일반적이지만, 법적 강제력이 없는 도덕과 법적 책임이 부과되는 법은 엄격히 구분되어야 한다. 다만, 많은 법률에는 도덕적인 관념이 필연적으로 반영되어 있다. 일반적으로 형법에는 도덕성을 강제하는 다수의 규정이 존재하는데 그 중에서 존속살인 중벌규정을 한 예로 들 수 있다.[20] 이 규정은 자기 또는 배우자의 직계존속을 살해한 경우에 다른 일반인을 살인한 것보다 훨씬 무거운 형벌을 부과하고 있는데, 이것은 직계존속에 대한 존경심을 요구하는 우리의 도덕적인 감정을 반영한 규정이라고 할 수 있다. 또한 도덕적으로 옳지 않은 일이라고 판단되는 행위들은 대부분 법의 처벌대상이 된다.

그 외, 예를 들어, 길거리에서 습득한 지폐를 그대로 가져가 사용한 경우에는 점유이탈물횡령죄(형법 제360조)가 성립하고, 자신의 통장에 잘못 입금된 돈을 그대로 모두 써버린 경우에는 횡령죄(형법 제355조)가 성립한다. 또한 가게주인이 거슬러준 돈

20 우리 형법 제250조는 제1항에서 "사람을 살해한 자는 사형, 무기 또는 5년 이상의 징역에 처한다."고 규정하고 제2항에서 "자기 또는 배우자의 직계존속을 살해한 자는 사형, 무기 또는 7년 이상의 징역에 처한다."고 규정하고 있다. 형식적으로 보면 "5년 이상"과 "7년 이상"의 차이지만, 살인동기나 정황 등에 참작할 사유(아버지의 상습 성폭력 등)가 존재하는 경우에 일반 살인죄는 형법 제62조의 집행유예 대상이 될 수 있는 반면 존속살해죄는 집행유예가 불가능하다는 점에 차이가 있다. 즉, 형법 제53조는 "범죄의 정상에 참작할 만한 사유가 있는 때에는 작량하여 그 형을 감경할 수 있다."고 규정하고 있기 때문에 일반살인죄의 경우 그 1/2(형법 제55조)까지 감경하여 2년 6개월의 형을 선고할 수 있다. 따라서 이 경우에는 3년 이하의 징역 또는 금고형을 선고하는 경우에 적용할 수 있는 형법 제62조의 집행유예가 가능하다. 그러나 존속살인죄의 경우 작량감경을 하여도 3년 6개월의 징역형을 선고하여야 하기 때문에 원칙적으로 집행유예가 불가능하다. 참고로, 형법 규정에 "~ 이상의 징역에 처한다"고 규정한 경우 징역형의 상한선은 형법 제42조의 규정에 따르는데, 현재 형법 제42조에 따르면, "징역 또는 금고의 유기형은 1개월 이상 30년 이하로 하고, 형을 가중하는 때에는 50년까지로 한다"고 규정하고 있다.

이 잘못되었음을 알면서도 받아서 사용한 경우에는 사기죄(형법 제347조)가 성립하며 혹은 거스름돈이 잘못된 것을 집에 돌아 와서 알았으나 돌려주지 않은 경우에는 또한 점유이탈물횡령죄(형법 제360조)가 성립한다. 그러나 모든 도덕률을 법으로 강제하는 것은 타당하지 않기 때문에, 도덕성의 유지를 위해 어디까지 법이 개입하여야 하는지가 문제된다.[21]

사례 1의 경우, 사물변별능력이 떨어지는 13-15세의 청소년을 보호하기 위한 규정으로서, 이들의 의사와 관계 없이 사회가 보호자의 역할을 수행하여야 한다는 동양적 가치관을 반영한 규정이라고 할 수 있다.

그러나 이 규정에 의하면, 외형상 성년과 동일한 정신적, 신체발달을 보이는 청소년과 신체접촉을 한 성년자는 그 의도와 관계없이 처벌될 수 있다는 점에서 과도한 보호주의적 도덕적 규범이라는 비판도 존재한다.

그 외, 장기 등 이식에 관한 법률[22] 제7조 제1항은 "누구든지 금전 또는 재산상의 이익 기타 반대급부를 주고받거나 주고받을 것을 약속하고 장기이식을 하는 것을 금지"하고 있고, 더 나아가 "이 규정에 위반되는 행위가 있음을 안 때에는 그 행위와 관련되는 장기 등을 적출하거나 이식하여서는 아니 된다."고 규정하여 의료기관에게도 그 의무를 따를 것을 요구하고 있다. 이것은 사람의 생명 혹은 신체의 일부는 재물이 될 수 없고 따라서 이를 매매의 대상으로 볼 수 없다는 강한 도덕적인 가치관이 반영된 것으로 도덕적 금지를 법적 수단을 통해 직접 강제하는 것이다. 개별사안에서 이러한 도덕률의 법적 강제는 불합리한 결과를 가져오기도 하지만 이것은 형법을 비롯한 전체 법질서의 유지를 위해 불가피한 것으로 판단될 수 있다.

즉, 사람의 생명 신체가 재물로 취급될 수 있다면 사람의 신체를 손상시키는 경우에도 상해죄(형법 제257조)를 별도로 적용하지 않고 형법상 물건을 고의로 훼손할 때 성립되는 재물손괴죄(형법 366조)가 성립가능하고, 사람의 신체 일부를 절단해 간 경우에도 형법상 절도죄(형법 제329조)가 성립될 수 있게 된다.

그러나 사회적 구성원 모두에게 강제하는 것이 논란이 될 여지가 있는 도덕적 가치관을 법이 강제하는 경우에는 법의 타당성에 문제가 제기된다. 대표적인 조항의 예는 임산부 혹은 그 촉탁 승낙을 받은 자의 낙태를 금지한 낙태죄(형법 제269조) 규정으로서 생명존중이라는 사회적 윤리를 임산부 본인에게 강제하는 것이 타당한지가 문제된 바 있다.[23] 특히 임신 중의 태아는 법적 기준상으로는 아직 사람이 아니기 때문에 이

21 최종고, 앞의 책, 99~104면.

22 2008.2.29 법률 제8852호.

를 산모의 신체의 일부로 취급하여 그 자율권을 인정할 것인가 아니면 여전히 생명존중이라는 추상적인 가치관을 강제하는 것이 타당하는지가 논란이 되었다.[24]

2019년 4월 헌법재판소는 기존 형법 제269조(자기낙태죄)와 제270조(업무상 낙태죄)를 헌법에 불합치하다고 판단하면서 다음과 같은 이유를 설시하였다.[25]

> "태아가 모체를 떠난 상태에서 독자적으로 생존할 수 있는 시점인 임신 22주 내외에 도달하기 전이면서 동시에 임신 유지와 출산 여부에 관한 자기결정권을 행사하기에 충분한 시간이 보장되는 시기(이하 착상 시부터 이 시기까지를 '결정가능기간'이라 한다)까지의 낙태에 대해서는 국가가 생명보호의 수단 및 정도를 달리 정할 수 있다고 봄이 타당하다."

헌법재판소의 판시에 따르면 최소한 22주까지는 산모의 자기결정권을 보장하되, 태아의 독자생존이 가능한 22주부터는 태아의 생명권을 우선적으로 고려하는 입법이 필요하다고 할 수 있다.

다만, 법적으로 도덕적 의무를 일반적으로 강제하는 것이 시대의 변화에 따라 부당한 경우에는 개별 사유에 대해 이를 완화하는 경우도 존재한다. 예를 들어, 형사소송법 제224조(고소의 제한) 규정은 "자기 또는 배우자의 직계존속을 고소하지 못한다."고 규정하여 과거 강간죄와 같이 피해자의 고소가 있어야만 행위자를 처벌할 수 있는 친고죄와 관련해 직계존속을 처벌할 수 있는 길을 원천적으로 봉쇄하고 있었다. 이것은 직계존속에 대한 존중을 강제하기 위한 도덕률의 반영으로서 수년 동안 상습적으로 친딸을 성폭행해 온 아버지를 존중하도록 강제하는 부당한 결과를 자초하게 된다.

사례 2의 경우, 실제 2002년 전에 발생한 사건으로서, 당시 법률상 고소권이 제한되어 기소가 불가능한 사례에 해당한다. 다만, 현재 2002년 제정된 성폭력 범죄의 처벌

23 다만, 예외적으로 임신중절이 허용되는 사유를 모자보건법에서는 규정하고 있다.
모자보건법 제14조(인공임신중절수술의 허용한계) ① 의사는 다음 각 호의 1에 해당되는 경우에 한하여 본인과 배우자(사실상의 혼인관계에 있는 자를 포함한다. 이하 같다.)의 동의를 얻어 인공임신중절수술을 할 수 있다.
1. 본인 또는 배우자가 대통령령이 정하는 우생학적 또는 유전학적 정신장애나 신체질환이 있는 경우
2. 본인 또는 배우자가 대통령령이 정하는 전염성 질환이 있는 경우
3. 강간 또는 준강간에 의하여 임신된 경우
4. 법률상 혼인할 수 없는 혈족 또는 인척간에 임신된 경우
5. 임신의 지속이 보건의학적 이유로 모체의 건강을 심히 해하고 있거나 해할 우려가 있는 경우

24 민법에서는 전부노출설에 의해 산모 밖으로 전부 노출한 경우에 사람으로서 인정된다(지원림, 『민법강의』(홍문사, 2008), 59면). 반면 형법상으로는 분만을 개시하기 위한 진통이 있을 때부터 사람으로 인정하기 때문에 진통이 시작된 직후부터 태아는 살인죄 혹은 업무상 과실치사죄의 객체로 인정된다(대법원 1982.10.12. 81도2621).

25 헌법재판소 2019. 4. 11자 2017헌바127 【결정헌법불합치】

및 피해자 보호 등에 관한 법률 제18조는 고소제한에 대한 예외 규정을 신설하여 "성폭력범죄에 대하여는 형사소송법 제224조(고소의 제한)의 규정에 불구하고 자기 또는 배우자의 직계존속을 고소할 수 있다."고 특별 규정을 신설하였다. 더 나아가 강간 등의 성범죄에 대하여 2013년 6월부터는 친고죄 규정을 폐지한 형법이 적용되어 피해자의 고소여부에 관계없이 기소하고 처벌할 수 있기 때문에 성범죄에 관한 한 더 이상의 관용의 여지가 존재하지 않는다.

나. 도덕적 가치관의 유지와 법집행의 문제점

사례

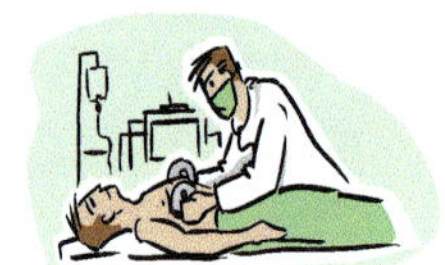

내시경을 통한 폐조직 검사를 받던 A(65세)는 뇌출혈을 일으켜서 식물인간이 되고 말았다. 의료진에 따르면 A는 회복가능성이 없고 단지 인공호흡기와 영양공급관에 의지하여 생명이 인공적으로 유지되고 있는 상태이다. 중환자실에 누워있는 A는 이미 온몸이 짓무르는 욕창 증세가 발생하여 매일 환부를 칼로 도려내는 시술을 하여야 한다. 또한 A의 하루 병원비는 35만 원으로서 그의 유일한 아들 B는 소규모 자영업으로 생계를 꾸려가고 있기 때문에 한달에 900만 원이 넘는 치료비를 감당할 수가 없는 형편이다.

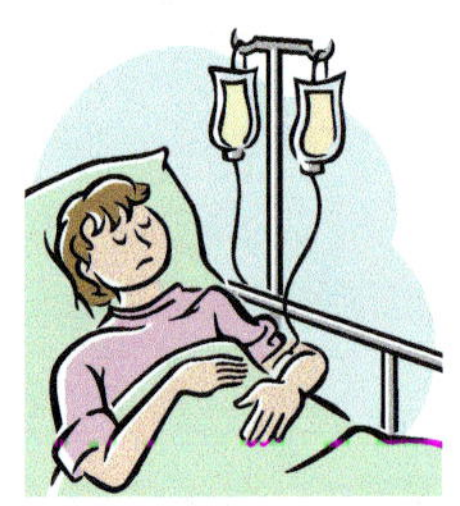

B는 그의 어머니가 고통을 당하는 것이 더 이상 무의미하고, 엄청난 치료비를 감당할 수가 없기 때문에 치료를 중단해 달라고 병원에 요청하였다. 그러나 병원은 의사가 치료를 중단하여 환자가 사망하게 되면 형법상 살인방조죄(형법 제250조)가 되기 때문에 치료를 중단할 수 없다고 주장한다. B는 법원에 병원 측의 치료중단을 요구하는 소송을 제기하였다.

병원 측은 B의 주장대로 치료를 중단하여야 하는가?

생명존중이라는 가치관의 유지를 위해 개인의 선택권을 무조건적으로 희생할 수 있는가?

현대의학의 발전과 함께 인간생명과 관련된 기존의 가치관을 법률로써 유지할 때 발생하는 문제점이 더 복잡해지는 양상을 보이고 있다. 특히 기계적으로 생명을 유지시키는 것이 일시적으로 가능한 경우에도 본인 혹은 보호자가 치료를 포기하는 것을 허용하여야 할지 논란이 되고 있다. 이것은 이른바 안락사의 문제인데 특히 소극적 안락사가 문제된다. 소극적 안락사는 환자를 고통에서 해방되도록 하기 위해 생명을 강제로 유지하기 위한 적극수단을 쓰지 않음으로써 환자가 사망하는 경우를 말한다. 예를 들어, 인공호흡장치를 제거하거나 혹은 생명연장을 위한 영양분 공급관을 제거하는 행위 등을 말한다. 반면 적극적 안락사는 회복가능성이 없는 환자의 촉탁 또는 보호자의 승낙 하에 적극적인 수단을 써서 생명을 단축시키는 것을 말한다. 고통이 극심한 말기 위암환자에게 몰핀을 다량으로 주입하여 사망에 이르게 하는 경우가 그 예이다.

적극적 안락사는 실제 인위적인 생명단축행위로서 대부분의 국가에서 살인행위로 간주하고 있지만, 소극적 안락사(존엄사) 혹은 연명치료 중단행위는 단순한 치료행위의 중단이라는 관점에서 환자 및 그 보호자의 치료받을 권리 혹은 포기할 권리에 대한 과도한 제한이 아닌지에 대한 논란이 있다.

소극적 안락사와 관련하여 미국의 경우 테리시아보 사건에서 식물인간인 아내에게 삽입된 영양공급관을 빼주도록 요구하는 남편의 요구에 따라 생명유지관이 제거되었고, 이후에 이를 다시 원상회복 시켜주기를 요구하는 친부모의 요구를 연방법원은 인정하지 않았다.[26] 결국 미국 연방법원은 환자 및 그 보호자의 자기결정권을 존중하는 견해를 취하고 있다. 반면 우리 대법원은 과거 보라매병원사건에서 보호자인 부인이 인공호흡기의 제거를 요구하여 의사가 이에 응하였으나 법원은 그 부인에 대해서는 살인죄, 호흡기를 제거한 의사에 대해서는 살인방조죄가 성립된다고 판결하였다.[27]

그러나 2009년 대법원은 다시 "회복 불가능한 단계에 이른 후에 환자가 인간으로서 존엄과 가치 및 행복추구권에 기초하여 자기결정권을 행사하는 것으로 인정되는 경우에는 특별한 사정이 없는 한 연명치료의 중단이 허용될 수 있다."고 판결하여 기존의 입장을 번복하였다.[28] 특히 환자의 사전의료지시가 없는 상태에서 회복 불가능한 단계에 이른 경우에 환자는 더 이상 자기결정권을 행사할 수 없으나, "환자의 평소 가치관이나 신념 등에 비추어 연명치료를 중단하는 것이 객관적으로 환자의 최선의 이익에 부합된다고 인정되어 환자가 연명치료의 중단을 선택했을 것이라고 볼 수 있는 경우에는 치료중단에 대한 환자의 의사를 추정할 수 있다."고 판단하였다. 이와 같은 대법원의 판결은 소극적 안락사에 대한 사회적 인식의 전환에 근거를 두고 있다. 특히 회생 가능성 없는 환자와 그 보호자들이 감당하여야 할 경제적 정신적 고통을 고려한 것이라고 할 수 있다.

26 한겨레, 2005-04-01 기사 참조(http://www.hani.co.kr/arti/international/international_general/22934.html).

27 대법원 2004.6.24. 선고 2002도995 판결.

28 대법원 2009.5.21 선고 2009다17417 판결.

Ⅱ. 법의 이념과 정의

법이 추구하는 이념과 목적으로 정의의 개념이 무엇인지 살펴볼 필요가 있다. 우선 여기서 법적 정의는 일반인들이 누구나 보편타당하게 옳다고 생각하는 가장 이상적인 상황을 전제하지 않는다. 법은 일반인이 생각하는 비현실적인 추상적 정의관념을 추구하는 것이 아니라 구체적으로 사회질서를 유지하기 위한 근거 기준으로서 정의를 추구한다.[29] 따라서 때로는 개개인의 관점에서 볼 때 법에 의한 결과가 부당하다고 주장될 수도 있고, 이상적인 정의개념과 법이 괴리가 있는 것처럼 보일 수도 있다.

1. 법의 목적으로서 정의(正義)

법의 목적으로서 '정의'의 의미에 대해서는 이미 수많은 석학들이 정의한 다양한 개념이 사용되고 있다. 예를 들어, "합목적성과 법적안정성을 통해 법이 봉사하여야 할 가치"라고 규정되거나 혹은 배분적 정의 등으로 열거되고 있다.[30] 그러나 일반인들이 쉽게 이해할 수 있는 법적 정의란 법이 추구하는 목표로서 법의 존재 근거를 의미한다고 할 수 있다.

가장 평이하게 설명한다면 법은 사회·경제적 강자뿐만 아니라 약자가 함께 공존할 수 있도록 만드는 사회적 약속이라고 할 수 있다. 즉, 최소한 인간은 그 스스로가 부정의의 희생양이 되지 않기 위해 스스로를 보호할 필요성을 느끼고 공동 생존 본능에 따라 공통의 약속을 정한 것이다. 따라서 사회에 속한 구성원 전부는 법의 강제력에 구속되어야 할 암묵적 합의를 한 것이다.

이러한 법은 사회구성원 공동의 약속된 형태이기 때문에 사회의 안전과 원만한 유지를 위해 존속하는 것이고, 법적 정의란 그러한 법의 목적이 가장 잘 달성되는 상태를 의미한다. 따라서 법적 정의는 일반인들이 상상하고 염원하는 가장 바람직하고 합리적이며 이상적인 상황을 구현하는 것이 아니다. 오히려 개별적인 상황에서 법적 정의는 사회구성원의 희생을 요구하기도 한다.

29 최종고, 『법철학』(박영사, 2007), 39~42면.

30 최종고, 앞의 책, 42~62면.

2. 법적 정의를 구성하는 기본적 요소

(1) 법적 정의를 실현하는 절차적 정당성

사례❶

2005년 새벽 1시 12명의 여성을 살해한 연쇄살인범으로 의심되는 용의자 B를 추적 중이던 경찰 A는 마침내 B가 범행장소로 주로 사용하는 것으로 보이는 별장을 발견하였다. 용의자 B는 이미 경찰의 추적을 눈치채고 범행흔적을 하나 둘씩 지워가고 있다. A는 빨리 그 집에 들어가 연쇄살인범 B가 살인행위 당시에 사용한 범행 도구 및 남아 있는 피해자들의 DNA를 채취하고 싶은 마음에 앞으로 12시간 후에 받게 될 압수·수색 영장을 기다리지 않고 몰래 침입하여 범행증거를 모두 수거해 왔다. 실제 재판에서 A가 채취한 증거는 유력한 살인 증거물로써 제출되었으나, B의 변호사는 이들 증거가 적법한 수색 영장없이 위법하게 수집된 것이기 때문에 모두 무효이고, 결국 B의 살인을 증명할 아무런 증거도 없음으로 B는 무죄석방 되어야 한다고 주장한다. 이 사건에서 B는 무죄 석방되어야 하는가?

동일한 결과를 가져오지만 그 과정에 일부 오류가 있는 경우에 그 절차적 오류는 법적 정의의 관점에서 어떻게 평가되는가?

법적 정의에서는 결과뿐만 아니라 그 절차적 정당성이 중요한 요소가 된다. 따라서 적법한 절차를 거치지 않은 행위는 그 목적이 정당하다고 하더라도 법적 정의에 부합하지 않는다. 합법적인 절차를 거치지 않고 직접 복수를 하거나 혹은 권한이 있는 자라고 하더라도 법에 규정된 절차를 따르지 않은 경우에는 위법한 행위가 된다.

예를 들어, 경찰이 살인범의 증거를 찾기 위해 적법한 절차에 의한 압수·수색영장없이 의심되는 피의자의 집을 수색하여 증거를 찾아냈다고 하더라도 형사소송법상의 적법한 절차를 벗어나 수집된 그 증거는 원칙적으로 유죄의 증거로 사용될 수 없다.[31] 사례의 경우 연쇄살인범의 처벌이라는 목적도 중요하지만 법적 정의로서 절차적 정당성이 인정되지 않기 때문에 A가 수집한 증거는 모두 무효가 된다. 따라서 결국 이 사건에서 무효가 된 증거 이외에 다른 증거가 없는 한 B는 무죄 석방되는 것이 일반원칙이라고 할 수 있다.[32]

31 대법원 2007.11.15. 선고 2007도3061 전원합의체 판결.

32 대법원 2010.01.28 선고 2009도10092 판결("형사소송법 제217조는 '사법경찰관은 소유자, 소지자 또는 보관자가 임의로 제출한 물건을 영장없이 압수할 수 있다'고 규정하는바, 위 규정에 위반하여 소유자, 소지

사례❷

엄마와 함께 산책을 하던 6살의 A가 공원에서 산책하던 B의 개에게 다가가 쓰다듬자 B의 개는 A를 공격하기 시작하였다. 겨우 개의 공격에서 벗어난 A는 안면 성형 대수술을 받았고 장기적인 후유증이 염려되는 상황이다. 이 소식을 들은 A의 아버지 John은 야구방망이를 가방에 숨긴 채 항의를 하기 위해 B의 집을 찾아갔다.

초인종을 누르고 B의 집에 들어서서 이야기를 나누던 중에 개주인 B는 개의 잘못을 인정하지 않고 개를 만진 John의 아들 A의 잘못을 지적하였다. 집 뜰에서 뛰놀던 문제의 개를 발견한 John은 가지고 갔던 야구방망이를 집어 들고 쫓아가 개를 가격하여 즉사시켰다. B는 John을 동물학대죄로 고발하였다.

법적 정의 관념상 John은 처벌받아야 하는가?

적절한 절차를 거치지 않은 John의 행위는 법적 정의의 관점에서 비난 받아야 하는가?

사례의 경우 원칙적으로 개주인의 고의 또는 과실 여부를 판단하여 형사법상 처벌대상이 되거나 혹은 민법상 불법행위에 의한 손해배상(민법 제750조 혹은 제759조)이 인정되는 경우에 한하여 개주인에게 금전배상 등의 책임을 물을 수 있다.[33] 사례에서 적법한 절차를 벗어난 행위자는 동물학대죄의 책임을 지는 것이 원칙이다. 다만, 실제 미국의 사례에서 배심원은 아들의 큰 상처에 충격을 받은 아버지가 극도로 불안정한 상태가 되어 정상적인 판단을 할 수 없는 상황에서 저지른 범죄라고 판단하여 무죄를 선고하였었다.

자 또는 보관자가 아닌 자로부터 제출받은 물건을 영장없이 압수한 경우 그 압수물 및 압수물을 찍은 사진은 이를 유죄 인정의 증거로 사용할 수 없는 것이고, 헌법과 형사소송법이 선언한 영장주의의 중요성에 비추어 볼 때 피고인이나 변호인이 이를 증거로 함에 동의하였다고 하더라도 달리 볼 것은 아니다.")

33 민법: 제750조(불법행위의 내용) 고의 또는 과실로 인한 위법행위로 타인에게 손해를 가한 자는 그 손해를 배상할 책임이 있다.
제759조(동물의 점유자의 책임) ① 동물의 점유자는 그 동물이 타인에게 가한 손해를 배상할 책임이 있다. 그러나 동물의 종류와 성질에 따라 그 보관에 상당한 주의를 해태하지 아니한 때에는 그러하지 아니하다.
② 점유자에 가름하여 동물을 보관한 자도 전항의 책임이 있다.

(2) 법적안정성과 정의

사례

친일파 민**은 민비시해 사건 때 일제 깡패들에게 민비의 소재를 알려주고 적극 협력한 대가로 현재 강남 압구정동 일대의 땅을 하사받았고, 100억 원대의 그 땅은 현재 그의 증손자 A가 소유하고 있다.

정부는 최근 역사청산을 통해 정의를 바로 세우기 위해 친일파의 모든 재산을 몰수하기로 하고 친일반민족행위자 재산의 국가귀속에 관한 특별법에 의해 A에게 전 재산 몰수를 통보하였다.

실제 친일파의 당사자가 아닌 그 손자가 소유한 땅을 사건 발생 60년 후 몰수하는 것이 법적 정의에 완전히 부합하는가?

진실한 사실을 찾아 원상태로 복원하는 것과 상당한 시간이 흐른 뒤에는 그 새로운 질서를 존중하는 행위 중에서 어떤 것이 법적 정의에 부합하는 것인가?

법적 정의를 실현하는 이념으로서 중요한 요소 중 하나는 법적안정성이라고 할 수 있다.[34] 법적안정성은 실체적인 정의(正義)에 부합하지 않는 부정의(不正義)의 상태일지라도 상당한 기간 동안 변동되지 아니하여 그것을 토대로 새로운 질서가 형성되면 이제 그 새롭게 형성된 질서와 사회적 신뢰를 보호하는 것이 법적 정의에 오히려 부합하다는 것을 의미한다.

일반인들이 생각하는 정의를 오직 정당한 진실에 부합하는 상태라고 할 때 법적정의 관념은 이와는 차이를 드러내게 된다. 실제로 법적정의를 구성하는 또 하나의 중요한 요소는 합목적성 혹은 정당성으로서 법적안정성은 이들과 끊임없이 충돌하고 모순되는 관계에 있게 된다.

사례에서 친일행위로 적국의 국왕에게 하사받은 땅은 반역 범죄행위의 대가로서 원칙적으로 국가가 이를 몰수·추징하는 것이 당연하고 이것이 합목적적이라고 할 수 있다.[35] 그러나 60여 년이 지난 동안 사회일반인과 친일파 후손인 A는 자신이 소유한 재

34 최종고, 앞의 책, 67면 ; Radbruch, 앞의 책, 110면.

35 第48조(몰수의 대상과 추징) ① 범인 이외의 자의 소유에 속하지 아니하거나 범죄 후 범인 이외의 자가 정을 알면서 취득한 다음 기재의 물건은 전부 또는 일부를 몰수할 수 있다.
1. 범죄행위에 제공하였거나 제공하려고 한 물건
2. 범죄행위로 인하여 생하였거나 이로 인하여 취득한 물건
3. 전2호의 대가로 취득한 물건
② 전항에 기재한 물건을 몰수하기 불능한 때에는 그 가액을 추징한다.

산이 적법한 재산이라고 믿어왔고, 일반인들도 이에 대한 일반적인 신뢰를 쌓아왔다고 할 수 있다. 따라서 60여년 후의 일방적인 몰수 조치가 법적안정성이라는 법적정의를 침해할 우려가 존재한다고 할 수 있다.

다만, 현재 친일반민족행위자 재산의 국가귀속에 관한 특별법은 제3조에서 친일행위로 인해 취득한 재산이라도 이후에 "제3자가 선의로 취득하거나 정당한 대가를 지급하고 취득한 권리를 해하지 못한다."고 규정하여 법적안정성의 침해를 최소화하고 있다. 따라서 친일재산환수에 관한 법률이 무조건 법적정의를 흐리는 부적절한 법이라고 할 수는 없다.

사례❷

경기도 파주 인근의 시골에 거주하는 40세의 A는 26년 전 서울의 일류대학을 다니던 친형이 방학을 집에서 보내다가 갑자기 행방불명되었고, 이를 비관한 부모님이 화병으로 돌아가시면서 집안의 가세가 기울었다. 그 바람에 경제적으로 궁핍해진 A는 중학교만 겨우 졸업하고 시골에서 농사를 지으며 살아오고 있다.

이틀 전 A는 옆집에 사는 B가 술자리에서 자신과 다투면서 "네 형처럼 너도 한번 죽어볼래?"라는 말을 하자, B를 추궁하였고 결국 B가 그의 친구와 함께 형을 죽이고 인근 야산에 암매장 하였다는 자백을 받았다. B가 자백한 장소를 파내자 형의 유골이 발견되었고, A는 B를 살인죄로 고발하였다. A는 온 집안을 풍비박산 나게 한 B와 그의 친구 일당을 용서할 수 없었다. 그러나 B와 그의 친구들은 26년 전의 사건을 이제 와서 들추어내는 것은 부당하다고 주장하고 있다.

B와 그의 친구들은 실제 형사적으로 처벌되거나 혹은 민사적으로 손해배상의 책임이 존재하는가?

법적안정성의 이념을 달성하기 위한 법제도가 시효제도이다. 먼저 민법에는 소멸시효(민법 제162조), 취득시효(민법 제245조 등), 제척기간(민법 제766조 2항 참조)이 존재하여 권리자가 그 권리를 일정기간 이내에 행사하지 않는 경우에는 권리를 박탈하고 있다. 반면에 형사법에서는 이러한 시효제도가 공소시효 등으로 나타난다. 공소시효의 경우 범죄 발생일로부터 일정기간 안에 검사가 공소를 제기하지 아니하면 그 기간이 경과한 후에는 형벌권을 소멸시키는 제도이다.[36] 이와 관련해 국회는 2015년 7월 24

③ 문서, 도화, 전자기록 등 특수매체기록 또는 유가증권의 일부가 몰수에 해당하는 때에는 그 부분을 폐기한다.

36 형사소송법 제249조 ① 공소시효는 다음 기간의 경과로 완성한다.
1. 사형에 해당하는 범죄에는 25년
2. 무기징역 또는 무기금고에 해당하는 범죄에는 15년
3. 장기 10년 이상의 징역 또는 금고에 해당하는 범죄에는 10년

일 일명 "태완이법"을 통과시켜 형사소송법 제253조의2를 신설함으로써 살인죄에 대해서는 공소시효를 폐지하는 법안을 제정하여 일반적인 공소시효 제도의 변화를 가져왔다.[37] 물론, 일부 범죄에 대한 공소시효의 폐지는 법적 안정성을 침해한다는 비판을 받을 수도 있으나, 과학기술의 발전에 따라 추후 충분히 범죄를 처벌할 수 있음에도 불구하고 오히려 이를 면책하는 부당함을 방지하기 위한 조치라고 할 수 있다. 그 외, 아동·청소년의 성보호에 관한 법률 등에 따른 공소시효의 특칙도 존재한다.[38]

사례의 경우, 과거 법률에 따라 25년이 경과하여 공소시효가 완성되었음으로 더 이상 기소를 할 수 없다. 또한 민법 제750조에 의해 불법행위에 의한 손해배상을 청구하는 자는 그 손해 및 가해자를 안 날로부터 3년 혹은 불법행위를 한 날로부터 10년을 경과한 때에는 더 이상 손해배상을 청구할 수 없다.

(3) 행위 결과에 대한 책임과 법적 정의

사례 ❶

2006년 5월 1일 밤 12시경 자유로 1차선을 달리던 15톤 트럭 운전사 A는 철저히 정비한 차량으로 적법한 속도를 유지하면서 도로를 주행하던 중에, 고가도로 위에 떨어져 있던 못에 타이어가 펑크나면서 중심을 잃었고 옆 차선에서 주행 중이던 B의 소형차량을 트럭 왼쪽 범퍼로 추돌하였다.

B의 차량은 A 차량에 측면을 들이 받혀 고가도로 밖으로 떨어졌고, B는 현장에서 즉사하였다. B의 유족들은 A를 업무상 과실치사로 고발함과 동시에 B의 생명침해에 대한 민사상 손해배상을 요구하고 있다. A는 자신도 어쩔 수 없는 상황에서 발생한 행위임으로 책임이 없음을 주장한다.

B의 죽음에 아무런 책임이 없다는 A의 주장은 타당한가?

4. 장기 10년 미만의 징역 또는 금고에 해당하는 범죄에는 7년
5. 장기 5년 미만의 징역 또는 금고, 장기 10년 이상의 자격정지 또는 벌금에 해당하는 범죄에는 5년
6. 장기 5년 이상의 자격정지에 해당하는 범죄에는 3년
7. 장기 5년 미만의 자격정지, 구류, 과료 또는 몰수에 해당하는 범죄에는 1년

② 공소가 제기된 범죄는 판결의 확정이 없이 공소를 제기한 때로부터 25년을 경과하면 공소시효가 완성한 것으로 간주한다.

37 형사소송법 제253조의2(공소시효의 적용 배제) 사람을 살해한 범죄(종범은 제외한다)로 사형에 해당하는 범죄에 대하여는 제249조부터 제253조까지에 규정된 공소시효를 적용하지 아니한다.

38 아동·청소년의 성보호에 관한 법률 제20조(공소시효에 관한 특례) ① 아동·청소년대상 성범죄의 공소시효는 「형사소송법」 제252조제1항에도 불구하고 해당 성범죄로 피해를 당한 아동·청소년이 성년에 도달 한 날부터 진행한다.

행위 결과에 대한 책임원칙이 법적 정의 요소라고 할 때 행위자에게 책임을 묻기 위한 기본적인 전제는 무엇인가?

법에 있어 정의의 다른 의미는 자기행위에 대한 책임이라고 할 수 있다. 그러나 이때 행위자가 책임을 지는 결과는 행위자가 야기한 모든 결과가 아니라, 자신의 고의 또는 과실이 인정되는 경우에 한정된다. 형사법의 경우 원칙적으로 행위결과의 발생을 의도한 고의범을 처벌대상으로 한다. 다만, 법률규정이 있는 경우에 한하여 행위결과를 예견하고 결과를 회피할 수 있었으나 회피하지 않은 과실범을 처벌한다. 민법에서도 위법한 손해의 배상을 요구하는 자는 행위자의 고의 또는 과실을 입증하여야 한다.[39]

다만, 민법 분야에서는 최근에 고의·과실 책임이 완화되어 피해자가 적극적으로 가해자의 고의·과실을 입증할 필요가 없는 경우가 다수 존재한다.[40] 또한 예외로서 국가의 범죄피해보상제도 등은 범죄로 인한 국민의 피해발생에 대한 국가가 직접적인 고의, 과실이 없는 경우에도 국민의 손실을 보상한다.

사례의 경우 자신의 고의·과실이 없는 한 행위자는 그 결과에 대해 책임을 지지 않는다. 결과적으로 피해자는 억울함을 느낄 수 있고 원인에 관계없이 결과를 야기한 자가 책임을 져야한다고 생각할 수 있다. 그러나 법적인 관점에서 오직 책임은 행위자의 고의·과실이 인정되는 경우에 지는 것이 원칙이다.

참고로 형법상 범죄행위로 처벌받기 위해서는 1) 구성요건 해당성으로 행위자의 행위가 법규정에 규정된 행위요건을 충족하여야 하고(고의, 과실 및 기타 법률규정의 요건), 2) 위법성으로 그 행위가 법적 비난가능성을 회피하는 위법성조각사유(정당방위, 긴급피난, 사회적 정당행위, 피해자의 승낙, 자구행위)가 존재하지 않을 것, 3) 마지막 책임요건으로 행위자에게 적법행위를 기대할 수 있었을 것(즉, 책임능력, 기대가능성이 존재할 것)이 요구된다. 또한 추가적으로 인적처벌조각 사유(행위자에게 특별히 법이 규정한 처벌면제사유: 국회의원 면책특권, 범인은닉죄, 증거인멸죄의 특례 등)가 존재하지 않아야 한다.

39 지원림, 앞의 책, 1398면.
40 지원림, 앞의 책, 1404~1405면.

사례❷

A는 이제 로스쿨을 졸업한 신참으로서 변호사 자격시험을 1년 앞두고 있지만, 일단 법률사무소에 취직을 했기 때문에 일감을 맡아와야 한다. A는 종합병원 대기실에 앉아서 직장상사의 눈을 피해 변호사자격시험 공부도 하고, 소송일감을 물어오기 위해 여러 환자들도 살피고 있던 중 남편에게 폭행을 당한 것으로 보이는 B녀를 발견하였다. 자신 역시 어린 시절 아버지에게 폭행당한 어머니를 보고 살아야 했던 과거가 있는 A는 B에게 연민을 느끼고 B녀의 이혼을 도와주기로 마음을 먹었으나 B녀는 그 남편의 보복이 두려워 쉽게 이혼을 결정하지 못하였다.

어느 날 또다시 폭행당한 B녀에게서 연락을 받은 A는 이혼소송을 진행하기로 마음먹은 B녀를 도와주기 위해 혹시 모를 사태에 대비하여 권총을 소지한 채 그녀가 옷가지를 가지러 남편집에 가는 길에 함께 동행하였다. B녀의 집에서 나오기 직전, 때마침 집에 돌아온 B녀의 남편 C와 마주쳤다. C는 이혼소송을 제기한 B녀에게 야구방망이를 휘두르며 무자비한 폭행을 가하였고, A는 순간 야구방망이를 빼앗아 C를 내리쳐서 의식불명으로 만들었다. B녀는 A에게 부담을 주지 않기 위해 A를 내보낸 후, C에게 또 다시 보복폭행을 당할 것이 두려워 야구방망이로 마지막 일격을 가해 C를 사망하게 만들었다.

이 사건에서 B는 살인죄로 재판정에 서게 되었다. B는 살인죄로 처벌받아야 하는가?

자기 행위 결과에 대한 책임의 예외로서 '자기 또는 타인(他人)의 법익에 대한 현재의 부당한 침해를 방어하기 위한 행위'는 '정당방위'로서 위법성조각 사유에 해당함으로 처벌되지 않는다. 위법성 조각사유중 하나인 정당방위는 '자기보호의 근거'와 '법수호의 원리'에 의하여 인정되는 것으로 최소한의 범위 내에서 개인이 자신의 권리를 불법으로부터 스스로 보호하기 위한 행위로서 법질서를 보호하기 위한 최후의 수단이라는 점 때문에 허용되는 것이라고 할 수 있다. 따라서 '개인적 법익'을 '위법행위'로부터 보호하기 위해 최소한도의 범위에서 인정되는 것이기 때문에 개인이 아닌 국가적·사회적 법익을 보호하기 위한 행위이거나 위법행위가 아니라 정당한 행위에 대항하는 것은 정당방위가 성립하지 않는다.

구체적으로 정당방위가 성립하기 위해서는 정당방위 상황이 인정되어야 하는데, 정당방위상황은 1) '자기 또는 타인의 법익에 대한' 2) '현재의' 3) '부당한 침해'에 대하여 4) '방어의사'를 가지고 5) '상당한 이유 있는 방어행위'를 할 것이 요구된다. 특히 '자기 또는 타인의 법익'을 위해 허용되기 때문에 자기뿐만 아니라 전혀 무관한 제3자의 법익을 위해서도 허용된다. 또한 언급한 바와 같이 원칙적으로 국가적 사회적 법익은 정당방위의 대상이 아니나 예외적으로 명백하고 중대한 위해가 존재함에도 불구하고 국가가 그 기관에 의하여 스스로 보호조치를 취할 수 없는 경우에는 예외적으로 정

당방위가 가능하다.[41]

이와 같은 정당방위와 관련해 특히 '정당방위 상황에서 방위의사를 가지고 한 행위이지만 보호되는 법익에 비해 방어행위에 의한 법익침해 결과가 더 큰 경우'를 과잉방위라고 하는데, 이것은 원칙적으로 정당방위 상황이 인정되지 않음으로 위법성이 조각되지 않고 행위자의 책임이 인정된다. 다만, 형법은 예외적으로 방위행위가 그 정도를 초과한 때에는 정황에 의하여 그 형을 감경 또는 면제할 수 있다고 규정하고 특히 그 행위가 "야간 기타 불안스러운 상황 하에서 공포, 경악, 흥분 또는 당황으로 인한 때에는 불가벌적 과잉방위로 필요적 면제사항"으로 규정하고 있다.[42]

사례 2의 경우 원칙적으로 B가 이미 의식불명 상태인 그의 남편 C에게 일격을 가한 행위는 정당방위의 요건으로서 '타인의 부당한 행위의 현재성' 및 '방어의사'가 인정되지 않는다고 판단할 수 있다. 이 경우에 원칙적으로 살인죄로 처벌되어야 하나, 남편의 지속적인 폭행에 노출되어온 점과 남편이 회복한 후 보복할 가능성에 대한 심리적 두려움, 야간, 남편의 평소 폭행 습벽 등을 고려해 과잉방위로서 예외적인 책임면제에는 해당할 수 있다.

(4) 기대불가능성과 법적 책임

사례 ❶

부부동반 모임에 참가한 A는 모임에서 술을 마셨고, 결국 남편인 A는 음주운전을 하여 집에 가던 중 교통사고를 내서 행인에게 중상을 입히고 말았다. 음주운전 시 교통사고는 보험처리가 되지 않고, 음주운전에 의한 교통사고는 현행범으로 구속수사를 원칙으로 하기 때문에 처벌이 매우 엄격하다.

A는 이러한 사실을 알고 있었기 때문에 동승한 아내와 협의하여 자리를 바꿔 앉아서 아내가 운전한 것으로 사건을 조작하였다.

현장에 설치된 CCTV에 의해 사실이 발각되었을 때 A의 아내를 범죄은닉죄로 처벌할 수 있는가?

불법을 저지른 아내를 처벌하여야 하는 법적 필요성과 남편을 도와줘야 할 기본적 의무 중에서 법이 우선적으로 인정하는 것은?

41 이점이 사회적 국가적 법익에 대한 긴급피난이 인정되는 것과 차이가 있다.

42 형법 제21조 3항.

원칙적으로 고의적인 자기행위에 책임을 지는 것이 법의 정의관념에 부합하지만 예외적으로 행위자에게 적법행위를 기대할 수 없는 경우에는 처벌하지 않는 것이 법적정의라고 할 수 있다. 예를 들어 사례에서 벌금 이상의 형에 해당하는 죄를 범한 자를 은닉 또는 도피하게 한자는 범인은닉죄(형법 제151조)에 해당하여 3년 이하의 징역 또는 500만 원 이하의 벌금에 처하게 된다. 그러나 예외로 형법은 친족 간의 특례를 인정하여 범인을 은닉한 자가 범인과 친족관계에 있는 때는 처벌하지 않는 규정을 두고 있다.[43]

법률 개념상 인적처벌조각사유에 해당하는 범인은닉죄에서 친족 간의 특례는 친족인 범인을 도와주는 것이 인지상정인 우리의 관념상 행위자에게 적법행위를 기대할 수 없기 때문에, 이 경우에는 처벌을 면제하는 것이 법적정의 관념에 부합한다고 할 수 있다. 다만 이러한 처벌 면제 규정은 극히 예외적인 경우로써 개개의 법률규정에서 특별히 정하고 있는 범위 내에서만 허용된다는 점을 기억할 필요가 있다.

사례❷

평범한 회사원 A는 모처럼 휴가를 얻어 가족들과 함께 여행을 하고 있다. 중국 인근을 관광선을 타고 여행을 하던 중 갑자기 배가 엔진고장을 일으켜 표류하다가 암초에 부딪쳐 좌초되고 말았다. 배에 점점 물이 차오른 중에 탈출하기 위한 보트는 단 1척만 존재하였다.

자신의 딸과 아내를 태운 A가 보트에 오르자 배에 타 있던 선원 B는 모두 다 승선할 수 없으니 70세 이상의 노인은 더 이상 배에 탈 수 없다고 하며 아직 배에 오르지 못한 노부부 두 쌍의 승선을 막았다. A가 반대하며 노부부를 끌어 올리려 하자, 노부부를 밀쳐서 바다에 밀어 넣지 않으면 A의 딸과 아내를 바다로 밀어 넣겠다고 협박을 하였다. 결국 A는 두 쌍의 노부부 모두 바다에 빠트려 익사시켰다. 구조된 후 A는 다른 목격자들의 증언에 의해 살인죄로 체포되어 기소되었다.

A는 살인죄의 책임을 면할 수 있는가?

범인은닉죄와 같이 법률규정이 명시적으로 적법행위의 기대가능성이 없어서 처벌하지 않음을 규정한 경우에는 문제가 없으나 개별적인 처벌 면제 규정이 없는 경우가 문제된다. 그러나 형법은 행위자에게 행위 당시의 구체적 사정으로 미루어 범죄행위 대신 적법행위를 기대할 수 없는 이른바 '기대 가능성 없는 행위'의 한 유형으로서 "강요된 행위"를 규정하고 여기에 해당하는 경우에는 법적책임을 지지 않는 것으로 규정하

43 형법 제151조(범인은닉과 친족 간의 특례) ② 친족 또는 동거의 가족이 본인을 위하여 이 죄를 범한 때에는 처벌하지 아니한다.

고 있다. 즉, 형법 제12조는 "저항할 수 없는 폭력이나 자기 또는 친족의 생명·신체에 대한 위해를 방어할 방법이 없는 협박에 의하여 강요된 행위는 벌하지 않는다."고 규정하고 있다.

형법의 기본적인 범죄 성립요건에는 구성요건 해당성, 위법성, 책임을 요건으로 하는데 이 중에서 기대가능성이 없는 행위는 책임조각사유 중 하나이다. 사례에서 행위자는 친족의 생명·신체에 위해를 가할 가능성 때문에 강요된 행위를 하였음으로 책임이 조각되어 무죄가 선고될 수 있다. 다만, 이러한 기대불가능성은 매우 엄격하게 적용되어야 하기 때문에 "친족의 생명·신체에 대한 직접적인 위해"를 방어할 방법이 없는 경우에 한정되고, 재산적 손해를 방어하기 위한 행위 등에는 적용되지 않는다.

3. 법적 정의로서 자연법과 법실증주의

(1) 자연법적 정의의 문제

사례❶

1980년 텔아비브 국제공항에 브라질 발 화물기를 통해 항공화물이 도착하였다. 이 항공화물의 실제는 이스라엘 정보기구 모사드가 브라질에서 체포하여 마취 납치한 2차대전 당시 독일 비밀경찰 책임자 A였다. 모사드는 A를 유태인 학살을 지시한 전쟁전범으로 법정에 기소하였다. 세계 언론은 이미 공소시효가 만료된 30여 년 전의 행위에 대한 책임을 묻는 것은 부당하다고 비난을 가하였다.

그러나 이스라엘 정부는 반인륜적 범죄인에게는 실정법을 뛰어넘어 법을 집행하는 것이 자연법적 정의로서 일반적 정의 관념에 부합하다고 주장하고 있다.

유태인 학살 범죄 행위자에게 공소시효를 적용하지 않는 이스라엘 정부의 행위는 정당한가?

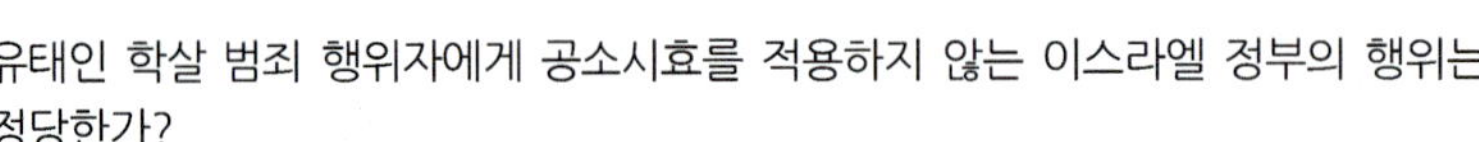

자연적으로 존재하면서 특정한 형태를 가지지 않으나 누구나 반드시 지켜야 하는 규범을 이른바 자연법이라고 정의할 수 있다.[44] 자연법은 인간이 보편적으로 지켜야 할 강제성을 가진 규범이라는 점에서 단순히 도덕적 혹은 윤리적 가치판단 기준과는 구별된다. 자연법은 구체적인 내용이 지정되어 있지 않기 때문에 다양한 상황에 적용되어, 인류의 보편적인 가치, 기본적인 인권 등을 보호하는 근거가 된다.

44 최종고, 앞의 책, 82면.

그러나 현실적으로 자연법은 그 실체를 구체적으로 가지고 있지 않기 때문에 무엇이 자연법인지, 혹은 이와 충돌하는 실정법이 있을 때 실정법을 무시할 수 있는 초법적 근거가 무엇인지 불분명하다. 따라서 자연법의 개념을 인정하여야 하는가가 역사적인 사건에서 문제가 되기도 한다.

사례❷

2차 대전이 막바지로 치닫고 있던 1942년 2월 독일군 소령 A는 동료들과 함께 히틀러를 암살하기로 모의하였다. 술에 취해 집에 들어온 A는 이 사실을 아내에게 털어 놓았고, 아내는 들은 내용을 즉각 독일군 비밀경찰 조직인 게쉬타포에 고발하였다. 독일 군사법정에서 사형이 선고된 A는 사형을 앞둔 며칠 전에 극적으로 독일이 연합군에 항복함으로써 연합군에 의해 석방되었다.

A는 석방 후에 아내를 체포·감금죄로 고발하였다. 그의 아내는 그 당시 독일 실정법에 의하여 국가원수를 살해하기 위해 모의한 남편을 고발한 것은 정당한 행위였다고 주장한다. 그러나 A는 반인륜적 범죄행위를 범한 히틀러를 살해하는 것은 자연법적 정의에 부합하는 것이고, 당시의 실정법은 자연법적 정의에 위배되는 것으로 그의 아내는 결국 위법한 행위를 하였다고 주장한다.

A의 주장이 타당한가?

자연법의 인정여부는 각 국가마다 조금씩 다른 태도를 취한다. 독일의 경우 2차 대전 당시 인륜에 반하는 실정법을 통해 자행된 유태인 학살의 경험을 가지고 있기 때문에 실정법을 넘어서는 초헌법적인 저항권을 인정하고 있다.[45] 따라서 법질서 회복 유지를 위해 긴급 시, 공권력의 위헌성이 명백, 저항에 호소하는 것이 유일한 방법인 경우에는 자연법에 의해 행동하는 것이 정당한 것으로 간주된다. 그러나 한국의 경우 박정희 대통령을 암살한 피고인 김재규가 주장한 저항권 행사의 근거로서 자연법의 존재를 인정하지 않았다.[46] 사례에 경우 전후의 독일법원은 자연법적 정의를 인정함으로써 히틀러 암살을 고발한 아내에 대해 체포·감금죄를 인정하였다.

45 BVerfGE 5, 85.

46 대법원 1980.5.20. 선고 80도306.

(2) 자연법의 한계와 법실증주의적 견해

사례

2024년 12월 3일 한국의 A 대통령은 국가정보원의 최근 보고를 근거로 현재 한국 사회에 중국 간첩들과 공산당원이 다수 암약하고 있다는 사실을 긴급뉴스로 발표하였다. 또한 대한민국 헌법 제77조 ① 항은, "대통령은 전시 · 사변 또는 이에 준하는 국가비상사태에 있어서 병력으로써 군사상의 필요에 응하거나 공공의 안녕질서를 유지할 필요가 있을 때에는 법률이 정하는 바에 의하여 계엄을 선포할 수 있다."고 전제한 후, 대통령은 이를 근거로 반국가세력을 발본색원 한다는 명목으로 비상계엄을 선언하였다. 또한 대통령 A는 헌법 제77조 3항은 "비상계엄이 선포된 때에는 법률이 정하는 바에 의하여 영장제도, 언론 · 출판 · 집회 · 결사의 자유, 정부나 법원의 권한에 관하여 특별한 조치를 할 수 있다."고 규정하고 있음을 근거로, "각 대학은 반국가세력을 발본색원하는데 협조하여야 하고, 이를 위해 대학가에 경찰을 상주시키고 거동이 수상한 자를 즉각 검문 · 압수 · 수색 · 체포 · 구속할 수 있다"는 포고령을 발표하였다.

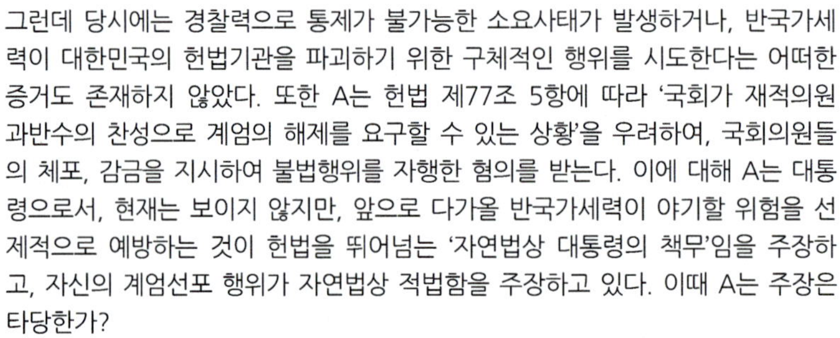

그런데 당시에는 경찰력으로 통제가 불가능한 소요사태가 발생하거나, 반국가세력이 대한민국의 헌법기관을 파괴하기 위한 구체적인 행위를 시도한다는 어떠한 증거도 존재하지 않았다. 또한 A는 헌법 제77조 5항에 따라 '국회가 재적의원 과반수의 찬성으로 계엄의 해제를 요구할 수 있는 상황'을 우려하여, 국회의원들의 체포, 감금을 지시하여 불법행위를 자행한 혐의를 받는다. 이에 대해 A는 대통령으로서, 현재는 보이지 않지만, 앞으로 다가올 반국가세력이 야기할 위험을 선제적으로 예방하는 것이 헌법을 뛰어넘는 '자연법상 대통령의 책무'임을 주장하고, 자신의 계엄선포 행위가 자연법상 적법함을 주장하고 있다. 이때 A는 주장은 타당한가?

자연법론에 대항하여 현재 적법한 절차를 통해 존재하는 실정법을 그 내용의 부당성 여부를 떠나서 존중하고 지켜야 한다고 보는 관점이 법실증주의 이론이다.[47] 자연법론에 의하면 현재 시행되고 있는 적법한 실정법을 무시하고 보이지 않는 이상에 따르는 것이 적법하다는 결론이 되기 때문에 법적안정성에 문제를 야기할 우려가 있다. 따라서 법실증주의 이론은 법내용의 적절성에 관계없이 현재 존재하고 있는 유효한 법이 추상적인 자연법에 우선한다고 주장한다. 실제로 사례에서 보여지는 예처럼 극단적으로 자연법론을 주장하게 되면 실정법이 자신에게 불리하게 되면 이를 지키지 않고, 그 근거로 자연법을 내세울 우려가 있다. 사례에서, 헌법의 명문규정을 뛰어 넘는 자연법을 근거로 주장하는 A의 견해는 매우 자의적인 것이어서 자연법의 취약점을 그대로 보여준다고 할 수 있다.

47 최종고, 앞의 책, 88면.

그러나 반면 독일의 나치스 정권 하의 법률도 모두 형식적으로는 적법한 절차를 거친 실정법이었던 것처럼 실정법의 효력을 강조하는 경우에는 악법에 대한 복종을 강요하는 결과가 될 수 있다. 결국 우선 실정법의 효력을 존중하고 인정한다고 해도 예외적인 극단적인 경우에는 자연법적 정의를 부정하기가 어렵다고 할 수 있다.

헌법 가치관 안에서 첨단 과학의 문제

chapter 2

Ⅰ. 기본적인 법적 가치관으로서 헌법의 의의
Ⅱ. 포괄적 기본권
Ⅲ. 자유권적 기본권
Ⅳ. 정신적 기본권
Ⅴ. 경제적 기본권
Ⅵ. 사회권적 기본권(인간다운 생활권)

Ⅰ. 기본적인 법적 가치관으로서 헌법의 의의

이론적으로 법이 추구하는 이념과 목적 및 그에 따른 정의 관념을 살펴본 뒤에는 현실에서 그러한 법의 이론들이 어떻게 적용되고 나타나고 있는지를 살펴볼 필요가 있다. 각국의 법적 가치관을 현실로 구현하는 가장 기본적인 법은 헌법이라고 할 수 있다. 특히 최근 발전하는 과학기술과 함께 이에 상응하는 법적 윤리관의 변화를 살펴보기 위해서는 현실 법에서 법적 윤리관의 기초를 형성하는 헌법의 기본적 이해가 필요하다.

1. 사회의 가치질서로서 헌법

(1) 헌법의 의의

사례

노예제도가 합법적으로 시행되던 1839년 6월 28일 미국 코네티컷 주 해안에 스페인 선적의 Amistad호가 흑인들만 가득한 채 표류하고 있는 것을 미국 해군 군함이 발견하였다. 미국 해군의 조사 결과 이들 흑인들은 백인선원 20명을 모두 살해한 후 항해에 필요한 2명만을 살려두고 아프리카로 갈 것을 요구하였으나 생존 백인선원들이 이들을 미국 해안으로 유인한 것이었다.

미국 코넷티컷 연방검사는 이들 노예들을 선상 반란에 의한 살인죄를 적용하여 처벌하여 줄 것을 법원에 요청하였으나, 선적국인 스페인의 여왕과 대사는 1781년에 미국과 스페인 간에 맺어진 합의조약에 따라 원주인이 분실한 화물인 이들 노예들은 스페인 국왕에게 선박과 함께 반환되어야 한다고 주장한다. 당시 스페인과의 상호 통상조약 제9조는 "양국의 해상에서 해적에게 납치되거나 혹은 여하의 원인으로 인해 분실된 화물은 각 화물의 소유국에 빠른 시일 안에 반환한다."고 규정하고 있다. 반면, Amistad 화물선이 출발한 쿠바에서 선적된 노예들에 대한 대가를 이미 지불한 노예상인 A와 B는 매매 영수증을 제시하고 노예들에 대한 소유권을 주장하고 있다. 이들 노예들은 스페인으로 환송되는 즉시 스페인 국민을 살해한 죄로 사형에 처해질 것이고, 노예상인들에게 반납되는 때는 주인을 죽인 노예로서 가장 혹독한 노예생활을 강요받게 될 것이 예측된다. Amistad 탑승 흑인들의 인권을 주장하는 단체는 변호사를 내세워 조사를 시작하였고, 조사결과 이들은 아프리카에서 납치되어 쿠바로 끌려온 뒤 매매된 것으로 판명되었다. 사

건 당시 1830년대 미국은 노예제를 폐지한 산업지대인 북부 주들과 목화 농장 등의 인력을 유지하기 위해 여전히 노예제를 합법으로 규정한 남부 주들의 이해관계가 첨예하게 대립하고 있던 시기였으나 미국 안에서 기본적으로 노예제는 불법이 아니었고 따라서 흑인들을 매매하는 것 자체는 합법적 계약이었다.

스페인대사와 노예상인은 Amistad의 흑인들이 일반적인 매매의 대상이 되는 "화물"이라는 점을 주장하고 있다. 그러나 인권단체는 미국 헌법이 규정한 "모든 인간은 행복을 추구할 권리를 가진다."라는 규정을 근거로 제시하며 인간은 피부색에 관계없이 "화물"이나 "물건"으로 해석될 수 없다는 주장을 하고 있다. 인권단체의 주장이 옳다면 당시 대부분의 미국 각 주법이 허용하고 있는 노예매매는 허용될 수 없는 불법행위가 된다.

이 사건에서 헌법규정은 '사회전체 구성원의 과반수가 동의'하는 사회적 관행을 번복하고 뒤집을 수 있는 충분한 법적 근거로 사용될 수 있는가?

국가기관을 구속할 가장 최상위의 근거법은 무엇인가?

헌법의 개념과 의의에 대해서는 헌법학자들 간에 다양한 견해가 있으나 일반인의 관점에서 쉽게 이해할 수 있는 가장 고전적인 방법으로 설명하자면 국가와 국민간의 일종의 계약서라고 해석할 수 있다.[48] 즉, 소규모의 사람들이 군집을 이뤄가면서 이들은 외부로부터 자신들을 보호하고 자신들을 대표할 국가를 필요로 하게 되었고, 이에 따라 사회의 구성원들이 집단계약을 통해서 국가라는 조직을 만들어 내게 되었다. 사회구성원들은 국가라는 조직에 구성원의 권리를 위임하는 조건으로 국가에 대해 일정한 의무를 부과하였고, 사회구성원들의 기본적인 권리를 설정하였다. 헌법은 이러한 사회구성원인 국민과 국가 간의 국가창설을 위한 기본 계약서로서의 성격을 가지고 있다.[49]

특히, 헌법에 규정된 국민의 기본적인 권리를 기본권이라고 할 수 있고 국가는 이를 보호할 기본적인 의무를 부담한다. 만일 국가가 국민의 기본권을 보호하지 않는다면 국가창설의 기본적인 계약인 헌법을 위반하는 것이고, 국민은 국가창설의 기본계약을 해제하고 국가에 부여한 권한을 회수할 정당한 근거를 가지게 된다. 국민의 국가창설의 기본계약 해제와 국가권력의 회수는 국민의 저항권으로 나타나게 된다. 결국 모든 국가 활동은 국민의 기본권을 헌법에 규정된 사유와 방법 정도를 넘어서서 침해하지

48 성낙인, 『헌법학』(법문사, 2007), 7, 25면 ; 허영, 『한국헌법론』(박영사, 2007), 13면.

49 헌법을 국가와 국민간의 계약의 한 형태라고 보는 것은 장자크 루소의 사회계약설을 반영한 고전적인 해석 방법이다.

않아야 한다.

더 나아가 사법기관 또한 이러한 헌법상의 기본권을 보장할 의무를 지게 되는데, 사법부의 법적 판단에 있어서 모든 해석 근거는 헌법에 명시된 기본권을 존중하는 방향으로 해석되어야 한다. 따라서 사례에서 법원은 당시의 사회관행 보다는 헌법에 규정된 국민 혹은 인간의 기본권 존중사상에 일치하는 방향으로 조약의 규정과 계약의 내용을 해석하여야 할 의무를 부담한다. 실제 1841년 Armistad 사건에서 전직 대통령 출신의 변호인은 헌법상 '인간의 행복추구권' 조항을 근거로 "인간은 '화물'로 해석될 수 없다."고 주장하였고, 미국 연방대법원은 변호인의 의견을 받아들여 납치된 아프리카 흑인노예들에게 자유를 선언하였다.[50] 이 판결은 이후 1861년 남북전쟁으로 나타나는 이념적 갈등이 본격적으로 외부로 표출되는 계기가 되었다고 평가된다.

(2) 헌법상 기본권의 유형

헌법상 기본권은 먼저 포괄적 기본권과 그 외의 개별 기본권으로 구분된다. 포괄적 기본권은 헌법 제10조와 제11조 그리고 제37조 제1항을 통해 도출되는데 인간으로서 존엄권, 행복추구권 등을 의미한다.[51] 이것은 특정한 구체화된 권리가 아니라 추상적이고 포괄적인 기본권으로서 생명권, 안면권, 자유롭게 계약할 권리, 성적 자기결정권, 휴식권 등을 내포하고 있다.[52] 다음으로 자유권적 기본권이 열거되고 이것은 국가로부터 개인의 자유를 보장받을 권리를 의미하는 소극적 권리로 구성된다. 신체의 자유(제12 · 13조), 거주 · 이전의 자유(제14조), 직업선택의 자유(제15조), 거주의 자유(제16조), 사생활의 비밀과 자유(제17조), 통신의 자유(제18조), 양심의 자유(제19조), 종교의 자유(제20조), 언론 · 출판 · 집회 · 결사의 자유(제21조 1항), 학문과 예술의 자유(제22조), 재산권의 보장(제23조)으로 구성된다. 특히 자유권적 기본권은 헌법의 기본권 중에서 가장 고전적이고 기초적인 기본권이라고 할 수 있다.

또한 참정권으로 보다 능동적 권리가 열거되고 여기에는 선거권(제24조), 공무담임

50 United States v. The Armistad, 40 U.S. 518(1841); 참고로 납치된 흑인들이 인간으로 간주된 이상 생존을 위해 자신을 납치하고 감금한 노예상인들을 살해한 것은 정당방위에 해당한다고 평가할 수 있다.

51 第10조: 모든 국민은 인간으로서의 존엄과 가치를 가지며, 행복을 추구할 권리를 가진다. 국가는 개인이 가지는 불가침의 기본적 인권을 확인하고 이를 보장할 의무를 진다.
제37조 ① 국민의 자유와 권리는 헌법에 열거되지 아니한 이유로 경시되지 아니한다. ② 국민의 모든 자유와 권리는 국가안전보장 · 질서유지 또는 공공복리를 위하여 필요한 경우에 한하여 법률로써 제한할 수 있으며, 제한하는 경우에도 자유와 권리의 본질적인 내용을 침해할 수 없다.

52 성낙인, 앞의 책, 330면 ; 허영, 앞의 책, 321면.

권(제25조), 국민표결권(제72조, 제130조)이 존재한다. 또 청구권적 기본권은 청원권(제26조), 재판청구권(제27조), 재판절차에서 피해자의 진술권(제27조 5항), 형사보상청구권(제28조), 국가배상청구권(제29조), 국가에 대한 구조청구권(제30조)으로 구성된다. 마지막으로 생존권적 기본권이 존재하는데 이것은 이른바 추상적 권리, 프로그램적 권리라고 지칭되는 기본권으로서 헌법에 기본권으로 규정은 되어 있지만 실제 국가의 의무를 규정한 것이 아니라 단순한 국가의 방침 혹은 이념을 규정한 것으로 해석된다.[53] 생존권적 기본권에는 교육을 받을 권리(제31조), 근로의 권리(제32조), 노동 3권(제33조), 인간다운 생활을 할 권리(제34조), 환경권(제35조), 혼인·가족 모성보호에 관한 권리(제36조)가 포함된다.

기본권의 유형과 분류 중에서 의미가 있는 것은 기본권의 유형에 따라 보호의 정도가 조금씩 다르기 때문이다. 예를 들어, 사회권적 기본권은 국가의 방침적 규정이기 때문에 보호의 정도가 약한 반면, 자유권적 기본권은 가장 기초가 되는 기본권으로 그 보호의 정도가 매우 높다. 그 외 인간의 사상과 감정 신체활동에 대한 자유를 보장하는 정신적 기본권 유형이 국민의 경제활동을 보장하는 경제적 기본권 유형보다 훨씬 보호의 정도가 강하다. 이것을 다음 장에서 설명하는 기본권 제한에 있어서 이중기준의 원칙이라고 하는데 기본권 중에서 신체적, 정신적 기본권과 재산적, 경제적 기본권을 구별하여 전자의 가치가 후자의 가치 보다 우월한 것으로 양자에 대한 제한의 방법 정도가 서로 다르게 적용되어야 하는 것을 의미한다. 즉 신체의 자유와 정신에 관한 기본권은 원칙적으로 제한되지 아니하고 예외적으로 제한되는 경우에도 그 방법, 정도의 명확성, 명백하고 현존한 위험성과 같은 사유가 엄격하게 심사되어야 함에 반해 경제적 기본권은 제한이 합리적 사유가 있으면 가능하다는 입장이다.[54]

53 헌법재판소 2005.7.21. 2004헌바2.

54 성낙인, 앞의 책, 431면 ; 허영, 앞의 책, 261면.

2. 기본권 효력의 한계

(1) 기본권 제한의 방법과 내용

사례

중학교를 졸업하고 유흥가를 떠돌다가 성매매 업종에 종사해온 29세의 A는 최근 성매매알선 등 행위의 처벌에 관한 법률에 의하여 윤락행위 제공, 이용자를 처벌하는 법규가 통과되고 경찰이 집중단속을 벌여 성매매 업소가 모두 문을 닫자 일자리를 잃게 되었다. A가 중학교 중퇴의 학력으로 이전 업소에서 일할 때 받았던 한 달 300만 원의 급료를 받으며 일할 곳은 없다. A는 현재 임시로 여성쉼터에 기거하고 있지만, 한 달 후에는 출소 당할 위기에 처해 있다.

A는 이 법률이 헌법이 보장한 자신의 직업선택의 자유와 행복추구권을 침해한 위헌적 법률임을 주장하고, 자신의 기본권을 제한하는 법률을 제정할 수 없음을 주장하고 있다. A의 주장은 타당한가?

헌법이 보장하는 기본권은 왜 제한되어야 하는가?

헌법은 국민이 보장받아야 할 기본권을 세부적으로 규정하고 있지만 더 나아가 기본권의 제한에 대해서도 규정하고 있다. 헌법을 국가와 국민간의 계약의 일종이라고 보면 국민의 자율적인 동의에 의해 기본권의 한계가 설정된 것이다. 헌법의 기본권 편의 마지막 조문인 제37조 2항은 "국민의 모든 자유와 권리는 국가안전보장 · 질서유지 또는 공공복리를 위하여 필요한 경우에 한하여 법률로써 제한할 수 있다."고 규정하고 다만, "제한하는 경우에도 자유와 권리의 본질적인 내용을 침해할 수 없다."고 규정하고 있다. 이 규정의 해석을 통해 기본권 제한의 목적과 방법 그리고 기본권 제한의 한계가 설명된다.

우선, 기본권제한의 사유에 대해 헌법은 국가안전보장, 질서유지, 공공복리의 목적을 들고 있고, 이러한 목적을 위해 필요한 경우에 한하여 그 수단은 법률로서 제한이 가능하도록 규정하고 있다.[55] 따라서 행정편의 목적을 위해 법률의 근거 없는 기본권의 제한은 허용되지 않는다. 마지막으로 기본권을 제한하는 경우에도 기본권의 본질적 내용을 침해할 수는 없다.

이것은 기본권 제한의 한계를 규정한 것인데 즉, 기본권의 근본 요소 내지 핵심요소

55 성낙인, 앞의 책, 286면 ; 허영, 앞의 책, 274면.

혹은 절대적으로 보호되는 핵심영역을 침범할 수 없는 것을 말한다.[56] 각각의 기본권마다 그 본질적 내용에 각각 다르게 해석되기 때문에 국가기관의 행위가 기본권의 본질적 내용을 침해하는지 여부는 개별 사건에서 헌법재판소에 의해 확인될 수밖에 없다.

사례의 경우, 사회질서 유지를 위한 목적을 달성하기 위해 성매매를 금지하는 성매매알선 등 행위의 처벌에 관한 법률이 성매매 행위를 금지함으로써 결국 그 직업선택의 자유라는 기본권이 제한된 경우이다. 따라서 적법한 목적과 수단에 의한 기본권의 제한이지만 마지막으로 그 적절성 즉, 본질적 내용을 침해한 것이 아닌지는 문제될 수 있다. 일단 직업선택권은 경제 활동을 보장하기 위한 기본권으로서 이중기준의 원칙에 의할 때 신체·정신적 자유를 보장하는 기본권보다 더 엄격한 제한이 허용된다. 또한 성매매에 종사하는 사업자는 다른 직업을 구할 최소한의 가능성이 있기 때문에 직업선택의 자유를 완전히 봉쇄하여 그 본질적 내용을 침해한 것으로 볼 수도 없다.

(2) 기본권의 대 시인적 효력

1) 기본권을 실현하는 개별 법률이 없는 경우(일반적인 경우)

사례

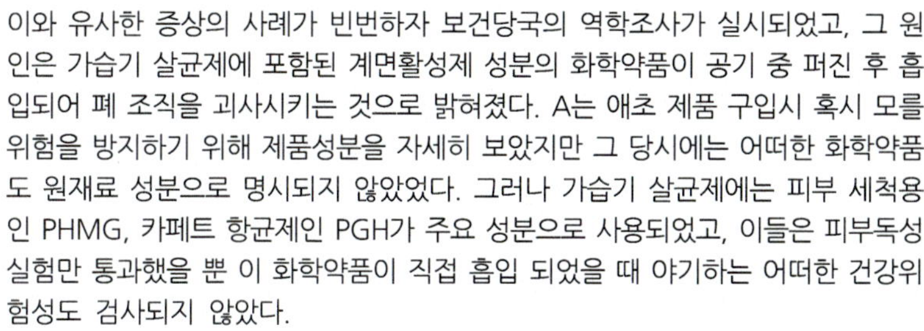

A는 36세 회사원으로 3, 4살의 두 아이와 아내를 둔 가장이다. 겨울철 실내 습도가 너무 낮은 경우에는 바이러스에 대한 저항력이 떨어진다는 의사의 말을 들은 A는 감기가 끊이지 않는 아이들과 아내의 건강을 위해 실내 가습기를 구매하였고, 가습기에 번식할 수 있는 세균을 막아 건강한 실내 환경을 유지한다는 가습기 살균제를 구매하여 사용하였다. 가습기 사용 후 약 3개월 후부터 3살 아들의 숨이 가빠지는 증상을 겪어 병원의 진찰을 받은 결과 원인을 알 수 없는 이유로 아이의 폐가 파괴되고 굳어간다는 진단을 받았고, 그 후 4살 아들 역시 같은 진단을 받았다. 한달 동안 중환자 실을 전전하던 아이들은 모두 사망하였고, 그의 아내 역시 유사한 증상으로 폐 이식 수술을 받아 겨우 생명을 유지할 수 있었다.

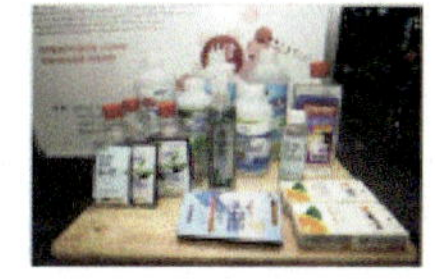

이와 유사한 증상의 사례가 빈번하자 보건당국의 역학조사가 실시되었고, 그 원인은 가습기 살균제에 포함된 계면활성제 성분의 화학약품이 공기 중 퍼진 후 흡입되어 폐 조직을 괴사시키는 것으로 밝혀졌다. A는 애초 제품 구입시 혹시 모를 위험을 방지하기 위해 제품성분을 자세히 보았지만 그 당시에는 어떠한 화학약품도 원재료 성분으로 명시되지 않았었다. 그러나 가습기 살균제에는 피부 세척용인 PHMG, 카페트 항균제인 PGH가 주요 성분으로 사용되었고, 이들은 피부독성 실험만 통과했을 뿐 이 화학약품이 직접 흡입 되었을 때 야기하는 어떠한 건강위험성도 검사되지 않았다.

56 성낙인, 앞의 책, 291면 ; 김대환, 『기본권제한의 한계』(법영사, 2001), 296면.

A는 가습기 살균제를 제조한 국내 대기업들이 건강에 치명적인 물질을 가습기 살균제에 사용하고서도 그 내용을 표시·광고 등을 통해 알리지 않아 헌법상 보장된 국민의 알권리(헌법 제21조, 제10조 등)를 침해하여 불법행위가 성립한다고 주장하고 손해배상을 청구하였다. 이에 대하여, 사업자들은 가습기 살균제는 공산품으로 승인 받은 것으로 공산품안전관리법에는 제품의 성분표시를 강제하는 규정이 존재하지 않고, 따라서 어떠한 불법행위 책임도 지지 않는다고 주장하고 있다. 헌법상 알권리에 대한 침해와 손해배상을 주장하는 A의 주장은 타당한가?

헌법상의 기본권을 국민이 다른 국민에게 직접 주장할 수 있는가?

헌법은 국민과 국가 간의 약속이고 따라서 헌법에 규정된 헌법상의 기본권도 국민이 국가에 대해 요구하는 권리이기 때문에 원칙적으로 국민은 다른 사인(私人)인 국민에게 헌법상의 기본권 보장을 직접 요구할 수는 없다. 그러나 직접적인 국가기관이 아니라고 해도 국가 기관의 업무를 대신하거나 국가기관으로 보조를 받아 국가기관을 대행하는 공인(公人)은 국민의 기본권을 보장하여야 할 의무를 진다. 이와 같이 헌법은 대사인 간에는 그 효력이 직접적으로 나타나지 않고 사법상의 일반조항, 헌법상의 기본권 사상이 구체화된 일반법률 등을 통해 간접적으로 적용되는 것이 그 원칙이다. 다만, 예외적으로 헌법상 기본권이 우리사회의 객관적인 질서로 인정될 수 있을 만큼 구체적이고 명확한 경우에는 일반법률의 규정 없이 직접 사인간의 관계에 적용될 수도 있다.[57]

헌법 제21조, 10조 등에 근거한 국민의 알권리는 정치적 사회적 제반 문제에 대한 정보와 개인 자신의 정보에 대한 포괄적인 정보 취득권을 의미한다. 이 알권리는 헌법상 보장된 국민의 기본권으로 그 대상이 기본적으로 국가를 대상으로 하고 있어서, 국민이 국가기관에 대한 정보공개를 청구할 권리를 구체적으로 보장하기 위한 '공공기관의 정보공개에 관한 법률' 등이 마련되어 있다. 그러나 국민 사인간에는 원칙적으로 헌법상 기본권을 사인간의 관계에 구체화하고 확대한 개별법률이 존재하는 경우에만 정보접근권을 인정할 수 있는데, 사인간에 알권리를 일반적으로 보장하는 법률은 존재하지 않고, 식품위생법 등에서 식품성분표시의 고지제도 등을 통해 간접적으로 알권리를 보장하고 있을 뿐이다.

사례에서 사업자들의 항변대로 가습기 살균제는 사용 원재료의 안정성 입증 및 그 주요성분 내용이 표시되어야 하는 약사법(약사법 제65조) 상의 의약외품으로 관리되지 않은 체, 주요 성분명에 대한 표시의무가 전혀 없는 "품질경영 및 공산품안전관리법"

57 대법원 2011. 1. 27. 선고 2009다19864 판결(사인에 의한 평등권 침해가 불법행위를 구성하는 형태).

에 의한 공산품으로 분류되었기 때문에 일반적인 공산품 품질안전기준만이 적용되었다. 따라서 사인인 가습기살균제 제조사에 대하여 다른 사인이 알권리를 주장할 근거 법률이 존재하지 않았고, 결과적으로 A의 알권리 침해주장은 인정되지 않는다.

2) 기본권 조항이 간접적으로 사인에게 적용되는 경우

사례❶

최근에 결혼한 회사원 A는 얼마 전 아내가 아이를 출산하였다.

출산 후 3개월이 지나 아내의 출산휴가기간이 끝나고 아내가 회사로 복귀하자, 자신이 육아휴직을 내기로 결심하고 육아휴직을 신청하였으나 회사로부터 거절 당하였다.

A는 육아휴직이 여사원에게만 부여될 수 있다는 회사사규가 헌법 제11조에서 규정한 평등권 규정에 위반하였음을 근거로 원칙적으로 무효임을 주장하며 법원에 소송을 제기하였다.

A의 주장은 타당한가?

사례❷

여자 회사원 A는 입사 당시에 취업규칙에서 여자사원이 30세 이전에 결혼을 하는 경우에는 자동 퇴사 처리된다는 규정을 읽고 서명을 하였다.

29세에 사랑하는 사람을 만나 결혼식을 몰래 올린 A는 어느 날 새로운 가족관계부 제출을 요구하는 회사 상사의 요구에 항의하다가 결혼한 것으로 간주되어 퇴사 처리되었다.

A가 여사원에게만 30세 전 결혼과 함께 자동 퇴직을 규정한 취업규칙의 효력을 헌법 규정을 근거로 무효라고 주장할 수 있을까?

헌법상 기본권이 사인에게 간접적으로 적용되는 경우는 어떠한 경우인가?

기본권은 원칙적으로 사인 간에 권리를 주장하는 직접적인 근거규정이 될 수는 없으나 예외적으로 헌법상의 기본권 사상을 사인 간에 적용시키기 위해 구체화한 법률이 존재하는 경우에는 이 구체적인 법률을 매개로 하여 사인 간의 권리관계에 헌법이 직접 영향을 줄 수 있다.[58]

58 성낙인, 앞의 책, 266면 ; 허영, 앞의 책, 258면.

사례 1의 경우, 원칙적으로 헌법상의 평등권을 구체적으로 실현하기 위해 남자에게도 육아휴직을 보장하는 하위 법률이 존재하지 않는 한 일반 사인인 회사에 헌법 평등권 위반을 직접 주장할 수는 없다. 그러나 2007년 12. 21. 시행된 남녀고용평등과 일·가정 양립 지원에 관한 법률 제19조는 여성 근로자뿐만 아니라 남성 근로자도 동일하게 육아휴직을 청구할 권리를 인정하고 있다.[59] 따라서 일·가정 양립 지원에 관한 법률 제19조에 의하여 남성 근로자도 육아휴직권을 회사에 청구할 권리를 갖게 됨으로써 간접적으로 여성근로자와 동등한 권리가 보장되게 되었다. 동법 시행 이후 만일 사업주가 육아휴직을 신청 받고 이를 허용하지 않는 경우에는 동법 제37조의 4항에 의한 벌칙이 적용되어 500만 원 이하의 벌금에 처한다. 헌법상의 기본권이 가지는 대사인적 효력이 개별법률에 의해 구체화된 대표적인 사례라고 할 수 있다.

사례 2의 경우, 헌법 제11조의 평등권 규정을 곧바로 적용할 수는 없으나, 여사원에게만 결혼을 금지하는 취업규칙 조항은 부당하게 인신을 구속함으로 민법 제103조의 공서양속 조항(선량한 풍속기타 사회질서 위반)에 위반하여 무효이다. 또한 남녀고용평등과 일·가정 양립 지원에 관한 법률 제11조는 혼인 등을 이유로 여성을 해고하는 것을 명문으로 금지하고 있다.[60] 남녀고용평등과 일·가정 양립 지원에 관한 법률 제7조 차별금지조항 및 민법 제103조의 공서양속 조항은 간접적으로 헌법 제11조 평등권, 헌법 제12조의 자유권의 사상을 내포하고 있기 때문에 이러한 사법조항을 통해 간접적으로 헌법상의 기본권의 사인간의 권리관계에 영향을 미친다고 할 수 있다.

59 남녀고용평등과 일·가정 양립 지원에 관한 법률 제19조(육아휴직) ① 사업주는 임신 중인 여성 근로자가 모성을 보호하거나 근로자가 만 8세 이하 또는 초등학교 2학년 이하의 자녀(입양한 자녀를 포함한다. 이하 같다)를 양육하기 위하여 휴직(이하 "육아휴직"이라 한다)을 신청하는 경우에 이를 허용하여야 한다. 다만, 대통령령으로 정하는 경우에는 그러하지 아니하다. <개정 2010. 2. 4., 2014. 1. 14., 2019. 8. 27., 2021. 5. 18.>
② 육아휴직의 기간은 1년 이내로 한다. 다만, 다음 각 호의 어느 하나에 해당하는 근로자의 경우 6개월 이내에서 추가로 육아휴직을 사용할 수 있다. <개정 2024. 10. 22.>
1. 같은 자녀를 대상으로 부모가 모두 육아휴직을 각각 3개월 이상 사용한 경우의 부 또는 모
2. 「한부모가족지원법」 제4조제1호의 부 또는 모
3. 고용노동부령으로 정하는 장애아동의 부 또는 모
④....

60 남녀고용평등법의 법령명은 "남녀고용평등과 일·가정 양립 지원에 관한 법률"로 개정되어 사용되고 있다(제11조(정년·퇴직 및 해고). ① 사업주는 근로자의 정년·퇴직 및 해고에서 남녀를 차별하여서는 아니 된다. ② 사업주는 여성 근로자의 혼인, 임신 또는 출산을 퇴직 사유로 예정하는 근로계약을 체결하여서는 아니 된다.).

Ⅱ. 포괄적 기본권

1. 인간의 존엄과 가치, 행복추구권

(1) 인간의 존엄성 보장(생명권)

사 례

어린 나이에 부모를 잃고 시설에 입양되어 유년시절을 보낸 A는 고등학교를 최종 학력으로 졸업하고 몇 번의 취직 노력 끝에 월급 80만 원의 중소기업에 취직하게 되었다. 그곳에서 아내를 만난 A는 열심히 생활하였으나 백혈병에 걸린 아내의 병간호로 모든 재산을 잃고, 아내도 사망하자 삶의 의욕을 잃고 방황하기 시작했다.

어느 날 A는 유흥비로 충당하기 위해 예전에 자신이 일하던 공장에서 부품을 몰래 훔쳐 나오다가 자신을 목격한 공장의 수위 B를 절단용 펜치로 가격하여 사망에 이르게 하였다. A는 이를 숨기기 위해 공장에 불을 질렀으나, 인화성 물질에 불이 붙으면서 공장 기숙사에서 잠을 자던 15명을 사망에 이르게 하였다. 대법원은 A에게 사형을 선고하였으나, 변호인은 사형제도가 헌법 제10조 인간존엄성에 반하는 제도로 위헌임을 주장한다.

이 사건에서 변호인의 주장은 설득력이 있는가?

헌법 제10조가 규정하는 인간의 존엄성 보장 조항이 보호하는 것은 무엇인가?

우리 헌법 제10조는 "모든 국민은 인간으로서의 존엄과 가치를 가지며, 행복을 추구할 권리를 가진다."고 규정하고 개인의 불가침의 기본적 인권을 확인하고 보장할 의무를 국가에게 부여하고 있다. 이를 근거로 헌법 제10조는 포괄적 기본권으로 인간의 존엄과 가치·행복추구권을 규정하고 있으나 실제 인간의 존엄과 가치 및 행복추구권의 내용은 포괄적이고 불확정적인 개념이다.

일반적으로 인간의 존엄과 가치 및 행복추구권의 내용은 인간으로서 존엄과 가치를 누릴 수 있는 기본적 권리를 의미하지만, 그 구체적인 내용은 헌법재판소 또는 법원의 판례를 통해서 확인될 수밖에 없다. 초상권,[61] 성명권,[62] 계약체결의 자유,[63] 휴식권[64]

61 대판 2006.10.13. 2004다16280.

62 대판 2005.11.16. 2005스26.

등이 헌법 제10조에서 파생된 기본권으로 확인되었다.

다만, 인간의 존엄과 가치 및 행복추구권과 관련해 생명권을 박탈하는 사형제도가 인간으로서 존엄성을 보장하는 헌법 제10조에 위반하는 것이 아닌지에 대한 논란이 있다.[65] 특히 생명권도 일종의 기본권으로서 국가의 침해에 대한 배제를 요구할 수 있는 소극적 생명권과 국가에 대한 보호를 적극적으로 청구할 수 있는 적극적 생명권(제3자의 생명침해로부터 배제요구)으로 정의된다. 따라서 생명권을 박탈하는 현행 형법의 사형제도의 위헌성 여부가 문제되나 대법원과 헌법재판소는 합헌이라고 판시하였다.[66] 참고로 이미 헌법 제110조 4항은 "사형"이라는 단어를 언급하고 있기 때문에 헌법자체적으로 사형제도를 인정하고 있다는 논리가 주장된다.[67]

(2) 행복추구권

사례

A는 번잡한 지하철에서 다른 여자승객과 신체가 밀착된 틈을 이용하여 신체접촉을 하였고, 2015. 11. 26. 서울북부지방법원에서 '성폭력범죄의 처벌 등에 관한 특례법 위반(공중밀집장소에서의추행죄)'으로 징역 6월에 집행유예 2년을 선고받아 판결이 확정되었다. 이후 '성폭력범죄의 처벌 등에 관한 특례법' 제42조 제1항에 따라 신상정보 등록대상자가 되었다.

A는 자신이 범한 '공중밀집장소에서의 추행죄'는 비교적 경미한 범죄로서, 그 불법성과 재범가능성의 차이를 반영하지 않고 예외 없이 모두 신상정보 등록대상자로 정하고 있는 '성폭력범죄의 처벌 등에 관한 특례법' 제42조 제1항 중 일부는 인간의 존엄과 가치, '행복추구권'을 규정한 헌법 제10조 제1문에서 도출되는 일반적 인격권을 침해하여 위헌이라고 주장하고 헌법소원심판을 청구하였다.

A의 주장은 타당한가?

임산부가 주장할 수 있는 기본권은?

63 헌재 1991.6.3. 89헌마204.

64 헌재 2001.9.27. 2000헌마159.

65 성낙인, 앞의 책, 367면 ; 허영, 앞의 책, 346면.

66 헌재 1996.11.28. 95헌바1.

67 헌법 제110조 ①....
....
④비상계엄하의 군사재판은 군인·군무원의 범죄나 군사에 관한 간첩죄의 경우와 초병·초소·유독음식물공급·포로에 관한 죄 중 법률이 정한 경우에 한하여 단심으로 할 수 있다. 다만, 사형을 선고한 경우에는 그러하지 아니하다.

헌법 제10조 후단의 '행복추구권'은 대단히 범위가 넓은 기본권으로서, 여기서 파생된 중요한 기본권의 내용은 낙태죄에 대한 헌법불합치 판결에서 문제된 '자기결정권'을 비롯하여 일반적 인격권 등이 포함된다. 일반적 인격권은 헌법 제17조의 사생활의 비밀과 자유(프라이버시권)에 의하여 보장되는 '개인정보 자기결정권' 등으로 구체화될 수 있다. 자기정보결정권은 자신에 관한 정보가 언제 누구에게 어느 범위까지 알려지고 또 어떻게 이용되도록 할 것인지를 그 정보주체가 스스로 결정할 수 있는 권리로서, 헌법 제17조 프라이버시권 및 행복추구권에 근거를 두고 있다.

사례에서 문제된 '공중밀집장소 추행죄'로 유죄판결이 확정된 자를 신상정보 등록대상자로 규정하는 규정은 해당 범죄자의 개인정보 수집 · 보관 · 처리 · 이용에 관한 근거가 되므로 개인정보자기결정권을 제한하고, 특히 자신의 존엄과 사회적 명예 등을 유지할 권리를 의미하는 인격권을 직접 제한하는 결과를 가져온다. 그런데, 이와 같은 권리는 언제나 헌법 제37조 1항에 따른 제한을 받기 때문에 그 한도 안에서만 권리행사가 허용된다.

이 사례에서도, 헌법재판소는 "국가기관이 일정한 성폭력범죄를 저지른 자로부터 일정한 신상정보를 제출 받아 보존 · 관리하는 것은, 등록대상자가 다시 성폭력범죄를 저지를 경우 쉽게 검거될 수 있다는 점을 예상하게 하여 성폭력범죄를 억제하고, 재범이 현실적으로 이루어진 경우에는 그에 대한 수사의 효율성과 신속성을 제고하는데 기여한다."고 판단하였다. 따라서 헌법소원 대상조항은 사회질서 유지 등의 입법목적 달성을 위한 적합한 수단에 해당한다는 점에서 위헌신청이 기각되었다.[68]

68 헌법재판소 2017. 12. 28 자 2016헌마1124 결정 [구 성폭력범죄의 처벌 등에 관한 특례법 제42조 제1항 위헌확인]

(3) 생명 의학기술과 인간존엄성 및 행복추구권

1) 인공생식과 행복추구권

사례

58세의 여성 A는 최근 교통사고로 그의 유일한 아들이 사망하자 우울증에 시달리고 있다. A는 그의 아들을 대신할 새로운 아이를 갖기 위해 시험관 수정을 시도하고 있다. 당뇨병과 고혈압을 앓고 있는 A의 남은 수명은 최장 15년 이내일 것으로 예상된다.

이에 대해 Missouri 주 사회복지위원회는 A의 행위는 장래에 태어날 아이가 보장받아야 하는 충분한 양육을 받을 권리를 침해하는 것이라고 주장하며 이를 금지하는 소송을 제기하였다.

A가 주장할 수 있는 기본권은?

헌법 제10조가 규정하는 행복추구권의 중요한 내용인 자기결정권은 자신의 자유로운 결정을 통해 아이를 출산할 권리를 보장한다. 그러나 최근의 과학기술 발전으로 이른바 시험관 체외수정(in vitro fertilization)이 보편적으로 시행되면서 자연적인 방식이 아닌 인공적인 방식으로 이미 임신이 불가능한 연령의 산모에게 임신가능 수술을 할 수 있게 되면서 문제가 발생하고 있다.

사례의 경우 자연적인 상황에서라면 최소한 자신이 성년이 될 때까지 양육의 책임을 질 수 있는 젊은 부모를 가질 수 있는 장래의 아동의 권리가 문제된다. 임신을 원하는 노령의 산모는 헌법상 보장된 행복추구권을 주장할 것이지만, 장래에 태어날 아동은 아직 기본권의 주체가 아니기 때문에 이를 대신할 국가기관의 행위가 개입되게 된다. 이때 국가기관이 노령의 산모라는 이유만으로 그가 아이를 임신하고 출산할 권리를 제한하는 것은 현실적으로 그 합리성을 인정받기가 어렵다고 생각된다. 다만, 과학기술 발전은 자연상태에서는 불가능했던 결과를 가능하게 만들 뿐 그에 파생하는 새로운 문제에 대한 해결책을 제시해 주지는 않는다. 따라서 인위적으로 자연적 상태를 바꾸는 행위를 허가하기 전에 이에 대한 사회적 대책이 충분히 존재하는지가 충분히 고려될 필요가 있다.

사례

65세의 재력가 A는 최근 간암 진단을 받고, 자신에게 간이식을 해줄 사람을 찾고 있다. A는 자신의 체세포를 난자에 이식시켜 만든 복제배아를 태아로 출산할 수만 있다면 태어난 태아의 장기조직 일부를 배양하여 이식 가능한 간조직을 만들 수 있다는 사실을 알게 되었다.

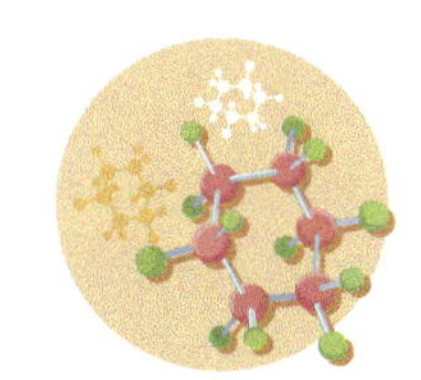

A는 자신의 유전형질을 그대로 물려받은 자신의 복제인간을 만들기 위해 체세포 복제 배아를 대리모의 자궁에 착상시켜줄 것을 의료진에게 요구하였으나 의료진은 법률상 금지된 행위라는 이유로 이를 거부하였다. 생명윤리 및 안전에 관한 법률(이하, "생명윤리법") 제11조는 인간체세포를 이용한 체세포 복제배아를 인간의 자궁에 착상하는 것을 원칙적으로 금지하고 있다.

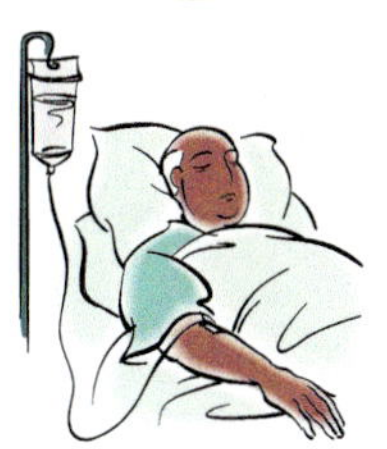

A는 현행 생명윤리법이 자신의 생존을 위해 자신의 체세포 복제배아를 출생시킬 권리를 금지함으로써 자신의 죽음을 간접적으로 강요하여 행복추구권을 침해하였음을 주장하고 있다.

A의 주장은 설득력이 있는가?

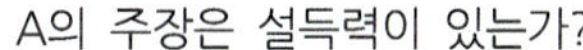

과학기술이 날로 발전함에 따라 장기이식이 필요한 사람에게 거부 반응이 없고 이식이 자유로운 장기를 생산하기 위해 동일한 유전형질을 가진 인간 복제가 시도될 가능성이 높아지고 있다. 이미 1997년 2월 복제양 돌리가 탄생한 이래 개를 비롯한 다양한 복제동물들이 생산되고 있고, 인간의 체세포 복제배아도 인간의 자궁에 착상이 가능한 것으로 평가되고 있다. 따라서 향후 사례와 같이 자신의 생존목적을 위해 복제인간을 만드는 것이 허용되어야 하는지가 문제될 수 있다.

먼저 죽음을 앞둔 환자가 자신의 체세포를 이용해 복제인간을 만드는 것은 기본적으로 생존을 위한 행복추구권의 한 유형이라고 할 수 있다. 국가가 법률로서 국민의 기본권을 제한할 수는 있지만 그 권리의 본질적 내용을 침해할 수는 없는 것이 기본권 제한의 기본적 이론이라는 것을 전제할 때, 만일 죽음을 앞둔 환자의 유일하고 확실한 치료방법이 환자의 체세포복제라면 이를 금지하는 것은 간접적으로 죽음을 강요하는 것으로 행복추구권의 본질적 내용에 대한 침해로 평가될 수 있다. 그러나 자신의 생명을 살리기 위해 복제인간을 출생시키는 경우에는 출생된 제2의 자신인 복제인간의 기본권 침해가 불가피하다.

따라서 자연적인 출생의 방법을 거치지 않은 복제인간을 정상적인 인간으로 보아 인간의 기본권을 인정할 것인지 논란이 될 수 있다.[69] 이와 관련해 다수의 의견은 "복제

69 오일환, "줄기세포 연구와 관련된 법적 이슈들", 『과학기술과 법』(박영사, 2007), 242면.

인간은 탄생과 함께 본인의 의사와 관계없이 다른 사람과 동일한 유전 형질을 가지게 되고 개인의 인격, 독자성, 신체적 특성이 본인의 의사와 관계없이 사전에 이미 결정되는 유전적 속박을 받게 된다."는 점에서 헌법상 보장된 행복추구권이 침해된다고 해석한다.[70]

다만, 현재로는 인간 체세포를 복제한 배아를 자궁에 착상한다고 하여도 그것이 정상적인 인간으로 성숙할 가능성이 확실하지 않고, 착상된다고 해도 복제배아가 다양한 유전적 질환에 의해 소기의 목적을 달성하기 어렵다는 점에서 생존을 위해 장기이식이 필요한 환자들의 적합한 치료수단이 될 수는 없다.[71] 따라서 체세포 복제배아의 착상을 금지하는 것이 환자들의 생명유지를 본질적으로 침해한다고 할 수는 없고 현 상태에서는 생명윤리법상의 복제배아착상 금지규정이 위헌의 소지가 될 확률은 매우 적다.[72] 그러나 앞으로 생명공학기술의 발전과 함께 복제인간의 실험실 제조가 가능해진다면 복제인간의 기본권 침해를 막기 위해 원 유전자 보유자의 생명을 포기하도록 강제하는 것이 정당한지가 논란이 될 수도 있다.

2) 생명 연장기술과 인간존엄성의 침해

사례

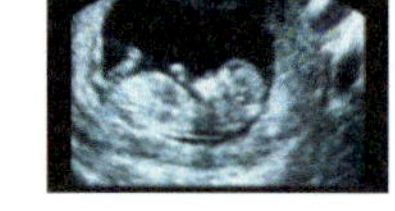

1 A는 자신의 태아가 생후 1년 이내 사망하는 것이 분명한 선천적 무뇌증 태아라는 것을 임신중에 진단 받고도 낙태를 거부하여 아이를 출산하였다. 출산 후 응급상황에 빠진 태아에 대해 A는 의료적으로 큰 의미가 없는 치료를 계속할 것을 요구하고 있으나, 병원은 아이의 고통만을 지속할 뿐이라고 항변하고 의료법상 규정된 응급치료를 제공할 의무가 없음을 주장하고 있다.

병원의 요구는 정당한가?(극빈층인 A에 대한 치료비는 전액국가 보조로 지급된다.)

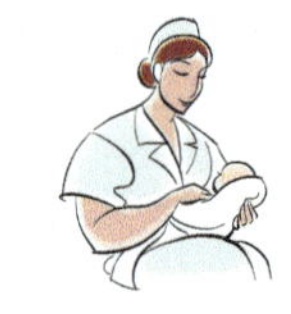

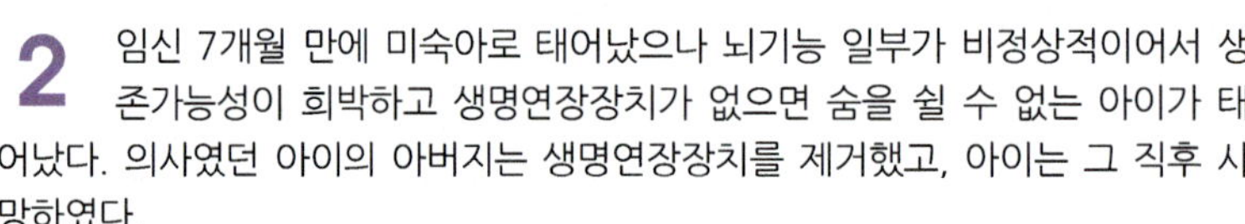

2 임신 7개월 만에 미숙아로 태어났으나 뇌기능 일부가 비정상적이어서 생존가능성이 희박하고 생명연장장치가 없으면 숨을 쉴 수 없는 아이가 태어났다. 의사였던 아이의 아버지는 생명연장장치를 제거했고, 아이는 그 직후 사망하였다.

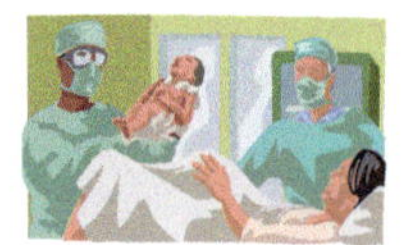

이 사건에서 아버지를 살인죄로 처벌 가능한가?

70 정상기, 앞의 책, 57면.

71 오일환, 앞의 책, 240~242면.

72 생명윤리 및 안전에 관한 법률 제11조(인간복제의 금지) ① 누구든지 체세포복제배아를 자궁에 착상시켜서는 아니 되며, 착상된 상태를 유지하거나 출산하여서는 아니 된다. ② 누구든지 제1항의 규정에 의한 행위를 유인 또는 알선하여서는 아니 된다.

사례 1의 경우 치료가능성 없는 생명의 연장을 위한 응급치료 의무가 존재하는지가 문제되었던 사안으로 이른바 Baby K 사건에 관한 내용이다. 이 사건에서 대뇌가 없는 상태로 태어난 아기는 대개 출생 후 수일 안에 사망하는 것이 일반적이다. 태어난 아기는 시각과 청각기능은 없었지만 뇌간은 존재하였기 때문에 호흡과 뇌간반사가 가능한 상태였고 병원은 태아에 대한 현상 유지로서 영양수분 및 체온조절 후 곧 호흡기를 제거하려고 하였지만, 병원의 방침에 반대한 어머니는 아기를 요양원으로 옮긴 후 호흡이 곤란한 응급상태가 되면 병원 진료를 받게 하였다. 병원은 치료의미가 없는 태아에 대한 응급진료 치료의무가 없음을 주장하고 법원에 소송을 제기한 사안이다.

이 사건에서 연방항소법원은 최종적으로 미국 내 EMTALA법(Emergency Medical Treatment and Active Labor Act)에 근거하여 응급진료를 여전히 제공할 의무가 있음을 확인하였다.[73] 이 사건은 우선적으로 출생한 아이의 인간으로서 존엄성과 생명권 보호가 치료가능성이 전무한 경우에도 인정되어야 하는지가 문제되고, 특히 의료기관의 인력과 재원이 소요되는 진료행위를 이 경우에도 강제하여야 되는지 문제가 된다.

반면, 사례 2는 Baby Messenger case 사건으로 안락사와 유사한 주제이지만, 이것도 역시 자연 상태에서는 죽음에 빠지는 것이 정상적인 과정인 태아의 생존을 존속할 인간존엄성에 대한 문제와 반면 부모의 자유로운 결정권에 대한 문제가 충돌된다. 미국 지방법원은 이 사건에 무죄를 선고하였는데,[74] 유사한 미숙아에 대한 부모의 치료거부 사건들에서, 치료 후 생존가능성이 희박한 경우에 미국 법원은 부모의 결정권을 존중하는 결정이 다수인 것으로 보인다.[75]

부모의 행복추구권에 의한 자유로운 결정권을 존중할 것인지, 아니면 태어난 아이의 인간 존엄성으로서 생명권을 보장하는 것이 타당한지 문제가 될 수 있다. 몇 건의 사례에서 나타난 미국 법원의 입장은 두 가지 입장이 모두 첨예하게 대립되는 상황에서는 우선 부모의 자유결정권을 우선한 것이라고 볼 수 있다.

73 *In Re* Baby K. United States Court of Appeal for the Fourth Circuit, 16 F. 3d 590(4th Cir. 1994).

74 정상기, 앞의 책, 52면.

75 김장한, "안락사와 법", 『과학기술과 법』(박영사, 2007), 440면.

2. 평등권의 문제

(1) 평등권의 내용

사 례

회사회식 중에 음주를 한 A는 집 앞 주차장에서 후진 중에 다른 차를 추돌하는 사고를 내고 두려운 마음에 바로 도망을 쳤으나 CCTV에 차량번호가 포착되어 뺑소니 운전자로 체포되었다. 도로교통법은 교통사고를 낸 자가 사고 일시와 장소 등을 경찰관서에 신고하는 의무를 부과하고 이를 지키지 않은 경우에는 뺑소니 운전사고로 가중처벌하는 규정을 두고 있다.

A는 우리 헌법이 범죄인의 불리한 진술거부권을 인정함과 동시에 범죄인이 스스로 그 범죄를 자진하여 신고하는 것을 요구하지 않고 있는데, 유독 도로교통법은 사고자가 자신의 사고를 스스로 신고하도록 의무를 지우고 이를 위반하는 경우 가중처벌하고 있다고 주장하고 있다. 결과적으로 도로교통법의 규정은 살인, 강도, 절도 등과 같은 일반 강력범죄자들 보다 도로교통사고를 낸 사고자를 훨씬 불리하게 대우함으로써 헌법상 평등권을 침해하는 위헌법률이라고 주장한다.

이 사건에서 A의 주장은 타당한가?

평등권이 제한될 수 있는 사유는 어떠한 경우인가?

헌법 제11조는 모든 국민이 성별 · 종교 또는 사회적 신분에 차별 받지 않음을 규정하고 있고 법 앞에 평등함을 규정하고 있다.[76] 이러한 평등권 조항은 국민에 대한 객관적이고 정당한 사유와 근거 없는 불평등한 차별적 대우를 금지하는 것을 의미한다. 그러나 평등권은 모든 사람을 언제나 동일하게 대우하라는 절대적 평등이 아니라, 정당한 사유에 의한 다른 대우를 인정하는 상대적 평등을 의미한다. 따라서 헌법 제11조에 보장하는 평등은 합리적 차별을 허용하는 개념이다. 다만, 평등권을 제한할 때는 이미 언급한 바와 같이 헌법 제37조 2항의 원칙을 충분히 따라야 한다. 따라서 국가안전보장 · 질서유지 또는 공공복리를 위한 목적을 달성하기 위해 필요한 경우에 한하여 인정되는데, 특히 평등권의 제한 수단은 목적을 달성하기 위해 적절하고 합리적이며 제한되는 정도에 비해 달성되는 이익이 현저히 우월적이어야 한다.

76 헌법 제11조 ① 모든 국민은 법 앞에 평등하다. 누구든지 성별 · 종교 또는 사회적 신분에 의하여 정치적 · 경제적 · 사회적 · 문화적 생활의 모든 영역에 있어서 차별을 받지 아니한다. ② 사회적 특수계급의 제도는 인정되지 아니하며, 어떠한 형태로도 이를 창설할 수 없다. ③ 훈장 등의 영전은 이를 받은 자에게만 효력이 있고, 어떠한 특권도 이에 따르지 아니한다.

사례의 경우 헌법재판소는 도로교통법상 신고의무는[77] 피해자의 구호 및 교통질서의 회복을 위한 최소한의 사항에 한정하고 있고, 도로의 특성상 발생하는 후속사고를 방지하기 위한 것이기 때문에 합리적 이유가 있음으로 헌법 제11조의 평등원칙을 침해하지 않았음을 인정하였다.[78]

(2) 역평등의 문제

사례

여대를 졸업한 A는 7급 국가공무원 시험에서 82점을 획득하였으나 탈락하였다. 그러나 같은 과의 선배 B는 실제 시험에서 79점을 획득하였으나 합격하였다. 사정을 알아본 결과 제대군인지원에 관한 법률 제8조 3항에 의하여 군복무 2년 6개월을 마친 B는 100점 만점의 5%가 가산점으로 부과되어 총 83점이 인정되었다.

A는 제대군인의 우대조치가 공무원 임용에 있어서 자신에게 불평등을 야기하고 있음을 주장하고 동 법률의 위헌을 주장하고 있다.

A의 주장은 설득력이 있는가?

헌법상의 평등권을 실질적으로 보장하기 위한 역평등의 한계는 무엇인가?

평등권의 보장은 실질적인 기회를 보장하는 상대적 평등을 의미한다. 따라서 상대적 평등의 실질적인 전개에 있어서 특히 국가적 도움을 필요로 하는 경제적 사회적 약자에 대하여 우선적 처우나 적극적 행위를 부여해 줌으로써 실질적 평등에 기하는 현대적인 새로운 평등원리를 '역평등'이라고 한다. 예를 들어, 미국의 경우 그동안 경제적 사회적 차별을 받아 왔던 인디언이나 흑인들에 대해 의과대학·법과대학 등의 입학 시에 우선적 혜택을 부여함으로써 상대적으로 불리한 위치에 있는 이들의 지위를 백인과 동등한 지위로 끌어 올리는 조치를 취하고 있다.

77 도로교통법 50조 2항) 제50조(사고발생시의 조치) ① 차의 교통으로 인하여 사람을 사상하거나 물건을 손괴(이하 "교통사고"라 한다.)한 때에는 그 차의 운전자 그 밖의 승무원(이하 "운전자 등"이라 한다.)은 곧 정차하여 사상자를 구호하는 등 필요한 조치를 하여야 한다. ② 제1항의 경우 그 차의 운전자 등은 경찰공무원이 현장에 있는 때에는 그 경찰공무원에게, 경찰공무원이 현장에 없는 때에는 가장 가까운 경찰관서(지구대·파출소·출장소를 포함한다. 이하 같다.)에 지체없이 사고가 일어난 곳, 사상자수 및 부상정도, 손괴한 물건 및 손괴정도 그 밖의 조치상황 등을 신속히 신고하여야 한다. 다만, 운행중인 차만이 손괴된 것이 분명하고 도로에서의 위험방지와 원활한 소통을 위하여 필요한 조치를 한 때에는 그러하지 아니하다.

78 헌법재판소 전원재판부 1990.8.27. 헌가118.(실제 재판에서 주로 다투어진 것은 헌법 제12조 2항의 진술거부권이었지만 평등권 침해여부도 부수적으로 다투어졌다.)

그러나 역평등은 특정조직에 대한 우대조치를 함으로써 다른 상대방에게는 상대적 손해가 발생하는 역차별이라는 새로운 평등권 침해의 문제를 야기한다. 따라서 역평등 조치가 평등원칙을 침해하지 않기 위해서 역차별의 합목적성, 합리성 및 역차별로서 나타나는 불이익과의 비례성이 엄격히 요구된다.

사례에서 우리 헌법재판소는 "제대군인에 대하여 여러 가지 사회정책적 지원을 강구하는 것이 필요하다 할지라도, 그것이 사회공동체의 다른 집단에게 동등하게 보장되어야 할 균등한 기회 자체를 박탈하는 것이어서는 아니 되는데, 가산점제도는 아무런 재정적 뒷받침 없이 제대군인을 지원하려 한 나머지 결과적으로 여성과 장애인 등 이른바 사회적 약자들의 희생을 초래하고 있으며, ……… '여성과 장애인에 대한 차별금지와 보호'에도 저촉되므로 정책수단으로서의 적합성과 합리성을 상실한 것이다."고 판단하였다.[79] 즉, 역평등 조치의 필요성은 있지만 제대군인에 대한 우대조치가 지나치게 커서 오히려 역차별을 야기하고 있기 때문에 우리헌법 제11조의 평등원칙에 위배된다고 판단한 것이다.

(3) 헌법상 평등의 원칙에 대한 예외

헌법 제11조의 평등원칙에도 불구하고 이미 일반인과는 다른 직업적인 의무가 부과되거나 권리가 제한되는 특수조직에 존재한다. 대표적으로 공무원, 군인, 경찰관 등의 직무상 특수성에 의한 예외가 인정되는 경우이다. 예를 들어 우리 헌법은 특히 정당의 특권을 인정하고, 군사법원에 의한 재판, 대통령 · 국회의원 특권과 의무, 공무원과 방위산업체 근로자의 노동 3권 제한 등을 규정하고 있다. 또한 군인 · 경찰 등의 국가배상청구권 제한, 현역군인의 문관 임용제한, 국가유공자 등에 대한 우선적 근로기회 부여를 헌법차원에서 규정하고 있다. 이를 근거로 각종 공무원법, 군관계법, 행형법, 외국인토지법, 출입국관리법 등은 다양한 예외 규정을 두고 있다.

79 헌법재판소 1999.12.23. 헌바33 전원재판부. 특히 헌법재판소는 "가산점제도는 수많은 여성들의 공직진출에의 희망에 걸림돌이 되고 있으며, 공무원채용시험의 경쟁률이 매우 치열하고 합격선도 평균 80점을 훨씬 상회하고 있으며 그 결과 불과 영점 몇 점 차이로 당락이 좌우되고 있는 현실에서 각 과목별 득점에 각 과목별 만점의 5퍼센트 또는 3퍼센트를 가산함으로써 합격여부에 결정적 영향을 미쳐 가산점을 받지 못하는 사람들을 6급 이하의 공무원 채용에 있어서 실질적으로 거의 배제하는 것과 마찬가지의 결과를 초래하고 있고, 제대군인에 대한 이러한 혜택을 몇 번이고 아무런 제한 없이 부여함으로써 한 사람의 제대군인을 위하여 몇 사람의 비(非)제대군인의 기회가 박탈당할 수 있게 하는 등 차별취급을 통하여 달성하려는 입법목적의 비중에 비하여 차별로 인한 불평등의 효과가 극심하므로 가산점제도는 차별취급의 비례성을 상실하고 있다"고 그 세부적인 이유를 설시하였다.

(4) 과학기술의 발전과 평등권의 문제

사례 ❶

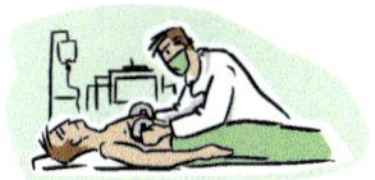

1 중년 남성 A는 종신상해보험에 가입하기 위해 보험회사측에서 권고한 신체검사를 받았다. 검사 후 보험회사는 최근 가족 중에 중년 만성질환으로 사망한 사람이 있고, A 자신도 역시 유사한 유전자 조합이 나타난다는 이유로 생명보험 가입을 거부하였다.

A는 단순히 유전자 검사 정보만으로 생명보험 가입을 거절하는 것은 평등권의 침해임을 주장하고, 금융위원회에게 비합리적 근거로 고객을 차별하는 보험회사에게 시정명령을 내려주도록 민원을 제기하였다.

A의 주장은 타당한가?

2 자동차 타이어 공장에서 15년간 일을 한 회사근로자 B는 최근 심장 근육 위축증으로 사망하였다.

근로복지공단은 A의 유전자 검사에서 심장이 약한 증세를 보이는 전형적인 유전자 결함이 있음을 주장하면서 B의 사망은 회사근무와 관련이 없음을 주장하고 산재보험금 지급을 거절하였다.

B는 준 국가기관인 근로복지공단의 행위가 유전자를 근거로 비합리적 차별을 가하는 행위임을 주장할 수 있는가?

최근 과학기술의 발전에 따라 인간 유전자 지도가 완성되는 등 유전학적 정보를 인간이 점차 파악하게 되면서 이에 따른 우생학적 차별 가능성이 대두되고 있다. 특히, 인간 게놈 프로젝트(HGP: Human Genome Project)의 완성 이후에 인간의 유전자 정보를 알아낼 수 있는 기술이 급 발전하고 있고, 인간 개인의 독특한 유전자 정보가 밝혀짐에 따라 유전적 소질에 근거한 새로운 형태의 인종차별을 야기할 가능성이 도래되고 있다. 이미 발생하고 있는 문제로서 무엇보다 인간 유전자에 따른 취업과 보험혜택에 따른 제한이 타당한지가 점차 논란이 되고 있다.

원칙적으로 모든 기본권은 제한 가능하고, 평등권도 원칙적으로 제한이 가능하다. 따라서 차별에 대한 합리적 근거가 있다면 각각에 대한 다른 취급이 허용될 수 있다. 핵심적인 문제는 유전자 정보에 근거한 차별이 합리적 차별이 되는지에 대한 것이다.

먼저, 한편으로 유전자에 근거한 차별을 긍정하는 입장에 선다면 유전자의 속성이 근로상의 위험인자, 가족병력을 통해 얻어진 유전자정보의 특성에 관한 정확한 정보를 제공하고, 이러한 예측 가능한 정확한 정보에 근거한 대책은 합리적인 차별이라고 주장할 수 있다. 특히, 밝혀지지 않은 숨겨진 정보에 따른 모든 사회적 비용은 도덕적 해

이를 야기하고 그 손해를 다른 사람에게 모두 전가하는 비합리적 결과를 발생시킨다.

반면, 다른 측면에서 볼 때 유전자 정보는 이미 발병된 질환이 아닌 단순히 장래에 발생할 가능성이 있는 정보에 불과하다고 할 수 있다. 따라서 아직 발병하지 않은 장래의 유전질환에 근거한 차별은 비합리적 차별로서 허용할 수 없다는 견해가 설득력 있게 제시될 수 있다. 일반적으로 각국의 전반적인 동향은 최소한 유전자 정보의 취득, 보유하는 경우에는 반드시 당사자의 사전동의를 구하도록 법률로 제정하고, 더 나아가 수집된 유전자 정보에 근거하여 고용, 의료보험 등에서 차별하는 경우에도 합리적 이유 없는 차별을 금지하는 특별법안 등을 제정하기 위해 노력하고 있는 수준이다.

사례 1의 경우 A가 가진 유전질환이 의학적으로 충분히 검증된 것이고 장래의 질환 발병가능성이 확실하다면 보험회사는 오히려 보험가입자에 대한 정확한 정보를 근거로 가입조건을 정하고 있는 것으로 해석되기 때문에 합리적인 차별이라고 해석할 수 있다. 특히 보험의 경우 건강한 가입자들을 기준으로 이미 질병발병 위험률을 집단적으로 산정한 방식에 의해 전 계약자가 보험금을 납입하고 있기 때문에 질병 확률이 월등히 높은 미처 예측되지 않은 특정인의 가입이 허락된다면 다른 보험가입자들이 그 위험을 감수해야 하는 결과가 된다.

사례 2 역시 B의 유전적 특성과 현재의 질병이 의학적으로 명확한 인과관계가 밝혀진 경우라면, 산재보험금의 지급거절을 유전자 정보에 따른 차별이라고 할 수 없다. 오히려 이 경우에는 질병의 인과관계를 명확히 밝히는데 유전자 정보가 중요한 원인으로 작용한 것에 불과하다고 할 것이다.

사례❷

중견 대기업의 부장 A는 최근 임원 승진 시험에서 높은 점수를 받았음에도 불구하고 동료사원들과 달리 승진하지 못하여 이직권고를 받고, 실질적으로 해임을 당할 위기에 놓여 있다. 평소 업무처리 능력을 높게 평가 받았던 터라 그 이유가 무엇인지를 궁금해 하던 중에 얼마 전 통보된 유전자 검사와 관련이 있다는 것을 알게 되었다.

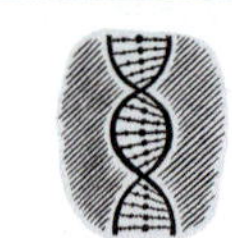

검사결과, A는 유전적으로 뇌졸중과 고혈압 질환에 취약하고, 정신적 스트레스에 대한 면역력이 취약한 것으로 판정되었다. 회사는 A가 정신적 스트레스가 심한 더 이상의 고위직에는 적합하지 않은 인물이라고 판단하여 승진 심사에서 누락시켰음을 주장하고 있다. 유전자이용법(가상 사례)에서는 고용, 승진과 관련해 유전자 정보를 효율적으로 이용할 수 있음을 규정하고 있고, 회사는 이 법률을 충실히 따랐음을 항변한다.

만일, 당신이 이 사례의 A라면 무엇을 법률적으로 주장할 수 있는가?

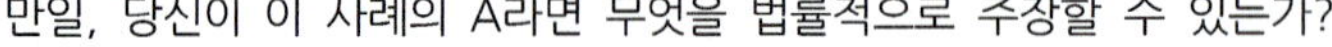

장래에 발현할 가능성이 있는 유전자에 근거한 차별이 합리적인 근거가 있는 것인가?

유전자 정보의 활용이 늘어나면서 우생학(eugenics)의 관점에서 유전자 정보가 악용될 가능성도 점차 높아지고 있다. 이미 1910~40년대에 과거 히틀러 정부 등에 의해 우열 인간에 대한 선호 사상이 등장한 역사가 있고, 최근에는 다시 이상적 형질을 갖춘 인간배아를 선호하는 신우생학의 등장에 대한 우려가 점차 높아가고 있다. 즉, 앞으로 99% 이상의 정확성을 가진 인간 유전자 지도가 완성되는 경우에는 당해 인간의 신체적, 정신적 특징, 질병가능성, 성격에 대한 다양한 정보가 예측 가능하게 되고 이를 근거로 유전적으로 정상적인 자와 비정상적인 자를 구별하고 차별하는 유전적 각인(genetic stigmatization) 혹은 유전자 차별이 나타날 가능성이 존재한다.

사례의 경우, 유전자 정보가 아직 발현되지 않은 당사자의 성격 · 능력 · 질병가능성을 상당부분 정확하게 예측할 수 있는 경우에도, 실현되지 않은 미래의 가능성을 오차가능성이 있는 유전학적 정보를 근거로 제한하는 것은 합리적 근거에 의한 차별이라고 할 수 없다. 특히, 실현되지 않은 유전자 정보를 활용해 미래의 가능성을 제한할 긴급한 필요성이 있다고 할 수 없고, 제한되는 권리에 비해 달성되는 사회적 이익이 현저히 높다고 할 수도 없다.

Ⅲ. 자유권적 기본권

1. 헌법 기본이론

(1) 신체의 자유보장을 위한 죄형법정주의

사례

(가상): 경범죄처벌법 제1조는 처벌대상 행위 중 한 유형으로서 "사회질서를 문란하게 한 자는 처벌한다."고 규정하고 있다. A는 평소에 긴머리를 즐겨 묶고, 기이한 복장을 하고 다니는 22세의 남학생이다.

길거리에서 A와 마주친 경찰관 B는 남자인 A의 행색이 건전한 사회질서에 반하는 행위라고 보고 경범죄처벌법 위반혐의에 의해 즉결처분을 통고한 후 즉결 처분심판에 회부하였다. A는 경범죄처벌법의 규정이 너무 모호하여 무엇을 금지하는지 알 수 없기 때문에 그 자체가 위헌 무효임을 주장하고, 자신은 무죄임을 주장하고 있다.

A의 주장은 설득력이 있는가?

헌법 제12조가 규정하는 자유권적 기본권의 보호내용은 무엇인가?

개인의 신체의 자유를 보호하는 헌법 제12조는 실체적, 절차적 보장규정을 통해 국가 권력으로부터 국민의 자유권을 보호하고 있다. 먼저, 헌법 제12조 1항은 " … 누구든지 법률에 의하지 아니하고는 체포·구속·압수 또는 심문을 받지 아니하고, … 법률과 적법한 절차에 의하지 아니하고는 처벌·보안처분 또는 강제노역을 받지 아니한다." 규정하여 신체적 자유의 실체적 보장으로서 죄형법정주의를 규정하고 있다.

죄형법정주의(罪刑法定主義)는 이미 제정된 정의(正義)로운 법률(法律)에 의하지 아니하고는 처벌(處罰)되지 아니한다는 원칙을 의미하는데, "무엇이 처벌(處罰)될 행위인가를 사전에 구체적이고 명확한 법률로 규정하여 국민이 예측 가능(豫測可能)한 형식으로 정함으로서 개인(個人)의 법적안정성(法的安定性)을 보호하고 국가형벌권(國家刑罰權)의 자의적(恣意的) 행사(行使)로부터 개인(個人)의 자유(自由)와 권리(權利)를 보장하는 법치국가(法治國家) 형법(刑法)의 기본원리(基本原理)이다."[80] 즉, 사전에 무엇이 금지되는지, 그리고 그 처벌내용이 무엇인지를 정한 것만이 금지의 대상이 되는 것으로 사전에 제정된 형법 법규에 규정되지 않은 행위는 사회적 그 행위가 비난가능성이 높다 하여도 이를 처벌할 수는 없다.

죄형법정주의의 원칙은 형벌규정이 구체적이고 금지대상이 명확하여야 한다는 명확성의 원칙, 사후법률에 의한 처벌금지를 의미하는 형벌 불소급의 원칙, 법률이 존재하지 않는 경우에 기존에 존재하는 법률의 의미를 확대 적용하는 유추해석 금지원칙으로 파생된다.[81]

사례의 경범죄처벌법 조항은 "사회질서에 문란한 행위"라는 내용이 추상적이고 불분명하여 법률명확성의 원칙을 내용으로 하는 죄형법정주의에 반하는 조항으로 위헌무효가 된다.

(2) 영장제도

사례

자영업자로써 55세의 A(男)는 이미 음주운전으로 2번이나 적발된 경험이 있다. 2014년 12월 29일 송년회를 마친 A는 음주 후 차량을 운전하다 신호등에서 정차된 차량과 행인을 추돌하여 전치 8주 이상의 치료를 요하는 중상을 입혔다. 사고 신고를 받고 병원 응급실로 출동한 경찰관 B는 주변 목격자로부터 가해자에게서 술 냄새가 강하게 풍겼다는 말을 듣고, 법원으로부터 압수·수색, 검증 영장을 발부 받지 않고, 피고인의 아들로부터 동의를 받아 간호사에게 의식을 잃고 응급실에 누워 있는 A로부터 채혈을 하도록 요구하였다. 경찰관 B는 이 혈액을 국립과학수사연구소에 감정의뢰 하였고 이후 혈중 알코올 농도가 운전면허 취소에 이른다는 결과를 통보 받았다. 검사는 A의 혈중알콜농도에 대한 국립과학수사연구소의 감정의뢰회보 및 이에 기초한 주취운전자 적발보고서, 주취운전자 정황보고서를 증거로 제출하여 도로교통법상 음주운전 후 중상해 사고를 야기한 혐의로 A를 기소하였다.

A는 그러나 이 사안에서 자신의 혈액이 자신의 동의가 없는 상태에서 압수·검증 영장 없이 채취되어 위법하게 수집되었기 때문에 그 증거는 무효이고, 이 증거 이외에 자신의 음주운전을 입증할 증거가 없음으로 무죄라고 주장하고 있다. A의 주장은 타당한가?

헌법 제12조가 보장하는 적법절차로서 영장주의의 예외사항은 무엇인가?

80 헌법재판소 전원재판부 1991.7.8. 91헌가4.

81 성낙인, 앞의 책, 374면 ; 허영, 앞의 책, 348면.

헌법 제12조는 자유권적 기본권의 보호를 위해 적법절차를 보장하고 있다. 이것은 공권력에 의한 국민의 생명, 자유, 재산의 침해는 합리적이고 정당한 법률에 의해서 정당한 절차를 밟은 경우에만 유효하다는 원리를 말하는 것으로 그 중에서 핵심이 되는 것이 영장제도이다. 우선 헌법 제12조 3항은 "체포 · 구속 · 압수 또는 수색을 할 때에는 적법한 절차에 따라 검사의 신청에 의하여 법관이 발부한 영장을 제시"하도록 하고 있다. 여기서 적법한 절차는 형사소송법 제70조에서 규정하는 구속의 적합한 사유가 충족되었을 것을 요구한다.

따라서 원칙적으로 피고인이 죄를 범하였다고 의심할 만한 상당한 이유가 있고 1) 피고인이 일정한 주거가 없는 경우, 2) 피고인이 증거를 인멸할 우려가 있는 경우, 3) 피고인이 도망 또는 도망할 우려가 있는 경우에 한하여 구속영장이 발부될 수 있다.[82]

다만, 영장주의의 중대한 예외로서 현행범인인 경우(헌법 제12조 3항 단서), 장기 3년 이상의 형에 해당하는 죄를 범하고 도피 또는 증거인멸의 염려가 있을 경우에 행하는 긴급체포구속의 경우(헌법 제12조 3항 단서, 형사소송법 제200조의 3 경우), 비상계엄의 경우(제77조 3항)의 경우를 규정하고 있다. 다만, 긴급체포구속의 경우 반드시 48시간 이내에 사후 영장이 청구되어야 하고, 영장이 발부되지 않는 경우 즉시 석방하여야 한다.[83]

이와 같은 영장제도는 신체 구속 이외에 물건의 압수, 수색, 검증 등에도 동일하게 적용되어, 형사소송법은 원칙적으로 사법경찰관이 범죄수사에 필요한 때에는 검사에게 신청하여 검사의 청구로 판사가 발부한 영장에 의하여 압수, 수색 또는 검증을 할 수 있고(제215조 제2항), 검사 또는 사법경찰관은 형사소송법 제200조의2, 제200조의 3, 제201조 또는 제212조의 규정에 의하여 피의자를 체포 또는 구속하는 경우에 필요

82 형사소송법 제70조(구속의 사유) ① 법원은 피고인이 죄를 범하였다고 의심할 만한 상당한 이유가 있고 다음 각 호의 1에 해당하는 사유가 있는 경우에는 피고인을 구속할 수 있다.
1. 피고인이 일정한 주거가 없는 때
2. 피고인이 증거를 인멸할 염려가 있는 때
3. 피고인이 도망하거나 도망할 염려가 있는 때
② 법원은 제1항의 구속사유를 심사함에 있어서 범죄의 중대성, 재범의 위험성, 피해자 및 중요 참고인 등에 대한 위해우려 등을 고려하여야 한다.
③ 다액 50만 원 이하의 벌금, 구류 또는 과료에 해당하는 사건에 관하여는 제1항 제1호의 경우를 제한 외에는 구속할 수 없다.

83 형사소송법 제200조의4(긴급체포와 영장청구기간) ① 검사 또는 사법경찰관이 제200조의3의 규정에 의하여 피의자를 체포한 경우 피의자를 구속하고자 할 때에는 지체 없이 검사는 관할지방법원판사에게 구속영장을 청구하여야 하고, 사법경찰관은 검사에게 신청하여 검사의 청구로 관할지방법원판사에게 구속영장을 청구하여야 한다. 이 경우 구속영장은 피의자를 체포한 때부터 48시간 이내에 청구하여야 하며, 제200조의3 제3항에 따른 긴급체포서를 첨부하여야 한다. ② 제1항의 규정에 의하여 구속영장을 청구하지 아니하거나 발부 받지 못한 때에는 피의자를 즉시 석방하여야 한다.

한 때에는 체포현장에서 영장 없이 압수, 수색, 검증을 할 수 있으나, 압수한 물건을 계속 압수할 필요가 있는 경우에는 체포한 때부터 48시간 이내에 지체 없이 압수수색 영장을 청구하여야 한다고 규정하고 있다(제216조 제1항 제2호, 제217조 제2항). 다만, 법은 범행 중 또는 범행 직후의 범죄 장소에서 긴급을 요하여 판사의 영장을 받을 수 없는 때에는 영장 없이 압수, 수색 또는 검증을 할 수 있으나,[84] 이 경우에는 사후에 지체 없이 영장을 받아야 한다(제216조 제3항)고 규정하고 있다. 이와 같은 절차를 따르지 않고 수집된 증거는 기본적 인권 보장을 위해 마련된 적법한 절차에 따르지 않은 것으로서 원칙적으로 유죄 인정의 증거로 삼을 수 없다.

사례는 음주운전 중 교통사고를 야기한 후 피의자가 의식불명 상태에 빠져 있어서, 도로교통법이 음주운전의 제1차적 수사방법으로 규정한 호흡조사에 의한 음주측정이 불가능하고 혈액 채취에 대한 동의를 받을 수도 없을 뿐만 아니라 법원으로부터 혈액 채취에 대한 감정처분허가장이나 사전 압수영장을 발부 받을 시간적 여유도 없는 긴급한 상황의 예이다. 이러한 상황에서 일반적으로 피의자의 신체 내지 의복류에 술 냄새가 강하게 풍기어 범죄의 흔적이 현저한 준현행범인으로서의 요건(형사소송법 제211조 제2항 제3호)이 갖추어져 있고, 교통사고 발생 시각으로부터 사회통념상 범행 직후라고 볼 수 있는 시간 내인 경우에 후송된 병원 응급실 등의 장소는 범죄장소(형사소송법 제216조 제3항)에 준한다 할 수 있다. 따라서 원칙적으로 검사 또는 사법경찰관은 피의자의 혈중알콜농도 등 증거의 수집을 위하여 영장 없이 의료인에게 필요 최소한의 한도 내에서 피의자의 혈액을 채취하게 하고 그 혈액을 압수할 수 있다. 그러나 이 경우에는 긴급체포 구속과 마찬가지로 형사소송법 제216조 제3항 단서, 형사소송규칙 제58조, 제107조 제1항 제3호에 따라 사후에 지체 없이 강제채혈에 의한 압수의 사유 등을 기재한 영장청구서에 의하여 법원으로부터 압수영장을 받아야 한다. 사례에서 대법원은 이 사건 채혈이 법관으로부터 영장을 발부받지 않은 상태에서 이루어졌고 사후에 영장을 발부받지도 아니하였기 때문에 피고인의 혈중알콜농도에 대한 국립과학수사연구소의 감정의뢰회보 등 관련 증거는 모두 위법 수집증거로서 증거능력이 없고, 피고인의 자백 외에 달리 이를 보강할 만한 증거가 없다는 이유로 이 사건 공소사실을 무죄로 판단하였다.[85]

84 현행범인은 누구든지 영장 없이 체포할 수 있다(형사소송법 제212조). 현행범인으로 체포하기 위하여는 행위의 가벌성, 범죄의 현행성과 시간적 접착성, 범인·범죄의 명백성 이외에 체포의 필요성, 즉 도망 또는 증거인멸의 염려가 있어야 한다. 이러한 요건을 갖추지 못한 현행범인 체포는 법적 근거에 의하지 아니한 영장 없는 체포로서 위법한 체포에 해당한다(대법원 1999. 1. 26. 선고 98도3029 판결 등 참조)

85 대법원 2012. 11. 15. 선고 2011도15258 판결.

2. 신체의 자유권 보장을 위한 제도

(1) 구속적부심사제

사례

졸업을 앞둔 대학생 A는 학교에 가기 위해서 8시 20분 출근시간에 2호선 지하철에 탑승하여 사당방면으로 가던 중 앞에 서있던 여자승객 B가 갑자기 자신을 향해 성추행범이라고 소리치자 엉겁결에 놀라서 지하철에서 도망치다가 자신을 붙잡던 B의 손을 비틀었다.

도망치던 A는 지하철 수사대에게 현장에서 체포되어 성추행 및 폭행 혐의로 경찰 수사를 받게 되었다. 범행을 부인하는 A를 파렴치범으로 생각한 수사관 C는 A를 구속수사하기 위해 검사에게 구속송치 의견을 내었고, 검사의 신청에 의해 구속영장이 발부되었다. 이제 A는 재판이 진행되는 약 3개월 동안 교도소에 감금된 상태로 재판을 받아야 한다. 그러나 A는 이미 취직이 확정된 상태로서 4학년 2학기 기말고사 기간 중에 학교를 가지 않으면 전 과목을 다시 수강할 수밖에 없고, 애써 성공한 취직의 기회도 놓칠 수밖에 없는 상황이다.

A는 자신은 밀려드는 인파 속에서 가방을 붙잡고 있던 손을 마음대로 움직일 수조차 없던 상황이어서 성추행은 불가능했다고 주장하고 있다.

이때 A가 취할 수 있는 헌법상에 의해 보장된 기본권 보장 방법은?

적법절차의 보장을 위해 헌법은 다양한 제도를 두고 있으나 영장제도와 더불어 구속된 피의자의 권리를 보장하기 위해 구속적부심사제도를 규정하고 있다(헌법 제12조 6항). 구속적부심사제도는 영장에 의해 구금된 피구속자가 구속의 적부여부를 청구하여 법원이 이를 심사해주는 제도이다.

구속적부심사제는 1679년 영국의 인신보호법에서 유래된 것으로 보고 있는데, 건국헌법부터 이 제도가 시행되다가 유신 헌법 때 삭제되었었고 제5공화국 헌법에서 다시 부활하여 현행 형사소송법 제214조의2(체포와 구속의 적부심사)에 규정되어 있다. 구속적부 심사제도는 영장발부에 관한 재심사의 기회를 줌으로써 인신보호에 만전을 기하기 위한 취지로서 구속적부심사제는 사후구제책으로서 영장주의가 사전예방책이므로 이에 대한 보완적 성질을 가진다.

다만, 구속적부심사제는 영장실질심사제와 구분하여야 하는데 검사가 피의자의 구속수사를 위하여 법원에 영장을 청구한 때, 판사가 그 영장청구의 적법성 여부를 심사 피의자 심문을 통해 조사하는 것을 영장실질심사제도라고 한다(형사소송법 제201조의2 제1항). 구법에서는 영장실질심사가 피의자나 피의자의 가족이 신청한 경우에 한하여 이루어졌음에 반해 2007년 6월 개정 형사소송법은 피의자의 청구유무에 관계없이

"체포된 피의자에 대하여 구속영장을 청구받은 판사는 지체 없이 피의자를 심문하여야 한다."고 규정하여 구속영장의 심사에 더 적극적인 법원의 개입을 인정하고 있다.

구속적부심사청구가 있게 되면, 법원은 다시 한 번 구속집행여부에 대하여 판단하게 되는데, 피의자가 일단 기소되면 구속적부심사를 청구하는 것이 불가능하다. 따라서 형사 피고인에게는 심사청구권을 부인하고 있는데, 일단 검사에 의해 기소가 되었다고 하여도 형사피고인을 확정판결 전까지 무죄로 추정하는 무죄추정의 원칙에 비추어 부당한 제약이라는 비판이 제기된다.

이러한 구속적부심사청구는 피의자뿐만 아니라 그 변호인, 법정대리인, 배우자, 형제자매, 호주, 가족, 동거인, 고용주가 청구할 수 있다. 미성년자, 농아자, 심신장애의 의심이 있는 자, 70세 이상인 자, 빈곤(피해자의 청구에 의해)의 사유로 변호인이 없는 경우 국선변호인을 선정(형사소송법 제214조의2의 제10항. 제33조)할 수 있고, 사례의 경우 구속적부심사를 청구하여 형사소송법 제70조의 구속영장발부요건이 결여되어 있음을 적극적으로 주장 입증할 필요가 있다.

(2) 구속이유와 변호인의 조력을 받을 권리 고지제도

사례

순찰 중이던 경찰관 A는 교통사고를 낸 차량이 도주하였다는 무전연락을 받고 주변을 수색하다가 범퍼 등의 파손상태로 보아 사고차량으로 인정되는 차량에서 내리는 B를 발견하였다.

A는 B를 준현행범으로서 영장 없이 체포하였으나, 체포하면서 별도로 체포의 이유, 변호인의 조력을 받을 권리, 자신의 진술이 불리한 증거로 사용될 수 있다는 사실을 통지하지 않았다. 이 상태에서 B는 경찰관 A의 체포행위에 대항하여 폭력을 휘둘렀고 A에게 전치 2주의 상해를 입혔다. 그러나 B는 경찰관 A가 헌법 제12조 5항에 규정된 체포 또는 구속의 이유와 변호인의 조력을 받을 권리를 자신에게 고지하지 않았으므로 위법한 체포행위로서 이에 대한 정당방위가 가능하다고 주장하고 있다.

경찰관 A가 단순히 체포 또는 구속의 이유와 변호인의 조력을 받을 권리를 고지하지 않은 것이 위법한 행위를 구성하는가?

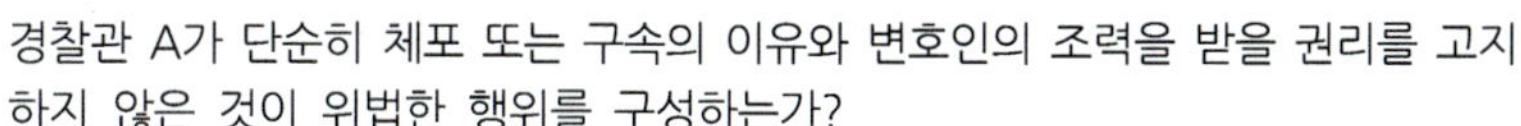

신체의 자유를 보호하는 적법절차 제도의 하나로서 헌법 제12조 5항은 "누구든지 체포 또는 구속의 이유와 변호인의 조력을 받을 권리가 있음을 고지받지 아니하고는 체포 또는 구속을 당하지 아니한다고 하고 그의 가족 등 법률이 정하는 자에게는 그

이유와 일시·장소가 통지되어야 한다."고 규정하고 있다. 이러한 고지제도는 미국 연방대법원의 미란다 사건에서 비롯된 것으로 피의자를 심문하기 전에 피의자의 진술거부권 및 변호인의 도움을 받을 수 있는 권리, 피의자의 진술이 불리한 증거로 사용될 수 있음을 사전 고지하여야 한다는 것을 말한다.[86]

우리 법상 체포 이유 등에 대한 고지제도는 적법한 영장에 의해 체포·구속된 자 이외에 현행범인이나 긴급구속의 경우에도 당연히 적용되는 것으로 고지사항은 체포·구속의 이유와 변호인의 조력을 받을 권리 및 진술거부권 등이며, 통지사항은 체포·구속의 이유·일시·장소에 관한 것이다. 만일 수사기관이 피의자를 신문함에 있어서 피의자에게 미리 진술거부권을 고지하지 않은 때에는 그 피의자의 진술은 위법하게 수집된 증거로서 다음에서 설명하는 바와 같이 진술의 임의성이 인정되는 경우라도 증거능력이 부인된다.[87]

사례에서, B는 형사소송법 제211조 제2항 제2호 소정의 '장물이나 범죄에 사용되었다고 인정함에 충분한 흉기 기타의 물건을 소지하고 있는 때'에 해당하므로 경찰관 A는 B를 준현행범으로서 영장 없이 체포할 수 있다. 그러나 현행범으로 긴급체포를 하는 경우에도 구속이유와 변호인의 조력을 받을 권리, 피의자의 진술이 불리하게 사용될 수 있음을 고지하여야 한다. 이를 고지하지 않았을 경우에는 위법한 공무집행행위가 되고 B는 정당방위로서 경찰관의 위법한 행위에 대해 필요한 범위 안에서 대항할 수 있다.[88]

(3) 형사피의자·피고인의 권리

사례❶ **무죄추정의 원칙**

흑인빈민가에 거주하는 17세의 소녀 Jane은 마약 단속반 소속 경찰 Kane이 가택수색을 하기 위해 집안을 급습하는 순간 손에 헤로인 60그램을 쥐고 있다가 현장에서 체포되었다. 뉴욕 주법에 의하면 마약소지를 하다가 체포된 자는 유통목적으로 마약을 거래하는 자로 간주되어 유죄로 확정된 경우 법관의 형량결정 재량이 허용되지 않는 15년 징역(mandatory)으로 처벌된다.

그러나 Jane는 경찰이 급습할 당시 자신이 쥐고 있던 마약은 오빠의 것으로 오빠

86 Miranda v. Arizona, 384 U.S. 436(1966).

87 대법원 2009. 8. 20. 선고 2008도8213 판결.

88 대법원 2000.7.4. 선고 99도4341 판결.

가 경찰단속에 의해 처벌받을 것이 두려워서 대신 숨기기 위한 것이었을 뿐 자신의 것이 아니었다고 주장하고 있다. 실제 경찰의 수색영장은 마약딜러로 잘 알려진 그녀의 오빠를 수색하기 위한 것이었고, Jane은 오빠와 달리 성실하고 학업성적도 좋았던 것으로 밝혀졌다. 그녀의 주장에도 불구하고 당시 뉴욕 주 검사는 미국 형사제도에 따라 유죄를 자백·인정하는 조건으로 6개월의 징역형을 받아들일 것을 요구하였다. 특히 모든 마약사범들이 현장에서 체포된 뒤 자신의 것이 아닌 친구 혹은 가족의 것으로 변명을 하기 때문에 Jane의 변명은 받아들일 수 없다고 하고 Jane 역시 과거 학교에서 거짓말로 징계를 받은 경험이 있음을 제시하였다. 만일 검사의 협상을 거부하고 정식재판을 진행하여 유죄로 판정된다면 Jane은 무조건 15년 징역(mandatory)형이 선고된다. 이 사건에서 Jane은 검사의 협상을 거부하고 정식재판을 청구하였다.

여러분이 이 사건의 배심원이라면 Jane의 유죄, 무죄 중 어느 것을 선택하겠는가? 단순히 그녀의 것이 아니었다는 Jane의 변명을 인정하여 무죄를 선고할 수 있는가?

헌법은 형사피의자와 피고인의 자유권을 보호하기 위해 필요한 기본적 원리와 제도를 규정하고 있다. 먼저 헌법 제27조 4항은 "형사피고인은 유죄의 판결이 확정될 때까지 무죄로 추정된다."고 규정하여 무죄추정원칙을 규정함으로써 범죄사실에 대한 입증책임을 검사에게 부담 지우고 의심스러울 때는 증거 등을 피고인의 이익을 위해 해석하도록 규정하고 있다.

그러나 현실은 형사 피고인에 대한 선입관 등으로 인해 증거가 불충분하고 불분명한 경우에 오히려 피고인의 유죄를 추정하는 경향으로 나타난다. 특히 사례처럼 특별한 증거가 없고, 피고의 진술이 전부인 경우에 유죄가 불확실한 경우이지만, 통상의 마약범죄자의 성향이 변명을 늘어놓는다는 검사의 집중적인 설득이 있다면 대부분의 배심원은 피고의 유죄를 인정하는 것이 일반적이다. 이러한 결과는 실제 피고인의 무죄추정의 원칙과는 정반대의 상황이 된다. 따라서 9명의 범죄인을 놓치더라도 단 한 명의 무고한 피해자가 발생해서는 안 된다는 무죄추정의 원칙을 유지하기 위해 현행법은 다음에서 살펴보는 자백의 증명력 제한 등을 비롯한 여러 제도를 두고 있다.

사례❷ 증거의 제한

A는 새벽에 술에 취해 길거리에서 잠이 들었다. 일어나 보니 경찰서의 피의자 수감실이었다. A는 자신이 술에 취해 지나가는 B녀를 성폭행 했다는 수사관의 설명을 듣고 진술서에 서명할 것을 강요당하였다. 경찰서 유치장에 수감된 지 3일 후 A는 집에 돌아가지 못해 피곤함에 지쳐 있었다.

A는 자신의 행동을 절대로 믿을 수 없었지만, 서명을 하면 직장이나 가족에게 통보하지 않고, 불구속으로 수사를 진행해서 벌금형으로 마무리 해주겠다는 수사관의 회유와 서명하지 않는 경우 신문에 공개하고 재판에서도 징역형을 받도록 하겠다는 협박에 못 이겨 진술서에 서명을 하였다. 이 사건에서 유일한 증거는 A의 자백에 의한 진술서였다.

A가 재판정에서 자신의 무죄를 주장할 수 있는 방법은?

헌법 제12조 2항 전단은 "고문을 받지 아니할 권리"를 규정함과 동시에 그 실효성을 확보하기 위해 헌법 제12조 7항은 고문에 의한 자백의 증거능력을 제한하고 형법상 고문행위를 한 공무원을 직권남용죄로 처벌하며 고문당한 사람에게 공무원의 직무상 불법행위를 이유로 국가배상청구권을 인정하고 있다.

헌법은 또한 자신에게 불리한 증언이나 진술을 거부할 수 있는 묵비권(헌법 제12조 2항 후단)을 인정하고 있다. 묵비권은 미국헌법상 자기부죄금지의 특권에서 유래한 것으로 형사피의자·피고인에게 묵비권이 인정되고 묵비권이 인정됨을 사전에 고지하여야 한다. 증인이나 감정인도 유죄여부의 기초가 되는 사실뿐 아니라 양형의 기초가 되는 사실에 대하여 자기에게 불리한 진술을 거부할 수 있다.

이와 관련해서 문제되는 것은 거짓말 탐지기에 의한 증거채취의 합법성 및 증거능력 여부이다. 일반적으로 마취분석은 위헌적인 진술의 강요로 해석하지만, 거짓말탐지기의 사용은 본인의 동의가 있고 과학적으로 신빙성 있게 실시되는 경우에는 적법한 것으로 증거능력을 인정한다. 다만, 거짓말탐지기 검사의 결과는 정황증거로서 사용되는 것이 일반적으로 그것만으로 유죄를 확정하기에는 설득력이 적다고 할 수 있다.[89]

더 나아가 헌법 제12조 7항은 "피고인의 자백이 고문·폭행·구속의 부당한 장기화 또는 … 자의로 진술된 것이 아니라고 인정될 때 또는 피고인의 자백이 그에게 불리한 유일한 증거일 때에는 이를 유죄의 증거로 삼거나 이를 이유로 처벌할 수 없다."고 규정하여 자백의 증거능력 및 증명력을 제한하고 있다.

우선 자백의 '증거능력'의 제한은 '피고인의 자백이 불법이나 부당한 방법'에 의하여 자의로 진술된 것이 아닌 경우에 그 자백을 증거로 사용할 수 없다는 것을 의미한다.

89 "거짓말탐지기의 검사는 그 기구의 성능, 조작기술 등에 있어 신뢰도가 극히 높다고 인정되고 그 검사자가 적격자이며, 검사를 받는 사람이 검사를 받음에 동의하였으며 검사서가 검사자 자신이 실시한 검사의 방법, 경과 및 그 결과를 충실하게 기재하였다는 등의 전제조건이 증거에 의하여 확인되었을 경우에만 형사소송법 제313조 제2항에 의하여 이를 증거로 할 수 있는 것이고 위와 같은 조건이 모두 충족되어 증거능력이 있는 경우에도 그 검사결과는 검사를 받는 사람의 진술의 신빙성을 가늠하는 정황증거로서의 기능을 하는데 그치는 것이다."(대법원 1987.7.21. 선고 87도968 판결).

이것은 불법으로 얻은 자백은 증거자체가 될 수 없다는 것을 의미하는 '증거능력'의 문제로서 형사소송법상의 적법한 절차를 벗어나 수집된 그 증거는 원칙적으로 유죄의 증거로 사용될 수 없다는 취지를 재확인한 것이다.[90]

반면 자백의 임의성은 인정되나 그것이 유일한 증거일 때에는 증거로서 가지는 확실성 혹은 설득력을 의미하는 '증명력'을 제한함으로써 그 자백만으로는 유죄를 인정할 수 없도록 하여 법관의 자유심증주의를 제한하고 있다.

따라서 자백인이 유일한 증거일 때는 추가적인 보강증거가 있어야 하고 이 보강증거는 증거능력이 있는 독립된 증거이어야 한다. 소위 전문증거는 원칙적으로 보강증거가 될 수 없다.

마지막으로 헌법 제28조는 "형사피의자 또는 형사피고인으로서 구금되었던 자가 법률이 정하는 불기소처분을 받거나 무죄판결을 받은 때에는 법률이 정하는 바에 의하여 국가에 정당한 보상을 청구할 수 있다."고 규정하여 형사피의자나 피고인의 구금에 국가의 고의적인 불법행위가 없었던 경우에도 일정한 보상을 하도록 규정하고 있다.[91]

3. 형사절차 외 일반행정기관의 자유권적 기본권 침해

사례

2020년 시작된 코로나19 바이러스의 창궐로 사망자가 기하급수적으로 증가하자, 보건당국은 별도의 법적 근거는 없지만, 공공에 대한 위험을 차단하기 위해, 공항에서 검사를 실시하여 감염자로 판단되는 경우 본인의 의사와 관계없이 치료시설에 강제로 수용하여 질병전파를 원천적으로 차단하는 치료 조치를 시작했다. A는 아무 증상도 없는 자신이 강제로 치료시설에 수용되는 것보다 집에서 자가격리를 하겠다고 하였으나, 보건당국은 그 요구를 거부하고, 보건공무원을 동원하여 강제로 체포하고 치료소에 격치 조치를 하였다. A는 이 행위가 영장 없는 위법한 체포, 감금임을 주장하고 있다.

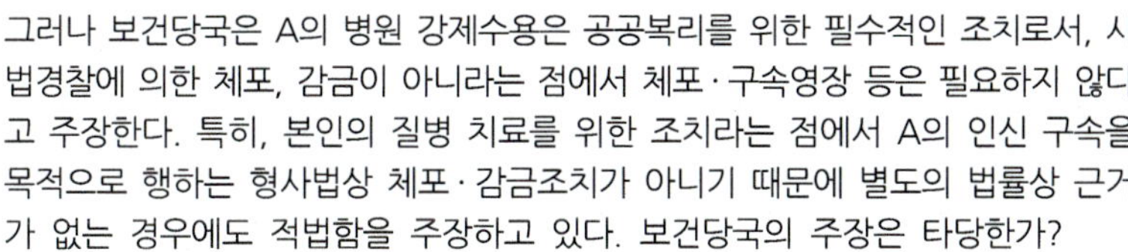

그러나 보건당국은 A의 병원 강제수용은 공공복리를 위한 필수적인 조치로서, 사법경찰에 의한 체포, 감금이 아니라는 점에서 체포·구속영장 등은 필요하지 않다고 주장한다. 특히, 본인의 질병 치료를 위한 조치라는 점에서 A의 인신 구속을 목적으로 행하는 형사법상 체포·감금조치가 아니기 때문에 별도의 법률상 근거가 없는 경우에도 적법함을 주장하고 있다. 보건당국의 주장은 타당한가?

90 대법원 2007.11.15. 선고 2007도3061 전원합의체 판결.

91 형사보상법 제1조(보상요건) ① 형사소송법에 의한 일반절차 또는 재심이나 비상상고절차에서 무죄재판을 받은 자가 미결구금을 당하였을 때에는 이 법에 의하여 국가에 대하여 그 구금에 관한 보상을 청구할 수 있다.

우리 헌법 제12조 1항이 규정하는 적법절차의 원리는 단순히 국민의 인신구속을 전담하는 형사 사법기관에게 한정되어 적용되는 것이 아니라 모든 공권력이 지켜야 할 기본적인 국민의 권리를 규정한 것이라고 할 수 있다. 따라서 사법기관 이외에 공권력 행사를 수반하는 모든 국가기관은 국민의 인신보호에 대한 적절한 실체법에 근거한 적법한 절차를 준수하여야 한다.[92] 결론적으로, 보건 공무원의 병원격리조치가 실제 별도의 법률상 근거 없이 개인의 의지와 관계 없이 자유를 빼앗는 체포 감금에 해당하는 강제조치라면 법관이 발부한 영장이 필요하다고 할 수 있다.

2020년 코로나 사태 초기에는 실제 강제 격리 조치 등에 관한 법률적 근거 없이 사실상 강제조치가 시행되어 위헌성이 문제되었다. 다만, 현재 감염병의 예방 및 관리에 관한 법률 제41조 제1항 등 에서는 명시적으로 감염병 환자에게 입원치료를 받을 의무를 규정하고 있고, 동법 제79조의3은 이 의무를 위반한 경우에 1년 이하의 징역 또는 1000만원 이하의 벌금에 처하는 형벌을 규정하고 있다.[93]

92 성낙인, 앞의 책, 379면 ; 허영, 앞의 책, 348면.

93 감염병의 예방 및 관리에 관한 법률 제41조(감염병환자등의 관리) ① 감염병 중 특히 전파 위험이 높은 감염병으로서 제1급감염병 및 질병관리청장이 고시한 감염병에 걸린 감염병환자등은 감염병관리기관, 중앙감염병전문병원, 권역별 감염병전문병원 및 감염병관리시설을 갖춘 의료기관(이하 "감염병관리기관등"이라 한다)에서 입원치료를 받아야 한다. <개정 2010. 1. 18., 2018. 3. 27., 2020. 8. 11., 2020. 8. 12., 2023. 8. 16.>

…

③ 보건복지부장관, 질병관리청장, 시 · 도지사 또는 시장 · 군수 · 구청장은 다음 각 호의 어느 하나에 해당하는 경우 제1항 또는 제2항에 따라 치료 중인 사람을 다른 감염병관리기관등이나 감염병관리기관등이 아닌 의료기관으로 전원(轉院)하거나, 자가 또는 제37조제1항제2호에 따라 설치 · 운영하는 시설로 이송(이하 "전원등"이라 한다)하여 치료받게 할 수 있다. <신설 2020. 8. 12., 2020. 9. 29.>

제79조의3(벌칙) 다음 각 호의 어느 하나에 해당하는 자는 1년 이하의 징역 또는 1천만원 이하의 벌금에 처한다. <개정 2020. 8. 12.> 1. 제41조제1항을 위반하여 입원치료를 받지 아니한 자 ….

Ⅳ. 정신적 기본권

1. 양심의 자유

(1) 양심 결정의 자유 및 침묵의 자유

1) 양심유지의 자유(침묵의 자유)

사례

공무원인 A는 정기 승진인사를 위한 면접을 앞두고 있다. A를 면접하는 상관 B는 인사규칙에 따라 최근 정부가 행하고 있는 여러 개혁 조치들에 대한 본인의 의사를 서면으로 제출하라고 요구하였다.

A는 본래 보수적인 사람으로서 최근 정부의 개혁 정책들에 대해 반대 입장을 가지고 있으나, 명시적으로 이를 밝히면 인사에서 불이익을 받을 것이 분명하였다. A는 자신의 사적인 견해를 외부에 밝히도록 요구하고 있는 공무원 승진인사 규칙이 헌법상 보장받은 양심유지의 자유를 침해하였음을 주장하고 있다.

A의 주장은 타당한가?

헌법 제19조가 보장하는 양심의 자유의 내용은 무엇인가?

헌법 제19조는 "모든 국민은 양심의 자유를 가진다."고 규정하여 기본권으로서 양심의 자유를 규정하고 있다. 구체적으로 양심의 자유는 단계별로 양심의 결정의 자유, 양심유지의 자유(침묵의 자유), 양심표현의 자유로 구분될 수 있다.[94] 먼저 양심 결정의 자유는 내면적으로 어떤 가치관을 개인이 선택할 자유로서 "자신의 도덕적·논리적 판단에 따라 무엇이 옳다 틀린다고" 자유롭게 생각할 자유이다. 양심결정의 자유는 순수한 내심의 작용으로서 외부에서 침해할 수 없는 절대적 자유라고 할 수 있다. 두 번째로 양심유지의 자유 혹은 침묵의 자유는 양심상의 결정을 직접·간접으로 외부에 밝히도록 강제 받지 않을 자유를 의미한다. 내면적으로 양심을 결정하는 것은 외부에서 강제할 수 없기 때문에 이것을 직접적으로 침해할 수단이 없으나, 일단 내면적으로 결

94 성낙인, 앞의 책, 400면 ; 허영, 앞의 책, 390면. 헌재 2004.8.26. 2002헌가1.

정한 양심을 외부에 밝히도록 강제하는 경우에는 개인의 양심상의 자유 결정에 대한 중요한 침해가 된다. 따라서 양심 유지의 자유가 양심의 자유 보호에 있어서 실질적으로 중요한 의미를 가진다.

양심의 유지의 자유를 보호하기 위해서 먼저 '양심 추지 금지' 원칙이 파생하는데 양심을 행동에 의하여 외부에 표명하도록 강제 당하지 않을 자유를 의미한다. 그 예로서 기독교 신자들에게 신앙을 포기하도록 강제하고 더 이상 신을 믿지 않는다는 징표로서 십자를 밟고 걷기를 강제하는 경우 혹은 국가에 대한 충성을 약속하는 자는 충성선서를 하도록 강제함으로써 양심을 추정하는 행위가 원칙적으로 금지된다. 또한 '침묵의 자유'를 보호함으로써 양심을 언어에 의하여 표명하도록 강제 당하지 않을 자유를 보호하게 된다.

침묵에 의하여 보호되는 것은 도덕적 판단인 양심, 정치적 신념이나 세계관 등의 사상과 결부된 사실이다. 따라서 공무원 임용 시에 야당과 여당 중에서 어느 당을 지지하는가와 같은 질문은 허용되지 않는다. 호기심을 충족하기 위해 오락프로그램 등에서 시도되는 몰래 카메라 방송의 경우도 개인의 가치관을 몰래 추적하고 외부에 밝힌다는 점에서 침묵의 자유에 대한 간접적인 침해가 될 수 있다.

그러나 양심의 자유의 보호대상은 자신의 가치관에 의한 판단 혹은 양심적 결정의 내용임으로, 단순한 사실에 관한 지식 혹은 기술적 지식은 침묵의 자유에 포함되지 않는다. 예를 들어, 사건의 증인이 증언 거부하는 것은 예외적으로 증언에 의해 자신이 처벌받을 위험이 있는 경우에 인정되는 묵비권의 대상이 될 수 있지만 단순히 자신이 알고 있는 사실의 경험에 대한 진술을 요구하는 것이기 때문에 침묵의 자유에 의한 보호대상이 아니다.[95]

따라서 적법하게 증언의무가 있는 자의 증언거부는 양심의 자유에 의해 보호되지 않는다. 이와 비슷하게 기자가 국가비밀 등을 추적하여 보도한 경우에 군사비밀을 노출한 취재원에 관한 진술을 거부하는 것도 양심의 자유에 의해 보호되지 않는다.

95 증인의 증언거부는 예외적인 경우에 헌법 제12조가 보장하는 적법절차의 원리에 의한 묵비권 보호에 의해 보호될 수 있다.

2) 과학기술의 발전과 양심의 자유의 보호

사례

최근에는 과학기술의 발달로 사람의 홍체 반응 정도, 눈동자의 떨림, 뇌파의 움직임을 측정하여 외부에서 특정인의 심리상태를 측정하는 것이 가능하게 되었다.

정부가 정부시책에 대한 국민의 호응도를 조사하기 위해 지하철 출입구에 감정인지기능을 갖춘 카메라를 장착하여 지하철에서 들려준 국가정책에 대한 찬반 여부를 바로 확인하려고 한다.

이와 관련해서 문제되는 국민의 기본권 침해 가능성은?

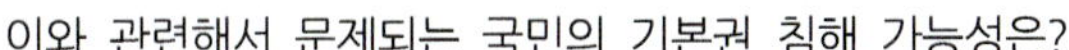

본인의 동의 없이 과학기술을 통해 개인의 가치관적 판단을 자동적으로 수집하는 행위는 침묵의 자유에 대한 명백한 침해가 된다. 비록 그 자료가 객관적으로 데이터화하여 사용된다고 하여도 본인의 동의 없이 자신의 양심적 결정이 모두가 파악된다면 수집된 정보의 사용용도에 상관없이 양심의 자유에 대한 침해가 된다고 할 수 있다.

특히 최근에는 자동얼굴인식 기능을 장착한 CCTV가 보급되어 테러용의자, 수배자 등의 이동경로 파악에 유용하게 사용되고 있으나, 이렇게 단순한 사실을 수집하는 용도를 넘어서 개인의 내면적 감정을 수집하는 기술은 양심의 자유를 침해할 여지가 크다고 할 수 있다.

(2) 양심에 반하는 행위와 강제 금지

사례

평범한 회사원인 A는 자신의 상사인 B가 여사원들에게 환심을 사기 위해 겉으로 친절한 척 하고 이후 내연관계를 맺어온 것을 못마땅하게 여기고 있었다. A는 자신이 마음에 두고 있는 새로운 신입 여사원 C에게도 B의 접근이 계속되자, B가 지금까지 세 차례 이혼한 경력이 있음을 알리고 과거에 혼인빙자간음죄로 기소가 되었던 사실들을 사내 게시판에 익명으로 공시하였다.

A가 게시한 사실들은 모두 진실한 것으로 판명되었지만, B는 이로 인해 자신의 명예가 손상되었다고 주장하고 게시한 자를 고소하였다. 결국 A는 정보통신망이용촉진에 관한 법률상 온라인에 의한 명예훼손죄로 기소되어 벌금 1000만 원이 선고 되었다. 또 별도로 B는 민사소송을 제기하였는데 민사법원은 민법 제764조가 손해배상과 함께 손해회복에 필요한 조치를 취하도록 하고 있음을 근거로 A가 B에 대한 사죄광고를 3대 일간지에 게재하도록 명령하였다.

그러나 A는 자신의 행위는 양심의 결정에 의한 정당한 행위로서 파렴치한 B에게 사죄를 할 수 없다고 생각하며, 강제로 사죄광고를 규정한 민법 제764조가 양심에 반하는 행위를 강제하고 있다고 주장하여 위헌심판을 제청하였다.

A의 주장은 타당한가?

헌법상 보장되는 양심의 자유는 외부에 자신의 양심적 판단을 밝히질 않을 자유뿐만 아니라 자신의 양심에 반하는 행위를 강제 당하지 않을 자유를 포함한다. 따라서 국가가 양심상의 결정에 반하는 행위를 외부에 직접 하도록 강제하는 경우에는 헌법상 보장된 양심의 자유를 침해하는 것이 된다.

사례와 관련하여 우리 헌법재판소는 민사·형사 판결의 결과 자체를 신문·잡지에 게재하거나, 명예훼손기사의 취소를 명령하는 것을 넘어서서 피고가 일간지에 직접 사죄광고를 하도록 판결하는 하는 것은 양심의 자유를 침해하는 행위로 위헌이라고 판단하였다.[96]

미국의 다른 사례를 살펴보면, 여호와의 증인 신도가 공립학교 입학을 위한 조건으로 국기에 대한 경례를 강요당한 사건에서 국기에 대한 경례거부가 다른 개인의 권리 충돌을 가져오는 것이 아니고, 공적질서에 특별한 해가 되는 것이 아니기 때문에 거부할 권리를 인정하였었고,[97] 공직 취임시에 신의 존재를 믿는다고 선서하도록 강제하는 행위,[98] 공립학교에서 기도문이나 성서를 낭독하는 것은 양심의 자유를 침해함으로 위헌이라고 판단한다.[99]

다만, 우리 병역법에 의해 군복무를 거절한 자를 처벌하거나 군복무중 총기훈련을 거부한 자를 군형법상의 항명죄와 집총거부죄로 처벌하는 행위가 양심에 반하는 행위의 강제로서 헌법 제19조의 침해가 아닌지가 문제된다. 양심에 반하는 행위를 강요당하지 않을 자유는 일종의 양심을 유지할 자유 혹은 침묵할 자유의 다른 표현으로서 내면적으로 자신의 양심을 간직할 소극적인 자유이다.

따라서 군복무의 거절 혹은 총기훈련의 거부가 내면적인 양심에 반하는 행위의 강제라고 보면 위헌의 소지가 매우 높다.

이와 같은 이유로, 헌법재판소는 2018년 "병영 복무 중 집총 행위 등이 양심에 반하

96 헌재결정 89헌마160.

97 West Virginia State Board of Education v. Barnette, 319 U.S. 624, 63 S.Ct. 1178(1943).

98 Torcaso v. Watkins, 367 U.S. 488(1961).

99 Engel v. Vitale, 370 U.S. 421(1962).

여 '병영복무'를 거부한 양심적 병역거부자들에게 대체복무제를 규정하지 않은 병역법 제5조 1항(병역의 종류)은 헌법에 불합치하다"고 판결하여, 국회가 2019년까지 대체복무제 등을 포함하는 법 개정을 하도록 판결하였다.[100] 다만, 모든 병역거부가 당연히 허용되는 것이 아니고, 병영복무를 통해 '집총을 강제하는 것이 실제 양심의 자유를 침해하는 경우'에 한정하여 대체복무가 허용되는 것이다. 따라서 헌법재판소는 "현역 입영 통지를 받고도 '정당한 사유' 없이 입영하지 않으면 3년 이하의 징역에 처하도록 한 병역법 88조 1항은 합헌이라고 판단"하였다.[101]

2020년 1월 1일부터 시행되는 현행 병역법은 제5조 제1항 제6호를 신설하여, 병역의 종류에 대체역을 신설하고 있다. 2020년 6월 30일에 시행된 '대체역의 편입 및 복무 등에 관한 법률' 제18조 1항은 대체복무요원의 복무기간을 36개월로 정하고 있다.

(3) 양심표현의 자유 문제(양심실현의 자유)

사례

군에서 정보장교로서 일하는 A는 1급 군사 비밀로서 최근에 문제가 된 "북에 파견된 특수요원"들에 대한 신상정보를 파악하면서 이들 중 일부가 북한에 여전히 생존해 있으나 국가는 그들의 존재를 부인하고 있는 사실을 알게 되었다.

A는 자신의 양심상 이러한 불합리한 사실을 침묵하는 것이 견딜 수가 없었고, 결국 그 비밀을 인권단체에 알려주어 공표하게 만들었다. A는 자신의 행위가 헌법상 양심의 자유의 내용으로서 양심을 실현할 자유로서 보호되어야 한다고 한다.

A의 주장은 타당한가?

양심을 외부에 표현할 자유 혹은 실현할 자유도 양심 유지의 자유와 동일한 수준으로 보호가 가능한가?

양심상 결정을 하고 그것을 자신의 내면 안에 유지하는 것과 자신이 선택한 양심상의 결정을 밖으로 표현하고 구체적으로 그것을 실현하는 것은 구분되어야 한다. 양심의 자유가 내면에 머무는 단계를 지나서 외부로 표출되는 경우에는 다른 기본권 주체에 대한 영향력 혹은 공익에 미치는 영향력이 크기 때문이다. 따라서 양심상의 결정을 표명·실현할 자유가 헌법 제19조가 규정하는 양심의 자유에 의해 보장되는지가 문제된다.[102]

100 헌법재판소 2018. 6. 28. 선고 2011헌바379 판결.

101 헌법재판소 2018. 6. 28. 선고 2011헌바379 판결.

긍정설의 경우 양심실현의 자유를 빼버린 양심의 자유는 그다지 큰 의미가 없기 때문이라고 하고, 부정설의 경우 양심의 자유를 인간의 내면에 국한시킴으로써 구체적인 행동을 할 자유는 양심의 자유에 해당하지 않는다고 한다. 일반적으로 부정설이 다수의 견해라고 할 수 있다.[103]

(4) 제3자적 효력의 문제

사례

E 그룹 신입사원으로 취직한 A는 최근 회사로부터 특정 종교 행사에 참여할 것을 강제 당하고 있다. 구체적으로 회사 내의 퇴근 후 예배 시간에 참석하거나, 주일에 인근 교회에 나가 예배를 보고 있다는 증명서를 제출할 것이 강제되고 있다.

A는 회사의 이와 같은 행위가 자신의 무종교(無宗敎)의 자유에 대한 침해 및 양심에 반하는 행위를 강제하는 행위로서 헌법 제19조에 위반되었음을 주장하고 위헌소송을 제기하였다.

A의 주장대로 E 회사의 행위가 위헌으로 판단될 가능성이 있는가?

양심의 자유를 사인이 다른 기본권 주체에게 주장할 수 있는가?

다른 기본권과 유사하게 양심의 자유는 대국가적 효력을 가질 뿐 대사인적 효력은 존재하지 않는다. 사례와 같이 특정 사상 혹은 정치적 경향을 가진 조직원으로만 구성된 기업을 소위 경향기업이라고 하는데 기본권의 효력은 특별한 보호 법규 없이 국민 개개인 간에 직접 적용되지 않는 것이 원칙으로서 특별한 보호 법규 없이 양심의 자유가 직접 사인 간에 적용되지는 않는다.

따라서 원칙적으로 사기업의 경우 정치적 사상이나 신조와 결합된 특수한 기업이 존재할 수 있고 이를 고용의 조건으로 삼을 수 있다고 해석 가능하다.

이와 같이 해석한다고 하여도 일반적인 사기업 혹은 대학 등은 가입이나 입학이 강제되지 않기 때문에 기본권의 주체는 다른 종교관 혹은 가치관·정치관을 가진 기업을 얼마든지 다시 선택할 수 있다. 따라서 특정 경향기업 혹은 사립학교 등이 존재한다고

102 헌법재판소는 양심표현의 자유도 일단 헌법 제19조가 보호하는 양심의 자유의 한 내용으로 파악한다(헌재 2004.8.26. 2002헌가1).

103 성낙인, 앞의 책, 404면 참고 ; 허영, 앞의 책, 393면.

하여도 기본권 주체의 기본권이 침해되는 것은 아니다.

다만, 공기업은 국가기관으로서 양심의 자유를 보장할 직접적 의무를 부담하고, 사립학교라고 하더라도 학생이 실질적으로 입학여부를 선택할 수 없고 강제 추첨방식에 의해 배정되는 경우에는 특정 종교행사 참여강제 등이 양심의 자유를 침해할 수 있다.

2. 표현의 자유(언론출판의 자유)

(1) 알권리와 억세스권

1) 알권리의 의의

사례

회사원 A는 회사에서 회식 중에 후배 여사원 B에게 술을 따르라는 농담 섞인 말을 했다가 후배 여사원이 이를 거부함으로써 망신을 당하였고, 사내 게시판에 이 사실이 과장되어 알려지면서 곤란을 겪었다.

실제 A는 후배 B에게 술 따를 것을 강요한 것은 아니었다는 자신의 입장을 충분히 설명하였고, B도 역시 상황을 수긍한 상태이다. 그러나 A를 둘러싼 소동은 다시 C일간신문의 사회면 기사로 발행됨으로써 주위의 모든 사람에게 A는 부도덕한 상사로 알려지게 되었다. A는 C신문사에게 당시의 상황과 자신의 입장을 정확히 다시 게재 해줄 것을 청구하고 있다.

A가 C신문사에게 자신의 입장을 다시 보도 해주도록 청구하는 것은 타당한가?

헌법 제21조 1항은 "모든 국민은 언론·출판의 자유와 집회·결사의 자유를 가진다."고 규정하여 언론출판의 자유와 표현의 자유를 보장하고 있다. 여기서 표현의 자유는 "사상·의견을 표명하고 전달할 자유를 의미하고 표현의 자유를 억제하기 위해 사전검열·인신구속·도청 등을 하는 입법조치를 하는 것은 허용되지 않는다는 것을 의미한다. 그러나 현대 사회가 복잡해 감에 따라 국민의 정확한 정치적 의사를 표현하기 위해서는 정치적 의사 결정에 필요한 일반적인 정보가 국민에게 정확하게 전달되어야 한다. 따라서 표현의 자유를 보장하는 실질적인 수단으로서 '알권리'가 보장되어야 한다.[104]

이러한 알권리는 모든 정보원으로부터 일반적 정보를 수집할 수 있는 권리를 의미하

104 성낙인, 앞의 책, 435면 ; 허영, 앞의 책, 544면.

고 자유권·청구권적 성격도 함께 가지고 있다. 특히 알권리는 표현의 자유를 실현하기 위한 적극적인 수단으로서 역할을 한다고 할 수 있다. 알권리는 헌법상의 권리이기 때문에 특정 법률에 공개를 규정한 경우에만 국민이 그 정보를 취득할 권리를 가지는 것이 아니라 원칙적으로 모든 국가소유 기록에 대해 알권리를 가진다.[105]

이러한 알권리에 따라서 국민은 공공기관이 보유하는 자기정보에 대해 열람하고 이것의 정정 등을 요구할 수 있는 자기정보 통제권 등의 다양한 권리를 가진다. 특히 기본권 주체는 정보를 전달하는 언론기관에 대해 일정한 접근권을 보유하고 언론기관이 전달하는 자신의 정보를 통제할 권리를 가지는데 이것을 이른바 "억세스권"이라고 한다.

억세스권은 광의의 의미로서 국민이 자신의 사상·의견을 발표하기 위하여 언론매체에 자유로이 접근하여 그것을 이용할 수 있는 권리(광고할 수 권리 등)와 좀더 구체적으로 자신과 관계되는 보도에 대해 반론 내지 해명을 요구할 수 있는 협의의 억세스권으로 구분된다.

이 중에서 협의의 억세스권은 다시 정정보도청구권, 반론보도청구권, 추후보도청구권으로 구분된다. 먼저 정정보도청구권은 언론 보도내용의 전부 또는 일부가 진실하지 아니한 경우에 언론기관의 보도로 인하여 인격권 등의 피해를 입은 자가 오류의 시정을 요구할 수 있는 권리를 의미한다.[106] 반면 반론보도청구권은 보도내용의 허위여부를 불문하고 언론기관의 보도로 인하여 인격권 등의 피해를 입은 자가 반박(반론)의 게재를 요구할 수 있는 권리를 의미한다.[107] 추후보도청구권은 범죄혐의, 형사상 조치를 받았다고 보도된 자는 그에 대한 형사절차가 무죄판결 또는 이와 동등한 형태로 종결된 때에 그 사실을 안 날부터 3월 이내에 언론사에 이 사실에 관한 추후보도의 게재를 청구할 수 있는 권리를 말한다.[108]

105 형사소송확정기록의 열람·복사를 청구할 권리가 명문화 되어있지 않다는 이유로 검사가 청구인의 복사신청을 거부한 것은 알권리를 침해한 것으로 위헌이다(헌재 결정 90헌마133).

106 언론중재 및 피해구제 등에 관한 법률 제14조 ① 사실적 주장에 관한 언론보도가 진실하지 아니함으로 인하여 피해를 입은 자(이하 "피해자"라 한다.)는 당해 언론보도가 있음을 안 날부터 3월 이내에 그 보도내용에 관한 정정보도를 언론사에 청구할 수 있다. 다만, 당해 언론보도가 있은 후 6월이 경과한 때에는 그러하지 아니하다.

107 언론중재 및 피해구제 등에 관한 법률 제16조(반론보도청구권) ① 사실적 주장에 관한 언론보도로 인하여 피해를 입은 자는 그 보도내용에 관한 반론보도를 언론사에 청구할 수 있다.

108 언론중재 및 피해구제 등에 관한 법률 제17조(추후보도청구권) ① 언론에 의하여 범죄혐의가 있거나 형사상의 조치를 받았다고 보도 또는 공표된 자는 그에 대한 형사절차가 무죄판결 또는 이와 동등한 형태로 종결된 때에는 그 사실을 안 날부터 3월 이내에 언론사에 이 사실에 관한 추후보도의 게재를 청구할 수 있다. ② 제1항의 규정에 의한 추후보도에는 청구인의 명예나 권리회복에 필요한 설명 또는 해명이 포함되어야 한다. ③ 추후보도청구권에 관하여는 제1항 및 제2항에 규정된 것을 제외하고는 정정보도 청구권에 관한 이 법의 규정을 준용한다.

정정보도청구 등을 받은 언론사는 1) 피해자가 정정보도청구권을 행사할 정당한 이익이 없는 때, 2) 청구된 정정보도의 내용이 명백히 사실에 반하는 때, 3) 청구된 정정보도의 내용이 명백히 위법한 내용인 때, 4) 상업적인 광고만을 목적으로 하는 때 등 일정한 사유가 있는 경우에 정정보도청구 등을 거절할 수 있다.[109]

사례의 경우, 언론기관의 보도로 인해 인격권의 피해를 입은 당사자는 반론보도청구권을 행사하여 보도된 기사내용에 대한 반론을 게재해주도록 요구할 수 있다. 특히 반론보도청구권은 언론사의 고의·과실이나 위법함을 요하지 아니하며, 보도내용의 진실 여부를 불문하고 인정되는 권리이다.[110]

2) 과학기술의 발전과 억세스 권

사례

2020년 환경법 변호사 출신 A는 환경부 장관으로 임명되었다. 개발정책에 반대하는 A의 신조를 비판하는 B는 구독자 50만명인 자신의 YouTube채널에서 A가 과거 건설업자 C로부터 2억원의 금전을 받은 적이 있다는 사실만을 보도했다. 그런데 실제 C는 여야 정치인 몇 명에게 뇌물을 제공하여 현재 정치자금법 위반 선고를 받아 교도소에 수감중에 있다.

그러나 A가 C에게 받은 금전은 과거 C의 건설 인허가 취소 소송에 대한 법률 변론의 대가로써, 적법한 것이었고 정치자금법과는 관계가 없다. 따라서 A는 B의 보도내용이 사실이 아니라는 점을 주장하고 형사고발을 진행중에 있으나, B는 자신이 보도한 일부 내용은 실제 사실이라는 점, A가 공인이라는 점에서 검증이 필요하다는 점에서 자신의 보도가 정당함을 주장하고 있다.

A는 B의 보도 이후 연일 사퇴 압박을 받고 있는 상황에서, B에게 자신의 반론을 방송할 것을 요구하고 있으나, B는 자신이 언론기관이 아니라는 점에서 반론보도청구권의 수용을 거부하고 있다. 이때 A가 B를 언론기관으로 간주하여 언론중재위원회에 중재를 요청할 수 있는가?

현재 구독자 50만명인 Youtube채널은 일방적인 소식을 청취자에게 전달한다는 점에서 실제 전통적인 언론 방송과 유사한 측면이 있으나, 실제로는 개인의 일방적 의사전달에 불과한 것으로 전통적인 언론 출판에 대한 통제권인 정정보도 청구권 및 반론보호청구권 등이 적용되지 못하는 한계가 있다.

109 언론중재 및 피해구제 등에 관한 법률 제15조.
110 언론중재 및 피해구제 등에 관한 법률 제16조 2항.

B의 일방적인 기만조치에 대응하기 위한 수단으로는 형법상 명예훼손죄 및 정보통신망법상 온라인 명예훼손죄, 일반 민사손해배상 등이 있으나, 사실의 적시에 따른 피해 입증 등이 모두 피해자의 몫이 된다는 점에서 그 한계가 있다. 따라서 현재 미디어 기술의 발전에 따라 사실상 방송과 동일한 기능을 수행하며, 다수의 대중에게 영향을 미치는 YouTube 등의 1인 미디어 매체에 대해서 기존 방송에 대한 국민의 억세스권을 준용할 필요성이 매우 높다고 할 수 있다.

(2) 명예훼손과 알권리의 보장

사례 ❶

유명한 발라드 가수인 A는 5년 전 유명재벌의 아들과 연인관계로 지내며 이곳저곳 해외여행을 다녔던 적이 있다. 당시 A는 재벌 2세인 B와 연인 사이 임을 부인하며, 억측이라고 기자회견을 했었다.

최근 일간지 기자인 C는 당시 A가 B와 마이애미 등에서 데이트를 하는 장면을 찍은 사진을 입수해서 연예란에 대대적으로 보도 하였다. A는 현재 결혼을 전제로 교제하는 다른 연예인이 있다. A는 이 일간지의 기사로 인해 자신의 명예가 훼손되었음을 근거로 일간지 기자를 형법상 명예훼손죄로 고소하였다.

일간지의 기자 C는 자신의 행위는 일반 대중들의 알권리를 충족시켜주기 위한 행위로서 명예훼손죄가 성립하지 않음을 주장하고 있다.

C의 주장은 타당한가?

헌법상 표현의 자유를 보장하는 궁극적인 수단이 되는 알권리의 보장은 다른 개인의 인격권 혹은 명예의 보호 필요성과 상충되는 점이 있다. 다른 개인의 사적 정보에 대한 접근을 넓게 인정하면 필연적으로 인격권에 대한 침해를 수반할 수 있기 때문이다.

이와 관련해 우리 형법은 원칙적으로 공표된 내용이 사실이라고 하더라도 타인의 인격권을 침해하는 경우에는 명예훼손죄가 성립됨을 규정하고 있다.[111] 더 나아가 정보통신망 이용촉진 및 정보보호 등에 관한 법률 제70조는 "사람을 비방할 목적으로 정보통신망을 통하여 공공연하게 사실을 드러내어 다른 사람의 명예를 훼손한 자"를 형법 명예훼손죄 보다 가중처벌하고 있다.

111 공표된 내용이 허구인 경우에는 가중처벌된다.
참조: 형법 제307조(명예훼손) ① 공연히 사실을 적시하여 사람의 명예를 훼손한 자는 2년 이하의 징역이나 금고 또는 500만 원 이하의 벌금에 처한다. ② 공연히 허위의 사실을 적시하여 사람의 명예를 훼손한 자는 5년 이하의 징역, 10년 이하의 자격정지 또는 1천만 원 이하의 벌금에 처한다.

따라서 언론기관이 개인의 인격권을 침해한 경우에는 명예훼손죄 및 민법상 손해배상 청구가 가능하다. 그러나 형법 제310조는 추가적으로 명예훼손죄에 해당한다고 하여도 "그 행위가 진실한 사실로서 오로지 공공의 이익에 관한 때에는 처벌하지 아니한다."고 규정하고 있다. 따라서 사실을 적시하여 공표하는 행위가 공공의 이익을 위한 행위라는 것이 입증된다면 처벌되지 아니한다.[112]

예를 들어, 범죄사실을 조사하여 이를 신문에 보도한 경우에는 범죄인의 인격권을 침해한다고 하여도 공익을 위한 행위로서 명예훼손죄가 성립되지 않는다. 범죄대책을 마련하기 위해 실제 사실을 인용하는 경우도 그 예이다.[113]

이러한 명예훼손죄의 위법성 조각사유와 관련하여 공인의 수인의무 이론이 주장되어 왔는데 공인의 활동은 공익에 미치는 영향력이 크기 때문에 공인은 사적 사항에 대해서도 일반인과 달리 공공에 노출되는 것을 감수하여야 된다는 이론이다. 예를 들어, 장·차관 등의 고위 공직자의 비리 사실·위법행위 등에 대한 공표가 그 대표적인 예이다. 그 외, 연예인을 공인의 범주 안에 포함시켜야 하는지가 논란이 될 수 있으나 일반적으로 사회적인 영향력이 높은 연예인도 공인의 범주에 포함되는 것으로 해석된다.[114]

이러한 관점에서 본다면 사례와 같은 연예인의 경우 개인정보 노출에 대해서도 어느 정도 감수하여야 한다는 결론에 이르게 된다. 다만, 이미 연예계에서 은퇴하여 평범한 삶을 살고 있는 경우에는 공인으로서 의무를 벗어났다고 보는 것이 타당하다.[115]

사례❷

시사 TV 토론 프로그램에서 여당 중진의원에게 명쾌한 질문을 하여 화제가 된 '고대녀'라고 불리던 A는 위 발언 당시 고려대 재학생 신분을 유지하고 있었음에도, 다음 주 같은 프로그램에 패널로 참여한 국회의원 B가 A의 프로필을 공개하며 A는 "고려대학교 학생이 아니다. 고려대학교에서 제적을 당한 학생인데, 이력을 보면 민주노동당 당원으로 각종 선거에서 선거운동을 하는 정치인이다."라는 취지의 발언을 하였다.

112 형법 제310조(위법성의 조각) 제307조 제1항의 행위가 진실한 사실로서 오로지 공공의 이익에 관한 때에는 처벌하지 아니한다.

113 국립대학교 교수가 자신의 연구실 내에서 제자인 여학생을 성추행하였다는 내용의 글을 지역 여성단체가 인터넷 홈페이지 또는 소식지에 게재한 행위가 공공의 이익을 위한 것으로서 비방의 목적이 있다고 단정할 수 없다고 한 사례(대법원 2005.4.29. 선고 2003도2137 판결).

114 배병화, "公益報道에 의한 名譽毁損과 免責事由: 상당성이론과 현실적 악의이론 중심으로", 『민사법연구』 13집 1호(2005.06.) 33면.

115 서울중앙지방법원 2007.1.24. 선고 2006가합24129 손해배상.

이에 대해 A는 다른 사람들과 함께 B가 속한 정당 당사 앞에서 항의집회를 열어 "B는 대국민 사기극을 벌였다."는 취지의 발언을 하고, 다른 시위참여자들도 "입만 열면 망언" 등의 구호가 적힌 피켓을 들고 있었으며, A는 같은 날 라디오 시사 프로그램 인터뷰에서 "B는 국회의원으로서 수준과 자질이 의심스럽다."는 취지의 발언을 하였다.

이에 대하여 국회의원 B는 A가 항의집회 시 언급한 발언과 피켓 내용, 인터뷰 내용 등이 자신의 명예를 훼손하였다고 주장하며 A를 명예훼손죄로 고발하였다.

B의 주장은 타당한가?

형법상 명예훼손죄가 성립하기 위해서는 "구체적인 사실의 적시"가 필요하다. 즉, "……은 처자식을 두고 바람을 피운 놈이다."와 같은 사실내용의 공개행위가 존재하여야 한다. 이 사안에서 A의 발언내용과 피켓의 표현은 구체적 사실이라고 할 수 없어 명예훼손죄를 성립시킬 수 없다.[116]

단순히, "무능한 의사 ……. 권력에 눈이 먼 정치인 ……" 등의 표현은 추상적 감정의 표현에 지나지 않고 명예훼손죄의 구성요건을 충족하지 못한다. 앞서 언급한 바와 명예훼손죄의 성립에 있어서 공인은 사인과 달리 수인의무를 부담한다는 점에서 일반 국민의 알권리가 우선하는 것처럼, 추상적 비판에 있어서도 역시 일반 사인과 달리 수인의무를 부담한다고 볼 여지가 있다. 다만, 주의할 것은 사안에서 만일 A가 욕설을 하였다면 명예훼손죄와 별도로 형법상 '모욕죄'가 성립한다.[117]

실제 사안에서 국회의원 B는 오히려 A에게 명예훼손에 의한 손해배상을 하도록 판결되었다.

또한 더 나아가, 사례의 A가 주장한 사실이 모욕적 표현을 담고 있다고 하더라도, 공인은 비판에 수반하는 다소의 경멸적 표현을 어느 정도 감내하여야 하는 위치에 있다고 볼 수도 있다. 즉, 공인의 행위는 일반 국민의 감시대상으로서, 공인에 대한 정당한 비판을 하는 과정에서 수반된 다소 모욕적 표현은 모욕죄의 위법성을 조각한다.[118]

116 서울남부지법 2011. 4. 14. 선고 2010나1307,1314 판결.

117 형법 제311조(모욕) 공연히 사람을 모욕한 자는 1년 이하의 징역이나 금고 또는 200만 원 이하의 벌금에 처한다.

118 대법원은 2013년 12월 서울 영등포구 여의도의 한 고깃집에서 '보수대연합' 발기인 대회를 열고 고기값 1300만 원 중 300만 원을 미지급한 후 이를 갚기를 종용하는 식당 주인을 '종북'이라고 비판한 변희재 미디어와치 대표에게 "변 또라이", "권력을 손에 쥔 무척 아픈 아이"라고 말한 탁현민 성공회대 겸임교수의 모욕죄 혐의를 무죄로 확정하였다. 한겨레, 2016년 10월 10일, "변희재에 '또라이' 표현 탁현민 교수, 모욕죄 무죄 확정".

3. 사생활의 자유, 학문연구의 자유

(1) 과학기술의 발전과 사생활의 자유에 대한 권리

사례

미국 테네시주에 거주하는 A(50세, 남성)는 두 달전부터 Target(미국 소매체인점)에서 임산부 용품 할인티켓을 배송받고 있다. A는 그 이유를 알기 위해 본사에 전화를 걸었다. 본사 담당자는 "우리 매장은 매장 방문 고객의 상품검색 및 구매정보를 빅데이터 처리하여 고객들이 필요로 하는 상품할인 티켓을 송부해주고 있다"고 답변하였다. A는 그런데, "자신의 집에는 임산부가 없고, 자신과 부인 및 High School(고등학생) 1학년인 딸과 대학생 아들이 있을 뿐이니, 정보를 다시 확인해 달라"고 요청하였다. 본사 직원은, "분명히 우리가 가진 정보에 의하면 당신의 집에 임산부가 거주하고 있고, 임신 6개월쯤으로 파악된다"고 답변하였다. A는 그 정보가 잘못된 것이라고 항의하고 전화를 끊었다.

실제 A의 미성년 딸이 4개월 후에 출산을 하였고, A는 아버지도 모르는 정보를 Target 회사가 알고 있다는 사실에 분개하여, 헌법상의 프라이버시권 침해를 주장하고, "고객정보를 상업적 목적을 위해 원칙적으로 수집 가능하도록 규정하면서, 고객이 거부의사를 밝힌 경우에만 수집을 중단"하도록 규정한 주(State) 상법 규정의 위헌을 주장하였다.

헌법 제17조는 "모든 국민은 사생활의 비밀과 자유를 침해 받지 아니한다."고 규정하여 사생활의 비밀과 자유의 불가침(不可侵)을 확인하고 있다. 사생활의 비밀 및 자유 보장권은 19세기 말경부터 소극적인 프라이버시에 관한 권리(right of privacy)의 형태에서 발전하여 점차 그 내용이 확대되어 인정된 기본권이다.

따라서 사생활의 자유에 관한 권리는 인간적 존재로서의 모든 국민이 소극적으로는 그 사사(私事)와 사생활(私生活)의 내용 및 명예·신용 등을 침해받지 아니할 권리를 의미하고, 적극적으로는 자신이 원하는 자유로운 활동과 생활을 영위할 수 있도록 침해 또는 간섭받지 않을 권리를 의미한다.[119]

이와 관련해, 현행 한국의 개인정보보호법 제15조 1항은 개인정보를 원칙적으로 "정보주체의 동의를 얻은 경우에 수집할 수 있고, 그 수집목적의 범위 안에서만 이용할 수 있다"고 규정하며, 다만, '법률에 특별한 규정이 있거나 법령상 의무를 준수하기 위하여 불가피한 경우' 등에는 동의 없이 개인정보를 수집할 수 있도록 규정하고 있다.[120] 그런데 다른 한편으로, 이 규정의 의미는 개인이 동의하면 얼마든지 개인정보를

119 성낙인, 앞의 책, 490면 ; 허영, 앞의 책, 380면.

수집할 수 있고, 동의 받은 범위안에서 당해 정보를 무한정 사용할 수 있다는 결과가 된다.

실제 우리가 사용하고 있는 네이버, 구글, 페이스북, 인스타그램 등의 무료서비스는 모두 서비스 가입 전에 개인정보의 수집·이용에 대한 동의를 요구하고 있고, 가입자들이 사용한 인터넷 검색정보를 비롯해, SNS 상에서 상호 주고받은 대화내용과 페이스북의 '좋아요!'와 같은 선호 정보를 모두 수집하고 있다. 이렇게 수집된 정보는 개인의 기호와 선호, 경제적 능력, 주요 활동위치 등을 포함하여 타겟광고 회사에 판매됨으로써 마켓팅의 주요 수단으로 사용된다. 따라서 실제 인터넷 무료서비스 업체의 서비스를 이용하는 대가로, 사용자들은 각 개인정보를 제공하고 있는 것이다.

그런데 원칙적으로 개인의 동의를 전제로 개인정보를 이용할 수 있도록 한 한국의 개인정보보호법은 개인에게 선택의 자유를 주고 있기 때문에 헌법 제17조에 위반한다고 보기 어렵다. 다만, 미국의 경우 상당수의 주법은 상업적 목적으로 고객의 가입자 정보를 사용할 수 있도록 Opt-out 방식을 사용하고 있어서, 프라이버시권의 문제가 될 여지가 높다. 다만, 여전히 개인이 선택권을 행사할 수 있다는 점에서는 위헌성의 문제는 존재하지 않는다고 주장하는 견해도 존재한다.

120 제15조(개인정보의 수집·이용) ① 개인정보처리자는 다음 각 호의 어느 하나에 해당하는 경우에는 개인정보를 수집할 수 있으며 그 수집 목적의 범위에서 이용할 수 있다.
1. 정보주체의 동의를 받은 경우
2. 법률에 특별한 규정이 있거나 법령상 의무를 준수하기 위하여 불가피한 경우
3. 공공기관이 법령 등에서 정하는 소관 업무의 수행을 위하여 불가피한 경우
4. 정보주체와의 계약의 체결 및 이행을 위하여 불가피하게 필요한 경우
5. 정보주체 또는 그 법정대리인이 의사표시를 할 수 없는 상태에 있거나 주소불명 등으로 사전 동의를 받을 수 없는 경우로서 명백히 정보주체 또는 제3자의 급박한 생명, 신체, 재산의 이익을 위하여 필요하다고 인정되는 경우
6. 개인정보처리자의 정당한 이익을 달성하기 위하여 필요한 경우로서 명백하게 정보주체의 권리보다 우선하는 경우. 이 경우 개인정보처리자의 정당한 이익과 상당한 관련이 있고 합리적인 범위를 초과하지 아니하는 경우에 한한다.
② ……(생략)
③ 개인정보처리자는 당초 수집 목적과 합리적으로 관련된 범위에서 정보주체에게 불이익이 발생하는지 여부, 암호화 등 안전성 확보에 필요한 조치를 하였는지 여부 등을 고려하여 대통령령으로 정하는 바에 따라 정보주체의 동의 없이 개인정보를 이용할 수 있다.

(2) 과학기술에 따른 자기정보결정권의 행사와 한계

사례

의료기관 A는 최근 빅데이터 기술을 통해 개인별로 최적화된 치료방법을 찾아내기 위해 그동안 축적한 환자들의 개인의료 정보를 일단 외부에 알 수 없도록 성명과 주민등록번호 등을 삭제하여 비식별처리를 하였다. 다음 연령별, 성별, 질환별, 거주지 및 출생지, 직업 등의 특정 요소를 기준으로 발병시기와 치료방법과 치료약물 등을 적용하고 그 효과를 추출하여, 정보주체인 환자들의 동의 없이 그 정보를 중국 등의 제3국에 제공하여 상당한 수익을 올리고 있다.

현재 개인정보보호법 제28조의 2는 통계작성, 과학적 연구, 공익적 기록보존 등을 위하여 정보주체의 동의 없이 가명정보를 처리할 수 있도록 규정하여 가명처리가 된 이상 통계 또는 과학적 연구목적이라면 제3자에게 영리 목적으로 판매하는 것도 가능하도록 규정하고 있다.[121]

그런데 A가 제공한 빅데이터는 실제 다시 한국의 실손 보험사에 판매되어, S 실손 보험회사 등이 가지고 있는 고객정보와 결합하여 빅데이터 분석이 수행되었고, 결국 과거에는 알지 못했던 개별 고객들의 구체적인 병별 및 질환 등이 드러나서, 보험금 상향조정 및 보험금 지급청구 거절자료로 사용되고 있다. 이에 S사의 고객 B등은 자신의 과거병력 등이 모두 유출된 원인이 A 병원의 빅데이터 정보 양도에 있다고 보고, A병원의 환자 동의 없는 빅데이터 정보의 사용을 허락하는 개인정보보호법이 헌법 제17조 사생활의 자유에 위반됨을 주장하고 있다. 이와 같은 주장은 타당한가?

헌법 제17조 사생활의 비밀 및 자유권과 관련해서 자신의 개인정보를 사전동의 없이 제3자가 양도 처분할 수 있는지가 문제된다. 먼저 개인정보보호법도 원칙적으로 개인정보를 처리할 때는 정보주체의 사전동의를 반드시 얻도록 하고 있고, 제18조 등에서도 예외적으로 '개인을 알아볼 수 없는 형태로 가공'하여 제공하도록 하고 있다. 따라서 현행법 상으로는 이와 같이 양도 당시 비식별화처리를 한 이상 추후 그 정보가 식별화된 경우에도 사업자는 모든 책임이 면책된다.

그러나 현재 과학기술의 발전에 따라 AI와 결합된 빅데이터 기술은 비식별자료들을 수집 하고 결합하여 결국 인식가능한 의미 있는 데이터를 추출하는 것을 목적으로 하기 때문에 비식별처리된 정보라도 언제든지 식별될 가능성이 존재한다. 특히, '통계작

121 개인정보보호법 제28조의2(가명정보의 처리 등) ① 개인정보처리자는 통계작성, 과학적 연구, 공익적 기록보존 등을 위하여 정보주체의 동의 없이 가명정보를 처리할 수 있다.
② 개인정보처리자는 제1항에 따라 가명정보를 제3자에게 제공하는 경우에는 특정 개인을 알아보기 위하여 사용될 수 있는 정보를 포함해서는 아니 된다.

성, 과학연구' 등의 용도는 언제든지 상업적 이용 목적을 위해 가장될 수 있어서, 개인정보가 추후 식별되고 남용될 가능성을 방지할 수는 없다. 이와 같은 상황에서도 개인정보 주체의 동의 없는 제3자 양도를 단순히 비식별화조치를 취했다는 이유만으로 그대로 허용하고 완전한 면책을 제공하는 것은 문제가 있다.

그럼에도 불구하고 최근 빅데이터의 상업성을 강조하는 여론에 힘입어 이미 가명 처리된 개인정보는 정보주체의 동의 없이도 정보사용이 가능하도록 개인정보보호법과 정보통신망 이용 촉진 등에 관한 법률, 신용정보법이 2020년 2월 개정되었다. 이와 같은 데이터 관련법들이 실제 개인정보의 유출을 야기하여 개인의 자기정보결정권을 침해한 것으로 판단된 경우에는 해당 법률들은 위헌으로 판단될 수 있다.

사례의 경우는 단순히 비식별화된 정보를 양도하여 발생한 사례라고 하기 보다는, 비식별정보를 상호 결합하여 새로운 정보를 생성·추출한 행위가 문제되는데, 개인정보보호법 제28조의 3은 원칙적으로 가명정보의 결합은 보호위원회 혹은 중앙행정기관의 장이 지정하는 전문기관만이 수행하도록 규정하고 있다. 따라서 일반업체에서 가명정보를 임의적으로 결합하여 빅데이터 분석을 하는 경우에는 위법에 해당하여 관련행위에 대한 손해배상청구가 가능하다.

다만, 한번 유출된 개인정보는 다시 회복이 불가능하다는 점에서 가명정보의 동의 없는 사용과 양도를 무작정 허용한 현행법의 규정은 프라이버시권의 침해 문제를 야기할 가능성이 대단히 높다. 실제, 현대 과학기술의 발전에 따라 개인의 프라이버시권에 대한 침해 역시 쉽게 예상할 수 없는 방식으로 발생하고 있어서, 단순 편리성만을 추구할 경우 사적영역에 대한 침해는 불가피하다고 할 수 있다.

V. 경제적 기본권

1. 국외 거주·이전의 자유, 직업선택의 자유

사례

중국 칭창대학에서 한의과 대학을 마치고 귀국한 A는 남한에서 한의사를 개업하기를 원하고 있다. A는 현행 의료법상 한의사로 개업하기 위해서는 국내 한의과 대학을 졸업할 것이 필수적으로 요구된다는 것을 알았다.

A는 자신이 중국에서 5년을 재학한 한의과대학의 경력이 전혀 인정되지 않는다는 것은 자신의 한의사 직업선택을 심각하게 제한하여 헌법 제15조의 직업선택의 자유를 침해한 것이리고 주장하고 있다.

A의 주장은 타당한가?

헌법 제15조는 직업선택의 자유를 규정하고 있다. 헌법에 따라 모든 국민은 자유롭게 자신이 원하는 직업의 방식과 내용, 장소를 결정할 수 있다. 그러나 직업선택의 자유 역시 헌법 제37조 제2항의 기본권 제한의 일반원칙에 의하여 제한할 수 있다. 다만, 권리의 본질적 내용이 침해되지 않도록 신중한 제한이 필요한데 직업선택의 자유는 3단계 방식의 순차적인 제한이 필요하다.

즉, 기본권 주체의 기본권 보장을 최대로 인정하기 위해서 불가피한 경우에만 제한범위가 더 넓은 다음 단계의 제한을 가하는 것이다.

우선, 1단계는 직업방식의 제한으로 직업자체는 원칙적으로 허용하되 직업의 장소와 시간 등을 제한하여 공공복리, 사회질서와 조화를 시도하는 것이다. 특정 업종의 청소년 출입금지, 야간개방금지 등의 조치가 그 예이다.

다음으로 2단계는 직업 선택에 있어서 자격제를 채택하는 것이다. 이것은 원칙적으로 그 직업을 특정자격을 갖춘 자에게만 선별적으로 허용하는 것으로서 의사, 변호사 등 특별한 능력이 필요한 직업을 원하는 자에게 인정된다.

마지막, 3단계의 제한은 직업의 선택 자체를 금지하는 것으로 성매매 행위, 조직폭력단체가입을 금지하는 것이 그 예이다. 사례의 경우 직업선택의 자유에 있어서 자격제를 실시하는 것으로 중국 한의과대학의 교육수준이 확실히 확보되지 않은 상태에서는 불가피한 조치라고 할 수 있다.

2. 재산권의 보장

(1) 재산권 보장과 사회적 기속성

사례

경기도 용인시에 거주하는 A는 인근의 토지 일부가 아파트 건설 계획에 포함되어 있다는 것을 알게 되어 급히 그 토지 $15m^2$(약 5평)를 1000만 원에 매수하였다. 3년 후 아파트 건설공사가 시행되었고, 아파트 건설 시행사인 B는 건설공사를 위해 A에게 3배의 시세를 주고 문제의 토지 매도를 요구하였으나 A는 이를 끝까지 거부하였다.

결국 공사장 한 복판에 위치한 A의 토지 때문에 공사가 지연되자 건설사 B는 100배가 비싼 10억 원에 토지를 A로부터 매수하였다. 이후 B는 A를 형법상 부당이득죄로 고발하였고, 법원은 유죄를 인정하여 징역 1년에 집행유예 2년, 범죄로 인한 이익금 전액을 몰수하도록 판결하였다. A는 자신의 처벌 근거규정인 형법상 부당이득죄가 자신의 기본권인 재산권의 행사를 제한함을 주장하여 위헌 심판을 제청했다.

A의 주장은 타당한가?

헌법 제23조 1항은 "모든 국민의 재산권은 보장된다. 그 내용과 한계는 법률로서 정한다."고 규정하고 있고, 제2항에서는 "재산권의 행사는 공공복리에 적합하도록 하여야 한다."고 재산권의 사회적 기속성을 규정하고 있다. 먼저 우리 헌법이 보장하는 사유재산제도의 보장은 생산수단의 사유를 허용하는 법제도의 보장을 의미한다.

다만, 이는 생산수단에 대한 모든 불가침적 권능을 부여하는 것이 아니라 사유재산권을 누리는데 필요한 정도의 법률적 제도를 보장하는 것을 내용으로 한다. 특히 헌법 제23조 2항이 규정하는 재산권의 공공복리 적합성은 재산권의 사용이 공공복리의 목적 안에서 제한된다는 것을 명시적으로 표현한 것이다.[122] 이러한 사유재산제도의 보장은 소유권의 기초 위에서 사유재산의 상속, 수용, 처분, 수익의 자유를 보장하는 것을 내용으로 한다.

사례의 경우 재산권 행사의 공공복리 적합성을 다루고 있는데, 원칙적으로 소유권을

122 성낙인, 앞의 책, 539면 ; 허영, 앞의 책, 481면.

가진 자는 그 재산권의 처분을 통해 이익을 얻을 권리를 가지고 있으나 그 이익의 취득방법이 현저히 불공정한 경우에는 처벌의 대상이 된다. 가장 전형적인 예는 형법 제349조 부당이득 죄로서 동조항 제1항은 "사람의 궁박한 상태를 이용하여 현저하게 부당한 이익을 취득한 자는 3년 이하의 징역 또는 1천만 원 이하의 벌금에 처한다."고 규정하고 있다.

(2) 재산권의 제한

사례

A는 교직 은퇴 후 고향으로 낙향하여 편안한 노후를 보내기 위해 양평 인근에 전원주택을 짓고 생활하고 있다. A는 2009년 10월 1일 현대건설로부터 양평군 기반 체육시설인 "골프 리조트" 건설 기본계획안이 허가되어 A 소유지가 수용될 예정이니, 매각협상에 동의하라는 통보를 받았다. A는 매각에 동의하지 않았으나, 계획지구 주변 소유자 85%가 이미 동의하여 A 소유의 토지와 가옥은 현대건설에 모두 강제 수용되어 소유권을 상실하였고, 당시 시세의 50%에 불과한 공시지가를 기준으로 토지보상을 받았다.

A는 국가기반시설이 될 수 없는 민간인의 골프장 건설을 위해 일반 국민의 토지와 가옥을 강제수용 할 수 있도록 규정한 현행 '국토의 계획 및 이용에 관한 법률'이 위헌임을 주장하고 있다. 그러나 일부 국회의원 및 골프장연합회에서는 모든 국민의 기본권은 제한될 수 있음을 이유로 다른 국민들의 레저 생활을 위해서 A의 재산권은 당연히 제한되어야 한다고 주장한다. 이러한 주장은 타당한가?

헌법 제23조는 재산권의 보장과 더불어 제3항에서 "공공필요에 의한 재산권의 수용·사용 또는 제한 및 그에 대한 보상은 법률로써 하되, 정당한 보상을 지급하여야 한다."고 규정하여 재산권의 행사가 제한되는 상황을 규정하고 있다. 즉, 공공필요에 의한 경우에 제한이 불가피한 경우 국가는 개인의 재산권을 수용·사용 또는 제한할 수 있다.

제한의 형식 중에서 가장 큰 제한은 '수용'으로서 이것은 소유권자의 동의여부에 관계없이 국가가 그 소유권 전부를 강제로 취득하는 것을 의미한다. 특히 수용은 공공필요를 위한 재산권의 강제적 취득이라는 점에서 예산상의 목적을 위한 조세징수와는 구별된다. 반면 사용은 재산권의 소유권을 개인에게 남겨둔 상태에서 일부를 이용하는 것이고 제한은 재산권의 소유권은 남겨둔 상태에서 그 사용범위를 제한하는 것이다. 그린벨트지역 안에서 건축 행위 등을 금지하는 것이 전형적인 제한의 예가 된다.

그러나 이러한 재산권에 대한 제한을 하는 경우에는 그에 합당한 정당한 보상을 하여야 한다. 따라서 수용의 경우에도 반드시 정당한 보상을 한다는 점에서 소유권 박탈의 한 형태로서 범죄로 인한 이익을 국가가 빼앗아가는 무보상의 "몰수"와는 구분된다. 다만 재산권을 제한하는 경우에도 그 한계를 벗어나서는 안 되는데 예를 들어 사유재산제도와 상속제의 전면폐지, 소급입법에 의한 재산권 박탈, 보상 없는 재산권의 제한 등은 재산권의 본질적인 내용을 침해하는 것으로 인정될 수 없다.[123]

사례의 경우, 과거 '국토의 계획 및 이용에 관한 법률(국토계획법)' 제2조 6호는 '학교·공공청사 및 체육시설 등'을 '기반시설'의 하나로 정의하고, 강제수용이 가능한 도시계획의 대상으로 규정하였다. 이에 따라 민간인도 이러한 시설의 건설 등을 내용으로 하는 도시계획을 제출하여 지방자치단체의 허가만 받으면 개발이 가능하고, 일단 도시계획이 허가되는 경우 법 제95조에 따라 민간인인 공사 시행자가 일반 국민의 토지 등을 강제수용 할 수 있다는 결과를 야기한다. 특히, 동법은 이러한 개발사업에 필요한 시도지사의 허가를 위해서 토지소유자의 5분의 4 이상의 동의를 요구하고,[124] 결과적으로 토지 소유자 80%의 동의가 있으면 다른 소유자들의 반대에도 불구하고 강제수용을 통해 재산권을 잃는 결과가 발생한다.[125]

그런데 민간 체육시설인 골프장 건설을 위해서 강제수용을 허용하고 재산권을 제한하는 것은 '국가안전 보장, 사회질서 유지, 공공복리'를 위하여 '필요한 경우'에 한정하여 법률로써 기본권을 제한할 수 있다고 규정한 헌법 37조 2항에 사실상 위반된다고 할 수 있다. 골프장은 지역주민 다수가 쉽게 이용이 가능한 개방된 일반적인 체육시설이 아니라, 고액 회원권을 구매할 수 있는 특정 부유층만이 이용 가능한 시설로서, 이것을 '공공복리'를 위한 기본권의 제한이라고 해석할 수 없기 때문이다.

이러한 이유로 국토의 계획 및 이용에 관한 법률(국토계획법)' 제2조와 그 시행령은[126] 현재 개정되어 법 제2조 6호의 체육시설은 '공공 필요성이 인정되는' 체육시설로 개정 변경되었다.[127]

123 성낙인, 앞의 책, 548면 ; 허영, 앞의 책, 487면.

124 동법 제25조와 시행령 제19조의2.

125 제95조(토지 등의 수용 및 사용) ① 도시·군계획시설사업의 시행자는 도시·군계획시설사업에 필요한 다음 각 호의 물건 또는 권리를 수용하거나 사용할 수 있다. <개정 2011. 4. 14.>
1. 토지·건축물 또는 그 토지에 정착된 물건
2. 토지·건축물 또는 그 토지에 정착된 물건에 관한 소유권 외의 권리
② 도시·군계획시설사업의 시행자는 사업시행을 위하여 특히 필요하다고 인정되면 도시·군계획시설에 인접한 다음 각 호의 물건 또는 권리를 일시 사용할 수 있다. <개정 2011. 4. 14.>
1. 토지·건축물 또는 그 토지에 정착된 물건
2. 토지·건축물 또는 그 토지에 정착된 물건에 관한 소유권 외의 권리

126 대통령령 제24593호, 2013. 6. 11. 일부개정.

(3) 상속제도

1) 상속제도의 의의

사례

29세의 평범한 회사원인 A는 3개월 전 시골에서 농사를 짓는 연로하신 어머님이 돌아가시자 장례를 치렀다. 장례 3개월 후 A는 농업협동조합 명의로 월급의 2/3를 가압류 한다는 전부명령장이 회사에 도착하였다는 사실을 통보 받았다. 정황을 알아본 결과, A의 어머니인 B가 생전에 이웃농민의 대부금 1억에 대한 보증채무를 부담했는데, 그 이웃이 야간에 도주를 해서 결국 B가 보증 채무 1억을 부담하게 되었다.

이러한 어머니 B의 채무는 A가 상속포기를 하지 않았기 때문에 모두 아들(직계비속) A에게 상속되었다. 너무나 억울한 A는 자신은 가난한 시골 노모인 B가 부담하는 막대한 보증채무가 있었다는 사실을 알지 못하였다고 주장하였다. 그러나 민법 제1026조 제2호는 "상속개시의 원인이 있음을 안 날로부터 3개월 내에 상속을 포기한다는 의사표시를 관할 법원에 하지 않으면 단순승인한 것으로 간주한다."고 규정하고 있다.

A는 이 민법의 상속규정이 자신의 재산권을 지나치게 제한하는 것이라고 주장하며 위헌소송을 제기하였다.

재산권 제한 일반 이론에 비추어 볼 때 A의 주장은 타당할까?

상속은 민법 상속편에 규정되어 사회·경제적 기본권을 보호하는 사유재산권 제도의 핵심적인 사항을 이루고 있다. 상속은 피상속인의 사망으로 개시되며, 그 효과에 따라 모두 세 가지로 구분된다.

첫 번째, 상속의 포기는 피상속인이 소유한 적극재산(채권)과 책임을 부담하는 소극재산(채무) 모두를 가리지 않고 전부 상속하는 것을 포기하는 것을 의미한다. 상속포기는 상속을 포기한다는 의사표시를 필요로 한다.

127 '국토의 계획 및 이용에 관한 법률(국토계획법)' 제2조.
1.….
6. "기반시설"이란 다음 각 목의 시설로서 대통령령으로 정하는 시설을 말한다.
가. 도로·철도·항만·공항·주차장 등 교통시설
나. 광장·공원·녹지 등 공간시설
다. 유통업무설비, 수도·전기·가스공급설비, 방송·통신시설, 공동구 등 유통·공급시설
라. 학교·공공청사·문화시설 및 공공 필요성이 인정되는 체육시설 등 공공·문화체육시설
마. 하천·유수지(遊水池)·방화설비 등 방재시설
바. 장사시설 등 보건위생시설
사. 하수도, 폐기물처리 및 재활용시설, 빗물저장 및 이용시설 등 환경기초시설

두 번째, 한정승인으로서 피상속인이 보유한 적극재산의 한도 내에서 만 소극재산을 상속하는 것을 말한다.[128] 예를 들어 피상속인의 재산이 1억이 있고, 타인에 대한 채무가 1억 5000만 원이 있는 경우 한정승인을 하면 적극재산 1억 원을 초과하는 채무 5000만 원은 상속되지 않고, 적극재산인 1억 원 한도에서만 소극재산 1억 원이 상속된다. 결국 상속인은 피상속인의 채권자에게 돈을 갚아야 할 별도의 부담을 지지 않게 된다. 한정승인도 역시 한정승인의 의사표시를 요구하는데, 피상속인의 적극재산의 규모와 부채의 규모를 정확히 파악할 수 없을 때 유용한 제도이다.

세 번째는 가장 일반적인 단순승인으로서 적극재산과 소극재산 모두를 가리지 않고 상속하는 것을 말한다. 피상속인의 채무도 상속이 되기 때문에 만일 채무가 적극재산보다 더 많다면 피상속인의 채권자에게 상속인이 변제 책임을 지게 된다.[129]

특히 상속의 포기와 한정승인은 피상속인의 주소지 소재 법원에 별도의 신고를 필요로 한다.[130] 그러나 민법은 특별히 그 신고 기간을 정하고 있고, 원칙적으로 3개월의 기간 안에 신고하지 않으면 단순승인을 한 것으로 간주한다.[131] 그러나 이 경우에 사례와 같이 피상속인의 채무가 존재하는지를 알지 못하는 경우에는 예측하지 못한 재산상의 손해를 부담하게 되기 때문에 이 조항의 기본권 침해 여부가 문제되었다.

헌법 재판소는 "상속인이 귀책사유 없이 상속채무가 적극재산을 초과하는 사실을 알지 못하여 상속개시 있음을 안 날로부터 3개월 내에 한정승인 또는 포기를 하지 못한 경우에도 단순승인을 한 것으로 보는 민법 제1026조 제2호는 기본권 제한의 입법한계를 일탈한 것으로 재산권을 보장한 헌법 제23조 제1항, 사적자치권을 보장한 헌법 제10조 제1항에 위반된다."고 판결하였다.[132]

128 민법 제1028조(한정승인의 효과) 상속인은 상속으로 인하여 취득할 재산의 한도에서 피상속인의 채무와 유증을 변제할 것을 조건으로 상속을 승인할 수 있다.

129 민법 제1025조(단순승인의 효과) 상속인이 단순승인을 한 때에는 제한 없이 피상속인의 권리의무를 승계한다.

130 민법 제1030조(한정승인의 방식) ① 상속인이 한정승인을 함에는 제1019조 제1항 또는 제3항의 기간 내에 상속재산의 목록을 첨부하여 법원에 한정승인의 신고를 하여야 한다.

131 민법 제1019조(승인, 포기의 기간) ① 상속인은 상속개시 있음을 안 날로부터 3월 내에 단순승인이나 한정승인 또는 포기를 할 수 있다. 그러나 그 기간은 이해관계인 또는 검사의 청구에 의하여 가정법원이 이를 연장할 수 있다.
민법 제1026조(법정단순승인) 다음 각 호의 사유가 있는 경우에는 상속인이 단순승인을 한 것으로 본다.
1. 상속인이 상속재산에 대한 처분행위를 한 때
2. 상속인이 제1019조 제1항의 기간 내에 한정승인 또는 포기를 하지 아니한 때
3. 상속인이 한정승인 또는 포기를 한 후에 상속재산을 은닉하거나 부정 소비하거나 고의로 재산목록에 기입하지 아니한 때

132 헌재 1998.8.27. 선고, 96헌가22,97헌가2 · 3 · 9,96헌바81,98헌바24 · 25(병합) 판결.

현재 민법 조항은 한정승인 제도의 위헌성을 시정하기 위해 민법 제1019조(승인, 포기의 기간) 제3항을 신설하여 "제1항의 규정에 불구하고 상속인은 상속채무가 상속재산을 초과하는 사실을 중대한 과실 없이 제1항의 기간 내에 알지 못하고 단순승인(제1026조 제1호 및 제2호의 규정에 의하여 단순 승인한 것으로 보는 경우를 포함한다.)을 한 경우에는 그 사실을 안 날부터 3개월 내에 한정승인을 할 수 있다."고 규정하고 있다.

따라서 상속이 개시된 이후에 피상속인의 채무가 존재하는지 모르고 상속포기 또는 한정승인을 하지 않는 경우에는 채무 존재 사실을 안 날로부터 다시 3개월 이내에 한정승인을 할 수 있는 기회가 주어져 있다(민법 제1019조 3항).

2) 상속권 및 상속의 순위

사례 ❶

70세의 A녀는 78세의 B남과 30세에 만나 동거하기 시작한 이후 40년 동안을 함께 살아 왔다. A녀는 B남의 전 부인인 C가 결혼 3개월 만에 이웃마을 청년을 만나 도망간 이후에 B와 만나 사실상의 혼례를 치르고 B와 결혼생활을 지속해 왔다.

B남이 사망하기 전 그의 재산은 인근 농지로 별 볼 일 없는 시세였으나 사망하기 직전에 개발예정지구로 책정되면서 약 100억 원의 재산으로 가치가 폭등하였다. B의 사망 1개월 후에 40년 전 가출을 한 C와 그의 아들을 지칭하는 D가 나타났다. D는 B가 사망한 후 상속권자는 여전히 법률상 배우자인 C라고 주장하고 현재 B 명의의 집에서 나가줄 것을 요구하고 있다.

이들의 주장은 타당한가?

상속권을 가지는 자와 그 순위는 어떠한가?

상속권은 원칙적으로 피상속인과 합법적인 친족관계에 있는 자에 한정되어 인정된다. 특히 배우자의 경우 법률적인 배우자관계를 성립시키는 혼인신고가 없이 단순히 동거관계를 유지한 경우에는 법률관계가 형성되지 않기 때문에 상속권이 없다. 상속순위는 민법 제1000조에 의하여 결정되는데 제1순위는 직계비속, 2순위 직계존속이 된다.

이때 배우자가 있는 경우에는 1순위 상속권자 혹은 1순위 상속권자가 없는 경우에 2순위 상속인과 공동상속하게 되고, 만일 1, 2순위 상속인이 없는 때에는 배우자가 단독상속하게 된다.[133]

133 제1003조(배우자의 상속순위) ① 피상속인의 배우자는 제1000조 제1항 제1호와 제2호의 규정에 의한 상속인이 있는 경우에는 그 상속인과 동순위로 공동상속인이 되고 그 상속인이 없는 때에는 단독상속인이

만일 1, 2위 상속권자와 배우자가 없는 경우에는 제3순위 형제자매, 제4순위 4촌 이내의 방계혈족 순서로 상속권을 가진다.[134] 이러한 상속권자의 상속분은 같은 순위의 상속인이 여러 명이 있는 경우에는 동일하게 균분하는 것이 원칙이다. 다만, 피상속인의 배우자가 직계비속과 공동으로 상속하는 때에는 직계비속의 상속분의 5할을 가산하고, 직계존속과 공동으로 상속하는 때에는 직계존속의 상속분의 5할을 가산하여 상속분을 계산한다.[135] 예외적으로 상속권을 주장하는 자가 없는 때에는 가정법원은 피상속인과 생계를 같이 하고 있던 자, 피상속인의 요양간호를 한 자 기타 피상속인과 특별한 연고가 있던 자의 청구에 의하여 상속재산의 전부 또는 일부를 분여할 수 있고 이를 특별연고자에 대한 특별분여 제도라고 한다. 그러나 주의할 것은 특별분여 제도는 상속권자가 아무도 없을 때에만 인정되는 제도라는 점이다.[136]

사례❷

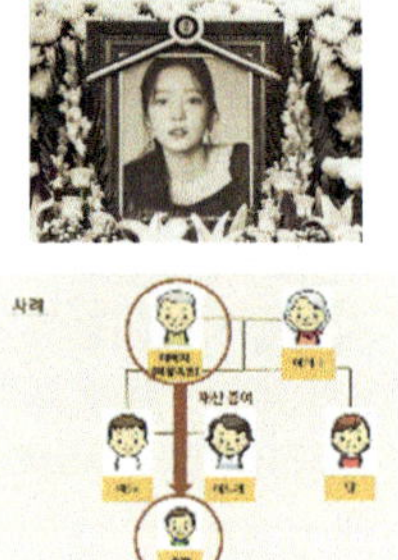

2019년 전 남자친구의 불법 촬영물에 고통받던 그룹 카라의 전 멤버 가수 구** 씨는 10억원의 재산을 남기고 사망하였다. 가까운 친족으로는 아버지, 오빠 A씨, 그 외 구씨의 양육을 돕던 고모 등 유족이 남아 있는 상태에서 상속이 개시되었다. 그런데 9살때 어린 구씨를 버리고 가출한 친모 B씨가 장례식장에 갑자기 나타나 상속재산의 분할을 요구하면서 이를 반대하는 A씨의 입법 청원 등이 개시된 상태이다.

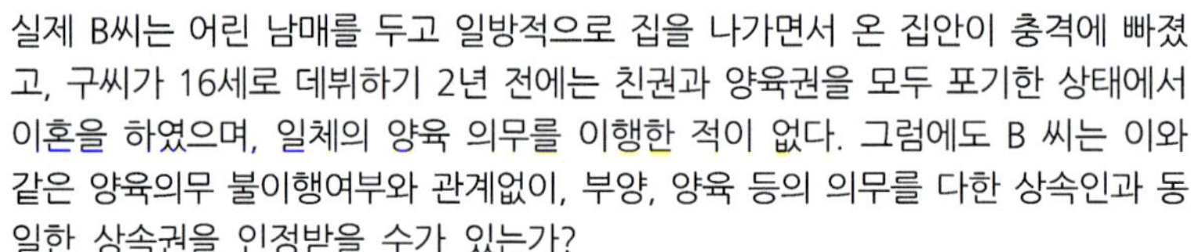

실제 B씨는 어린 남매를 두고 일방적으로 집을 나가면서 온 집안이 충격에 빠졌고, 구씨가 16세로 데뷔하기 2년 전에는 친권과 양육권을 모두 포기한 상태에서 이혼을 하였으며, 일체의 양육 의무를 이행한 적이 없다. 그럼에도 B 씨는 이와 같은 양육의무 불이행여부와 관계없이, 부양, 양육 등의 의무를 다한 상속인과 동일한 상속권을 인정받을 수가 있는가?

된다. ② 제1001조의 경우에 상속개시 전에 사망 또는 결격된 자의 배우자는 동조의 규정에 의한 상속인과 동순위로 공동상속인이 되고 그 상속인이 없는 때에는 단독상속인이 된다.

134 제1000조(상속의 순위) ① 상속에 있어서는 다음 순위로 상속인이 된다.
1. 피상속인의 직계비속
2. 피상속인의 직계존속
3. 피상속인의 형제자매
4. 피상속인의 4촌 이내의 방계혈족
② 전항의 경우에 동순위의 상속인이 수인인 때에는 최근친을 선순위로 하고 동친 등의 상속인이 수인인 때에는 공동상속인이 된다.
③ 태아는 상속순위에 관하여는 이미 출생한 것으로 본다.

135 민법 제1009조(법정상속분) ① 동순위의 상속인이 수인인 때에는 그 상속분은 균분으로 한다.
② 피상속인의 배우자의 상속분은 직계비속과 공동으로 상속하는 때에는 직계비속의 상속분의 5할을 가산하고, 직계존속과 공동으로 상속하는 때에는 직계존속의 상속분의 5할을 가산한다.

136 민법 제1057조의2(특별연고자에 대한 분여) ① 제1057조의 기간 내에 상속권을 주장하는 자가 없는 때에는 가정법원은 피상속인과 생계를 같이 하고 있던 자, 피상속인의 요양간호를 한 자, 기타 피상속인과 특별한 연고가 있던 자의 청구에 의하여 상속재산의 전부 또는 일부를 분여할 수 있다.

앞 사례 1에서 설명한 바와 같이 현행 민법 제1000조와 제1003조에 의하면 상속순위와 범위는 배우자가 있는 경우에는 제1순위 상속권자인 직계비속과 그 배우자가 상속자가 되지만 미혼인 경우에는 제2순위 상속인인 직계존속이 단독 상속하게 된다. 다만 이때 직계존속은 이혼여부와 관계없이 가족관계부에 법적 친부모 관계에 있는 자 모두를 포함한다. 그것은 이혼으로 인한 가족관계의 종료는 부부간의 관계에 한정되고 친자(親子)관계에는 영향을 미치지 않기 때문이다.

사례의 경우 실제로 부당한 경우라고 할 수 있지만 일반원칙은 이혼한 후 양육에 전혀 기여함이 없는 그의 친모도 당연히 동일한 상속권이 인정된다. 그런데 2019년 사망한 가수 고(故) 구하라 씨의 오빠 호인 씨가 "어린 구씨를 버리고 가출한 친모가 상속재산의 절반을 받아 가려 한다"며 입법을 청원하면서 구하라법으로 불리게 된 민법 개정안이 2024년 8월 28일 국회에서 제정되었다. 개정안은 피상속인에 대한 부양 의무를 중대하게 위반하거나 중대한 범죄 행위, 또는 그 밖에 심히 부당한 대우를 한 경우를 '상속권 상실'이 가능한 조건으로 적시했다. 따라서 실제 상속권 상실을 피상속인의 유언 또는 공동상속인 등이 청구하고 이를 가정법원이 받아들인 경우에 상속권 상실 선고가 가능하다.[137]

따라서 향후 개정 민법에 의하면 양육의무를 이행하지 않는 B는 상속권 결격 사유에 해당하여 상속권이 부인된다고 할 수 있다.

또한 상속권의 제한에서 설명하는 기여분 제도에 의해, 상속인 중에서 피상속인의 재산형성 및 부양에 특별히 기여한 자의 상속분이 먼저 인정될 수 있는데 이때는 예외적으로 기여가 없는 상속권자의 상속분이 상대적으로 제한될 수 있다. 그 외 친부는 부양의무를 이행하지 않은 친모에게 그 동안의 부양료를 별도로 청구할 수도 있다. 그러나 이를 위해서는 정당한 상속권 분할과 손해배상 청구를 위한 정식 민사소송이 필요하다.

137 제1004조의2(상속권 상실 선고) ① 피상속인은 상속인이 될 사람이 피상속인의 직계존속으로서 다음 각 호의 어느 하나에 해당하는 경우에는 제1068조에 따른 공정증서에 의한 유언으로 상속권 상실의 의사를 표시할 수 있다. 이 경우 유언집행자는 가정법원에 그 사람의 상속권 상실을 청구하여야 한다.
1. 피상속인에 대한 부양의무(미성년자에 대한 부양의무로 한정한다)를 중대하게 위반한 경우
2. 피상속인 또는 그 배우자나 피상속인의 직계비속에게 중대한 범죄행위(제1004조의 경우는 제외한다)를 하거나 그 밖에 심히 부당한 대우를 한 경우
③ 제1항에 따른 유언이 없었던 경우 공동상속인은 피상속인의 직계존속으로서 다음 각 호의 사유가 있는 사람이 상속인이 되었음을 안 날부터 6개월 이내에 가정법원에 그 사람의 상속권 상실을 청구할 수 있다.
1. 피상속인에 대한 부양의무(미성년자에 대한 부양의무로 한정한다)를 중대하게 위반한 경우
2. 피상속인에게 중대한 범죄행위(제1004조의 경우는 제외한다)를 하거나 그 밖에 심히 부당한 대우를 한 경우
④ 제3항의 청구를 할 수 있는 공동상속인이 없거나 모든 공동상속인에게 제3항 각 호의 사유가 있는 경우에는 상속권 상실 선고의 확정에 의하여 상속인이 될 사람이 이를 청구할 수 있다.

3) 과학기술의 발전과 상속권의 범위

사례

2010년 교통사고로 자식을 잃은 A는 자신의 정자와 아내 B의 난자를 이용하여 인공 수정한 수정란을 이미 임신이 불가능한 아내를 대신하여 대리모를 자청하고 나선 C에게 이식하였다.

C는 아이를 출산하였고 출산 후 자신이 아이를 돌보던 중에 아이에게 수정란을 제공한 A와 B가 모두 비행기 사고로 사망하였다는 소식을 전해 들었다. C는 부자인 A와 B의 전 재산을 그가 낳은 아이가 모두 상속하여야 한다고 주장하고 있다.

C의 주장은 타당한가?

상속권을 가지는 자의 범위는 어디까지인가?

앞서 설명한 바와 같이 상속권은 원칙적으로 피상속인과 합법적인 친족관계에 있는 자에 한정되어 인정된다. 혼인 중에 출생한 자는 그 실제 유전자와 관계없이 부(父)의 자(子)로 추정이 되나, 혼인관계 외의 출생자는 실제 그 유전자와 관계없이 적법한 친자(親子)관계가 발생하지 않는다.[138]

과학기술이 발전함에 따라 유전적인 친자관계를 가지지만 혼인 중에 자연적인 출생의 과정을 거치지 않은 자식에 대한 상속권이 문제될 수 있다. 그러나 현행법은 유전적 친자관계보다는 형식적인 출생의 과정을 더 중요하게 판단하고 있다.

따라서 사례에서 비록 유전적으로는 친자관계가 성립한다 할지라도 적법한 혼인 중의 자로 추정되지 않기 때문에 대리모에 의해 출생한 아이는 정자와 난자를 제공한 자들과 법적인 친자관계가 발생하지 않는다. 현행법상 수정란을 제공한 자들과 대리모에 의해서 출생한 자들이 친자관계가 성립하기 위해서는 '인지'라는 법률상의 절차를 거쳐야 적법한 친자관계가 성립될 수 있다.[139]

사례에서 수정란을 제공한 자가 생전에 인지하지 않고 사망한 경우에는 어떠한 상속권도 주장할 수 없다.

138 민법 제844조(남편의 친생자의 추정) ① 아내가 혼인 중에 임신한 자녀는 남편의 자녀로 추정한다. ② 혼인이 성립한 날부터 200일 후에 출생한 자녀는 혼인 중에 임신한 것으로 추정한다. ③ 혼인관계가 종료된 날부터 300일 이내에 출생한 자녀는 혼인 중에 임신한 것으로 추정한다.

139 민법 제855조(인지) ① 혼인 외의 출생자는 그 생부나 생모가 이를 인지할 수 있다. 부모의 혼인이 무효인 때에는 출생자는 혼인 외의 출생자로 본다. ② 혼인 외의 출생자는 그 부모가 혼인한 때에는 그때로부터 혼인 중의 출생자로 본다.

4) 상속권의 제한(기여분권)

사 례

A는 슬하에 1명의 아들과 1명의 딸을 두고 있는데, 이들 중 장남인 B는 의사로서 성공하였다. 아들 B는 결혼 후 갑부 집안의 딸인 아내가 가난한 농부인 아버지를 싫어하자 아버지와 왕래를 끊었다. 반면 A의 딸인 C는 20여 년 전 아버지가 중풍으로 움직일 수 없게 되자 아버지를 모시고 20년 동안 병원치료를 도맡아 왔다.

C는 아버지 A가 사망 후 재산을 정리하던 중 방치해둔 아버지 소유의 별 볼 일 없는 황무지가 신도시 개발에 따라 수용되면서 엄청난 보상금을 받게 되었다는 사실을 알게 되었다. A의 사망 후 두 달이 지난 후 이 소식을 들은 아들 B는 동생 C를 찾아와 똑같은 자격으로 상속재산을 분배할 것을 요구하고 있다. C는 20년 동안 소식을 끊고 지내온 B의 행동이 괘씸하고, 또 결혼까지 포기하며 아버지를 모셔온 자신이 너무 억울하여 자신에게 훨씬 유리한 상속재산분할을 요구하고 있다.

현행법 하에서 C의 주장이 받아들여질 수 있는가?

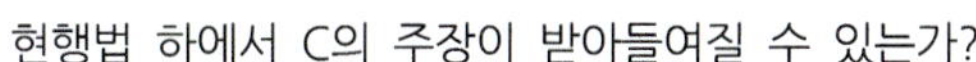

원칙적으로 공동 상속인 간에 상속분은 균등한 것이 원칙으로 이것은 혼인 중 출생한 자나, 혼인 외 출생한자를 구분하지 않고, 장자와 출가한 여자 사이에도 아무런 차이가 없다. 그러나 법은 예외적으로 '기여분' 제도를 규정하여 공동상속인 중에 피상속인의 재산의 유지 또는 증가에 관하여 특별히 기여한자 또는 특별히 부양한자가 있을 때에는 그가 기여한 부분을 상속분 산정시에 통상의 법정상속분에 추가하여 가산하여 주고 있다.[140]

예를 들어, 피상속인의 전 재산이 40억 원이고 상속권자 중 한명인 딸의 기여분 액이 5억으로 인정된다면 우선 40억 원에서 5억 원을 뺀 나머지 금액을 기준으로 상속분을 정한다. 이렇게 인정된 상속분에다 기여분 액을 더한 것이 딸의 기여분 액이 된다. 이러한 기여분은 상속인에 한정되어 인정되는 권리로써 매우 좁게 인정되고 있다. 따라서 상속인은 아니지만 실제 피상속인을 오랫동안 간호하고 돌보아온 자에 대한 대가로 인정될 수는 없다. 또한 기여분은 상속권에 속하는 권리인데 상속권은 유증보다 후순위이므로 유증을 이행하는 것이 기여분보다 우선한다. 따라서 기여분은 상속이 개시된 때의 피상속인의 재산가액에서 유증의 가액을 공제한 액을 넘지 못한다.[141]

140 민법 제1008조의2(기여분) ① 공동상속인 중에 상당한 기간 동거·간호 그 밖의 방법으로 피상속인을 특별히 부양하거나 피상속인의 재산의 유지 또는 증가에 특별히 기여한 자가 있을 때에는 상속개시 당시의 피상속인의 재산가액에서 공동상속인의 협의로 정한 그 자의 기여분을 공제한 것을 상속재산으로 보고 제1009조 및 제1010조에 의하여 산정한 상속분에기여분을 가산한 액으로써 그 자의 상속분으로 한다.

141 민법 제1008조의 2의 ③항(예: 재산 30억 중 29억을 유증한 경우, 기여분은 1억을 넘지 못함).

사례의 경우 아버지를 오랫동안 모시고 병간호를 해온 딸은 자신의 기여분을 주장할 수 있다. 예를 들어, 아버지의 병 치료에 들어간 비용과 아버지의 간호를 위해 자신이 바쳐온 노동력을 간호일수로 환산하여 기여분으로 우선 청구할 수 있다. 이 기여분을 우선 제외한 후에 상속분을 균등하게 나누게 된다.

5) 유류분에 의한 상속권 제한

사례

가난한 농부 A는 15년 전에 자신이 가진 농지가 신도시 개발 예정지구에 편입되는 바람에 전재산 45억을 가진 갑부가 되었다. A는 2명의 자식(D와 C)과 별거 상태인 배우자가 있었으나 그 중에서 장녀 C를 제외한 나머지 가족들이 싫어서 전 재산을 모두 사회복지재단에 기부하기로 하고 유언장에 전 재산 중에서 30억 원을 기부하겠다는 의사를 기입하였다.

사망 당시 A는 이웃인 B에게 5억 원의 빚을 지고 있었다. 또 A가 사망 전에 A를 10년 동안 지극정성으로 돌보아온 C녀는 실제 A가 가진 농지를 구입하는데 실질적인 자금을 제공했고 그 가치액은 현재 5억 원에 달한다.

A의 상속자들이 최소한 요구할 수 있는 상속액은 얼마인가?

민법은 피상속인의 의사와 관계없이 상속인에게 상속될 최소한의 상속액을 보호하기 위한 제도를 두고 있는데 상속규정에 의해 본래 상속받을 수 있는 상속분의 일정한 범위를 최소한 보장하는 유류분 제도를 두고 있다. 따라서 유언에 의하여 전재산을 법이 정한 상속권자가 아닌 제3자에게 증여하는 피상속권자의 처분권은 유류분을 침해할 수는 없기 때문에, 그만큼 제한을 받게 된다. 더 나아가, 피상속인이 사망 전에 미리 상속권자 혹은 제 3자에게 증여하는 경우에도 사망 전 1년간에 행한 것은 모두 상속재산으로 간주되고, 쌍방이 상속재산을 해할 것을 알고 한 증여는 1년 전의 증여도 모두 상속재산으로 포함된다. 이때, 증여 대상이 상속인인 경우에는 당연히 다른 상속인의 재산이 그 만큼 줄어든다는 것을 인지한다고 판단하기 때문에 기간과 상관없이 모두 상속재산으로 간주되고 유류분에 의하여 제한을 받게 된다.[142]

피상속인이 유언을 통해서 제3자에게 증여하는 경우 혹은, 사망 전에 미리 증여를 한 경우에 수익자는 유류분을 제외한 나머지 부분에 대해서만 권리주장을 할 수 있게

142 제1114조(산입될 증여) 증여는 상속개시전의 1년간에 행한 것에 한하여 제1113조의 규정에 의하여 그 가액을 산정한다. 당사자 쌍방이 유류분권리자에 손해를 가할 것을 알고 증여를 한 때에는 1년 전에 한 것도 같다.

된다. 피상속인의 직계비속과 배우자는 그 법정상속분의 2분의 1, 피상속인의 직계존속은 법정상속분의 3분의 1을 유류분으로 주장할 수 있다.[143]

이러한 유류분은 유류분 권리자가 증여 또는 유증의 사실을 안 날로부터 1년 내에 주장하여야 하고, 이 사실을 모른 경우에도 상속이 개시된 지 10년을 경과하면 주장할 수 없다.[144] 다만, 헌법재판소는 2024년, "직계 비속등의 유류분도 피상속인에 대한 부당한 대우 등으로 제한될 수 있으나, 이를 규정하지 않고 무조건 유류분권을 주장할 수 있도록 규정한 동 규정은 헌법에 불합치한다"고 판단하여 직계비속의 유류분권을 제한하고 있다. 이에 따라 추후 부모를 부양할 의무를 전혀 이행하지 않은체 유류분만을 주장하는 직계비속에 대해서는 민법개정을 통해 유류분이 제한 될 수 있다.[145]

사례의 경우 전 상속재산 45억 원 중에서 상속시 딸의 기여분 5억과 채무액 5억을 제외한 나머지 금액 35억 원이 상속액이 된다. 이 상속액을 기준으로 법정 상속분이 결정되는데, 직계비속 2명과 배우자 1명이 상속인이기 때문에 1:1:1.5의 상속비율을 가지고, 각 10억, 10억, 15억(배우자)의 법정상속분을 가지게 된다.

이 법정 상속분의 1/2이 유류분으로 인정됨으로 직계 비속 C는 그의 기여분 5억과 유류분 5억을 합친 10억을 권리로 주장할 수 있고, D는 유류분 5억 원, 그의 배우자는 유류분 7억 5천만 원을 상속권으로 주장할 수 있다.

A로부터 30억 원을 유증 받은 사회복지재단은 결국 이들의 권리를 뺀 나머지 금액만을 유증으로 취득한다.

143 민법 제1112조(유류분의 권리자와 유류분) 상속인의 유류분은 다음 각 호에 의한다.
1. 피상속인의 직계비속은 그 법정상속분의 2분의 1
2. 피상속인의 배우자는그 법정상속분의 2분의 1
3. 피상속인의 직계존속은 그 법정상속분의 3분의 1

144 민법 제1117조(소멸시효) 반환의 청구권은 유류분권리자가 상속의 개시와 반환하여야 할 증여 또는 유증을 한 사실을 안 때로부터 1년 내에 하지 아니하면 시효에 의하여 소멸한다. 상속이 개시한 때로부터 10년을 경과한 때도 같다.

145 헌재 2024. 4. 25. 선고 2020헌가4등 결정

VI. 사회권적 기본권(인간다운 생활권)

사례

50세의 A는 사업에서 실패한 후에 일자리를 알아보았으나 구하지 못하여 결국 중국집 배달원으로 일을 하였다. A는 오토바이를 운전하여 배달 일을 나가던 중에 사고를 당하여 수백만 원의 병원비가 나왔지만 병원비를 감당하지 못하여 빚을 지고 있다. 설상가상 다친 몸 때문에 일을 할 수도 없어서 월세 20만 원의 쪽 방에서 매 끼니를 아들이 받아오는 구호기관의 도시락으로 연명하고 있었다.

그 후 동사무소 사회복지과 직원에 의하여 생활보호대상자로 등록되어 2인 가구 기준 매달 약 69만 원의 지원을 받고 있지만, 아들의 학비는 물론 한 달 식비를 감당하기도 어려운 실정이라서 겨우 하루에 두 끼만을 동사무소 지원으로 먹고 살고 있다. A는 이후 우리 헌법 34조 ①항이 "모든 국민은 인간다운 생활을 할 권리를 가진다."고 규정하고 있음을 알고 국가가 자신의 인간다운 생활을 보장하지 않는 것은 의무 위반으로서 헌법에 위반한다고 주장한다.

A의 주장은 타당한가?

헌법 제34조 1항에서는 "모든 국민은 인간다운 생활을 할 권리를 가진다."고 규정하여 인간답게 생활할 권리를 보장하고 있다. 또한 제2항은 국가에게 사회보장 · 사회복지의 증진에 노력할 의무를 부과하고 있다. 여기서 인간다운 생활이란 최저한도의 건강하고 문화적인 생활을 할 권리로 보는 것이 일반적인 견해이지만, 더 나아가 최소한의 물질적인 생활을 요구할 수 있는 범위 안에서 구체적인 권리로서 성격을 인정하는 견해도 있다.[146] 그러나 인간다운 생활권은 가장 전형적인 사회권적 기본권으로서 법적 성격은 다른 기본권과 달리 프로그램적, 추상적 권리로 보는 것이 일반적이고 최근에 들어서면서 헌법학자들을 중심으로 구체적 권리설이 주장되고 있다.[147]

프로그램적 권리, 추상적 기본권적 성격이 강하다고 하는 것은 사회권적 기본권의 보장을 위해서는 국가의 적극적인 재정정책이 필요하지만 현실적으로 전 국민을 완벽하게 보장할 수 있는 재정을 마련하는 것은 불가능하기 때문에 다른 기본권과 달리 "입법자에게 광범위한 형성의 자유가 인정"되어 있음을 의미한다.[148]

146 성낙인, 앞의 책, 585면 ; 허영, 앞의 책, 516면.

147 성낙인, 앞의 책, 585~6면 ; 헌법재판소는 추상적 권리설에 가까운 해석을 하고 있다(헌재 2005.7.21. 2004헌바2).

148 헌재 2005.7.21. 2004헌바2; 헌재 2000.6.1. 98헌마216.

인간다운 생활권의 내용은 국민의 사회보장수급권으로 현실화되는데 크게 사회보장과 사회복지로 구분된다. 사회보장은 다시 사회보험제도와 공적부조로 나누어진다.

사회보험은 국민생활의 안정적 보장 혹은 사회안정을 목적으로 하는 공공적 보험제도로서 의료보험, 재해보험, 퇴직연금 보험, 국민연금보험 등이 있다.

공적부조는 자조적인 생활유지 능력 없는 자에 대해 국가가 최저한의 생계를 보호보장하는 것을 내용으로 한다. 생계보호(국민기초생활보장법), 의료보호(의료보험법), 자활보호(제대군인 지원에 관한 법률 등) 등이 있다. 이 중에서도 가장 중요한 것은 국민기초생활보장법에 의한 생계비 지원 등에 관한 내용이다. 현재 국민기초생활보장법 제6조는 보건복지부장관 또는 소관 중앙행정기관의 장은 급여의 종류별 수급자 선정기준 및 최저보장수준을 결정하도록 하고 있고, 중앙생활보장위원회의 심의·의결을 거쳐 다음 연도의 급여의 종류별 수급자 선정기준 및 최저보장수준을 공표한다.[149]

사회복지는 일부 특별한 국민(아동, 여성, 장애자)의 건강유지와 구호를 위한 제도를 의미하는데, 즉 양로원, 고아원, 무료진료소, 직업훈련원 등과 같은 사회구호시설의 혜택을 받을 수 있는 제도이다. 헌법상 규정상으로 국가는 사회적 약자들의 자조적인 생활유지가 가능하도록 사회복지를 실현할 의무를 진다(헌법 제34조 2, 3, 4, 6항).

다만, 이러한 국가의 의무는 장애인복지법, 아동복지법, 노인복지법, 재해구호법 등의 법률에 규정된 범위 안에서 최소한의 의무를 부담한다.

사례의 경우, 현재 최저생계비의 기준이 헌법이 보장하는 인간다운 생활을 달성하기 위한 수준 보다 낮아서 헌법에 위반된다는 주장은 사회권 자체가 가지는 특성상 받아들여지기 어렵다. 즉, 헌법이 규정하는 사회권적 기본권은 입법방침, 혹은 지침적 성격이 강하기 때문에 이것을 구체적으로 법률상 어떻게 구현할 것인지는 입법기관과 국가의 폭넓은 재량이 인정된다.[150]

149 2025년 기준 중위소득 및 생계·의료급여 선정기준과 최저보장수준
[시행 2025. 1. 1.] [보건복지부고시 제2024-162호, 2024. 8. 1., 제정]「국민기초생활 보장법」 제6조 및 제8조제1항과 제2항에 따른 '생계급여의 선정기준 및 최저보장수준'을 다음과 같이 정한다.
1) 선정기준

구분	1인 가구	2인 가구	3인 가구	4인 가구	5인 가구	6인 가구	7인 가구
금액(원/월)	765,444	1,258451	1,608,113	1,951,287	2,274,621	2,580,738	2,876,297

※ 8인 이상 가구의 선정기준: 1인 증가시마다 295,559원씩 증가(8인가구: 3,171,856원)
2) 최저보장수준 생계급여의 최저보장수준은 생계급여와 소득인정액을 포함하여 생계급여 선정기준 이상이 되도록 한다.

생애급여액 = 생계급여 최저보장수준(대상자 선정기준) - 소득인정액

150 헌재 1997.5.29. 94헌마33(생계보호기준 위헌심사)(헌법재판소는 "생계보호의 구체적 수준을 정하는 것은 입법부 혹은 입법에 의하여 위임을 받은 행정부 등 해당기관의 광범위한 재량에 맡겨져 있다고 보아야 한다."고 판시하며 위헌소송을 기각하였다.).

민법의 가치관과 첨단 과학 기술

chapter 3

Ⅰ. 법률행위의 개념과 구속력

1. 법률행위의 개념과 의의

법률행위란 "당사자가 일정한 법률효과를 발생시킬 목적으로 외부에 의사표시를 하여 일정한 법률효과를 가져오는 행위"를 의미한다. 사회에서 일반인들이 하는 단순한 감정적 표현, 농담과 달리 법률행위는 법률효과를 발생시키기 때문에 행위자가 법적 책임을 져야 하는 결과가 뒤따른다. 따라서 행위자의 법적 책임을 논하기 전에 법률행위가 존재하고 그것이 유효하게 효력을 발생하는지가 사전에 문제된다.

이러한 법률행위는 우선 그 개념정의에 따라 성립요건으로서 1) 당사자, 2) 법률행위의 목적, 3) 의사표시가 존재하여야 한다. 이러한 3가지 요건이 모두 갖춰지지 않으면 법률행위 자체가 존재하지 않는 것이 된다.

법률행위 성립요건으로서 첫 번째 요건은 당사자의 존재이고, 여기서 당사자는 자연인(사람)과 법인으로 한정된다. 따라서 설사 인간의 흉내를 낼 수 있도록 훈련받은 동물 혹은 전자적 소프트웨어가 물건의 구매 혹은 판매, 증여 등의 법률행위를 하였다고 하여도 그러한 행위의 법률적 효과는 당사자가 존재하지 않음으로 무효라고 할 수 있다. 또한 다음 사례 2에서 보는 바와 같이 법률행위의 목적이나 당사자의 의사표시 자체가 없는 경우에도 법률행위는 성립하지 않음으로 당사자는 아무런 책임을 지지 않는다.

2. 사례와 해석 – 법률행위의 성립요건과 효력요건의 구별

사례

A는 눈보라가 몰아치는 추운 겨울 저녁에 자동차를 몰고 집으로 가던중 동네에서 자주 보던 아이 B가 눈을 맞으며 덜덜 떨면서 집으로 혼자 걸어 가는 것을 보았다. A는 차를 멈추고, B에게 집까지 자신이 데려다 주겠다며 차에 탑승을 권하였고 함께 집으로 향하였다.

그런데 집으로 가던중 눈길에 미끄러지면서, A의 과실 없이 연쇄 추돌 사고가 발생하였고, B도 다리가 부러져 전치 8주의 상해를 입었다. 이에 대해 B의 부모는 A에게 차량을 운전하여 B를 태운 이상 안전하게 집으로 데려다 줄 운송계약상 의무가 발생함으로, 과실이 없더라도 모든 손해를 보상할 계약상 책임이 있다고 주장하고 있다.

A는 B 부모의 주장대로 운송계약 미이행의 책임을 져야 하는가?

사례에서 A의 행위는 법률행위와는 구분되는 '호의 행위'로서, 법률행위의 요건으로서 '법률효과 발생을 위한 목적'이 존재하지 않는다. 즉, A가 B를 자신의 차에 탑승하게 한 목적은 단순히 호의를 베푼 것이고, B를 목적지까지 안전하게 운송하고 그 대가를 받기 위한 목적을 가진 의사표시가 존재하지 않는다. 그 외, 동승을 권유한 행위를 법률상 운송계약의 체결을 내용으로 하는 의사표시라고 해석할 수도 없다.

따라서 법률행위로서 A의 책임은 성립하지 않는다. 다만, A의 행위가 별도의 불법행위로서, 책임이 성립하는지는 그 요건 충족을 다시 고려할 필요가 있다.

일단, 법률행위 성립요건이 존재한다고 하여도 당사자가 원하는 대로 효과가 유효하게 발생하기 위해서는 법률행위의 효력요건을 갖추어야 한다. 효력요건은 첫 번째로 당사자가 의사능력을 비롯한 행위능력을 가지고 있을 것을 의미한다. 두 번째, 법률행위의 목적은 확정되고, 가능하며, 적법하고, 사회적 타당성이 있어야 한다.[151] 마지막으로, 법률행위의 의사표시는 내심의 의사와 외부의 표시가 일치하며 의사표시에 사기나 강박과 같은 하자가 없어야 한다.[152]

이러한 법률행위는 그 유형별로 의사표시가 하나인 단독행위(상속, 소유권포기, 점유, 인도), 두 당사자의 각각의 의사표시를 요구하는 쌍방행위(계약: 청약과 승낙이라는 두개의 의사표시)로 구분된다. 또한 단독으로 법률효과를 내는 경우뿐만 아니라, 당사자의 의사표시와 함께 다른 법률사실(물건의 점유, 인도, 증서작성)이 합하여 법률효과를 발생하는 경우도 존재한다. 이하에서는 각각의 법률행위 성립요건과 효력 발생요건을 차례로 검토한다.

151 민법 제103 · 104조 ; 송영곤, 『기본민법강의』(유스티아누스, 2007), 155~156면.

152 민법 제107~110조 ; 송영곤, 『기본민법강의』(유스티아누스, 2007), 155~156면.

Ⅱ. 법률행위의 요건으로서 당사자

1. 법률행위 성립요건으로서 당사자의 권리능력

사례

1 30세의 A는 전 재산 200억을 보유하고 있다. A가 출장 중 열사병으로 사망하였다. A에게는 임신한 아내와 부모가 생존하여 있다. 그의 아내 B는 자신의 뱃속의 태아가 A의 직계비속으로서 자신과 함께 상속권을 가진다고 주장하며, A부모의 상속권을 부인하고 있다.

B의 주장이 타당한가?

2 35세의 A는 그의 외아들 B와 함께 비행기를 타고 미국으로 가던 중에 비행기 사고로 사망하였다. A는 그의 재산으로 200억 원을 가지고 있다. 그의 아내 C와 그의 부모 D, E 모두 상속권을 주장하고 있다.

상속권을 가지는 사람은 누구인가?

먼저 법률행위의 첫 번째 성립요건은 권리능력 있는 당사자의 존재이다. 여기서 먼저 권리능력이란 권리의무의 주체가 될 수 있는 법적 지위 또는 자격을 말한다. 현행 민법상 권리능력을 가질 수 있는 주체는 자연인(사람)과 법인(예: 회사)에 한정된다.[153] 다만, 이러한 자연인과 법인은 권리능력을 갖기 시작하는 때부터 종료되는 시점이 정하여져 있기 때문에 형식적으로는 법률행위가 이들 자연인과 법인을 대상으로 한다고 하여도 실제 법률행위의 성립과 그 법적효과에 다툼이 있는 경우가 존재한다.

먼저 자연인의 권리능력은 출생과 함께 시작된다(민법 제3조). 다만, 또 문제는 출생의 시기를 언제부터로 볼 것인지에 대한 것이다. 우리 다수설은 태아가 모체로부터 전부 노출된 때를 출생의 시기로 보지만, 대법원은 형사법과 관련해서는 출생시기를 태아의 진통이 느껴진 때부터라고 해석하고 있다.[154] 이러한 권리능력의 시기는 대단히 중요한 의미를 갖는데 원칙적으로 모체의 뱃속에 있는 태아는 권리능력이 없기 때문에

153 민법 제3조 및 제34조.

154 지원림, 『민법강의』(홍문사, 2008), 59면 ; 송영곤, 앞의 책, 27면.

상속을 받을 수가 없고, 따라서 일반적인 원칙에 의한다면 사례 1에서는 제1순위 상속권자인 직계비속이 없는 것으로 간주되어 상속은 배우자와 함께 직계존속이 공동상속하게 된다고 해석할 수 있다.[155]

그러나 민법 제1000조 3항은 "태아에 대해서 상속순위에 관해서는 이미 출생한 것으로 본다"는 규정을 두고 있기 때문에, 적어도 태아는 출생 전에도 상속순위를 결정할 때는 권리능력을 보유하게 되고, 사례 1의 경우 제1순위 상속권자인 직계비속이 존재하는 것이 되어 상속인은 모체의 배속에 든 태아와 그 배우자로 한정된다.

권리능력의 종기도 또한 중요한 의미를 갖는데 우리 민법은 자연인의 경우 권리능력은 사망과 함께 소멸(消滅)한다고 규정하고 있다(민법 제3조). 다만, 이때 또한 구체적인 사망의 시기가 언제인지가 문제되는데 사망의 시기를 호흡(呼吸)과 심장의 고동이 영구적으로 정지(停止)한 때로 보는 맥박정지설과 뇌사한 때로 보는 뇌사설이 있으나 전자가 다수설과 판례의 태도이다. 그러나 이러한 해석에도 불구하고 최종적으로 자연인이 사망한 시점을 정확히 알 수 없는 경우가 존재하고 이 경우에는 법률문제가 복잡해지게 된다.

사례 2의 경우 만일 아버지와 비행기를 같이 탄 아들이 아버지 보다 먼저 사망하거나 동시에 사망한다면 상속권은 그 배우자 C와 피상속인의 직계존속 D · E가 공동으로 가지게 된다. 그러나 만일 아들이 아버지 보다 조금이라도 후에 사망하였다면 직계비속으로 피상속인의 배우자 C와 공동상속 하게 되고, 이후 다시 사망하게 되어 전 상속액이 그의 어머니 C에게 다시 상속됨으로 최종적으로 C가 A 재산 전액을 상속받게 된다.

이렇게 사망의 시기가 입증 곤란한 경우를 대비하여 민법은 동시사망(同時死亡)의 추정(推定) 제도를 두고 있는데, 이 규정에 의하여 2인 이상이 동일한 위난(危難)으로 사망한 경우에는 동시에 사망한 것으로 추정한다.[156]

155 민법 제1000조(상속의 순위) ① 상속에 있어서는 다음 순위로 상속인이 된다.
1. 피상속인의 직계비속
2. 피상속인의 직계존속
3. 피상속인의 형제자매
4. 피상속인의 4촌 이내의 방계혈족
민법 제1003조(배우자의 상속순위) ① 피상속인의 배우자는 제1000조 제1항 제1호와 제2호의 규정에 의한 상속인이 있는 경우에는 그 상속인과 동순위로 공동상속인이 되고 그 상속인이 없는 때에는 단독 상속인이 된다.

156 민법 제30조.

2. 법률행위 효력 발생 요건인 당사자의 행위능력

(1) 행위능력 제도의 의의

권리능력이 있는 법률행위의 당사자가 존재하는 경우에 법률행위는 일단 성립은 하였지만 그 효력을 발생하기 위해서는 그 당사자가 의사능력을 가지고 있어야 한다. 여기서 의사능력은 권리능력이 있는 것을 전제로 자기행위의 의미를 이해하고 이성적으로 의사를 결정할 수 있는 정신적 능력을 말한다. 본래 민법에서 개인 당사자들 간의 자유로운 계약을 보장하고 그에 따른 법적 책임을 지도록 하는 것은 양 당사자가 자기행위의 의미를 이해할 수 있는 의사능력을 가지고 있다는 것을 전제로 하고 있다.

따라서 원칙적으로 의사능력이 없는 자의 법률행위는 무효가 된다. 그러나 법률행위를 한 뒤에 그 책임을 면하기 위해 의사무능력을 주장하는 경우에는 이 의사무능력의 상태를 본인이 입증하여야 하는데 현실적으로 의사능력의 유무는 그 입증이 대단히 곤란하다. 따라서 민법은 정신적 능력이 제한되는 자를 보호하기 위해 일괄적으로 정신적 판단능력이 제한되는 자들을 제한능력자로 지정하고 이들은 별도의 능력의 제한에 대한 입증을 할 필요 없이 당연히 법률행위를 취소할 수 있도록 허용하고 있다. 이러한 제도를 제한능력자 제도라고 한다.

민법상 이와 같은 제한능력자는 단독으로 유효한 법률행위를 할 수 없는 자를 말하며, 미성년자와 성년임에도 의사능력이 제한되는 성년후견, 한정후견, 특정후견을 규정하고 있다(제9조~14조의 2). 이와 같은 제한능력(제한능력제도)에 관한 규정은 강행규정이며, 제한능력과 관련된 민법 규정의 적용을 배제하는 특약과 같은 것은 효력이 없다. 제한능력자제도는 사회의 거래관계에 직접적인 영향을 미치는 것이기 때문이다.

(2) 제한능력자의 종류

1) 미성년자

사례

18세의 대학생 A는 대학 입학식에 참여하여 집으로 가던 중에 설문조사를 하겠다고 붙잡는 B녀를 만났다. B녀는 A에게 이것저것을 물어본 후 유명한 방송사 이름을 대면서 대학생활을 잘하기 위해 꼭 필요한 어학 테이프를 입학기념으로 60%나 할인해서 판매한다고 선전하였다.

A는 여러가지 사은품과 B녀의 말솜씨에 현혹되어 계약서에 서명하고 물건을 받아서 집으로 돌아 왔다. 집으로 돌아온 A의 설명을 들은 어머니인 C는 A가 경솔

히 계약한 것을 알고 해당업체에 전화하여 계약을 취소하겠다고 하였으나, 업체는 A가 이미 포장을 뜯고 물건을 가져 갔기 때문에 취소할 수 없고 더구나 계약 당사자 본인이 아닌 C는 계약취소를 주장할 권리가 없다고 주장하였다.

해당업체의 주장이 타당한가?

문제 1: 만일 위 사례에서 A가 결혼을 하였다면 C의 계약취소 주장은 어떻게 달라지는가?

문제 2: 행위능력은 권리능력과 법률행위에 미치는 효과가 어떻게 다른가?

자연인은 19세로 성년에 이르게 되는데, 의사제한능력자 중 하나인 미성년자는 아직 성년에 이르지 못한 자를 의미한다(민법 제4조, 제5조). 이러한 미성년자는 법률행위를 할 때 법정대리인의 동의를 얻어야 하고(제5조 제1항), 이에 위반한 행위는 법정대리인 또는 미성년자 자신이 취소할 수 있다(제5조 제2항).

다만, 행위능력제도는 민법 가족편의 신분법상의 행위에는 원칙적으로 적용이 없다. 따라서 가족편의 신분행위는 자체에 특별규정이 없는 한 원칙적으로 의사능력만 있으면 유효하게 할 수 있고 법정대리인의 동의권이나 대리권은 배제된다. 가장 전형적인 예로서 상속은 미성년자 여부와 관계없이 당연히 효력이 발생한다. 이러한 미성년자의 법정대리인은 1차로 그 친권자(제911조)가 되고, 친권자가 없거나 친권자가 법률행위의 대리권과 재산관리권을 행사할 수 없는 경우에는 미성년후견인을 두어야 한다(제928조).

미성년자가 법정대리인의 동의를 얻지 않고 한 행위는 취소 대상이지만, 예외적으로 법정대리인의 동의없이도 유효한 행위들이 존재한다. 다음의 행위는 법정대리인의 동의 없이도 미성년자가 완전히 유효하게 법률행위를 할 수 있다.

1. 권리만을 얻거나 의무만을 면하는 행위(제5조 제1항 단서).
2. 법정대리인이 범위를 정하여 처분을 허락한 재산의 처분행위(제6조).
3. 법정대리인에 의하여 영업이 허락된 미성년자의 그 영업에 관한 행위(제8조).
4. 대리행위(제117조)
5. 취소행위(제140조)
6. 근로계약과 임금의 청구(근로기준법 제53, 54조)
7. 혼인을 한 미성년자의 행위(법률혼에 한정되고, 혼인의 해소 이후에도 변동없음)
8. 유언행위: 만 17세의 미성년자(제1061조)

법정대리인의 미성년자의 법률행위에 대한 동의(제5조)나 재산처분의 허락(제6조)은 미성년자가 법률행위를 하기 전에는 언제든지 그 동의와 허락을 취소할 수 있다(제7조).

여기서 취소는 철회의 뜻이며 명문은 없으나 이 취소(철회)는 선의의 제3자에게 대항하지 못한다고 해석된다.

2) 성년후견제도

우리 민법은 과거 미성년자 이외의 행위능력 제한자로써 금치산·한정치산제도를 규정하여 정신능력이 부족한 심신상실·미약자가 법률행위를 한 경우 그 효과를 제한하였다. 그러나 이러한 금치산·한정치산자는 정신적 의사능력의 잔존여부와 상관없이 획일적으로 행위능력을 제한하여 법정대리인인 후견인 등이 후견보다는 오히려 제한능력자의 재산을 탈취하기 위해 제도를 악용하는 부작용을 낳았고, 또한 용어 자체가 부정적 이미지를 내포하고 있는 등의 다양한 문제점이 지적되어왔다. 이에 따라 2011년 개정법은 금치산·한정치산제도를 삭제하고 대신에 성년후견제도 라는 새로운 제도를 도입하였다.

성년후견제도가 규정하는 제한능력자는 세가지로 분류되는데 첫째, 과거 금치산자에 대응하는 개념으로 질병, 노령 등의 사유로 인한 정신적 제약으로 사무를 처리할 능력이 '결여'된 사람을 대상으로 하는 '성년후견', 둘째, 과거 한정치산자에 대응하는 개념으로 사무를 처리할 능력이 '부족'한 사람을 대상으로 하는 '한정후견', 셋째, 새로운 개념으로써 '일시적 또는 특정한 사무에 관한 후원'이 필요한 사람을 대상으로 하는 '특정후견' 제도를 규정하고 있다.

이들 후견제도와 기존제도의 차이점은 과거 금치산·한정치산제도가 정신능력제한자의 법적 능력을 원칙적으로 부인하여 획일적으로 과도하게 제약하였던 것과 비교하여 성년후견제는 본인의 의사와 현존능력을 원칙적으로 최대한 인정하는 범위에서 후견인의 조력을 인정한다는 점에서 차이가 있다.

첫째, 성년후견은 질병, 장애, 노령, 그 밖의 사유로 인한 정신적 제약으로 사무를 처리할 능력이 '지속적으로 결여된 사람'에 대하여 본인, 배우자, 4촌 이내의 친족, 미성년후견인, 미성년후견감독인, 한정후견인, 한정후견감독인, 특정후견인, 특정후견감독인, 검사 또는 지방자치단체의 장의 청구에 의하여 가정법원이 성년후견 심판을 함으로써 개시된다.[157]

성년후견이 개시되는 경우에 피성년후견인의 행위는 원칙적으로 법정대리인인 성년후견인과 본인이 취소할 수 있지만 가정법원은 취소할 수 없는 피성년후견인의 법률행

157 민법 제9조 1항.

위의 범위를 정할 수 있고, 더 나아가 일용품의 구입 등 일상생활에 필요하고 그 대가가 과도하지 아니한 법률행위는 성년후견인이 취소할 수 없다.[158] 과거 후견인의 대리 없는 모든 법률행위를 취소할 수 있도록 했던 금치산제와 구별되는 차이점이라고 할 수 있다.

두 번째로, 한정후견은 질병, 장애, 노령, 그 밖의 사유로 인한 정신적 제약으로 사무를 처리할 능력이 '부족한 사람'에 대하여 본인, 배우자, 4촌 이내의 친족, 미성년후견인, 미성년후견감독인, 성년후견인, 성년후견감독인, 특정후견인, 특정후견감독인, 검사 또는 지방자치단체의 장의 청구에 의하여 가정법원이 한정후견 심판을 함으로써 개시된다.[159]

과거 한정치산자는 모든 법률행위에 후견인의 동의가 필요하였지만 개정법의 한정후견제도는 피한정후견자의 행위능력을 원칙적으로 인정하되 거액의 금전차용이나 보증 등 가정법원이 이용자의 정신적 제약의 정도에 따라 후견인의 조력을 받아야 하는 행위 유형 등을 개별적으로 결정하여 중요 법률행위에 대해서만 예외적으로 후견인의 동의를 받도록 규정하고 있다.[160]

마지막으로 특정후견은 질병, 장애, 노령, 그 밖의 사유로 인한 정신적 제약으로 '일시적 후원' 또는 '특정한 사무에 관한 후원'이 필요한 사람에 대하여 본인, 배우자, 4촌 이내의 친족, 미성년후견인, 미성년후견감독인, 검사 또는 지방자치단체의 장의 청구로 가정법원의 심판에 의하여 개시된다.[161]

158 제10조(피성년후견인의 행위와 취소) ① 피성년후견인의 법률행위는 취소할 수 있다.
② 제1항에도 불구하고 가정법원은 취소할 수 없는 피성년후견인의 법률행위의 범위를 정할 수 있다.
③ 가정법원은 본인, 배우자, 4촌 이내의 친족, 성년후견인, 성년후견감독인, 검사 또는 지방자치단체의 장의 청구에 의하여 제2항의 범위를 변경할 수 있다.
④ 제1항에도 불구하고 일용품의 구입 등 일상생활에 필요하고 그 대가가 과도하지 아니한 법률행위는 성년후견인이 취소할 수 없다.

159 민법 제12조 1항.

160 제13조(피한정후견인의 행위와 동의) ① 가정법원은 피한정후견인이 한정후견인의 동의를 받아야 하는 행위의 범위를 정할 수 있다.
② 가정법원은 본인, 배우자, 4촌 이내의 친족, 한정후견인, 한정후견감독인, 검사 또는 지방자치단체의 장의 청구에 의하여 제1항에 따른 한정후견인의 동의를 받아야만 할 수 있는 행위의 범위를 변경할 수 있다.
③ 한정후견인의 동의를 필요로 하는 행위에 대하여 한정후견인이 피한정후견인의 이익이 침해될 염려가 있음에도 그 동의를 하지 아니하는 때에는 가정법원은 피한정후견인의 청구에 의하여 한정후견인의 동의를 갈음하는 허가를 할 수 있다.
④ 한정후견인의 동의가 필요한 법률행위를 피한정후견인이 한정후견인의 동의 없이 하였을 때에는 그 법률행위를 취소할 수 있다. 다만, 일용품의 구입 등 일상생활에 필요하고 그 대가가 과도하지 아니한 법률행위에 대하여는 그러하지 아니하다.

161 민법 제14조의2 제1항.

특히 특정후견은 본인의 의사에 반하여 할 수 없고, 특정후견을 받는 사람의 법률행위는 어떠한 법적 제약도 따르지 않는다는 점에서 성년후견 및 한정후견과 구별된다.[162] 이러한 특정후견은 후견을 받고자 하는 사람이 사무를 처리할 능력이 부족한 상황에 있거나 부족하게 될 상황에 대비하여 재산관리 및 신상보호에 관한 사무의 전부 또는 일부를 자신이 원하는 후견인에게 위탁하는 내용의 계약을 체결할 수 있도록 함으로써 장차 자신의 신상에 닥쳐올 법률적 장애를 사전에 대비하도록 한다는데 그 의의가 있다.

(3) 제한능력자의 취소권의 배제

사례

18세의 대학생 A는 대학에 입학한 후에 휴대폰을 최신 유행하는 폰으로 바꾸고 싶어서 인근 이동통신사 대리점을 방문하였다. 대리점 직원은 기존 계약을 해제하고 신규가입계약을 하는 경우에는 보조금을 지급받아 휴대폰을 싸게 살 수 있지만 미성년자의 경우 원칙적으로 부모의 동의가 있어야 한다며 A에게 성년자인지를 묻고 신분증을 요구하였다. A는 대학생인 자신이 아직 미성년자인 것을 밝히기 싫었다.

또한 부모님께 1년 만에 새 휴대폰을 산다고 하면 야단맞을 것이 분명하여, 임의로 동네 도장 가게에서 제작한 아버지의 목도장을 이용하여 위임장을 만들어서 아버지의 동의가 있는 것으로 거짓말을 하고 통신계약을 체결하였다. 2개월 후에 A는 새로운 휴대폰 사용요금이 100만 원이 넘게 나왔고, 화가 난 A의 부모는 A가 부모의 동의를 얻지 않고 체결한 이 사건의 이동통신 서비스 이용계약을 취소하려고 한다.

A의 부모는 적법하게 이를 취소할 수 있을 것인가?

제한능력자 제도는 의사능력이 제한되는 사람을 보호하기 위한 제도로서 제한능력자에게는 대단히 유용한 제도이다. 일반적으로 법률행위를 하게 되면 반드시 그에 따르는 책임을 져야 하는데 법률행위를 취소하게 되면 취소한 법률행위는 처음부터 무효인 것으로 보기 때문에 구속력에서 벗어나게 된다(민법 제141조).

물론 일반적으로는 법률행위가 처음부터 무효가 되면 법률행위 당사자들은 원상회복의무를 부담하게 되어, 무효가 된 법률행위로부터 받은 이익이 있으면 돌려주고 자신이 지급한 것은 돌려받게 된다. 따라서 행위제한능력자가 자신에게 불리한 법률행위

162 민법 제14조의2(특정후견의 심판) ② 특정후견은 본인의 의사에 반하여 할 수 없다.

를 취소할 수 있다고 하여도 실질적으로 큰 법적 보호를 받는 경우를 상정하기는 어렵다고 할 수 있다. 그러나 현행법은 일반인과 달리 제한능력자가 그 법률행위를 취소한 경우에는 그 행위로 인하여 받은 이익이 현존하는 한도에서 상환할 책임이 있다.[163] 결국 이미 제한능력자가 소비해 버린 부분에 대해서는 상대방이 손해를 보는 결과가 발생한다. 이것은 제한능력자의 보호에는 도움이 되지만 그가 거래한 일반인에게는 대단히 가혹한 것으로, 민법은 제한능력자의 취소를 일정한 부분 제한하여 제한능력자와 거래한 상대방을 보호하는 제도를 특별히 두고 있다.

이와 같은 목적에 따라 제한능력자의 사술에 의한 취소권의 배제는 제한능력자가 능력자인 것처럼 보이기 위하여 상대방을 속인 경우에는 이미 이를 보호할 필요가 없으므로 그 행위는 취소할 수 없는 것으로 규정하고 있다.[164] 물론 제한능력자가 자신을 능력자로 믿게 한 경우에 사기행위로 인한 법률행위의 취소(민법 제110조), 불법행위로 인한 손해배상청구권(민법 제750조) 등을 행사할 수는 있으나 그것만으로는 상대방 보호에 불충분하기 때문에 취소권 배제를 규정한 것이다.

먼저 제한능력자의 취소권을 배제하기 위해서는 1) 제한능력자가 행위능력자로 믿게 하기 위한 행위가 있을 것이 요구된다. 이때 제한능력자가 자신이 능력자라고 속인 경우뿐만 아니라, 미성년자나 피한정후견인이 속임수로써 법정대리인의 동의가 있는 것으로 믿게 한 경우도 포함된다(제17조 제2항). 다음으로 속임수를 썼을 것이 요구되는데, 다수설은 '속임수'의 의미를 일반적인 보통 사람을 오인하게 만들 정도이면 충분하다고 해석하는데 반해, 판례는 적극성을 요구하고 있다.[165] 이러한 요건이 갖추어진다면 제한능력자 측(제한능력자 본인이나 법정대리인)에서는 그 행위를 취소하지 못한다.

사례의 경우 미성년자가 행위능력자로 믿게 하기 위해 적극적으로 허위기재된 신분증을 활용하였기 때문에 이동통신사와의 법률행위를 취소할 수 없다.

163 민법 제141조(취소의 효과) 취소한 법률행위는 처음부터 무효인 것으로 본다. 그러나 제한능력자는 그 행위로 인하여 받은 이익이 현존하는 한도에서 상환할 책임이 있다.

164 민법 제17조(제한능력자의 속임수) ① 제한능력자가 속임수로써 자기를 능력자로 믿게 한 경우에는 그 행위를 취소할 수 없다. ② 미성년자나 피한정후견인이 속임수로써 법정대리인의 동의가 있는 것으로 믿게 한 경우에도 제1항과 같다.

165 지원림, 앞의 책, 78면 ; 송영권, 앞의 책, 56면.

(4) 법인의 권리능력, 행위능력

사례

A 주식회사에 재직중인 대표이사 B는 자기 아들의 건설업체 C가 부도 위험에 몰리자 대표이사 명의로 A 회사가 C건설회사의 은행대부 계약에 무담보 보증을 제공하는 계약을 체결하였다. 그러나 회생노력에도 불구하고 C회사는 결국 파산처리 되었고 A 회사는 C회사에 대한 보증채무 500억을 부담하기 위해 결국 회사의 중요자산을 처분하여야 할 상황에 처하였다. A회사의 경영이 어렵다는 소식이 알려지자 A회사의 주가는 시장에서 대폭 하락하였고 결국 A회사의 주식을 가진 주주들은 상당한 손해를 감수하면서 향후 A 회사를 매도할 것인지를 결정하여야 한다. 이 사건에 관여한 대표이사 B는 이미 자신이 가진 A회사의 주식 전부를 주가하락 전에 매도하고 해외로 도주하였다.

이와 관련해, A 회사의 주주들은 이전 대표이사 B가 체결한 그의 아들회사 C를 위한 보증계약은 회사가 아닌 사익을 위한 것임으로 A회사가 법적으로 책임질 사안이 아니라고 주장하고 은행의 500억 변제 요구를 거절하였다.

A회사 주주들의 주장은 타당한가?

자연인과 함께 권리능력을 가지는 다른 법률행위의 주체는 법인(法人)이다. 여기서 법인이란 일정한 사단 또는 재단에 법인격을 부여하여 법률상 권리의무의 주체가 될 수 있도록 자격을 인정 한 것을 말한다(權利能力). 특히 법인은 권리의무의 귀속주체(歸屬主體)가 되는 권리능력을 가질 뿐만 아니라 그 기관을 통하여 자기의 이름으로 법률행위를 할 행위능력도 가진다. 다만, 법인의 경우는 자연인과 달리 특별히 의사능력이 정상인에 비해 떨어지는 무능력자라는 존재를 생각할 수 없기 때문에 별도로 행위능력을 가진 자가 문제되지 않는다. 따라서 모든 권리능력을 가지는 모든 법인은 행위능력도 당연히 보유하게 된다. 또한 다수설은 법인의 불법행위능력까지지도 인정한다(不法行爲能力).

이와 같은 법인은 크게 두 가지 종류로 구분되는데 먼저 사단법인(社團法人)은 일정한 목적을 위하여 결합한 사람의 단체에 대하여 법인격(法人格)을 인정한 것을 말한다. 사단법인에는 영리법인과 비영리법인이 있는데 일반인들이 가장 친숙한 회사는 상법상의 영리 사단법인의 일종이다.

반면에, 재단법인이란 일정한 목적을 위하여 출원된 재산에 대하여 법인격이 인정된 것을 말한다. 재단법인에는 이론상 영리법인이 있을 수 없는데, 가장 전형적인 예는 장학사업을 하는 장학재단 혹은 교육사업을 실시하는 ㅇㅇ학원(재단법인) 등이 그 예이다.

사례의 경우 사단법인은 권리능력을 가짐과 동시에 행위능력을 가지기 때문에 유효한 법률행위를 할 수 있고, 그 법률행위에 대한 책임을 져야 한다. 물론 이론상의 사단법인이 직접 계약을 체결하는 것은 현실로 불가능하지만 법인은 대표이사, 업무집행이사, 전무, 상무 등과 같은 업무집행권이 있는 기관을 통해 활동을 하고, 이 기관이 법인명의로 한 행위가 곧 법인의 행위로 인정된다.

물론 사례의 경우 이사의 배임행위가 문제될 수 있으나 이것은 법인 내부의 문제이기 때문에 법인에게 현저히 불이익한 결과를 가져오는 제3자와의 법률행위에는 영향을 주지 않는다.

Ⅲ. 법률행위의 요건으로서 목적

1. 법률행위 목적의 적법, 가능, 사회적 타당성

(1) 법률행위의 적법성

사례

68세의 사업가 A(남)는 43세의 B(여)와 골프모임에서 만나 급격히 가까워지면서 내연관계로 발전하였다. A는 B와의 내연관계를 유지하는 대가로 아파트 1채(1억 상당)와 현금 5000만 원을 선물(무상증여)하여, 아파트 소유권 등기까지 B 명의로 이전하였다. 그러나 1년 뒤에 가족들에게 내연관계를 들키자 A는 그 둘 사이의 관계를 정리하기로 합의하고 일단 5000만 원은 B로부터 현금으로 돌려받고 나머지 금액 1억은 A가 B로부터 아파트 소유권을 다시 이전 받는 형태로 정리하기로 하였다.

이를 위해서 A는 실제 금액이 이전되지는 않았지만 B로부터 B 소유의 아파트를 1억 원에 매매하기 위해 1억 원이 지급된 것으로 하여 향후 6개월 안에 소유권을 이전하는 것을 약정하는 매매 계약서를 작성하였다. 그러나 이후 B는 그 소유의 아파트를 은행에 담보로 제공하여 돈을 빌린 후 변제하지 않아 B 소유의 집은 경매처분 되었다. 이 사실을 알게 된 A는 B에게 아파트 거래계약이 이행되지 못하였으므로 그 가액에 상당하는 1억 원의 지급을 매매계약에 의거하여 청구하였다. A의 청구는 인정될 수 있는가?

이 계약에서 A가 B에게 그가 양도한 아파트 소유권에 상당하는 1억 원을 돌려달라고 청구할 수 있는 근거는 무엇인가?

법률행위의 목적이란 당사자가 일정한 행위를 하여 궁극적으로 달성하려고 하는 최종적인 목적을 의미한다.[166] 이러한 법률행위의 목적은 강행법규를 위반하지 않아야 되는데 강행법규에 위반하는 법률행위는 무효이다.[167] 다만, 여기서 강행법규의 내용

166 지원림, 앞의 책, 163면 ; 송영권, 앞의 책, 162면.

167 민법 제105조(임의규정) 법률행위의 당사자가 법령중의 선량한 풍속 기타 사회질서에 관계없는 규정과 다른 의사를 표시한 때에는 그 의사에 의한다; 민법 제105조는 임의규정의 정의를 통해 강행법규에 반하는 법률행위가 무효가 되는 것을 간접적으로 표시하고 있다고 해석된다(지원림, 앞의 책, 164면).

과 그 위반을 구성하는 법률행위가 구체적으로 무엇인지가 문제된다.

일반적으로 강행법규는 ① 사회의 기본적 윤리관을 반영하는 규정(제103조), ② 가족관계질서의 유지에 관한 규정, ③ 법률질서의 기본구조에 관한 규정, ④ 제3자를 비롯해 사회일반에 중요한 영향을 미치는 사항에 관한 규정 등이라고 할 수 있다.[168]

사례의 경우, A가 B에게 아파트와 현금을 무상증여 한 법률행위의 목적은 내연관계를 유지하는 대가를 지급하기 위한 것으로서 이것은 일부일처제를 유지하는 한국의 가족질서에 정면으로 반하는 사회적 기본적 윤리관에 위반된 법률행위이고, 이와 관련된 모든 법률행위는 원칙적으로 무효이다. 따라서 만일 A가 B에게 약속한 아파트 소유권이 이전되기 전이라면 B는 그 이행을 청구할 수 없는 것이 원칙이다.[169] 반면, 법률행위가 불법을 목적으로 하여 무효인 경우에는 무효 전 상태로 회복하기 위한 시도 역시 허용되지 않기 때문에 이미 지급한 금액의 반환을 원 소유자가 되돌려 달라고 청구할 수도 없다. 즉, 법은 불법의 목적을 이루려고 행위를 한 사람이 다시 그 행위를 번복하여 불법 이전의 상태로 권리를 회복하는 것도 도울 수 없는데 이것을 불법원인급여라고 한다.[170] 따라서 원칙적으로 사례의 A가 B에게 이미 지급한 금액의 반환 및 아파트 소유권의 이전을 다시 원상회복 청구하는 것은 민법상 불법원인급여에 해당돼 그 청구가 허용되지 않는다.

그러나 사례에서는 불륜관계 해소 후 B가 A와 그의 아파트를 매매하는 새로운 법률행위를 한 것이기 때문에 이 매매계약이 불법을 목적으로 한 것이 아닌 한 원칙적으로 그 효력이 인정되어야 한다고 판례는 해석하고 있다. 따라서 결국 B는 새로운 매매계약에 의하여 A가 청구한 금전의 배상을 이행해야 할 의무가 인정된다.[171] 다만, 이 사례에서 만일 B가 불륜관계 해소 후 금전의 반환 및 아파트 소유권의 이전을 모두 거부하였다면 A는 불법원인 급여에 의하여 어떠한 금전의 반환도 청구할 수 없었다고 할 수 있다.

168 강행법규의 예는 성매매계약 및 그 알선행위 등을 금지하는 성매매알선 등 행위의 처벌에 관한 법률 제4조, 증권거래법 제52조의 부당권유행위 금지, 독점규제 및 공정거래에 관한 법률 제19조의 부당한 공동행위약정 금지규정 등이 있다.

169 대법원 2007.9.20. 선고 2007다16816 판결.

170 민법 제746조(불법원인급여) 불법의 원인으로 인하여 재산을 급여하거나 노무를 제공한 때에는 그 이익의 반환을 청구하지 못한다. 그러나 그 불법원인이 수익자에게만 있는 때에는 그러하지 아니하다.

171 연합뉴스, “불륜관계 대가 아파트, 계약 불법 아니면 반환해야”, 2013년 5월 19일(창원지원판결 보도).

(2) 법률행위 목적의 가능성

사례

1 A는 친구 B와 소주에 위스키를 타서 자동차를 움직일 수 있다고 내기를 하였다. 계약서에는 자동차가 움직이면 B가 A에게 한달치 월급을 모두 주고, 움직이지 않으면 A가 B에게 한달 월급을 모두 주기로 계약했다. 자동차가 움직이지 않자 B는 A에게 월급을 달라고 청구하고 있다.

A는 B에게 월급을 제공해야 하는가?

2 A 대학 인근에서 호프집을 운영하는 B는 한국이 월드컵 축구 4강전을 앞둔 어느 날 한국이 4강에 진출하면 그날 입장한 손님들의 하루 술값은 모두 공짜라고 술집에 앞에 내걸었다.

한국은 그날 기적적으로 4강에 진출하였다. 너무 많은 손님이 들어온 것을 안 B는 그것은 단순히 광고수단이고, 애초에 불가능한 것을 계약했기 때문에 무효라고 주장한다.

A의 주장은 타당한가?

법률행위의 목적은 실현 가능하여야 하고, 그 목적이 처음부터 실현 불가능한 경우에는 그 법률행위는 무효이다. 여기서 가능·불가능의 여부는 사회관념에 따라 객관적으로 정하여진다. 따라서 확률이 낮다고 해도 객관적인 가능성이 있다면 그 법률행위는 유효하다. 예를 들어, "크리스마스 이브인 12월 24일 저녁 6시부터 2cm 이상의 눈이 내려 화이트 크리스마스가 된다면 7월에 냉장고를 사신 고객 전원에게 20만 원을 환급해 드립니다."란 광고를 한 경우에 유효한 법률행위로서 광고자는 법적인 책임을 부담하게 된다.[172]

따라서 사례 1의 경우 원칙적으로 불가능한 일을 달성할 것을 법률목적으로 삼았기 때문에 원칙적으로 무효이고, 사례 2의 경우는 객관적 가능성이 있기 때문에 당연히 법적으로 유효한 행위가 된다.

172 일반적으로 이러한 법률행위를 현상광고 계약이라고 하고 민법 제675조 '현상광고' 편에서 자세한 내용을 규정한다.

(3) 법률행위 목적의 사회적 타당성

사례 ❶

밤 12시에 학교 앞 사거리에서 길을 건너던 A는 신호를 무시하고 달리던 승용차가 반대편 승용차와 충돌하여 조수석 탑승자가 사망하는 장면을 목격하였다.

사건현장에서 신호위반 차량 운전자는 오히려 상대방 C가 신호를 무시했다고 주장하였다. 과실 치사범으로 몰린 피해 운전자 C는 A를 찾아와 법정증인이 되어줄 것을 요청하였으나 A는 이를 거절하였다. C는 다시 A에게 금 1000만 원을 지급하기로 약속하자 A는 증인이 되었고 증언을 마쳤다.

그러나 사건에서 최종으로 승소한 C는 A에게 1000만 원을 지급하지 않고 있고, A는 그 지급을 요청하고 있다. A는 1000만 원을 받을 수 있는가?

법률행위의 목적은 그 행위가 현행 강행법규에 형식적으로 위반하지 않더라도 그 법률행위가 [선량한 풍속 기타 사회질서]에 위반되는 경우에는 무효이다.[173]

여기서 사회질서에 위반되는 행위의 유형은 1) 법률행위의 목적이 법적 정의관념에 반하는 행위로서, 예를 들어 살인청부와 같은 범죄를 내용으로 하는 행위, 2) 그 행위를 강제하는 것이 사회질서에 반하는 경우, 예를 들어 회사 근무 중 결혼하지 않겠다는 계약과 같이 개인의 자유를 심하게 제한하는 행위, 혹은 첩 계약(다만, 첩관계의 종료를 목적으로 하는 계약, 첩 관계 단절금의 교부계약은 유효하다), 3) 사행성이 심한 행위로서 도박계약 등, 4) 사회질서에 반하는 조건을 부과하는 행위로서, 예를 들어 사람을 죽이지 않는 조건으로 금전을 지급하기로 약속하거나, 사례 1과 같이 재판에서 증언을 해주기로 하고 금전을 지급하는 계약 등은 법적으로 당연한 의무를 조건으로 하여 금전을 지급하는 것으로 원칙적으로 무효이다.[174] 특히 사례 1에서 증인이 그 증언을 조건으로 그 소송의 일방 당사자 등으로부터 통상적으로 용인될 수 있는 수준을 넘어서 대가를 받기로 계약하는 행위는 사회적 타당성이 없는 반사회적 행위로 무효가 된다. 예컨대 증인에게 일당 및 여비가 지급되기는 하지만 증인이 증언을 위하여 법원에 출석함으로써 입게 되는 손해에는 미치지 못하는 경우 그러한 손해를 전보하여 주는 정도를 넘어서서 상당한 이익을 제공할 것을 약속하는 계약은 국민의 사법참여행위가 대가와 결부됨으로써 사법작용의 불가매수성 내지 대가무관성이 본질적으로 침해되는 결과를 초래하기 때문에 계

173 민법 제103조(반사회질서의 법률행위) 선량한 풍속 기타 사회질서에 위반한 사항을 내용으로 하는 법률행위는 무효로 한다.

174 지원림, 앞의 책, 169면 ; 송영권, 앞의 책, 172면.

약의 목적이 사회적 타당성이 없는 법률행위로서 무효가 되는 것이다.[175]

사례❷

여름을 맞아 남해 인근 섬에서 낚시를 즐기던 A는 갑자기 시작된 폭풍에 갇혀서 일주일 이상을 섬 밖으로 나올 수가 없었다. 65세의 A는 당뇨병 환자로서 인슐린 여유분을 3일 이상 가져오지 않았다.

때마침 그 섬에서 거주하던 당뇨병 환자인 B는 자신이 가진 인슐린을 주사 한 개당 500만 원에 팔겠다고 제의하였고, 사정이 급한 A는 이를 승낙하여 총 5개의 주사를 소비했다.

그러나 A는 본래 1만 원인 인슐린주사를 500만 원에 사서 맞은 것이 억울하여 총 2500만 원을 주지 않자, B는 소송을 내어 강제집행을 요구하고 있다. B의 강제집행은 허용될 것인가?

사회적 타당성이 없는 법률행위로써 민법 제104조는 불공정한 법률행위를 규정하여 "당사자의 궁박, 경솔 또는 무경험으로 인하여 현저하게 공정을 잃은 법률행위"를 무효로 선언하고 있다. 불공정한 법률행위는 피해 당사자의 곤궁한 상태를 이용해 자기가 얻은 이익에 비해 현저하게 균형이 맞지 않는 대가를 요구함으로써 이익을 얻는 행위를 말한다. 일반적으로 다수설은 이 불공정한 법률행위를 사회질서 위반행위의 대표적 유형이라고 해석한다.[176]

판례의 경우 다른 소유자가 보유한 시가 2억 원 이상의 임야에 대한 권리주장을 포기하면서 7억 원 이상의 현금을 받기로 약정하는 경우, 병원비가 급히 필요한 사정 때문에 손해배상액의 1/8만 받고 합의서를 작성해 준 경우 등을 불공정한 법률행위의 예로 들고 있다.[177]

이러한 불공정한 법률행위도 민법 제746조(불법원인급여)가 적용되기 때문에 불법을 원인으로 인하여 이미 재산을 급여하거나 노무를 제공한 때에는 법률행위가 무효가 되었음을 이유로 상대방에게 그것의 반환을 다시 청구하지 못한다. 다만, 그 불법원인이 수익자에게만 있는 때에는 그렇지 않다.

예를 들어, 결혼을 한 유부남이 자신의 첩이 되어달라는 계약을 하고 미리 선수금조로 7000만 원 상당의 집의 소유권을 상대방 여성에게 급부한 경우에는 이 여성이

175 대법원 2010.7.29. 선고 2009다56283 판결.

176 지원림, 앞의 책, 178면 ; 송영권, 앞의 책, 178면.

177 대법원 1995.4.11. 94다17000 ; 대법원 1979.4.10. 78다2457.

이후에 첩계약의 무효를 주장하며 동거의무를 거부해도 이미 양도한 집의 소유권 반환을 청구할 수 없다.[178]

(4) 과학의 발전과 법률행위의 사회적 타당성

사례

결혼한 후 8년째 아기를 갖지 못하던 A는 선천적으로 임신을 하게 되면 생명이 위태로울 수 있다는 진단을 받고 임신을 포기한 후에 남편 B와 협의하여 대리모를 구하기로 하였다. A는 C와 5000만 원을 주고 대리모 계약을 체결한 후에 자신의 난자와 남편의 정자를 성공적으로 C에게 착상시켰다.

그러나 시간이 지나면서 C는 자신이 임신한 아기에 대해 애착을 갖게 되었고 아기가 태어나자 유아의 인도를 거부하였다. A와 B는 대리모 계약을 내용으로 유아 인도를 청구하여 친자 인도 청구소송을 제기하였다.

A와 B의 친자인도 청구는 허용될 것인가?

과학기술이 발달함에 따라 예전과 다른 다양한 법률문제가 발생하는데 그 중 하나가 대리모계약의 유효성 여부이다. 대리모 계약은 자연적인 성관계 없이 단순히 모체를 통한 태아의 임신만을 대리한다는 점에서 소위 "씨받이 계약"과는 구별된다.

미국의 경우 이 사례와 같은 Baby M 사건에서 주 대법원은 대리모 계약 자체가 불법을 목적으로 한 계약으로서 무효라고 판단하였다. 따라서 태아의 인도청구를 허용하지 않았다.[179] 한국의 경우 생명윤리 및 안전에 관한 법률 제13조 3항에 의하여 금전적 대가를 목적으로 정자 또는 난자를 제공 또는 이용하는 행위가 원칙적으로 금지되기 때문에 대리모 계약이 금전적 대가를 목적으로 할 때는 무효이다.[180]

178 대법원 1979.11.13. 79다483(원 소유자는 채권적 반환청구권 뿐만 아니라 소유권에 기한 물권적 반환청구권도 행사할 수 없다.).

179 New Jersey Supreme Court, 537 A.2d 1227(1988).

180 생명윤리 및 안전에 관한 법률 제13조(배아의 생성 등) ① 누구든지 임신 외의 목적으로 배아를 생성하여서는 아니 된다.
② 누구든지 임신을 목적으로 배아를 생성함에 있어서 다음 각 호의 1에 해당하는 행위를 하여서는 아니 된다.
1. 특정의 성을 선택할 목적으로 정자와 난자를 선별하여 수정시키는 행위
2. 사망한 자의 정자 또는 난자로 수정시키는 행위
3. 미성년자의 정자 또는 난자로 수정시키는 행위. 다만, 혼인한 미성년자가 그 자녀를 얻기 위한 경우를 제외한다.
③ 누구든지 금전 또는 재산상의 이익 그 밖에 반대급부를 조건으로 정자 또는 난자를 제공 또는 이용하거나 이를 유인 또는 알선하여서는 아니 된다.

다만, 문제는 금전적 대가를 받지 않고 친족 간에 호의로 모체를 통한 임신을 대신하게 되는 경우에 대해서는 법이 금지하지 않고 있다. 따라서 이론적으로 허용되는 것으로 해석할 수 있으나 대리모 계약은 원칙적으로 태아를 출산한 대리모의 친권 전부를 포기하는 것으로 전제로 하고 있기 때문에 이것이 허용될 것인지 여전히 논란이 될 수 있다.[181]

2. 법률행위 목적의 하자와 무효의 효과

이와 같이 무효인 법률행위는 그 본래적 효과(법률행위의 내용에 따른 효과)가 발생하지 못한다. 다만 부수적으로 무효원인을 제공한자가 예외적인 책임을 지는 경우가 있다(계약체결상의 과실책임).

특히, 무효인 법률행위는 그 주장이 언제 있든 간에 성립 당시부터 무효이고, 취소와 달리 정당한 이익을 가지는 자이면 누구나 주장할 수 있다. 또한 주장의 시기에도 제한이 없으며(제척(除斥)기간이 없음), 당사자의 주장이 없는 경우에도 법원이 이를 고려할 수 있다.

예를 들어, 아버지가 사망 2년 전에 동거녀에게 첩 계약의 대가로 전 재산을 증여하기로 계약서를 작성해 준 경우에 법률상 상속권자는 실제 첩 계약과 무관한 제3자임에도 이 증여계약의 이행을 막기 위해 그 첩 계약이 사회질서에 반하여 무효임을 주장할 수 있다.[182]

특히 무효행위는 취소와 달리 무효임을 주장할 수 있는 기간(제척기간)이 제한되지 않는다. 취소의 경우 추인할 수 있는 날로부터 3년 내에, 법률행위를 한 날로부터 10년 내에 행사하여야 한다.[183]

181 박종원, "代理母契約에 관한 法的 考察", 비교사법 제39호(한국비교사법학회, 2007), 433~434면.

182 다만, 이러한 증여계약이 이미 이행이 완료되었다면 민법 제746조의 불법원인 급여가 되기 때문에 본인이 아닌 상속인도 증여계약의 무효를 주장하며 그 반환을 청구할 수는 없다(지원림, 앞의 책, 1392면).

183 민법 제146조(취소권의 소멸) 취소권은 추인할 수 있는 날로부터 3년 내에 법률행위를 한 날로부터 10년 내에 행사하여야 한다.

Ⅳ. 법률행위의 요건으로 의사표시

1. 의사표시의 착오

사례

1 한국 유학생 A녀는 미국에 막 도착하여 필요한 차량을 구입하기 위해 Dealer Shop을 방문하였다. 미국의 낯선 개인수표(check) 시스템을 잘 이해하지 못하고 있던 A녀는 11,000달러 차에 대한 구매 계약금으로서 1,000불을 지급하기 위해 수표를 작성했는데, 수표 금액 문자란에는 "Ten Thousand Dollar"라고 쓰고, 숫자란에는 "$1,000"라고 썼다. 수표에서는 금액 문자란이 우선적으로 해석된다. 며칠 후 은행에서 잔고가 부족하다는 연락을 받은 A녀는 "One Thousand Dollar"로 기입할 내용을 자신이 실수로 "Ten Thousand Dollar"로 잘못 기입한 것이라고 주장하고 있다.

A녀는 문제의 수표교부 행위를 취소할 수 있을 것인가?

2 미국에서 중고차를 구입하기 위해 Dealer Shop을 방문한 한국 유학생 A는 고장 없고 가격이 싼 차를 찾고 있던 중에 우연히 스포츠형 디자인으로 만들어진 멋진 차량을 발견하였다. A는 생각보다 싼 가격이 붙어 있자 흔쾌히 이 차를 구입하여 돌아왔다. 그러나 A는 하루 후에 이 차가 얼마 전 차량결함정보를 속여서 행정처분을 받은 M사에서 만들어낸 "미라즈 2000" 형이고, 이 차가 바로 화려한 디자인에도 불구하고 잦은 고장과 결함으로 문제가 되었던 차량이라는 것을 알게 되었다. A는 다시 딜러샵을 방문하여 이 차량의 실제 성능을 알지 못하고 샀기 때문에 계약을 취소하고 다른 차를 사고 싶다고 주장하고 있다.

A의 주장은 타당한가?

법률행위의 마지막 필수요건은 의사표시로서 일단 의사표시가 존재하여야 법률행위가 성립된다. 일단 법률행위가 성립한 후에는 그 효력을 유지하기 위해 당해 법률행위가 착오에 의한 것이 아니어야 한다.

우리민법 제109조는 착오에 의한 의사표시를 규정하여 의사표시는 "법률행위를 이루는 그 내용의 중요부분에 착오가 있는 때에는 취소할 수 있다."고 규정하고, 예외적으로 "그 착오가 표의자의 중대한 과실로 인한 때에는 취소하지 못한다."고 규정하고 있다. 여기서 착오란 법률행위자의 실제 의사와 밖으로 표현된 표시가 서로 불일치하며, 표의자가 그 불일치를 모르고 있는 상태를 의미한다.

사례 1과 같이 내면의 의사와 달리 수표금액을 잘못 기입한 경우가 그 전형적인 예이다. 일단 착오가 있는 경우에도 그 법률행위를 취소하기 위해서는 민법 제109조에 의하여 법률행위의 중요부분에 착오가 있어야 한다.

여기서 중요부분이란 주관적으로는 표의자가 그와 같은 착오를 알았더라면 의사표시를 하지 않았을 것으로 생각될 정도로 중요한 것이어야 하고, 객관적으로 보통 일반인도 표의자의 입장에 있었다면 그러한 의사표시를 하지 않았을 것이라고 생각될 정도로 중요한 것이어야 한다. 민법 제109조 단서조항에 따라 착오에 의한 취소를 위해서는 마지막 요건으로, 표의자의 중대한 과실이 존재하지 않아야 한다. 행위자의 직업, 행위의 종류, 목적 등에 따라 중대한 과실여부를 결정하게 된다.

사례 1의 경우 수표금의 잘못된 기입은 법률행위의 중요부분의 착오가 되고, 보통인의 주의의무를 가진 A의 경우 중대한 과실을 인정하기는 곤란하다. 그러나 사례 1과 비교하여 볼 때 사례 2의 경우 행위자는 내심의 의사와 다른 표시행위(예를 들어, 잘못된 수표금액 기입)가 외부에 존재하지 않는다. 즉, 매수인이 문제의 차량을 구입하는 이유는 그 행위자 자신만이 알뿐 외부의 매도인과 제3자는 알지 못한다. 결국 사례 2의 행위자는 자기 내면의 의사와 외부와 표현된 표시행위에 착오가 있는 것이 아니라 그 법률행위의 동기에서 착오를 일으킨 것이라고 할 수 있다. 다수설은 외부에 표시되어 있지 않은 내면적인 동기(판단)에 착각이 있는 경우에는 법률행위를 이루는 의사표시의 중요한 부분에 착오가 있다고 할 수 없기 때문에 원칙적으로 그 법률행위를 취소할 수 없고, 예외적으로 그 동기가 외부에 표시된 경우에 한하여 취소할 수 있다고 해석한다.[184]

예를 들어, 스포츠카를 구매하면서 자동차 경주용 차량을 구입한다는 것을 명확히 계약서에 밝히고 전시된 차량의 주문번호를 기입하였으나 번호를 잘못 기재하여 옆에 있던 화물운반용 차량의 번호를 기입한 경우에는 그 기재행위의 취소가 허용될 수도 있다. 사례 2의 경우 결국 행위자는 동기의 착오로서 법률행위를 취소할 수 없다.

184 지원림, 앞의 책, 217면 ; 송영권, 앞의 책, 229면.

2. 하자 있는 의사표시

사례

A는 인터넷에서 자신을 고아원 출신의 16세 여학생이라고 소개하는 B의 e-mail을 받았다. B는 자신이 생활보호대상자로서 공사판에서 몸을 다쳐 전신마비인 아버지와 뇌졸중으로 누워있는 할머니를 모시고 살고 있다고 설명하며 도움을 요청하였다. A는 매달 자신의 월급에서 10만 원씩을 B의 계좌로 보내었다.

1년 후 B는 경찰조사에서 24세의 평범한 대학생으로 밝혀졌고, B가 송금을 부탁한 계좌는 실제로는 자신이 일하는 사회봉사 단체 C의 후원 계좌였다. B의 연극에 속았던 것이 분한 A는 지금까지 자신의 증여행위 모두를 취소하고 송금한 금전은 반환을 요구하고 있다.

C는 A에게 자신이 그 동안 받은 금액을 반환할 의무가 있는가?

민법 제110조는 사기, 강박에 의한 의사표시는 원칙적으로 취소할 수 있다고 규정하고 있다.[185] 사기나 강박에 의한 의사표시는 일반적으로 하자 있는 의사표시라고 하는데, 타인의 사기나 강박에 의해 자유롭지 못한 상태에서 이루어진 의사와 표시가 불일치하는 상태의 의사표시를 말한다.

먼저 사기에 의한 의사표시는 표의자가 타인의 기망에 의해 착오에 빠져 의사표시를 하는 것으로서 여기서 중요한 것은 사기행위의 위법성이 인정되어야 한다는 점이다. 즉, 단순한 과장광고의 수준을 넘어서서 거래상 요구되는 신의칙에 위배되었을 것이 요구된다. 반면, 강박에 의한 의사표시란 의사표시를 하는 자가 타인의 강박(협박)행위에 의하여 공포심을 가지게 되고, 그 해악을 피하기 위하여 실제로는 원하지 않는 의사표시를 하는 것을 의미한다.

강박에 의한 의사표시가 성립하기 위해서는 상대방의 강박 행위가 위법하여야 하는데 예를 들어, 정당한 권리행사가 의사 표시자에게 공포심을 일으킨 경우에는 강박이 되지 않는 것이 원칙이다. 다만, 정당한 권리행사라고 해도 어떤 부당한 이득을 취할 목적으로 하는 때에는 위법한 강박이 된다.

이러한 사기·강박에 의한 의사표시를 법률행위의 상대방이 직접 한 경우에는 의사표시자가 그 의사표시를 취소하여 법률행위의 구속력에서 벗어날 수 있다. 물론 의사

185 민법 제110조 ① 사기나 강박에 의한 의사표시는 취소할 수 있다.
② 상대방 있는 의사표시에 관하여 제3자가 사기나 강박을 행한 경우에는 상대방이 그 사실을 알았거나 알 수 있었을 경우에 한하여 그 의사표시를 취소할 수 있다.
③ 전2항의 의사표시의 취소는 선의의 제3자에게 대항하지 못한다.

표시자가 이것을 취소하지 않는 경우에는 민법상 유효한 행위가 된다. 그러나 형법상 사기죄 혹은 강도죄 등의 범죄행위는 성립할 수 있다.

문제가 되는 것은 법률행위의 직접 상대방이 아닌 제3자가 사기 또는 강박행위를 하여 그 상대방에 대한 법률행위를 하도록 유도한 경우인데 우리 법은 이에 대해서 "상대방이 그 사실을 알았거나 알 수 있었을 경우에 한하여 그 의사표시를 취소할 수 있다."고 규정하고 있다. 즉, 법률용어를 사용한다면 상대방이 악의·과실인 경우에는 취소할 수 있게 되는데 이때 악의·과실의 시기는 행위 당시를 표준으로 결정한다.

사례의 경우 C 단체가 B의 사기행각을 알거나 알 수 있었을 경우에 한하여 A는 자신의 증여행위를 취소할 수 있다. 그러나 C가 사기행위를 알거나 알 수 있었다는 사실은 의사표시의 취소를 주장하는 A가 입증하여야 한다.

예컨대, B가 후원자를 모집하면서 일으키는 문제에 대해 이미 수차례 비슷한 사례가 있었다면 C의 고의·과실이 쉽게 입증될 수 있을 것이다.

3. 법률행위 취소의 효과(무효와의 차이)

사례

부동산 판매계획을 하는 A는 평소 알고 지내던 B에게 최근 경기도 인근에서 20억 상당의 토지를 구매해 달라는 부탁을 받았다. A는 구매가액의 10%와 성공보수를 받는 조건으로 자신이 알고 지내던 C가 소유하는 토지 인근에 곧 쓰레기 매립장이 들어설 것이라는 소문을 내기 시작했다. 이러한 소문을 듣고 찾아온 C에게 A는 토지가격이 곧 폭락할 것이니 빠른 시일 안에 처분하도록 종용하였고 기준 시가의 절반가격으로 토지 가액을 소개하여, B가 C와 계약을 하도록 주선하였다.

B는 C 소유 토지 인근에 대한 이상한 소문을 모두 A가 만들어 낸 것으로 알고 있었지만, 자신의 행위가 아니기 때문에 책임질 일은 없다고 생각하고 A를 적극적으로 말리지는 않았다. 실제 C 소유 토지의 인근지역은 리조트로 개발될 지역이어서 땅값의 폭등이 예상되는 지역이었다.

결국 토지의 원소유자인 C는 아무것도 모르는 평범한 시골 농부로서 A에게 완전히 속아서 기준 시가의 1/100의 대가로 토지를 매도하였다. C는 계약 후 속은 것을 알았지만 이미 중국으로 도망가 버린 A를 원망하며 시간을 보냈다. 계약 3년 후 A가 체포된 후에야 비로소 C는 변호사인 여러분을 찾아 왔고 여러분은 토지 매매 계약을 원점으로 돌릴 방법을 찾아야 한다.

계약을 원점으로 돌릴 방법은 존재하는가?

법률행위의 취소는 언급한 바와 같이 당사자가 행위무능력인 경우 혹은 의사표시에 있어서 착오 혹은 하자 있는 의사표시를 한 행위자와 그 대리인만이 할 수 있다(민법 제140조).

취소권을 가진 자는 그 법률행위를 취소할 수도 있지만 그 효력을 유효로 유지할 수 있다. 이 점이 언제나 무효인 법률행위와 근본적인 차이가 있다. 다만, 취소권자가 법률행위를 취소했을 때는 그 법률행위의 효력이 행위시점으로 소급하여 소멸하게 된다.[186]

따라서 취소할 수 있는 법률행위는 그 행위자의 의사에 따라 효력이 소멸하게 되는 불안정한 위치에 있게 된다. 이러한 취소권을 무한정하게 행사하게 하면 법적안정성을 침해하기 때문에 민법은 취소권에 대해 존속기간을 규정하고 있다.

이에 따라 취소권은 취소의 원인이 종료한 날로부터 3년 내, 또는 법률행위를 한 날로부터 10년 내에 행사하여야 한다. 위 기간 중 먼저 만료하는 것이 의하여 취소권은 소멸한다.[187] 이점은 무효를 주장할 수 있는 기간은 원칙적으로 제한이 없는 것과 비교해 볼 때 또 하나의 중요한 차이점이다.

문제의 사례에서는 원칙적으로 제3자의 사기행위를 법률행위 상대방이 알고 있었던 경우이기 때문에 그 행위를 취소할 수 있었으나, 사기행위로 인해 법률행위를 한 자가 그 사실을 안 날로부터 3년 지나도록 법률행위를 취소하지 않았기 때문에 더 이상 취소가 불가능하다.

그러나 이 사례는 거래의 상대방이 현저히 불공정한 법률행위의 목적 달성을 통해 폭리를 취한 경우로서 앞서 언급한 민법 제104조(불공정한 법률행위)규정에 의하여 당사자의 궁박, 경솔 또는 무경험으로 인하여 현저하게 공정을 잃은 법률행위임을 주장하고 무효를 주장할 수 있다. 무효인 법률행위는 특별히 본래부터 효력이 없는 것으로서 별도의 존속기간이 존재하지 않는다.

186 민법 제141조(취소의 효과) 취소한 법률행위는 처음부터 무효인 것으로 본다. 그러나 무능력자는 그 행위로 인하여 받은 이익이 현존하는 한도에서 상환할 책임이 있다.

187 민법 제146조(취소권의 소멸) 취소권은 추인할 수 있는 날로부터 3년 내에 법률행위를 한 날로부터 10년 내에 행사하여야 한다.

V. 법률행위의 대리

1. 대리권의 의의

사 례

A는 학교폭력으로 인한 가해자들의 집단 따돌림 및 폭력 행위 때문에 사망한 딸의 어머니로서, 학교에서 발생한 집단폭력 행위를 알면서도 이를 수수방관한 학교 당국과 재력을 과시하며 자식의 불법행위를 방조한 가해자 부모 등을 상대로 불법행위에 따른 손해배상청구소송을 제기하면서 변호사 B를 소송대리인으로 선임하였다. B는 A를 대리하여 1회 서면을 제출하였으나, 불성실한 자세로 재판을 수행하였고, 급기야 지정된 재판기일에 2회 불출석하여 상대방의 주장을 그대로 인정하는 인정자백 취지로 판단되어 패소하였다. 또한 패소 후에도 2심에서 불변기간인 14일 안에 항소하지 않아서 판결이 확정되었다.

A는 이미 경찰조사에서 학교당국과 가해자의 부모가 학교폭력 신고 후에도 이를 알면서 방치한 사실이 밝혀졌는데도, 가해행위에 대한 입증이 부족하여 패소하였다는 변호사 B의 말이 납득이 되지 않아, 사건 판결을 직접 취득하여 확인한 후에 비로소 B의 불성실한 재판수행이 그 원인이 되었음을 알게 되었다. 이에 A는 자신이 알지 못하는 사이에 B에게만 패소 판결이 전달되어, 14일 안에 항소를 하지 못하여 위법이라는 이유로 법원에 재심을 청구하고 있다. A의 주장은 타당한가?

현대의 복잡한 사회에서 자신의 모든 사회적 활동을 혼자서 처리하는 것보다는 자신을 대신할 수 있는 대리인을 두고 이 대리인에게 맡기는 것이 훨씬 더 효율적일 수 있다. 예를 들어, 회사생활에 바쁜 자신을 대신해 주민등록초본(등본), 인감증명서를 부인이나 친지가 대신 발급받는 것도 일종의 대리인의 행위라고 할 수 있고, 그 외 소송에서 본인을 위해 모든 소송행위를 대행하는 변호사를 선임하는 것도 대표적인 대리인 선임행위이다.

이렇게 일정한 대리권을 수임(受任)한 대리인(代理人)이 본인(本人)을 위해 법률행위를 하는 것임을 표시하고 그 법률의 효과를 모두 본인에게 귀속시키는 것이 대리제도이다(민법 제114조).

이와 같은 대리제도는 먼저 대리권을 가진 독립한 대리인이 자신의 독자적인 의사결정을 통해 법률행위를 하고 그 모든 효과를 본인에게 귀속시키는 것이 핵심이다. 즉, 대리인을 선임한 본인은 대리인이 한 법률행위의 효과가 설사 불리하다고 하더라도 자신이 책임을 지는 것을 피할 수 없다. 예를 들어, 소송을 대리하는 변호인이 항소기일을 실수로 넘겨서 패소가 확정된 경우에 본인이 이것을 대리인의 과실로 돌려서 그 책임을 피할 수는 없는 것이다.

이러한 결과를 위해서는 대리를 할 때 대리인이 항상 자신의 법률행위가 대리권을 준 본인을 위한 것임을 표시하여야 하는데, 이것을 현명주의라고 한다(민법 제114조). 다만, 판례와 다수설은 대리인이 본인의 대리인임을 표시하여 법률행위를 하지 않고 직접 본인의 이름으로 법률행위를 하는 이른바 대행적대리(代行的 代理)도 유효한 대리행위로 인정한다.[188]

이러한 대리권은 법률의 규정에 의해 일정한 지위에 있는 자가 당연히 대리인이 되는 법정대리가 있고 그 예로서 행위무능력자의 법정대리인인 친권자, 후견인 등 또는 법률규정에 의해 지정권자가 지정하는 지정후견인(931조), 지정유언집행자(1093, 1094조) 등이 존재한다. 그러나 사회에서 일반적인 예는 본인이 직접 특정인을 대리인으로 선임하여 대리인을 지정하는 임의대리라고 할 수 있고, 이것은 대리권을 수여하는 본인의 수권행위(授權行爲 ; 상대방 있는 단독행위)에 의하여 발생한다.

다만, 일반법률행위가 아닌 신분행위로서 혼인, 이혼, 인지, 유언 등은 원칙적으로 대리인이 본인을 대신하여 의사표시를 할 수 없다. 이러한 신분행위는 본인의 의사가 중요하기 때문에 대리인이 그 의사표시를 대리하는 것은 효력이 없다.[189]

사례의 경우, A는 '소송 법률대리인'으로 B를 선임하였고, 결과적으로 소송대리인 B가 본인 A를 위하여 한 모든 행위는 A의 의사와 관계없이 모두 A에게 귀속된다. 비록 패소판결이 소송대리인에게만 전달되었다고 하더라도 대리인에게 미친 모든 법률적 효과는 본인인 A에게도 동일하게 미치기 때문에, A는 더 이상 그가 알지 못하는 사유 등을 이유로 항변을 제기할 수 없다.

다만, 이러한 대리인이 한 행위가 본인에게 미치는 효력 범위와 관련하여, 본인이 대리인에게 부여한 권한 범위 내에서 한 법률행위만 본인에게 효력을 미치는 것이 원칙이다. 따라서 원칙적으로, 본인이 허락한 범위를 넘는 권한범위를 넘은 법률행위를 대리인이 한 경우에는 본인이 그 책임을 부담하지 않는다. 그러나 애초에 대리인을 통해 법률행위를 수행한 자의 내부사정을 외부에서는 알 수 없는 것이고 따라서 상대방

188 지원림, 앞의 책, 245면, 270면.(예를 들어, 위탁된 본인의 인장을 사용하여 본인 명의의 증서를 작성한 경우나 대리인이 직접 본인의 기명날인하여 수표를 발행하는 행위는 유효하고 본인에 대하여 효력이 발생한다.) 송영권, 앞의 책, 268면.

189 지원림, 앞의 책, 237면 ; 송영권, 앞의 책, 252면.

의 과실이 없고 외관상 대리인이 그러한 권한을 행사할 권한이 있다고 볼 수 있는 사정이 존재하는 경우에는 본인에게 권한범위를 넘어선 대리인의 행위에 대해서도 책임을 부과한다. 이것이 다음 장에서 설명하는 표현대리의 문제이다.

2. 무권대리(無權代理)와 표현대리(表見代理)

(1) 무권대리와 표현대리의 의의

대리인이 대리권 없이 본인을 위하여 법률행위를 하고 그 효과를 본인에게 주장하는 것을 무권대리라고 한다. 무권대리는 원칙적으로 본인에게 아무런 효력이 없고, 예외적으로 본인이 원하는 경우에 자신에게 효력을 귀속시킬 수는 있다(민법 제130조).

따라서 계약의 상대방은 본래 원했던 계약 등을 체결할 수 없고, 결국 그 손해의 책임을 그 대리인에게 물어야 하나 만일 대리인이 충분한 자력이 없거나 도주하는 경우에는 손해를 입게 된다. 따라서 이러한 무권대리 중에서도 특별히 무권대리인을 진실한 대리인처럼 보이도록 만드는 원인을 본인이 제공한 경우에는 본인에게 책임을 묻는 제도를 두고 있는데 이것을 표현대리(表現代理)라고 한다.

즉, 표현대리도 원칙상은 무권대리행위에 불과하나 무권대리인을 진실한 대리인으로 신뢰한 거래의 상대방과 거래의 안전을 보호하기 위하여, 일정한 사유가 있는 경우에 그 무권대리행위를 마치 합법적 대리행위와 같이 취급하여 본인에 대하여 효력을 발생시키는 제도이다.

표현대리제도는 대리제도의 신용을 유지하고 대리인과 거래한 제3자의 이익을 보호하기 위한 목적을 가진다.

(2) 표현대리의 종류

사례

경기도 용인 구성동에 거주하는 부동산중개인 A는 주변 지역의 오피스텔과 아파트 임차인을 소유자들에게 소개하는 업무를 주로 하고 있다. 일반적으로 경기도 용인 주변의 오피스텔 및 아파트 소유자들은 대부분 서울 등에 거주하여 새로운 임차인과 직접 임차계약을 체결하는 것이 대단히 번거로워 그들의 도장들을 A에게 맡기고 임차인과 대신 계약을 체결하도록 하고 추후 전세금 및 보증금은 자신들의 계좌로 직접 입금 받는 방법을 사용해 오고 있다.

2013. 3. 1일에 B는 전세금 1억 원에 84m^2 아파트를 2년 동안 임차하기 위해 A가 집주인 C의 도장을 대신 찍는 방법으로 집주인 C와 B 명의의 전세계약을 체결하였다. A로부터 아파트 열쇠 및 주민등록 초본 등 모든 서류를 받은 B는 A 명의의 계좌로 직접 전세금 1억 원을 송금하였다. 그러나 실제 A는 집주인 C에게 보증금 500만 원에 월세 150만 원의 계약을 체결한 것으로 통보하고 C에게는 보증금 500만 원과 월세 150만 원만을 입금하였다. 1달 후 A는 동일 유사한 방법으로 자신이 관리하는 다른 주택의 임차인으로부터 끌어 모은 전세금 10억 원을 가지고 중국으로 도피하였다.

그로부터 3개월 후 C는 2개월 이상 월세금이 입금되지 않자 세입자 B를 직접 찾아와 임차계약을 해지하고 집을 비워줄 것을 요청하였다. B는 C에게 자기가 체결한 전세계약서를 제시하였으나 C가 A로부터 받은 임차 계약서는 이와 다른 월세 계약서에 불과하였다. 집주인 C는 B에게 "당신이 사기꾼에게 속아서 전세금을 사기 당했으니, 무조건 집을 비워달라"고 요청하였다. 여기서 B는 전세금 1억 원을 모두 손해보고 집에서 나가야 하는가?

민법은 표현대리를 세 가지 종류로 나누고 있는데 먼저 민법 제125조는 '대리권 수여의 표시에 의한 표현대리'를 규정하고 있다. 이것은 본인이 제3자에 대하여 타인에게 대리권을 수여함을 표시한 경우에 무권대리인의 행위를 진실한 대리행위로 오인한 제3자의 신뢰를 보호하기 위한 것이다.

따라서 본인은 자신이 외부에 표시한 그 대리권의 범위 내에서 무권대리인과 제3자 간의 법률행위에 대하여 책임을 져야 한다. 다만, 예외적으로 제3자가 대리권 없음을 알았거나 알 수 있었을 때에는 그러하지 아니하다.[190] 예를 들어, 아무런 대리권이 없는 자신의 수행비서에게 영업담당 이사 혹은 상무라는 대리권을 가진 일반적 지칭을 사용하여 명함을 소지하도록 허락하고 묵인하였다면 일반적인 영업담당 이사의 권한으로 인정되는 범위 안의 행위에 대해서 본인이 직접 책임을 져야 하는 것이다.

표현대리의 두 번째 유형은 민법 제126조가 규정하는 '권한을 넘는 표현대리'로서 가장 빈번한 법적분쟁의 대상이 된다.[191] 권한을 넘은 표현대리에서는 대리인이 기본적인 대리권을 가지고 있으나 본인이 수권한 대리권의 범위를 넘어선 월권행위를 한 경우로서, 제3자가 그 표현대리인에게 권한이 있다고 믿을만한 정당한 이유가 있는 때에는 본인이 그 행위에 대하여 책임을 져야 한다.

예를 들어, 본인으로부터 교부받은 원고의 주민등록증, 인감증명서, 인감도장 및 등

190 민법 제125조 단서.

191 민법 제126조(권한을 넘은 표현대리) 대리인이 그 권한 외의 법률행위를 한 경우에 제삼자가 그 권한이 있다고 믿을 만한 정당한 이유가 있는 때에는 본인은 그 행위에 대하여 책임이 있다.

기권리증을 사용하여 원고 본인임을 사칭하고 원고 본인을 가장한 경우에는 대리인이 본인임을 기망하여 은행과 근저당설정계약을 체결하였으나 그 행위에 표현대리 법리가 적용되어 본인이 책임을 져야 한다.[192] 특히 권한을 넘은 표현대리와 관련해서 부부 사이의 표현대리 여부가 문제되는데, 우리 민법 제827조는 부부 사이에는 특별한 수임행위 없이도 일상의 가사를 영위하기 위한 서로간의 대리권을 인정하고 있어서 권한을 넘은 표현대리의 바탕이 되는 기본 대리권을 규정하고 있다.[193]

우리 대법원은 "일상가사(日常家事)에 관하여 남편을 대리할 권한이 있는 처가 남편 몰래 남편의 인감도장, 인감증명서 등을 소지하고 그 대리인 인양 행세하여 금원을 차용하고 그 담보로 남편소유의 부동산에 가등기를 경료하여 준 경우에 그 상대방이 위 처에게 그 남편을 대리할 권한(權限)이 있다고 믿음에 정당한 사유가 있다"고 하여 표현대리를 인정하였다.[194] 그러나 부부가 별거 상태인 경우에는 일상가사대리권을 기본대리권으로 하여 발생하는 표현대리에 대해서 법원이 다른 판단을 하고 있다는 점에서 주의가 필요하다.[195]

표현대리의 마지막은 민법 제129조가 규정하는 '대리권 소멸후의 표현대리'이다. 이 경우에는 본래 대리권이 있었으나 소멸한 경우로서 표현대리인과 거래한 제3당사자에게 과실이 있어서 대리권이 소멸한 사실을 알지 못한 경우를 제외하고, 대리권이 소멸했음을 알지 못한 제3자와 표현대리인과의 거래에 대해 본인은 그 책임을 져야 한다.[196] 즉, 본인은 대리인을 통해 활동함으로써 법률상 이익을 얻었으므로 그가 대리권을 소멸시켰을 때는 대리권 소멸 이후에 발생할 법적 혼란을 막기 위한 충분한 조치를 취하여야 한다.

그러나 대리권 자체가 없는 위조는 대리와 구별되어야 한다. 소유자와 관계없는 제3

192 대법원 1988.2.9. 선고 87다카273[근저당권말소].

193 민법 제827조(부부간의 가사대리권) ① 부부는 일상의 가사에 관하여 서로 대리권이 있다. ② 전항의 대리권에 가한 제한은 선의의 제3자에게 대항하지 못한다.

194 대법원 1981.6.23. 선고 80다609

195 별거부부의 일상가사대리권에 관한 사건: 가. 민법(民法) 제827조제1항의 부부간의 일상가사대리권(日常家事代理權)은 부부가 공동체로서 가정생활상 항시 행하여지는 행위에 한하는 것이므로, 처(妻)가 별거하여 외국에 체류중인 부(夫)의 재산을 처분(處分)한 행위를 부부간의 일상가사(日常家事)에 속하는 것이라 할 수는 없다. 나. 부동산을 매수하는 자는 특별한 사정이 없는 한 매도인에게 그 부동산을 처분(處分)할 권한(權限)이 있는지의 여부를 조사하여 보아야 하고, 그 조사를 하였더라면 매도인에게 처분권(處分權)이 없음을 알 수 있었을 것임에도 그와 같은 조사를 하지 아니하고 매수하였다면 부동산의 점유(占有)에 관하여 과실이 없다고 할 수 없다(대법원 1993.9.28. 선고 93다16369 판결.[소유권이전등기말소]).

196 민법 제129조(대리권소멸후의 표현대리) 대리권의 소멸은 선의의 제삼자에게 대항하지 못한다. 그러나 제삼자가 과실로 인하여 그 사실을 알지 못한 때에는 그러하지 아니하다.

자가 위조된 서류를 제시한 경우에는 표현대리가 성립할 여지가 없고, 결국 거래상대방은 무권리자와 계약한 것이 되어 적법한 소유권 이전임을 주장할 수 없다.

사례의 경우는 전형적인 대행적 대리행위로서 비록 계약서에 "***의 대리인 ****"이라는 표현을 사용하지 않았다고 하더라도 A가 실제 대리권을 수여 받은 대리인의 외관을 모두 갖춘 이상 본인을 대신하여 그 법률효과를 본인에게 직접 미치는 대리행위를 인정하는 데는 큰 무리가 없다. 만일 부동산 중개업자인 A를 집주인 C의 대리인으로 인정할 수 있고, B가 C의 대리인으로서 A와 계약을 체결하였다면 원칙적으로는 C는 그가 구체적인 대리행위의 내용을 알고 있었는지 여부와 관계 없이 직접 법적 책임을 부담하여야 한다. 특히, A를 C의 대리인으로 인정하기 위해서 반드시 명시적인 C의 대리인 선임 계약이 존재하여야 하는 것은 아니고, 인감도장을 맡기고 임대차계약을 대신 체결하도록 허용하였다거나, 통장 등을 맡기고 월세금을 대신 수령하도록 하는 행위 등은 모두 대리권을 부여하는 의사표시가 포함되는 것으로 간주된다.

따라서 이 사례에서 일단 부동산 중개업자인 A를 집주인 C의 대리인으로서 인정하는 것은 큰 문제가 없다. 다만, 집주인 C가 "A에게 전세계약을 체결하도록 허락한 사실이 없다"고 주장하는 경우, 즉 A의 행위는 수여한 대리권의 범위를 넘어선 것으로, C가 본인에게 효력을 미치지 않는다고 주장하는 경우에도 대리권의 효력을 인정할 수 있을 것인지가 문제된다.

특히, 임차인 B가 대리인으로 주장하는 A의 통장에 전세금을 직접 송금하면서, 집주인인 C에게 전화 등의 방법으로 그 계약 유형을 확인하는 등의 기본적인 확인절차를 거치지 않았다면 그의 과실이 인정될 수 있다. 결과적으로, 권한을 넘는 표현대리에서 본인에게 대리인의 행위에 대한 책임을 묻기 위해 요구되는, 민법 제126조의 요건인 '대리인의 권한이 있다고 믿을 만한 정한 이유'가 존재하는 않는 경우에 해당하게 된다. 따라서 집주인 C는 그 대리인 A가 대리권의 범위를 넘어서 B와 체결한 전세계약에 대하여 책임을 지지 않는다고 해석할 수 있게 된다.

VI. 불법행위

1. 불법행위의 의의와 요건

(1) 불법행위의 의의

불법행위라 함은 고의·과실로 인한 위법행위로 타인에게 손해를 가하는 행위를 의미한다(제750조). 법률행위가 행위자의 의사에 의해 외적인 법률효과를 발생시키고 그에 대한 법적책임을 야기한다면, 불법행위는 행위자가 법률효과를 발생시킬 의사표시 없이 자신의 행위가 타인에게 손해를 야기한다는 일정한 사실의 충족에 의해 법적인 책임을 져야한다는 점에서 차이가 있다.

특히 이 불법행위의 개념은 민법상 손해배상책임을 야기하는 법률원인의 하나로서 형법상 그 행위가 어떠한 처벌을 받는지는 별도로 문제되는 사안이다. 다만, 민법상 불법행위의 성립요건은 형법상 범죄성립요건과 매우 유사하다고 할 수 있다.

이러한 불법행위는 결국 상대방에 대한 손해배상책임이라는 법적효과를 발생시키는데, 손해배상의 범위, 행위와 결과와의 인과관계 등은 민법 채권편의 규정을 준용하도록 하고 있다. 그러나 불법행위의 성립요건으로서 행위자의 고의·과실, 책임능력, 위법성의 존재 등은 민법의 일반적인 법률행위의 성립·효력요건과 구별되는 점이 있다.

(2) 행위자의 고의·과실

사례

A는 어느 날 왼쪽 하복부가 계속 아파서 병원을 찾아 갔다. 의사 B는 하복부 통증에 대하여 혹시 맹장염이 아닌지를 의심하였으나 맹장염은 오른쪽 하복부의 찌르는 듯한 통증을 동반하는 것이 일반적임으로 장염으로 진단하고 처방한 후 이틀 후인 월요일 날까지 경과를 지켜보자고 하였다. A는 통증이 점차 커짐에도 불구하고 의사가 진단한 장염을 확신하여 다량의 진통제를 투약하였다. 이틀 후 월요일 새벽 의식을 잃은 A는 인근 응급실로 호송되어 긴급개복 수술을 받다가 사망하였다.

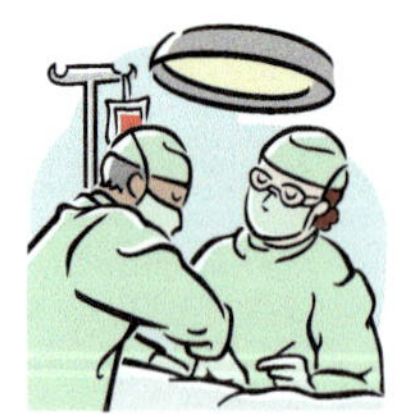

A는 특이 체질로서 왼쪽에 맹장이 있었고, 결국 사인도 맹장염이 악화되어 생긴 급성복막염으로 밝혀졌다. A의 유족들은 의사 B가 오진에 의한 사망을 야기한 것이라고 주장하고 우선 불법행위에 의한 손해배상소송을 제기하였다. 그러나 B와 그 동료의사들은 B가 일반적인 의사의 주의의무를 다하여 진료하였으나 A의 특히 체질로 인해 맹장염을 진단하지 못한 것이라고 주장하고 있다.

A의 불법행위는 성립하는가?

불법행위가 성립하기 위해서는 손해를 야기한 행위가 행위자의 고의, 또는 과실에 의한 것이어야 한다. 이것은 근대 민법이 모든 법률상의 효과가 개인의 의사에 따라 발생한다고 하는 기본원칙(법률행위자유의 원칙)을 따르는 것과 유사한 것으로 타인에 대한 책임도 그 귀책원인을 철저히 자기행위의 결과에서 찾음으로써 행위가 자기의 고의 또는 과실로 인한 경우에 한하여 책임을 지도록 하고 있는 것이다.

고의는 행위의 결과를 인식하면서도 그 결과발생을 용인하기 위해 행동하는 것을 말하고, 과실은 결과의 발생을 예견하고 회피할 가능성이 있었으나 주의의무를 다하지 못하여 그 결과발생을 회피하지 못한 것을 말한다. 여기서 특히 결과의 발생을 예견하고 회피할 가능성이 있었는지를 판단할 때 그 기준은 문제가 된 분야를 기준으로 행위자와 동종 직업에 종사하는 평균인의 능력을 기준으로 판단하게 된다.

예를 들어, 변호사·의사 등과 같은 특수분야의 전문가라면 그 분야에 종사하는 평균적인 직업인의 관점이 기준이 되고, 반면에 단순히 운전중 발생한 사건이라면 평균적인 운전자를 기준으로 과실 유무를 판단하게 된다.

일반적으로 사람이 어떤 행동을 하게 되면 그것은 그 사람의 고의 또는 과실에 의하여 야기된 것이 대부분이지만 현실적으로 과실의 경우는 상황이 조금 복잡하다. 즉, 고의가 없는 것은 명백하지만 과실이 있는지를 판단하기가 쉽지 않는 경우가 종종 발생하는 것이다.

특히, 불법행위에 의한 손해배상을 소송으로 주장하기 위해서는 불법행위 성립요건이 충족되었음을 피해를 주장하는 자가 입증할 필요가 있는데, 현실적으로 상대방의 고의·과실을 입증하는 것은 매우 전문적인 지식과 판단을 요구할 때가 많다. 예를 들어, 제조물품의 하자, 의료사고 등은 전문적인 지식이 없는 피해자가 상대방의 고의·과실을 입증하기가 매우 어렵다.

이러한 현실 때문에 고의·과실에 의한 불법행위 책임의 원칙은 예외적인 경우에 한하여 행위자의 고의·과실이 인정되지 않거나 입증되지 않는 무과실의 상황에서도 행위와 손해 사이에 인과관계가 있는 한 행위자가 손해발생에 관하여 배상책임을 지도록 인정하고 있다.

예컨대 민법 제759조의 동물점유자의 책임 혹은 국가배상법 제5조에 의한 영조물의 하자로 인해 손해배상 등은 그 전형적인 예이다.

사례의 경우 의사의 과실 유무를 판단하는 기준은 같은 동료의사의 주의의무이기 때문에, 환자의 특이 체질로 인한 오진을 의사의 과실로 인정하기는 곤란하다고 보여진다. 특히, 의사의 주의의무를 판단하는 기준은 유사지역과 유사전문분야에 종사하는 의사를 기준으로 한다.

예를 들어, 벽지 시골의 개인병원 의사보다는 대도시의 종합병원 전문의가 보다 고도한 수준의 전문지식을 가지고 있을 것이 분명하지만, 벽지근무 의사의 주의의무 판단기준은 일반적인 벽지 병원에서 근무하는 의사의 수준이 그 기준이 된다.[197]

(3) 위법성

사례

코로나19 바이러스가 기승을 부리는 2020년 7월 지역 내과병원 원장 A는 "마스크를 착용한 사람만이 병원에 들어와서 진료를 받을 수 있다"고 병원 앞에 공지문을 붙이고, 마스크를 착용한 내원자만을 병원 접수창구에서 체온을 측정하고 진료 접수할 수 있도록 하였다.

그런데 7월 10일 아침, 기침을 심하게 하는 60세 환자 B는 열과 기침이 동반되어 긴급히 주사처방이 필요하다는 이유로 병원에 들어와서 무조건 진료를 요구하였다. A는 충분한 보호장비가 없어서 감염이 우려된다는 이유로 진료를 거부하고, B를 병원 안 차폐된 구역에 격리시킨 후 보건소에 신고하였다. 그러나 많은 환자로 코로나 환자 전담 호송이 지체되어 B는 4시간 동안 격리실에 특별한 치료 없이 방치되었고, 이후 이송되었으나 7일 후 사망하였다. 추후 B의 사망원인은 급성 폐렴으로 확진되었다.

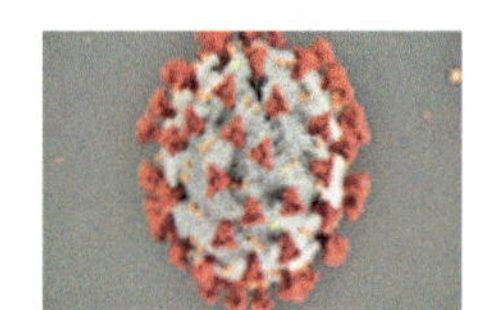

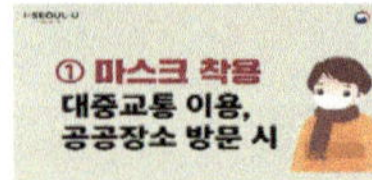

B의 유족들은 A를 의료법상 진료의무 위반으로 처벌할 것을 요구하고, 항생제 투여가 빨리 이루어졌다면 B는 사망하지 않았을 것임으로 그 책임을 A가 져야 한다고 주장하고 있다.

A는 B의 사망에 대한 책임은 인과관계상 어렵다고 하더라도, 의료법을 위반한 진료거부에 대한 책임을 부담하여야 하는가?

197 권무일, 『사고유형을 통해본 의료사고의 실제』(군자출판사, 2005) ; 김민중, "의료사고에서 의료과오의 판단기준", JURIST plus 412호(2007), 407면 ; 대법원 1999.12.10. 선고 99도3711 판결.

불법행위 성립의 또 다른 요건은 행위의 위법성이라고 할 수 있다. 행위의 위법성은 가해행위가 법률이 보호할 가치 있는 이익을 침해하는 것이 법질서에 반하는 것을 의미한다.

원칙적으로 불법행위 성립요건으로서 고의·과실에 의해 타인에게 손해를 발생시킨 경우에는 당해 행위는 당연히 위법한 것으로 추정되고, 예외적으로 위법성조각사유가 있는 경우에 한해서 위법성이 부인된다. 따라서 위법성조각사유에 해당하는지를 판단하는 것이 중요한데 민법 제761조는 정당방위와 긴급피난을 규정하고 있다.[198]

정당방위는 타인의 불법행위에 자기 또는 제3자의 이익을 방위하기 위하여 부득이 한 행위로 손해를 가했어야 한다(제761조 1항). 반면, 긴급피난의 경우 "급박한 위난을 피하기 위하여 부득이 타인에게 손해를 가한 경우를 말한다."(제761조 2항). 양자의 차이는 긴급피난이 불법행위 당사자가 아닌 다른 타인에 대해서도 피난행위가 성립한다는 점이다. 긴급피난의 결과로 다른 타인은 궁극적으로 손해를 입을 수도 있으나 위법성이 조각되기 때문에 행위자는 손해배상 책임을 지지 않는다.

사례에서, 의료법 제15조(진료거부 금지 등) 1항은 "의료인 또는 의료기관 개설자는 진료나 조산 요청을 받으면 정당한 사유 없이 거부하지 못한다"고 규정하여 의료인에게 진료의무를 부과하고 있다. 따라서 A는 원칙적으로 진료거부에 대한 책임을 져서, 제89조(벌칙) 1호에 따라 1년 이하의 징역이나 1천만 원 이하의 벌금에 처해질 수 있고, 민사 손해배상책임도 부담할 수 있다. 그러나 사례에서 A는 그의 의무수행시 적절한 치료법도 없는 코로나19 바이러스 감염의 위험을 부담하여야 하고, 이것은 자신의 생명·신체에 대한 급박한 위난을 야기할 수 있다는 점에서, 긴급피난의 요건을 충족했다고 볼 여지가 있다. 따라서 A의 행위 때문에 B에게 손해가 발생하였다고 하여도 위법성이 조각되어 불법행위에 의한 손해배상 책임을 부담하지 않는다.

198 지원림, 앞의 책, 1415면 ; 민법 제761조(정당방위, 긴급피난) ① 타인의 불법행위에 대하여 자기 또는 제삼자의 이익을 방위하기 위하여 부득이 타인에게 손해를 가한 자는 배상할 책임이 없다. 그러나 피해자는 불법행위에 대하여 손해의 배상을 청구할 수 있다. ② 전항의 규정은 급박한 위난을 피하기 위하여 부득이 타인에게 손해를 가한 경우에 준용한다.

(4) 행위자의 책임능력

사례

초등학교 6학년 남자아이(13세)인 A는 자기 반에서 수줍음이 많고 내성적인 B를 평소부터 괴롭혀 왔는데, 어느 날 B가 이 사실을 그 부모에게 이야기 하자 크게 혼내주기로 결심하였다. A는 학교가 끝나고 집에 가는 길에 골목길에 몰래 숨어 있다가 B의 얼굴을 향해 BB탄을 쏘았고 B의 눈에 명중시켰다. 결국 B는 한쪽 눈을 실명할지도 모르는 상태에 처하게 되었고, B의 부모는 B의 눈을 수술할 비용이 없어 A에게 불법행위 청구소송을 제기하고 A의 부모 C에게 수술비용을 청구하였다.

문제 1: 13세의 A에게 민법 불법행위 책임이 성립할 수 있는가?
문제 2: 만일 B부모의 주장이 타당하지 않다면 누구에게 배상책임을 주장하여야 하는가?
문제 3: 만일 B부모의 주장이 타당하기는 하지만 실제 13세에 불과한 A가 아무런 변제 능력이 없는 경우에 B부모는 그 치료비를 받을 가능성이 없는가?

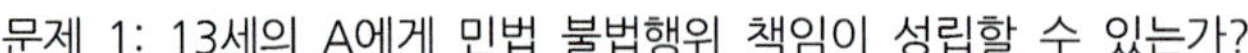

불법행위 성립을 위한 다른 요건은 행위자의 책임능력 혹은 불법행위능력의 존재이다. 이 불법행위 능력은 법률행위에 있어서 일종의 의사능력과 비교되는 요건으로서 자기행위의 결과를 변식할 수 있는 정신적 능력을 의미한다.

민법은 법률행위와 마찬가지로 불법행위에 있어서도 고의·과실에 따른 자기행위 결과에 대한 책임원칙을 유지하고 있기 때문에, 적어도 자신의 행위의 결과가 무엇인지를 인지하고 있는 자에게 한정하여 그 책임을 묻는 것이 타당하다고 할 수 있다.[199] 다만, 중요한 것은 불법행위에 있어서 책임능력은 법률행위의 행위능력제도와는 달리 법률행위의 의미와 그 과정에 대한 이해가 아니라 그 보다는 낮은 수준의 자기행위의 결과에 대한 인식능력을 의미한다.

따라서 행위능력보다는 그 수준이 조금 더 낮다고 할 수 있는데 민법 불법행위 편은 별도로 이러한 책임능력을 규정하고 있다.

우선 민법 제753조는 "미성년자가 타인에게 손해를 가한 경우에 그 행위의 책임을 변식할 지능이 없는 때에는 배상의 책임이 없다."고 규정하여 미성년자 중에서 책임을 변식할 수 있는 지능이 있는 경우에 불법행위 책임을 인정하고 있다. 여기서 책임 변식력이란 그 행위가 법률상 허용되지 않으며, 만일 행한다면 법률상의 책임을 진다는 지능 정도를 의미한다.

199 지원림, 앞의 책, 1399면 ; 송영권, 앞의 책, 1541면.

또한 민법은 미성년자 중에서 책임을 변식할 지능이 없는 자 이외에 심신상실자로서 사물을 변별할 능력이 없는 자의 행위도 역시 불법행위 책임에서 배제하고 있다.[200] 다만, 이와 같은 책임무능력자의 불법행위에 대한 중요한 특칙으로서 민법 제755조는 미성년자와 심신상실자가 책임을 면하는 경우에는 원칙적으로 그 감독의무자에게 배상의무가 존재한다고 규정하고 예외적으로 감독의무자가 그 의무를 해태하지 않았음을 입증한 경우에 배상의무에서 벗어날 수 있음을 규정하고 있다.[201]

사례의 경우, 먼저 13세의 아동에게 책임 변식력이 존재하였는지가 문제되는데 먼저 13세의 초등학생이 실명이라는 치명적인 결과에 대한 책임을 인지했다고 보기 어렵다고 해석하는 경우에는 A는 책임무능력자로 불법행위 책임을 부담하지 않지만 이때 그 부모 C는 민법 제755조에 의하여 손해배상 책임을 부담하여야 한다. 다만, 문제는 오히려 13세의 A에게 불법행위 책임을 인정하는 경우이다.

이때 원칙적으로 A는 발생한 손해에 대한 배상책임이 있으나 13세의 아동에게 경제적 능력을 실제 기대하기는 어렵다. 그러나 그 감독자인 부모 C가 책임지는 경우는 민법 제755조에 의하면 오직 그의 아들이 책임무능력자로서 불법행위 책임을 지지 않는 경우에 한정된다. 따라서 오히려 피해자는 아무런 손해배상을 인정받지 못하는 결과가 발생한다.

이에 대해 판례는 민법 제755조 이외에 불법행위에 관한 일반 규정 제750조를 근거로 "미성년자가 책임능력이 있어 그 스스로 불법행위책임을 지는 경우에도 그 손해가 당해 미성년자의 감독의무자의 의무위반과 상당인과 관계가 있으면 감독의무자는 일반불법행위자로서 손해배상책임이 있다."고 판단하고 있다.[202]

200 민법 제754조(심신상실자의 책임능력) 심신상실중에 타인에게 손해를 가한 자는 배상의 책임이 없다. 그러나 고의 또는 과실로 인하여 심신상실을 초래한 때에는 그러하지 아니하다.

201 민법 제755조(책임무능력자의 감독자의 책임) ① 전2조의 규정에 의하여 무능력자에게 책임 없는 경우에는 이를 감독할 법정 의무 있는 자가 그 무능력자의 제삼자에게 가한 손해를 배상할 책임이 있다. 그러나 감독의무를 해태 하지 아니한 때에는 그러하지 아니하다. ② 감독의무자에 가름하여 무능력자를 감독하는 자도 전항의 책임이 있다.

202 민법 제755조에 의하여 책임능력 없는 미성년자를 감독할 법정의무 있는 자 또는 그에 갈음하여 무능력자를 감독하는 자가 지는 손해배상책임은 그 미성년자에게 책임이 없음을 전제로 하여 이를 보충하는 책임이고, 그 경우에 감독의무자 자신이 감독의무를 해태하지 아니하였음을 입증하지 못하는 한 책임을 져야 하지만 한편, 미성년자가 책임능력이 있어 그 스스로 불법행위책임을 지는 경우에도 그 손해가 당해 미성년자의 감독의무자의 의무위반과 상당인과 관계가 있으면 감독의무자는 일반불법행위자로서 손해배상책임이 있다(대법원 1994.8.23. 선고 93다60588 판결. 1997.3.28. 선고 96다15374 판결. 1999.7.13. 선고 99다19957 판결).

2. 첨단기술과 불법행위의 특수한 유형의 문제

(1) 사용자 책임의 의의와 적용가능성

사례

1 2005년 12월 28일 새벽 2시 홍대입구 앞 술집에서 친구들과 술을 마시고 망년회를 한 후에 집으로 귀가하기 위해 택시를 탄 대한항공 승무원인 A녀는 3일 후 군포시의 한 하수도 시설 옆에서 옷이 벗겨진 사체로 발견되었다. 유사한 여자 회사원의 실종사건이 4건 이상 계속 발생하였고, 사건을 수사하던 경찰은 결국 B택시회사 소속의 택시기사 C를 범인으로 체포하였다. C는 전과 8범으로 택시영업 중 밤에 택시를 탄 여자 승객을 성폭행하고 범행을 은폐할 목적으로 살해한 것으로 밝혀졌다. 이 사건에서 사망한 여자승객들의 부모를 비롯한 그 가족들은 전과 8범을 택시기사로 고용한 택시회사B를 상대로 손해배상소송을 제기하였다. 그러나 B회사는 택시기사를 고용할 때 전과기록을 파악할 방법이 없기 때문에 자신은 이 사건 택시기사 C를 고용·사용한 행위에 있어서 과실책임이 없다고 주장한다. 이 사건에서 B회사의 주장은 타당한가?

2 A 은행의 이사회는 야간경비업무의 비용절감과 효율성을 높이기 위해 경비전문 사이보그를 배치하기로 결정하였다. 최첨단 사이보그 경비원은 불법침입자를 자동탐지 하여 경고하고, 경찰에 자동신고, 경찰에 인계하기 전까지 전기충격을 가하여 무력화시키는 임무를 위험단계별로 판단하여 수행하는데 적외선 열 감지기 등을 동원하는 이 인공지능 시스템은 사람의 능력을 초월한다.

어느 날 술에 취한 회사원 B는 화장실을 찾겠다고 두리번거리다가 A 은행의 뒷문을 열려고 시도했고, 경비 사이보그 C의 심문을 받게 되었다. 술에 취한 B는 기분이 나빠서 경비 사이보그 C를 발로 차고 침을 뱉는 등 행패를 부렸고, C는 전기충격 건을 발사하였다. B는 그러나 심장질환을 앓고 있어서 1년 전 자동심장박동기를 이식한 상태였기 때문에 전기충격은 곧 심장마비를 일으켰다. 경비 사이보그 C는 별 다른 조치 없이 경찰이 오기만을 기다렸고, 결국 B는 사망하였다.

여기서 A 은행의 입장에서 볼 때, 도입한 경비사이보그 C의 인공지능은 '그 당시 전문가들이 인간을 대체하기에 기술적으로 완벽한 것으로서' 정보 프로그램 등에는 전혀 오류를 찾아볼 수 없다. 따라서 A 자신의 고의·과실에 의한 불법행위를 인정하기는 어렵다는 것이 전문변호인들의 견해이다. 그러나 경비사이보그 C를 기준으로 본다면 경련이 일어나는 B를 방치한 점에서 과실이 인정될 수도 있다. C의 과실을 A가 책임지도록 하는 규정은 민법 제756조의 사용자 책임 규정인데, 이 규정이 위 사례에 적용될 수 있을까?

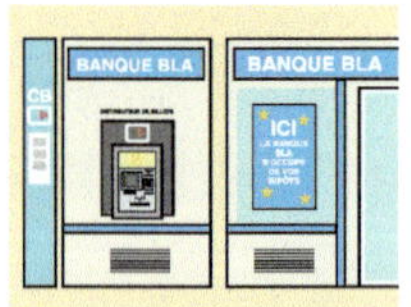

적용될 수 없다면 A에게 책임을 물을 방법은 무엇인가?

민법 제756조 1항은 "타인을 사용하여 어느 사무에 종사하게 한 자는 피용자가 그 사무집행에 관하여 제삼자에게 가한 손해를 배상할 책임이 있다."고 규정하여 사용자 책임을 규정하고 있다. 이것은 원칙적으로 자기행위의 결과에 대해서만 책임을 지도록 규정하고 있는 불법행위 책임의 예외라고 할 수 있다.

사용자 책임이 성립하기 위해서는 먼저 불법행위를 저지른 피용자와 사용자 사이에 일정한 사무관계가 존재하여야 한다. 즉, 피용인을 어떤 사무에 종사시키기 위하여 타인을 사용할 것이 요구되는데, 여기서 사용은 일시적 고용도 상관없고 고용관계의 근거가 되는 명시적인 계약이 존재하지 않더라도 상관없다. 다음으로 그 피용자가 사무와 관련된 범위 안에서 타인에게 불법행위를 할 것이 요구된다.

여기서 사무는 가장 넓은 개념으로 해석되는데 다수설과 판례는 이른바 외형이론에 따라 "피용자의 행위가 실제 그 직무집행행위 자체는 아니라고 할지라도 외형적으로 보아서 직무의 범위에 속한다면 사무관련성이 인정된다."고 해석한다.[203]

다만, 민법 제756조 1항 단서는 "사용자가 피용자의 선임 및 그 사무감독에 상당한 주의를 한 때 또는 상당한 주의를 하여도 손해가 있을 경우에는 그러하지 아니하다."고 규정하고 있다. 이것은 사용자가 그 책임을 면하기 위해 주장 입증해야 되는 항변이 된다. 따라서 그 피용자의 불법행위로 인해 피해를 입은 상대방은 피용자가 사무관계에서 불법행위를 저지른 것만을 주장 입증하면 된다.

반면에 사용자는 "피용자의 선임 및 그 사무감독에 과실이 없거나 과실이 있어도 손해를 피하지 못한 경우"에는 그 책임을 면하는 것이 원칙이다. 그러나 실제 판례의 태도는 사용자의 면책가능성을 거의 인정하지 않고 있기 때문에 사용자 책임은 사용자의 무과실 책임과 유사하게 운용되고 있다.[204] 따라서 사례 1에서는 철저한 신원확인과 조사를 통해 고용한 택시운전사가 승객을 납치 · 협박하여 금품을 빼앗은 뒤 살해한 경우에 택시운전사를 고용한 택시회사는 비록 운전사를 선발하는데 있어서 자기 과실이 없다고 해도, 택시운전사가 저지른 불법행위에 책임을 지는 것이 일반적이다.

반면 사례 2의 경우, 우선 A의 민법 제756조에 의한 사용자책임이 인정된다면 A는 C의 과실에 책임을 지게 된다. 이것을 위해서는 우선 은행 A와 경비 사이보그 간에 일정한 사무관계가 성립하여야 하고 C가 A의 피용자이어야 한다. 그러나 민법의 사용자 책임관련 법규가 규정하는 '피용자'란 자신이 고용한 권리의무 능력이 있는 자에 한정된다고 해석되어야 하기 때문에 A의 사용자 책임은 인정되지 않는다. 결국, 여기서 C는 법률적으로 단순한 A의 도구에 불과하다고 해석할 수밖에 없다.

따라서 이 사안에서는 민법 제756조의 사용자책임이 아니라, 민법 제750조에 의한

203 지원림, 앞의 책, 1433면. 대법원 1985.8.13. 선고 84다카979.

204 지원림, 앞의 책, 1435면 ; 송영권, 앞의 책, 1552면.

불법행위 책임을 A 은행에 직접 물을 수밖에 없는데, 설문처럼 당시 전문가의 시각에서 볼 때 인간을 대체하기에 충분하고 완벽한 기술력을 가지고 있다고 판단된 사이보그를 도입한 A은행의 고의·과실을 직접 입증하기는 매우 어렵다.

앞으로 인간이 사용하는 로봇트에 의한 사고는 최소한 불법행위에 의한 과실의 범위를 넓혀서 해석하거나, 혹은 일반적인 동물점유자의 책임과 같이 무과실책임주의를 인정할 필요가 있다.

(2) 동물점유자 책임규정의 의의와 적용 가능성

사례

A는 얼마 전에 죽은 애완견을 그리워하여 애완견과 똑같은 외모를 가지고 인공지능을 가진 사이보그 강아지 F를 키우기로 했다. 사이보그 F는 실제 강아지처럼 장난을 치고, 모르는 사람을 보면 짖고 경계하는 등 진짜 강아지와 동일한 행동을 하고, 동일한 외모를 가지고 있다. 어느 날 F를 가지고 산책을 나간 A에게 6살의 B가 접근해왔다.

B는 귀여운 강아지를 쓰다듬기 위해 F에게 손을 대었으나 F는 이것을 공격모드로 인식하고 B의 얼굴을 물어 전치 4주의 상해를 입혔다. 피해를 입은 B의 부모는 A에게 불법행위에 근거한 손해배상을 청구하였다.

그러나 A는 산책중인 자신과 F에게 먼저 다가온 것은 B이고, F를 만진 것도 B이기 때문에 원칙적으로 자신은 F의 감독의무와 관련된 어떠한 과실도 없다고 주장하며 특별한 과실을 B의 부모가 주장·입증하도록 요구하고 있다. 특히 A는 자신의 사이보그 F가 프로그램 등에 오류가 있어서 과잉 반응하였다는 사실의 입증을 요구하고 있다.

이 상황에서 A의 주장은 타당한가?

일반 불법행위에 대한 특칙으로 민법 제759조는 동물점유자의 책임을 별도로 규정하고 있다.[205] 동물점유자의 책임은 일반 불법행위와 달리 피해자에게 유리하도록 일단 동물이 타인에게 손해를 주었다면 불법행위 책임이 성립한다. 다만, 동물의 종류와 성질에 따라 그 보관에 상당한 주의를 해태하지 아니한 때 불법행위 책임을 벗어날 수 있는데, 이와 같이 과실이 없었음을 주장 입증할 책임이 전적으로 동물 점유자에게 있다는 점에서 일반 불법행위와 구분된다. 특히 동물의 보관·관리상 주의의무를 다하였

205 민법 제759조(동물의 점유자의 책임) ① 동물의 점유자는 그 동물이 타인에게 가한 손해를 배상할 책임이 있다. 그러나 동물의 종류와 성질에 따라 그 보관에 상당한 주의를 해태하지 아니한 때에는 그러하지 아니하다. ② 점유자에 갈음하여 동물을 보관한 자도 전항의 책임이 있다.

음을 입증하는 것은 매우 어렵고, 예외적인 경우에 면책이 된다.

예를 들어, 집안에 묶어놓은 개를 담을 넘어와서 일부러 막대기로 자극하며 다가가다가 물린 경우처럼 공격을 유도하고 위험을 자초하지 않는 한 동물점유자가 면책을 인정받기는 어렵다. 그러나 사이보그 강아지는 무생물로서 이것을 아직은 동물이라고 판단할 수는 없기 때문에 실제 애완견의 역할을 한다고 해도 그 주인은 동물점유자의 책임을 부담하지 않는다.

결국 사안에서는 그 피해자인 B의 부모가 A가 가지고 다니는 F의 위험성과 A의 부주의함을 입증하여야 하는 결과가 된다.

VII. 혼인과 법률문제

1. 혼인의 성립

(1) 혼인 성립의 요건

1) 혼인성립의 실질적 요건

사례

1 A는 언니가 병약하여 사망한 후에 언니의 유언대로 형부인 B와 그 조카들을 5년째 돌보아 오고 있다.

이미 조카들은 A를 친엄마로 알고 자라고 있다. A는 형부 B와 혼인할 것을 고려하고 있는데 이들은 현행법상 적법한 혼인을 할 수 있는가?

문제 1: 실정법상 한계를 떠나 이들의 혼인신고가 일단 받아 들여졌다면 그 이후의 효과는 ?

문제 2: 만일 A가 위 혼인 중 포태한 경우에는?

2 갑(甲)은 B녀와 혼인을 하였다. 결혼식 당일 B녀의 여동생 C를 보고 한눈에 반한 갑(甲)의 남동생 을(乙)은 C녀와 결혼할 것을 원하고 있다. 이들의 결혼은 가능한가?

혼인의 성립요건을 실질적 요건과 형식적 요건을 나눌 때 우선 혼인이 적법하게 성립하기 위해서는 실질적 요건으로서 ① 당사자 간에 혼인할 의사의 합치, ② 혼인적령(만 18세)(민법 제807조), ③ 미성년자 · 피성년후견인의 경우는 부모나 후견인의 동의가 있을 것(민법 제808조),[206] ④ 근친혼 등이 아닐 것(민법 제809조), ⑤ 중혼이 아닐 것(민법 제810조)이라는 요건이 갖추어져야 한다.

특히 여기서 문제되는 근친혼의 범위에 대해서는 민법 제809조는 ① 8촌 이내의 혈족(친양자의 입양 전의 혈족을 포함한다.) 사이의 결혼, ② 6촌 이내의 혈족의 배우자, 배우자의 6촌 이내의 혈족, 배우자의 4촌 이내의 혈족의 배우자인 인척이거나 이러한

206 다만, 일반적인 법률행위와 달리 신분행위에 있어서 피한정후견인은 부모 또는 후견인의 동의가 없어도 혼인할 수 있다.

인척이었던 자 사이의 혼인, ③ 6촌 이내의 양부모계의 혈족이었던 자와 4촌 이내의 양부모계의 인척이었던 자 사이에서의 혼인을 규정하고 있다.

우선 민법 제809조에서 규정하고 있는 혈족이란 일종의 혈연관계로만 맺어진 관계를 말하고,[207] 반면 인척이란 혼인으로 인해 성립된 관계를 말하기 때문에 나의 배우자가 가지는 혈족들이 혼인 이후에 나와 새롭게 형성하게 되는 친족관계를 의미한다.[208]

민법이 금지하는 근친혼은 이러한 혈족과 인척 중에서 상당히 밀접한 관계에 있는 8촌 이내의 혈족과 6촌·4촌 이내의 인척에 한정되는 것이다. 이와 같은 혼인의 실질적 요건에 위반되는 혼인은 그 사유가 중한 경우에는 무효의 원인이 되고 중하지 않은 것은 취소할 수 있는 것으로 민법은 규정하고 있다.

특히 아래 혼인의 무효와 취소에서 보는 것과 같이 근친혼 금지규정의 경우 아주 가까운 혈족, 인척간의 혼인은 원칙적으로 무효이고, 비교적 촌수가 먼 근친혼간의 혼인은 취소할 수 있는 것으로 정하고 있다.

사례 1의 경우 형부와 처제의 관계는 혼인으로 맺어진 관계로서 형부 B를 기준으로 볼 때 처제는 '배우자의 혈족'으로서 배우자를 기준으로 산정하는 촌수상 2촌 관계의 인척이 된다.[209] 따라서 근친혼을 금지하는 민법 제809조 2항의 "배우자의 6촌 이내의 혈족"인 인척관계에 있었던 자에 해당한다.

그러나 만일 이들이 이러한 사실을 속이거나 혹은 가족관계부 서류를 조작하는 방법 등으로 혼인신고를 한다면 이 혼인은 다음 '2. 혼인의 무효와 취소'에서 설명하는 것처럼 그 자체가 무효인 것은 아니고 혼인취소의 사유가 된다.[210] 혼인이 취소사유에 해당하는 경우에는 각각의 취소사유 별로 일정한 제한이 있는바 사례 1과 같이 취소대상이 되는 근친혼의 경우 당사자간에 혼인 중 포태한 경우에는 취소할 수 없다.[211]

207 민법 제768조(혈족의 정의) 자기의 직계존속과 직계비속을 직계혈족이라 하고 자기의 형제자매와 형제자매의 직계비속, 직계존속의 형제자매 및 그 형제자매의 직계비속을 방계혈족이라 한다.

208 민법 제769조(인척의 계원) 혈족의 배우자, 배우자의 혈족, 배우자의 혈족의 배우자를 인척으로 한다.

209 민법 제771조(인척의 촌수의 계산) 인척은 배우자의 혈족에 대하여는 배우자의 그 혈족에 대한 촌수에 따르고, 혈족의 배우자에 대하여는 그 혈족에 대한 촌수에 따른다.

210 민법 제816조(혼인취소의 사유) 혼인은 다음 각 호의 어느 하나의 경우에는 법원에 그 취소를 청구할 수 있다.
1. 혼인이 제807조 내지 제809조(제815조의 규정에 의하여 혼인의 무효사유에 해당하는 경우를 제외한다. 이하 제817조 및 제820조에서 같다.) 또는 제810조의 규정에 위반한 때
2. 혼인당시 당사자일방에 부부생활을 계속할 수 없는 악질 기타 중대 사유있음을 알지 못한 때
3. 사기 또는 강박으로 인하여 혼인의 의사표시를 한 때

211 민법 제820조(근친혼 등의 취소청구권의 소멸) 제809조의 규정에 위반한 혼인은 그 당사자 간에 혼인 중

반면 사례 2의 경우에 형수의 여동생은 을(乙)의 입장에서 볼 때 '혈족(형)의 배우자(형수)의 혈족(여동생 C)이 되는데, 민법상 인척은 혼인으로 맺어진 관계 중에서 '혈족의 배우자(예: 시동생의 관점에서 형수)', '배우자의 혈족(예: 형부의 관점에서 처제)', '배우자의 혈족의 배우자(예: 처의 남동생의 배우자)'로 한정된다.

사례에서 '혈족의 배우자의 혈족'은 인척이 아니기 때문에 민법상 어떠한 친족관계도 발생하지 않고 따라서 근친혼 규정이 적용될 여지가 없다.

사례

A는 아버지 친구의 딸인 B녀와 결혼을 전제로 교제하고 있다. A의 부모는 아무런 친족관계가 없는 B녀를 늘 친자식처럼 생각을 하였다. 최근 A는 B로부터 자신이 현재의 부모에게 인공수정 되어 태어났기 때문에 생물학적 부모를 찾는 일을 하고 있다는 말을 들었다.

얼마 후 A는 애를 갖지 못하는 B의 현재 부모에게 자신의 아버지와 어머니가 수정란을 제공하였다는 것을 알게 되었다. 결국 유전학적으로 B는 A의 친동생과 같은 관계였다.

현행법상 A는 B와 혼인할 수 있을까?

원칙적으로 A와 B는 민법의 근친혼 금지 규정이 금지하는 8촌 이내의 혈족 사이로서 민법 제815조에 의하여 무효인 혼인에 해당한다. 그러나 민법의 혼인관련 규정에서 정의하는 친족은 우선 가족관계부에 등록이 된 법적인 친족관계를 의미한다.

따라서 아직 인지되지 아니한 혼인 외의 출생자와 같이 실질적인 친족관계가 있지만 법적 관계는 아직 없는 경우에 혼인신고는 가능하지만, 이후에 그 친족관계가 당사자의 신고를 통해 법적으로 효력을 발생하면 결국 혼인 무효의 원인이 존재하는 것이 된다. 다만, 사례의 경우는 일단 법적인 친족관계가 존재하지 않고, 실질적인 친족관계가 있다고 보기도 어려워서 이후에 친족관계가 발생할 여지는 많지 않다. 따라서 형식적으로는 혼인이 가능하다고 해석할 여지가 있다.

그러나 근친혼 금지규정의 입법취지가 우생학적 관점에도 근거를 두고 있는 만큼, 첨단 과학이 만들어낸 이러한 문제에 대해 쉽게 답을 할 수는 없다. 결국, 우생학적 관점에서 본다면 유전학적 친족관계도 근친혼 금지규정의 적용을 받는다고 해석할 수밖에 없다.

포태한 때에는 그 취소를 청구하지 못한다.

그러나 현실적으로 유전학적 생부와 생모에 대해서는 엄격한 비밀이 유지되기 때문에 이 사례와 같이 유전학적 근친혼이 밝혀질 확률은 매우 낮다고 할 수 있다.

2) 혼인의 형식적 요건

혼인과 같은 신분행위는 그 형식적 요건이 매우 중요한 의의를 가진다. 혼인의 실질적 요건이 갖추어진 혼인은 「가족관계의 등록 등에 관한 법률」에 정한 절차에 따라 신고하여야 그 효력이 생긴다. 또한 신고는 당사자 쌍방과 성년자인 증인2인의 연서 한 서면으로 하여야 한다.[212]

여기서 혼인신고는 임의신고, 혼인신고특례법에 의한 신고, 조정혼인과 가정심판에 의한 신고 등이 있는데 만일 혼인신고서 발송 후 사망한 경우에는 혼인신고가 무효가 아니라 신고인의 사망 시에 신고한 것으로 본다.

이러한 혼인신고 없이 실질적인 혼인생활을 계속하는 경우에는 법률적으로 혼인의 효과가 인정되지 않기 때문에 상속권을 비롯하여 합법적인 혼인을 전제로 한 법제도의 보호를 받지 못한다.

따라서 혼인신고를 하지 않고 동거중에 태어난 아이는 당연히 그 부모의 아이가 되지 않고, 부모가 특별히 인지(민법 제855조)라는 제도를 통하여 자신의 출생자라는 확인하여야 한다.

(2) 혼인의 효과

1) 일반적 효력

혼인을 통해 부부는 결혼을 유지하기 위한 상호간의 의무를 부담하게 된다. 그 중에서 첫 번째는 동거, 부양, 협조의무이다.[213] 동거의무는 부부의 기본적인 의무라고 할 수 있으나 정당한 이유로 일시적으로 동거하지 못하는 경우에는 이를 인용할 의무가 있다. 또한 부부는 서로 부양의무가 있기 때문에 일방 당사자가 경제적 능력이 없는 다른 당사자를 일방적으로 유기하는 것은 허용되지 않는다.

212 민법 제812조(혼인의 성립) ① 혼인은 「가족관계의 등록 등에 관한 법률」에 정한 바에 의하여 신고함으로써 그 효력이 생긴다. ② 전항의 신고는 당사자쌍방과 성년자인 증인 2인의 연서한 서면으로 하여야 한다.

213 민법 제826조(부부 간의 의무) ① 부부는 동거하며 서로 부양하고 협조하여야 한다. 그러나 정당한 이유로 일시적으로 동거하지 아니하는 경우에는 서로 인용하여야 한다.
② 부부의 동거장소는 부부의 협의에 따라 정한다. 그러나 협의가 이루어지지 아니하는 경우에는 당사자의 청구에 의하여 가정법원이 이를 정한다.

혼인은 또한 다른 몇 가지 법률적 효과를 가져오는데 그 중 하나는 미성년자의 성년의제로서 혼인을 한 미성년자는 성년으로서 유효한 법률행위를 할 수 있고, 법정대리인의 동의를 요구하지 않는다.[214]

또한 부부는 결혼함으로써 일상의 가사를 영위하는 범위 하에서 서로간의 일상 가사대리권을 가진다.[215] 따라서 부부는 특별히 다른 당사자를 그의 대리인으로 선임하는 수권행위를 하지 않아도 당연히 대리권을 가지기 때문에 적어도 일상가사의 범위 안에서는 부부 중 일방이 다른 상대방의 행위에 대한 효력을 거부하며 무권대리를 주장할 여지는 거의 없다.

2) 재산적 효력

사례

회사원 A(男)는 동료 회사원 B(女)와 혼인을 하였다. 두 사람은 결혼 5년 후 서로의 사랑을 불신하게 되었고, 헤어지기로 합의하였다. 두 사람은 지난 5년간 함께 모은 돈과 혼수자금 등을 합하여 경기도 용인 인근에 5억 원대의 아파트를 구입하였었고, 펀드예금 5천만 원, 각자의 명의로 된 적금 통장이 있다.

그런데 적금통장을 제외한 모든 명의는 세금을 회피하기 위해 A의 부모인 C의 명의로 되어 있다. 두 사람은 헤어지기로 합의한 후에 재산을 분배하려고 하는데, 우선 B녀는 C 명의의 아파트와 펀드 예금이 자신이 모은 돈으로 투자된 것이기 때문에 자신이 실질적인 소유자라고 주장하고 있다.

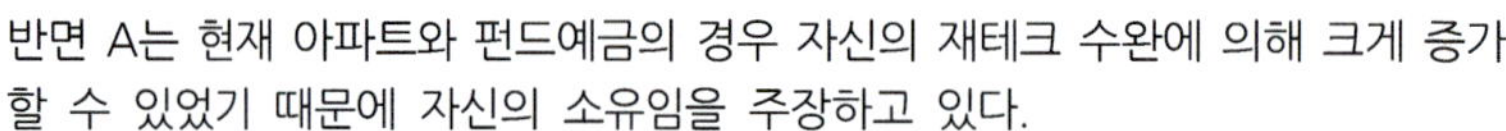
반면 A는 현재 아파트와 펀드예금의 경우 자신의 재테크 수완에 의해 크게 증가할 수 있었기 때문에 자신의 소유임을 주장하고 있다.

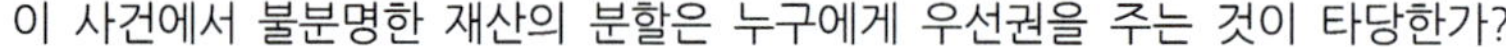
이 사건에서 불분명한 재산의 분할은 누구에게 우선권을 주는 것이 타당한가?

혼인관계가 성립함으로 인해 일반적으로 발생하는 부양·협조 의무 이외에 양 당사자가 관리하는 재산에 대해 어떠한 효력이 발생하는지 문제된다. 우리 민법이 정하고 있는 법정재산제도는 원칙적으로 재산적 효력에 관해서는 부부별산제를 채택하고 있는데 이것은 원칙적으로 부부 각자가 자기 명의로 소유한 재산과 결혼 후 자기명의로 취득한 재산을 각각 관리·사용·수익하도록 하는 제도를 의미한다.[216]

214 민법 제826조의 2(성년의제) 미성년자가 혼인을 한 때에는 성년자로 본다.

215 민법 제827조(부부간의 가사대리권) ① 부부는 일상의 가사에 관하여 서로 대리권이 있다. ② 전항의 대리권에 가한 제한은 선의의 제삼자에게 대항하지 못한다.

216 민법 제830조(특유재산과 귀속불명재산) ① 부부의 일방이 혼인 전부터 가진 고유재산과 혼인 중 자기의

만일 부부의 누구에게 속한 것인지 분명하지 아니한 재산이 존재한다면 부부의 공유로 추정한다.[217] 다만, 부부가 혼인 성립 전에 '혼인 후 부부 공동재산'에 대한 관리권자, 소유자들을 정하는 계약을 체결하는 것은 유효하고 이것을 부부재산계약이라고 한다.

이러한 부부재산계약은 혼인신고 전에 체결 및 등기하여야 하고, 부부가 결혼성립 전에 그 재산에 관하여 부부재산계약을 약정한 때는 혼인 중 이를 변경하지 못하는 것이 원칙이지만, 정당한 사유가 있는 때에는 법원의 허가를 얻어 변경할 수 있다(민법 제829조 2항). 또한 부부의 일방이 다른 일방의 재산을 관리하는 경우에 부적당한 관리로 인하여 그 재산을 위태롭게 한 때에는 다른 일방이 법원에 대해 자기가 관리할 것을 청구하거나 공유재산에 관해서는 분할을 청구할 수도 있다(민법 제829조 3항).

부부재산계약은 혼인신고 전에 등기하지 않으면 제3자에게 대항하지 못한다. 부부재산계약이 명확히 존재하지 않는 경우에는 누구소유인지 불분명한 재산에 대해 법적 분쟁이 생길 여지가 있게 되는데 이때는 다시 앞서 설명한 민법에 규정된 법정재산제에 의하여 해석한다. 법정재산제 하에서 혼인생활의 비용은 특별한 약정이 없으면 부부가 공동으로 부담한다(민법 제833조).

마지막으로 혼인의 재산적 효력으로서 중요한 것은 일상가사채무에 대한 부부의 연대책임(민법 제832조) 조항이다. 혼인 관계에 있는 부부는 부부일방이 일상의 가사에 관하여 제3자와 법률행위를 한 때는 다른 일방이 그 채무에 대해 연대책임이 있다. 예를 들어, 아내가 남편의 동의를 얻지 않고 일상 가사에 필요한 다량의 전자제품을 구입하였으나 그 대금을 지급하지 않는 경우에 남편이 아내의 채무에 대해 책임을 져야 하기 때문에, 채무자는 남편 명의의 월급을 전부명령 등을 통해 압류하여 채권을 직접 추심할 수 있다. 그러나 부부연대책임에 대한 예외로서 이미 제3자에 대하여 부부 일방의 행위에 대하여 책임을 지지 않겠다는 의사를 표시한 경우에는 연대책임에 따른 책임을 지지 않는다.

명의로 취득한 재산은 그 특유재산으로 한다.
민법 제831조(특유재산의 관리) 부부는 그 특유재산을 각자 관리, 사용, 수익한다.

217 민법 제830조(특유재산과 귀속불명재산) ② 부부의 누구에게 속한 것인지 분명하지 아니한 재산은 부부의 공유로 추정한다.

2. 혼인의 무효와 취소

(1) 혼인의 무효

우리민법 제815조는 혼인 무효의 사유로 4가지를 규정하고 있는데 그 중에서 가장 중요한 것은 양 당사자 사이에 혼인의 합의가 없는 때이다.[218] 다음으로는 민법 제809조의 근친혼 금지 규정에 위반한 것 중에서 긴밀한 친족관계인 '8촌 이내의 혈족 사이의 혼인', '당사자 간에 직계인척관계가 있거나 있었던 때', '당사자 간에 양부모계의 직계혈족관계가 있었던 때'가 혼인 무효의 사유가 된다. 다만, 헌재는 2022년 10월 '8촌 이내 혼인을 금한다'는 민법 809조 1항은 합헌이라고 결정하면서, 8촌 이내 혼인을 '무효'로 정한 민법 815조 2항은 "과잉금지 원칙에 위배된다"며 헌법불합치를 선고했다. 따라서 해당 규정의 개정이 필요한데 "4촌 이내의 혈족간 결혼은 무효, 그 외 혈족간 혼인은 취소의 사유"로 개정할 필요성이 주장되고 있다.

혼인이 무효가 되는 경우에 당연무효설의 경우 무효의 혼인으로부터는 아무런 효과도 생기지 않는다고 하고 소송상 무효설은 판결에 의하여 무효확인을 별도로 요구한다고 한다. 그러나 우리 대법원은 당연무효설을 취하고 있다.[219]

혼인의 무효는 원칙적으로 소급하여 혼인의 효력이 상실되기 때문에 무효 혼으로 인한 출생자는 혼인 외의 출생자이고, 다만 이미 출생자 신고가 있었을 때에는 인지의 효력이 있다.[220] 이것은 법률행위에 있어서 무효행위의 전환 규정에 의한 결과이다.[221]

218 민법 제815조(혼인의 무효) 혼인은 다음 각 호의 어느 하나의 경우에는 무효로 한다.
1. 당사자 간에 혼인의 합의가 없는 때
2. 혼인이 제809조 제1항의 규정(근친혼 규정 중 8촌 이내의 혈족 사이의 혼인)을 위반한 때
3. 당사자 간에 직계인척관계(직계인척관계)가 있거나 있었던 때
4. 당사자 간에 양부모계의 직계혈족관계가 있었던 때

219 대법원 1996.06.28. 선고 94므1089 판결 ; 대법원 1971.09.28. 선고 71므27 판결.

220 서울가법 1996.12.3. 선고 96드37910 판결.

221 민법 제138조(무효행위의 전환) 무효인 법률행위가 다른 법률행위의 요건을 구비하고 당사자가 그 무효를 알았더라면 다른 법률행위를 하는 것을 의욕하였으리라고 인정될 때에는 다른 법률행위로서 효력을 가진다.

(2) 혼인의 취소

사례

1 20세의 갑은 18세의 을과 혼인을 원하였으나 을 부모의 동의를 얻지 못하였다. 이들은 결국 부모의 도장을 훔쳐서 혼인신고를 하였다. 1년 후 이 사실을 알게 된 을의 부모는 갑과 을의 결혼을 취소하기를 원한다.

그러나 이미 을녀는 임신을 한 상태였다.

취소가 가능한가?

2 27세의 회사원 A는 평소 알고 지내던 동료 여사원 B와 실수로 잠자리를 같이 하게 되었다. 그 후 한달 후 소비성향이 강한 B가 마음에 들지 않아 헤어지자고 A가 이야기 하자, B는 이미 임신했다고 이야기를 하였다.

결국 A는 B와 혼인을 하였고 아이가 출산되었으나 혈액형이 자신과 연관이 되지 않아서 A는 DNA 검사를 하였다. 검사결과 그 아이는 자신의 아이가 아니었다. A는 B녀에게 완전히 속은 것을 알고 결혼관계 및 출산한 아기와 자신의 가족관계 모두를 취소하고 싶다.

A가 혼인을 취소하면 이미 태어난 아이와 A의 관계도 자동적으로 정리되는가?

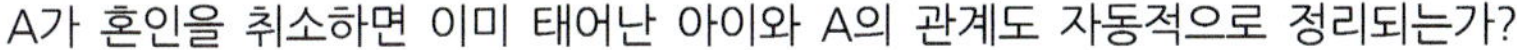

혼인 취소의 사유는 먼저 혼인의 실질적 요건인 혼인적령 위반, 동의를 요하는 혼인 규정위반, 근친혼의 금지를 위반 경우로서 혼인무효사유가 되는 최 근친간 혼인을 제외한 나머지 근친간의 혼인, 중혼금지 규정에 위반한 때이다. 또한 추가적으로, '혼인 당시 당사자일방에 부부생활을 계속할 수 없는 악질 기타 중대 사유가 있음을 알지 못한 때', '사기 또는 강박에 의한 혼인의사의 표시를 한 때'가 취소사유가 된다(민법 제816조). 그러나 혼인의 취소는 무효와 달리 그 취소를 청구할 수 있는 자만이 법원에 취소를 청구할 수 있는데, 연령위반혼인 및 동의 없는 혼인의 경우 당사자와 법정대리인 취소권을 가지고, 제809조의 근친혼 위반의 경우는 당사자, 직계존속, 4촌 이내의 방계혈족까지 취소권을 가진다.[222] 그 외 중혼의 경우는 당사자, 직계존속, 4촌 이내의 방계혈족 · 검사까지 취소권이 인정된다.[223]

그러나 이러한 혼인의 취소는 법률행위와 달리 신분관계의 안정을 위해 특별한 사유

222 민법 제817조(연령위반혼인 등의 취소청구권자) 혼인이 제807조, 제808조의 규정에 위반한 때에는 당사자 또는 그 법정대리인이 그 취소를 청구할 수 있고 제809조의 규정에 위반한 때에는 당사자, 그 직계존속 또는 4촌 이내의 방계혈족이 그 취소를 청구할 수 있다.

223 민법 제818조(중혼의 취소청구권자) 혼인이 제810조의 규정을 위반한 때에는 당사자 및 그 배우자, 직계존속, 4촌 이내의 방계혈족 또는 검사가 그 취소를 청구할 수 있다.

가 있는 경우에 취소를 할 수 없도록 규정하고 있는데, 미성년자, 피성년후견자가 혼인 동의요건을 흠결한 경우에는 당사자가 성년에 도달하거나, 성년후견종료의 심판이 있은 후 3개월이 지나거나 혼인중 임신한 경우에는 취소가 불가능하다.[224] 또한 무효사유 이외의 근친혼 등에 위반한 경우에도 당사자가 혼인 중 포태한 경우는 취소청구가 불가능하다.[225]

그 외, 혼인 당시 당사자 일방에 부부생활을 계속할 수 없는 악질 기타 중대한 사유가 있음을 알지 못한 경우에도 그 사유를 안지 6월이 경과한 때에는 취소할 수 없고, 사기, 강박으로 혼인의 의사표시를 한 때는 그 사기를 안 날 또는 강박을 벗어난 날로부터 3월을 경과한 때는 취소할 수 없다.

혼인의 취소에서 무엇보다 중요한 것은 혼인 취소의 효력으로서, 일반적인 법률행위의 취소와 달리 혼인의 취소는 소급효가 없다.[226] 이것은 혼인무효와 구별되는 점으로 결과적으로 혼인 중에 태어난 아이는 혼인이 취소된다고 하여도 적법한 혼인 중의 출생자 신분을 유지하기 때문에 혼인 중 부모에 대한 상속권을 비롯한 부양청구권이 그대로 유지된다.

사례 1의 경우 미성년자가 부모동의 없이 한 결혼이라도 혼인 중 포태한 경우에는 취소할 수 없다. 사례 2의 경우 사기에 의한 결혼은 취소할 수 있으나, 혼인의 취소는 일반적인 법률행위와 달리 원칙적으로 소급되지 않고, 따라서 혼인 취소 전에 태어난 아이가 자신의 아이가 아닌 경우에는 '친생자관계부인의 소'를 별도로 제기하여 친자관계를 종료하여야 한다.

3. 이혼

(1) 협의 이혼

이혼은 두 가지 종류가 있는데 우선 당사자가 협의하여 이혼을 하는 협의이혼과 일방 당사자가 이혼의 합의를 거부하는 경우에 법원의 판결에 의하여 혼인관계를 해소하는 재판상 이혼절차로 나누어진다.

224 민법 제819조(동의없는 혼인의 취소청구권의 소멸) 제808조를 위반한 혼인은 그 당사자가 19세가 된 후 또는 성년후견종료의 심판이 있은 후 3개월이 지나거나 혼인 중에 임신한 경우에는 그 취소를 청구하지 못한다.

225 민법 제820조(근친혼 등의 취소청구권의 소멸) 809조의 규정에 위반한 혼인은 그 당사자 간에 혼인 중 포태한 때에는 그 취소를 청구하지 못한다.

226 민법 제824조(혼인취소의 효력) 혼인의 취소의 효력은 기왕에 소급하지 아니한다.

우선 협의이혼은 실질적 요건으로서 ① 당사자 간의 이혼의사의 합치가 있어야 하고, 혼인으로 성년이 의제되는 미성년을 제외한 ② 피성년후견인은 부모나 성년후견인의 동의를 받아 이혼할 수 있다.[227] 다음으로 형식적 요건으로서 ① 가정법원의 확인을 받은 후, ② 「가족관계의 등록 등에 관한 법률」의 정한 바에 의하여 신고하여야 된다.[228] 외국에 나가 있는 한국인 부부의 경우는 외국공관에 대하여도 신청할 수 있다.

다만, 협의이혼의 절차로서 가정법원의 확인을 받기 위해서는 소정의 절차를 거쳐야 하는데 우리민법은 소위 이혼숙려기간을 도입하여 협의상 이혼을 하려는 자는 이혼의사의 확인을 신청한 후에 가정법원이 제공하는 이혼에 관한 안내를 받아야 한다.[229] 또한 그 안내를 받은 날로부터 양육할 자가 있는 때는 3개월, 그 외의 경우는 1개월이 지난 후에 이혼의사의 확인을 받을 수 있다.[230]

(2) 재판상 이혼

사례

A는 집안 어른들이 이미 오래 전에 자손들의 혼인을 약속하는 바람에 대학시절 사귀던 여자 B와 결국 헤어지고 사랑하는 감정이 별로 없는 C와 결혼을 하였다. A는 결혼 후 10년이 지나서 약간의 의부증을 가진 부인 C와 점차 멀어져 별거를 하던 중에 우연히 대학시절 여자 친구를 다시 만나 사랑에 빠졌고 B와 동거를 시작하였다.

3개월 후 A는 C에게 이혼해 줄 것을 요구하였으나 복수심에 불탄 C는 A의 동거사실을 A의 직장에 알리고 처벌을 요구하는 탄원을 올리면서도 절대로 이혼해 줄 수 없다고 버티고 있다. A는 C와 자신의 형식적인 결혼생활은 아무런 의미가 없고, C는 이미 자신과 혼인생활을 계속할 마음이 전혀 없으나 단지 자신을 방해할 목적만을 가지고 이혼을 협의하지 않는다고 주장하며 재판상 이혼을 청구하였다.

A의 이혼은 받아들여질 수 있는가?

227 민법 제835조(성년후견과 협의상 이혼) 피성년후견인의 협의상 이혼에 관하여는 제808조제2항을 준용한다.

228 민법 제836조(이혼의 성립과 신고방식) ① 협의상 이혼은 가정법원의 확인을 받아 「가족관계의 등록 등에 관한 법률」의 정한 바에 의하여 신고함으로써 그 효력이 생긴다. ② 전항의 신고는 당사자쌍방과 성년자인 증인 2인의 연서한 서면으로 하여야 한다.

229 민법 제836조의2(이혼의 절차) ① 협의상 이혼을 하려는 자는 가정법원이 제공하는 이혼에 관한 안내를 받아야 하고, 가정법원은 필요한 경우 당사자에게 상담에 관하여 전문적인 지식과 경험을 갖춘 전문상담인의 상담을 받을 것을 권고할 수 있다.

230 민법 제836조의2(이혼의 절차) ② 가정법원에 이혼의사의 확인을 신청한 당사자는 제1항의 안내를 받은 날부터 다음 각 호의 기간이 지난 후에 이혼의사의 확인을 받을 수 있다.
1. 양육하여야 할 자(포태 중인 자를 포함한다. 이하 이 조에서 같다.)가 있는 경우에는 3개월
2. 제1호에 해당하지 아니하는 경우에는 1개월

협의이혼과 달리 재판상 이혼은 부부 중 일방이 이혼을 거부한 경우에 판결에 의하여 혼인을 해소하는 제도이기 때문에 재판상 이혼을 청구할 수 있는 일정한 사유가 충족되어야 한다.

민법 제840조는 ① 배우자의 부정행위를 첫 번째 재판상 이혼사유로 규정하고 있는데, 우선 재판상 이혼원인으로서 부정한 행위는 도덕적 관념이며 인공수정과 같은 기계적 행위는 포함되지 않는다고 해석된다. 그 외 ② 악의의 유기, ③ 배우자 또는 그 직계존속에 의한 부당한 대우, ④ 자기의 직계존속에 대한 부당한 대우, ⑤ 3년 이상의 생사불명, ⑥ 기타 혼인을 계속하기 어려운 중대한 사유를 재판상 이혼의 원인으로 규정하고 있다.

제6호의 '기타 혼인을 계속하기 어려운 중대한 사유'의 내용이 분명하지 않으나 앞의 5가지 원인을 보충하는 의미로서 남편의 부모 의존증(소위 마마보이), 아내의 부모 의존증(소위 파파걸), 도벽, 도박벽, 부부일방의 교도소 수용 등이 그 내용이 된다. 또한 처의 임신불능은 '기타 혼인을 계속하기 어려운 중대한 사유'에 해당하지 않아 이혼원인이 될 수 없다는 것이 판례의 입장이다.[231]

재판상 이혼청구권은 일정한 경우 제한되는데, 우선 부정으로 인한 이혼청구권의 경우 다른 일방이 사전 동의나 사후용서를 한 때 또는 이를 안 날로부터 6월, 그 사유 있은 날로부터 2년을 경과한 때에는 이혼을 청구하지 못한다.[232]

다만, 이때 배우자의 부정행위를 알고 그 사실을 간과한 것만으로는 부정행위를 용서했다고 할 수 없다. 또한 기타 원인으로 인한 이혼청구권은 다른 일방이 이를 안 날로부터 6월, 그 사유 있은 날로부터 2년을 경과하면 이혼을 청구하지 못한다.[233]

그러나 마지막으로 재판상 이혼청구의 중요한 제한 중 하나는 유책 배우자의 이혼청구권에 대한 것이다. 즉, 혼인 중 부정행위나 상대방에게 폭력을 휘두르는 등 재판상 이혼의 원인이 되는 행위를 한 상대방은 혼인 파탄의 유책자로서 이러한 유책 배우자의 이혼청구권은 원칙적으로 인정되지 않는 것이 원칙이다. 그러나 우리법원은 이러한 원칙을 상당히 완화시켜서 "혼인생활의 파탄에 대하여 주된 책임이 있는 배우자는 원칙적으로 그 파탄을 사유로 하여 이혼을 청구할 수 없으나, 다만 상대방이 그 파탄 이후 혼인을 계속할 의사가 없음이 객관적으로 명백함에도 불구하고 오기나 보복적 감정에서 이혼에 응하지 아니하고 있을 뿐이라는 특별한 사정이 있는 경우"에는 예외적으

231 대법원 1991.02.26. 선고 89므365 89므367 판결.

232 민법 제841조(부정으로 인한 이혼청구권의 소멸) 전조 제1호의 사유는 다른 일방이 사전동의나 사후용서를 한 때 또는 이를 안 날로부터 6월, 그 사유 있은 날로부터 2년을 경과한 때에는 이혼을 청구하지 못한다.

233 민법 제842조(기타 원인으로 인한 이혼청구권의 소멸) 제840조 제6호의 사유는 다른 일방이 이를 안 날로부터 6월, 그 사유 있은 날로부터 2년을 경과하면 이혼을 청구하지 못한다.

로 유책 배우자의 이혼청구권을 인정해 오고 있다.[234]

사례의 경우, 유책 배우자인 A의 배우자 C가 이미 서로 별거상태에 있고 그 남편의 처벌을 바라는 탄원을 올린점 등에 비추어 볼 때 오직 복수심 등에 의해 이혼협의를 하지 않는다고 볼 이유가 있다. 우리 대법원의 판결에 의하면 이러한 경우에는 예외적으로 유책배우자의 이혼청구권이 인정될 여지가 있다.

(3) 이혼의 효과

1) 재산분할청구권·손해배상청구권

사례

A남과 결혼한 지 15년째 되는 주부 B는 갱년기 증세 때문에 우울해 하던 중에 예전 대학시절 친구인 C를 만나 급격히 가까운 사이가 되어갔고, 결국 애인 관계로 발전하였다. 이 사실을 눈치 챈 남편 A는 이혼을 청구하였다.

문제 1: A와 B사이의 유일한 재산인 강남구 대치동의 45평형 아파트는 등기부상 A의 명의로 되어 있고, 시가 15억 원을 호가하고 있다. A는 이혼청구를 하면서 혼인파탄의 책임을 물어 B와 C에게 각각 정신적 손해배상금 2억 원을 청구하고 있다. 이때 유책 배우자 B가 전 남편 A에게 자신에게 일정한 재산을 분배하여 주도록 청구할 수 있는가?

이혼 후에 부부 중 일방은 다른 일방에 대해 재산분할을 청구할 수 있고 이것을 재산분할청구권이라고 한다.[235] 재산분할청구권은 모든 재산의 소유 명의가 배우자 일방의 것으로 되어 있어서 형식적으로는 일방 배우자의 단독소유라고 할지라도 가사노동의 제공으로 그 재산의 성취와 수익증가에 간접적으로 기여한 다른 배우자의 기여도를 인정하여 당해 배우자가 재산증식에 기여한 상당액을 분배하도록 강제하는 제도이다.

이러한 재산분할청구권은 협의이혼의 당사자뿐만 아니라 재판상 이혼을 통해 이혼한 부부에게도 적용된다.[236] 따라서 사례와 같이 유책배우자로서 재판상 이혼청구의

234 대법원 1999.10.8. 선고 99므1213 판결 ; 대법원 2006.1.13. 선고 2004므1378 판결 ; 대법원 2004.2.27. 선고 2003므1890 판결. 대법원 2015. 9. 15. 선고 2013므568 전원합의체 판결; 대법원 2020. 11. 12. 선고 2020므11818판결(배우자에 대한 폭행 등으로 형사처벌을 받은 원고가 피고를 상대로 이혼청구 등을 구한 사건).

235 민법 제839조의2(재산분할청구권) ① 협의상 이혼한 자의 일방은 다른 일방에 대하여 재산분할을 청구할 수 있다. ② 제1항의 재산분할에 관하여 협의가 되지 아니하거나 협의할 수 없는 때에는 가정법원은 당사자의 청구에 의하여 당사자 쌍방의 협력으로 이룩한 재산의 액수 기타 사정을 참작하여 분할의 액수와 방법을 정한다. ③ 제1항의 재산분할청구권은 이혼한 날부터 2년을 경과한 때에는 소멸한다.

236 민법 제843조.

상대방이 된 배우자도 다른 상대방에게 재산분할을 요구할 수 있다. 그러나 배우자 일방이 이혼협의 또는 이혼소송이 진행되는 도중에 자기명의의 전 재산을 모두 제3자에게 은닉하거나 처분하여 버린 경우에는 재산분할청구권을 행사할 실익이 사라지게 된다.

이에 대해 우리민법은 2007년 12월 개정을 통해 '재산분할청구권 보전을 위한 사해행위취소권'을 규정하여 부부의 일방이 다른 일방의 재산분할청구권 행사를 해함을 알면서도 재산권을 목적으로 하는 법률행위를 한 때에는 다른 일방이 이를 취소할 수 있도록 명시적으로 확인하였다.[237] 이러한 재산분할 청구권은 이혼 후부터 2년을 경과한 경우에 소멸한다.

협의 이혼과 달리 재판상 이혼이 확정된 경우에는 혼인파탄의 원인을 제공한 상대방에게 다른 배우자가 손해배상청구권을 행사할 수 있다.[238] 손해배상청구권의 대상은 전 배우자에 한정되지 않고 혼인 파탄의 원인제공자로서 전 배우자의 직계존속, 부정행위의 상대방 등으로 넓어진다. 다만, 이러한 손해배상청구권은 재산분할청구권과는 별도로 성립하고 청구 가능한 것으로서 재판상이혼 청구의 대상이 되는 유책 배우자는 유책 여부에 관계없이 재산분할청구권을 행사할 수 있지만 그와 동시에 손해배상청구권의 상대방이 되어 다른 상대방에 대한 손해배상의무를 부담한다.

2) 부양의무 등

사례

A남은 B녀와 혼인하였으나 자신의 무정자 증으로 혼인 10년이 넘도록 아기를 가지지 못하였다. A와 B는 정자은행으로부터 정자를 기증받아 B의 난자와 인공 수정한 뒤에 아기를 출산하기로 합의하였다.

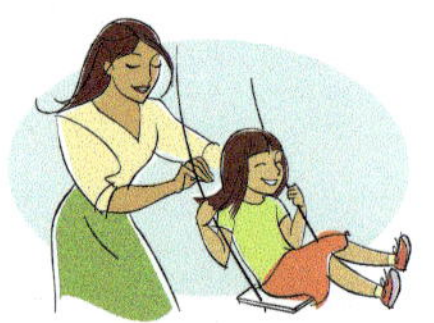

1년 후 아기가 태어나자 A는 왠지 자격지심에 아기가 싫었고 아내가 아기에게만 온 정신을 쏟자 이로 인해 불화가 잦았다. 결국 A남은 B녀와 협의이혼을 하게 되었고 이혼과정에서 자신의 아기 C에 대한 양육비를 만 20세까지 매달 50만 원씩 지급하도록 권고 받았다. A는 이혼절차가 마무리 되자 C에게 매달 지급할 부양료가 아까웠고 따라서 자신과 B의 혼인기간 동안 태어난 C에 대해 친생부인의 소를 제기하면서 유전자검사에 의해 자신과 혈연관계가 없음을 밝혀줄 것을 법원에 요청하였다.

A의 친생자부인 소송은 받아들여 질 수 있을까?

237 민법 제839조의3(재산분할청구권 보전을 위한 사해행위취소권) ① 부부의 일방이 다른 일방의 재산분할청구권 행사를 해함을 알면서도 재산권을 목적으로 하는 법률행위를 한 때에는 다른 일방은 제406조 제1항을 준용하여 그 취소 및 원상회복을 가정법원에 청구할 수 있다. ② 제1항의 소는 제406조제2항의 기간 내에 제기하여야 한다.

238 민법 제843조 · 806조: 재판상 이혼의 경우만 해당.

본래 적법한 혼인기간 중에 태어난 아기는 그 남편, 즉, 부(夫)의 자로 추정된다.[239] 이렇게 자신의 아이에 대해서는 부부 당사자가 부양의무를 부담하고 이러한 부양의무는 이혼으로 혼인관계가 종료된 뒤에도 중단되지 않는다. 따라서 민법은 이혼 시에 양육과 관련된 사항을 당사자가 협의하도록 하고 협의사항이 자(子)의 복리에 반하는 경우에는 법원이 직권으로 양육에 필요한 사항을 정하도록 하고 있다.[240]

일반적으로 이와 같이 적법한 혼인 중의 자(子)로 추정 받은 자(子)가 자신의 친자식이 아니라고 주장하기 위해서는 별도의 친생부인의소를 통해 혈연관계가 없음을 입증하여야 한다. 이것은 혼인 중 인공수정으로 태어난 아이에게도 동일하게 적용된다.[241]

다만, 혼인 중에 인공수정방식으로 임신한 아이를 출산하기로 동의한 부(夫)가 이혼 후에 당연히 자신의 유전학적 혈육이 아닌 자(子)에게 친생부인의 소를 제기하여 친생자관계를 종료시킬 수 있는지가 문제된다. 우리 법원의 태도는 분명하지 않으나 일단 "부부가 서면으로 인공수정에 동의한 이상 부의 친생자 추정은 인공수정 출생자에게도 적용됨으로 혼인 중 인공수정으로 태어난 자(子)는 부(夫)의 친생자로 추정되기 때문에 그 사실을 부인하려면 친생부인의 소에 의해야 한다."고 하여 친생부인의 소를 허용하는 듯한 입장을 취하는 판결도 있다.[242]

그러나 최근의 판결은 "무정자증인 남편이 처가 다른 사람의 정자를 공여받아 인공수정을 통하여 자(子)를 출산하는 것에 동의한 경우, 그 후 처와 이혼하였다고 하여 그 자에 대한 친생을 부인하는 것은 신의칙에 반한다."고 판결하였다.[243]

239 민법 제844조(부의 친생자의 추정) ① 처가 혼인 중에 포태한 자는 부의 자로 추정한다. ② 혼인성립의 날로부터 2백일 후 또는 혼인관계 종료의 날로부터 3백일 내에 출생한 자는 혼인 중에 포태한 것으로 추정한다.

240 민법 제837조(이혼과 자의 양육책임) ① 당사자는 그 자의양육에 관한 사항을 협의에 의하여 정한다.
② 제1항의 협의는 다음의 사항을 포함하여야 한다.
1. 양육자의 결정
2. 양육비용의 부담
3. 면접교섭권의 행사여부 및 그 방법
③ 제1항에 따른 협의가 자(자)의 복리에 반하는 경우에는 가정법원은 보정을 명하거나 직권으로 그 자(자)의 의사(의사)·연령과 부모의 재산상황, 그 밖의 사정을 참작하여 양육에 필요한 사항을 정한다.
④ 양육에 관한사항의 협의가 이루어지지 아니하거나 협의할 수 없는 때에는 가정법원은 직권으로 또는 당사자의 청구에 따라 이에 관하여 결정한다. 이 경우 가정법원은 제3항의 사정을 참작하여야 한다.

241 서울가정법원 2000.8.18. 선고 2000드단7960 판결.

242 서울고등법원 1986.6.9. 선고 86르53 판결. 송영민(Young-Min Song), "人工授精에 있어서 夫의 同意의 法的 性質", 『家族法硏究』 第21卷 1號(한국가족법학회, 2007), 188~190면.

243 대구지방법원가정지원 2007.08.23 선고 2006드단22397 판결.

지식재산권법

chapter 4

제 1 편

지식재산권의 본질과 취지

Ⅰ. 지식재산권의 분류와 종류

인간의 지적활동의 산물인 아이디어, 독창적인 표현, 표시 등은 외부에 특정한 형태를 갖추진 못한 무형의 산물로써 전통적인 법체제는 이들의 창작자에게 배타적 지배권을 인정하지 않았었다.

그러나 19세기 이후 근대 법체제가 확립되면서 이러한 무형재산의 보호를 위해 각각의 법체계가 형태를 갖추었고, 특히 그 보호대상의 특징에 따라 특허권(실용신안권), 저작권, 상표권, 디자인보호법, 영업비밀보호법 등으로 구분되어 산업재산권 혹은 지적재산권, 지식재산권 법체계를 구성하게 되었다.

이중에서 먼저 지식재산권법의 가장 대표적인 권리인 특허(실용신안), 저작권은 '발명 혹은 창작물의 내용'을 보호하는 법체계로서 특허 · 저작권에 의해 보호되는 상품 · 서비스와 동일 · 유사한 것을 제조 · 판매할 배타적 권한을 오직 그 권리자에게 부여하고 있다.

반면 상표법은 '등록된 상표'의 내용 자체를 보호하는 것이 아니라 상표를 통해 '소비자의 혼동가능성'을 막고 상품의 식별가능성을 보호한다는 점에서 차이가 있다. 또한, 영업비밀침해행위는 현재 부정경쟁방지 및 영업비밀보호에 관한 법률에 의해 규제되는 행위로서, 타인의 영업비밀의 사용을 직접 금지하는 것이 아니라, '부정한 방법에 의한 영업비밀 누설, 취득행위'만을 금지하고 있다.

따라서 특허, 저작권과 달리 한번 누설된 영업비밀은 원보유자가 사용금지를 청구할 수 없다는 데 그 특징이 있다. 디자인보호법 또한 창작된 도안 자체를 보호하는 것이 아니라 그 도안이 적용된 '물품(유체동산)'을 보호하는 것으로, 멋있게 지어진 집의 구조 자체 등은 이 법의 보호대상이 되지 않는다. 다만, 부정경쟁방지 및 영업비밀보호에 관한 법률 제2조 1호 (파)목은 "타인의 상당한 투자나 노력으로 만들어진 성과 등을 공정한 상거래 관행이나 경쟁질서에 반하는 방법으로 자신의 영업을 위하여 무단으로 사용함으로써 타인의 경제적 이익을 침해하는 행위"를 부정경쟁방지행위로 규제하고 있다. 따라서 기존에 보호되지 못하던 간판, 매장 인테리어 디자인도 이 법에 의하여 보호대상이 될 수 있다.[244]

이러한 지식재산권을 구성하는 개별 법규의 특성에 따라서 보호목적이 다르기 때문에 개별 권리 침해를 판단하는 기준도 각각 다르게 나타난다.

사례의 경우 특허, 저작권과 달리 상표권은 원칙적으로 '소비자의 오인유발 가능성'을 막고 상품의 '식별성'을 보호하는 제도이다. 따라서 특허 · 저작권과 달리 등록된 상표와 유사상표를 사용하는 경우에도 실제 그러한 유사상표의 사용으로 소비자의 오인유발가능성이 없다면 상표권침해가 성립하지 않는다는 것이 원래의 상표권 이론이다.[245]

다만, 최근에는 상표법 이론의 발전에 따라 저명상표의 경우에는 소비자 오인유발 가능성이 없는 경우에도 저명상표의 명성에 실질적 피해를 준 경우에 그 위법성이 인정되기도 한다.[246]

244 대법원 2016. 9. 21. 선고 2016다229058.

245 정상조, 『지적재산권법』(홍문사, 2004), 468면 ; 황의창 · 황광연, 『상표법』(단국대학교 출판부), 139면.

246 김원오, "저명상표의 희석화침해이론의 실체와 적용요건", 지적소유권법연구 제4호(2000), 343면.

Ⅱ. 지식재산권(특허·저작권)법의 근거

1. 특허·저작권 제도의 본질에 대한 설명

지식재산권의 핵심인 특허·저작권 제도의 본질은 무엇인가?

특허, 저작권(이하, "IPR") 법의 목적과 그 보호범위를 밝히기 위해서는 IPR법의 본질에 대한 논의가 필요하다. 즉, 전통적인 법 체계 안에서는 보호되지 않는 이러한 무형의 산물에 대한 특별한 법의 보호가 왜 필요한지를 설명하는 것이 필요한데 이에 대해서는 전통적으로 유럽법 학자들의 자연권설 혹은 노동가치설과 합리적인 미국 법학자들이 주장하는 경제적 도구설이 존재한다.

먼저 유럽 학자들은 전통적으로 특허·저작권법의 궁극적인 목적과 그에 의한 배타적 권리 부여의 근거에 대해 자연권적 정당성을 강조하는 견해(the perspective of a natural rights justification)를 취한다. 즉, 자연권설은 특허·저작권을 사회적 복지증진에 대한 효과와 관계없이 '발명자·창작자의 노동에 대한 보수'로서 부여되는 자연적 권리로서 설명한다.

따라서 대부분의 유럽 지적재산권 학자들은 특허·저작권을 발명·창작자가 그들의 노동에 대한 보수로서 인정받은 자신들의 창작품을 배포, 사용, 통제할 자연적 권리라고 보고 있다. 이러한 노동가치설 혹은 자연권설을 지적재산권에 적용하게 되는 경우, 지적재산권 보호는 발명자의 정당한 노력에 대한 대가라는 점에서 지적재산권의 행사에 대한 제한은 최대한 억제되어야 할 것으로 추정될 수 있다.

즉, 특허·저작권의 배타적 행사를 국가가 제한하는 경우에는 발명·창작자가 당연히 받아야 할 대가를 국가가 제한하는 것이 되어 자연적인 권리를 침해할 우려가 높다.

다만, 현재에는 "노동가치이론에 기반을 둔 자연권적 정당성을 옹호하는 시각도 발명·창작자들이 소비자에게 이익을 주는 방법으로 행동하여야 한다는 점을 강조하고 있고 이를 위해 '적절한 수단 안에서' 특허·저작권자들의 권리를 인정하여야 한다."고 주장하고 있기 때문에 유럽의 이론들도 지적재산권에 대한 상당한 제한을 인정하는 것이 보편적인 것으로 해석할 수 있다.[247] 특히 개인의 노동에 대한 대가로서 파악한다면 일반적인 개인의 소유권 제한에 관한 일반원칙이 적용될 수 있을 것이고 이러한 논거 하에서는 오히려 특허·저작권에 대한 제한이 더 쉽게 허용될 수 있다고 해석할 수도 있다.

반면에 경제적 도구설은 특허와 저작권의 본질에 대한 미국 학계와 법원의 입장으로서 공리주의 혹은 경제적 동기의 관점(utilitarianism/economic incentive perspective)에 의한 해석이라고 지칭된다.[248] 이 견해는 특허·저작권의 사회복지에 대한 공헌 필요성을 강조하면서 특허·저작권은 궁극적으로 사회복지 증가를 위한 수단에 불과하다는 점을 주장하는 것이다.

즉, 특허·저작권의 보호 객체인 인간의 사고(思考)의 산물인 독창적인 아이디어, 창조적 표현물은 일종의 '정보재'로서 경제학적으로 시장실패의 한 원인이 되는 공공재의 일종이라는 것이 강조된다.[249] 이러한 정보재는 자연상태에서는 그것이 가지는 '비배타성'이란 특성 때문에, 정보재의 사용에 대한 정당한 대가를 지불하지 않은 자를 배제하는 것이 매우 어렵기 때문에 무임승차자의 문제가 발생하는 것은 불가피하다.

특허·저작권 제도의 첫 번째 의의는 아이디어 표현물의 공공재적 성질 때문에 특허·저작권의 권리자가 자연 상태에서는 취득할 수 없던 이익을, 정보재에 대한 배타적 지배권을 부여함으로써 무임승차자를 배제 가능하도록 하여 특허·저작권 권리자의 투자이익 환수를 허용한 것으로 해석된다.[250]

결론적으로 국내의 다수설과 미국의 이론을 따르는 유럽의 학자들은 이러한 경제적 도구설을 따르고 있다.[251] 일반적인 특허요건에 따르면 발명자의 개인적 노력이 크다고 하여도 그것을 인정할 공공의 필요가 크지 않거나, 이미 공공의 자산으로서 널리

247 *See* Robert P. Merges, Peter S. Menell, and Mark A. Lemley, Intellectual Property in the New Technological Age 8~18(2d ed. 2000); John Shepard Wiley, Jr., Copyright at the School of Patent, 58 U. Chi. L. Rev. 119, 140(1991) William W. Fisher III, Property and Contract on the Internet, 73 Chi.-Kent L. Rev. 1203, 1215(1998).

248 Roger E. Schechter & John R. Thomas, Intellectual Property-The Law of Copyrights, Patents and Trademarks § 1.3.1.(2003) 국내에서 이러한 경제적 도구설은 산업정책설로 지칭되기도 하나, 실제 그 내용에서는 경제적 도구설과 큰 차이가 없다(임병웅, 『특허권』(한빛지적소유권센터, 2007), 17~18면.).

249 다음 '2. 지적재산권의 공공재로서의 성질과 그 보호'를 참조.

250 *See* Dennis W. Carlton & Jeffrey M. Perloff, Modern Industrial Organization 507~510(3rd ed., 1999); Henry N. Butler, Economic Analysis for Lawyers 88(1998); Robert Cooter & Thomas Ulen, Law and Economics 46~48(1988); Louis Kaplow, *The Patent-Antitrust Intersection: A Reappraisal*, 97 Harv. L. Rev. 1813, 1821~ 22(1984).

251 임병웅, 『특허권』(한빛지적소유권센터, 2019), 14면.

알려진 발명에 대해서는 발명자의 노력여부와 관계없이 특허권이 부여되지 않는다. 따라서 사견으로는 경제적 도구설에 찬성한다.

이와 같은 경제적 도구설에 의하면 특허·저작권 제도는 발명·창작자의 인센티브 보장을 통해 혁신 증진을 하고 그에 의해 사회적 복지를 증가시키려는 목적으로 고안된 하나의 수단이라고 할 수 있다. 이와 같은 견해에서 볼 때 특허·저작권 권리자의 권리는 사회적 복지 증진이라는 궁극적인 목적을 달성하는 한도 안에서만 보장된다. 만일 특허·저작권자의 배타적 권리행사의 범위가 지나치게 넓어서 후속적인 발명·창작을 방해하는 결과를 가져올 때는 법목적에 반하는 권리행사로서 허용되지 않아야 하는 결과가 된다.

2. 지식재산권의 공공재로서의 성질과 그 보호

사례

커피전문점의 전문 바리스타인 A는 자신의 커피점에서 판매하는 커피를 손님들이 손쉽게 들고 나갈 수 있도록 종이컵에 뚜껑을 씌우고 종이컵 주위에 골판지를 싸서 휴대용 컵을 만들었다. A는 이 휴대용 컵을 이용해 자신의 커피를 판매하였다.

1년 후에 A는 스타벅스 코리아로부터 특허권 침해 혐의로 제소당하였고, 1억 원의 배상을 요구받고 있다. A는 자신의 가게에서 사용하는 휴대용 종이컵은 자신이 독창적으로 생각해낸 것으로, 누구나 자신이 생각한 idea를 사용할 자유가 있어야 한다고 주장하고 있다. A는 자신이 독창적으로 만들어낸 아이디어 상품을 사용하지 못하도록 만드는 특허권 자체가 우리 헌법의 행복추구권에 위반된다고 주장한다.

특허제도가 보호하는 특허권자의 재산권보다 일반 국민의 행복추구권이 더 우선 보호되어야 한다는 A의 주장에 반박할 근거는 무엇인가?

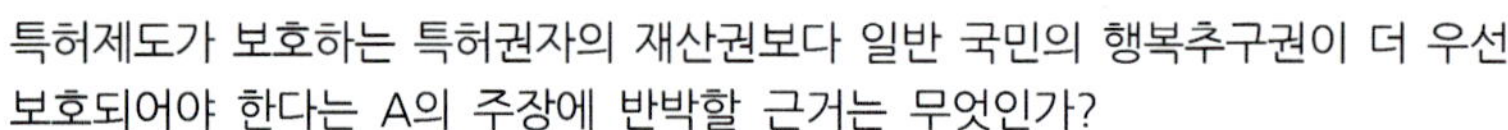

앞서 살펴 본 바와 같이 경제적 도구설에 의하면 특허·저작권 제도는 공공재의 일종인 지적 창작물의 거래에서 발생하는 시장실패를 보완하여, 혁신적 창작 행위를 유도하기 위해 고안되었다고 정의된다.[252]

우선 특허·저작권과 같은 정보재는 공공재의 일종으로서 이는 정당한 대가를 지불하지 않은 자가 정당한 대가를 지불한 자에게 편승하는 무임승차문제를 발생시킨

252 Roger E. Schechter & John R. Thomas, Intellectual Property-The Law of Copyrights, Patents and Trademarks § 1.3.1.(2003).

다.[253] 결국 상품 · 서비스의 적절한 생산과 소비가 정상적인 시장기능에 의해서 이루어질 수 없는 시장실패가 발생하게 된다.

우선 경제학적으로 '공공재'는 1) 비경합성(non-rivalry)과 2) 비배타성(non-excludability)이라는 두 가지 특징을 가진 상품 혹은 용역으로 정의된다.[254] 먼저 비경합성의 특성 때문에 소비자들은 상품의 양적, 질적 저하 없이 공공재를 동시에 다수가 사용하는 것이 가능하다.

예를 들어, 디지털로 변환된 음악 파일, 뉴스기사 등의 정보재는 그것을 재생산하는 비용이 거의 들지 않는 0의 한계비용으로 무한정하게 복사, 재생산하는 것이 가능하다. 또한 비배타성의 특성은 상품 혹은 서비스에 가격을 지불하지 않은 소비자들을 그 상품, 서비스의 사용에서 배제할 수 없게 만든다.

전형적인 예는 국방 · 안전 · 소방 · 경찰 등의 필수 서비스인데, 발명의 대상인 아이디어도 역시 마찬가지로서 '둥근 수레바퀴', '나침반', '화약' 등의 발명품은 일단 공공에게 널리 알려진 이상 정보재의 생산자가 비용을 지불하지 않은 다른 일반인들이 그 정보를 사용하고 그것에 의해 이익을 얻는 것을 쉽게 배제할 수 없다. 따라서 정보재의 특성도 또한 이와 같은 필수 공공재 서비스의 성격과 유사하다.

정보재의 이와 같은 특성으로 인해 일반적인 소비자는 그와 같은 서비스, 상품에 대해 정당한 대가를 지불하지 않을 강력한 유인을 가지게 된다. 모든 소비자가 금액을 지불하지 않을 유사한 동기를 가지게 되기 때문에 정보재의 생산자는 그 시장에서 그의 상품 혹은 서비스에 대한 적절한 이익을 얻을 것을 기대할 수 없고, 따라서 그러한 상품 혹은 서비스를 더 이상 생산하기를 원하지 않게 된다.

이와 같은 이유로 자연상태에서 '공공재'는 언제나 생산의 부족이 예상되고, 결국 무임승차자에 의한 시장실패가 야기되는 것이다.[255] 따라서 발명 창작자의 기술혁신을 통해 궁극적으로 사회적 발전을 이루기 위해서는 무임승차자를 배제할 수 있는 배타적 권리를 부여하는 것이 필수적이라고 할 수 있다.

---

253 Dennis W. Carlton & Jeffrey M. Perloff, Modern Industrial Organization 507~510(3rd ed., 1999) Henry N. Butler, Economic Analysis for Lawyers 88(1998); Robert Cooter & Thomas Ulen, Law and Economics 46~48(1988) Mark A. Lemley, *The Economics of Improvement in Intellectual Property Law*, 75 Tex. L. Rev. 989, 994~96(1997).

254 Dennis W. Carlton & Jeffrey M. Perloff, Modern Industrial Organization 507~510(3rd ed., 1999) Henry N. Butler, Economic Analysis for Lawyers 88(1998); Robert Cooter & Thomas Ulen, Law and Economics 46~48(1988).

255 Louis Kaplow, *The Patent-Antitrust Intersection: A Reappraisal*, 97 Harv. L. Rev. 1813, 1821~22(1984).

이와 같은 관점에서 특허, 저작권법은 발명·창작자에게 자신의 지적창작물에 대한 사용·수익을 위한 배타적 권한을 부여한다. 즉, 특허권제도는 발명, 창작자에 대한 이득을 주기 위한 것이 우선적인 목적이 아니고, 오히려 무임승차자를 막아 기술발전을 유인함으로써 사회적 효용을 극대화하기 위한 수단에 불과하다. 이와 같은 해석은 우리헌법상의 특허·저작권 규정과도 부합하는 해석이 된다.

우선 우리 헌법상으로 특허·저작권 제도는 기본권 보호조항인 제22조 제2항 '발명가·저작권자의 창작성 보호조항'과 헌법 제119조 제1항의 "창의적 경제 활동" 보장조항에서 그 근거를 찾을 수 있으나, 추가적으로 헌법 제127조 제1항의 '과학기술의 혁신 등을 통해 국민경제의 발전에 노력해야 할 국가의 의무'를 함께 고려할 필요가 있다.[256]

단순히 특허·저작권 제도를 헌법 제22조 제2항과 제119조 제1항에 따라 "개인의 창의적 경제 활동"만을 보장하는 것으로 해석하는 것은 특허·저작권의 궁극적인 근거로 지나치게 좁은 해석이라고 할 수 있기 때문이다.

즉, 개인의 창작품을 단순히 개인의 자유권 보호라는 소극적 보호에서 벗어나 특허·저작권 제도에 의해 적극적으로 보호하는 이유는 이러한 창조적 활동이 단순히 개인의 기호 만족을 위해서 행해지는 것이 아니라, 그것이 궁극적으로 국민경제의 발전에 이바지하기 때문이다.

따라서 특허·저작권 보장의 근거는 제127조 제1항을 통해 더 보충될 필요가 있는데, 궁극적으로 국가는 과학기술의 혁신 등을 통해 국민경제의 발전에 노력해야 할 의무가 있고, 이와 같은 맥락에서 특허·저작권의 적극적 보호는 "지속적 혁신을 통한 공공의 이익증진을 가져오기 위해서"라고 해석될 수 있을 것이다.

사례를 살펴보면 결국 특허권자의 배타적 권리보호는 단순히 특허권자 개인의 이익을 보호하기 위한 것이 아니고, 사회전체의 공익을 위한 것이다. 따라서 특허권 제도보다 개인의 행복추구권 혹은 자유권적 기본권 내지, 재산권이 우선한다고 볼 수 없다. 선출원된 특허권에 의해 동종 유사품의 발명자의 권리가 제한되는 것은 사회 공익을 위한 특허권의 배타적 특성에 의한 당연한 결과가 된다.

256 헌법 제127조 ① 국가는 과학기술의 혁신과 정보 및 인력의 개발을 통하여 국민경제의 발전에 노력하여야 한다.

제 2 편

특허법

Ⅰ. 특허권의 의의와 특허의 대상

1. 특허권의 의의

특허제도의 기원과 관련하여 일반적으로 발명특허를 제도적으로 채택한 최초의 국가는 베니스였고, 이후 영국을 거쳐 현재의 특허제도가 만들어지게 되었다고 설명된다. 이후 16세기 영국은 기술자들에 대한 영업특권을 부여하고 특허장을 수여하여 특정 상품 생산의 독점권을 상인조합의 길드조직에 부여하였는데, 이들은 이른바 도제식 통제로 상품의 품질과 기술수준을 보호하였다. 따라서 당시의 특허권은 일종의 상공업 분야를 독점할 수 있는 권리에 해당하였다.

1624년 영국은 왕의 자의적인 특권 부여를 금지하고 새로운 발명에 대한 특허 이외의 독점을 금지하는 전매조례를 발표하였다.[257] 이 전매조례가 오늘날의 특허법의 효시라고 설명된다. 반면 우리나라 특허법은 1946년 처음 제정되었으나, 실용신안 디자인 고안을 분리한 독립적인 법규는 1961년 제정되었다.

이러한 특허제도는 인간의 사고(思考)의 산물인 아이디어 중에서 특히 고도의 '기술적 사상'에 대한 배타적 지배권을 인정한 것이라고 정의할 수 있다. 저작권의 대상이 저자의 독창적인 '표현물'인 반면에 특허권은 산업적 이용 가능성이 있는 기술적 사상을 대상으로 한다는 점에 차이가 있다.

다만, 경제적도구설 혹은 산업정책설에 의할 때 특허권의 가장 큰 목적은 단기적으로 개인의 배타적 지배권을 인정하는 대신에 당해 특허권의 완전한 내용을 공개하도록 하여, 특허기간이 만료되면 일반 공중 누구나 당해 특허기술에 자유롭게 접근하는 것을 보장하는데 있다. 유사한 기술적 사상 등을 보호하는 영업비밀제도가 영원히 관련 기술을 외부로 공개하지 않을 자유를 보호하는 반면에 특허권은 특허권의 인정과 동시

257 임병웅, 앞의 책, 19면.

에 당해 기술의 완전공개를 그 특징으로 한다.

2. 특허권 대상인 발명

특허법에 따라 특허권의 보호대상이 되는 발명은 1) '자연법칙을 이용한', 2) '기술적 사상'의 창작으로서 3) 일정한 수준 이상의 '고도의 것'을 의미한다.[258] 여기서 발명의 대상이 되는 기술적 사상의 내용은 단순히 물건 자체뿐만 아니라 그것을 만드는 방법 혹은 상품을 구성하는 기본 물질 등에 대한 발명을 포함한다.

예를 들어, 자전거 자체는 물건발명이 되고, 자전거 타는 방법은 방법발명이 된다. 다만, 자전거의 역사에 대한 새로운 정보는 물건의 개발에 이용될 수 있지만 특허대상은 아니라고 할 수 있다.

(1) 자연법칙을 이용한 것

사례

A는 휴일을 집에서 보내던 중에 놀아달라고 보채는 7살 아들의 성화에 못 이겨 서양 체크게임을 변형한 새로운 놀이를 만들었다. 다음날 아들의 친구들이 이 게임을 재미있게 즐기는 것을 보고, 좀 더 사실감 있게 도화지와 물감을 이용해 놀이에서 사용되는 지폐, 호텔 숙박권, 크루주 승선권 등을 그려서 함께 놀았다(2008년 2월 1일).

- 반면, C는 A의 아들 B의 친구 아버지로서 어린이용 장난감 판매 회사의 개발 연구원이다. 어느 날 아들이 친구들과 가지고 노는 주사위, 가짜 숙박권, 지폐 등을 이용한 세계 여행놀이를 보고 아이디어를 얻어 좀 더 정교하고 자세하게 가상 세계여행 게임을 만들어 이것을 "월드 브르마블"이라고 이름 붙였다(2008년 3월 1일).

258 특허법 제2조(정의) 이 법에서 사용하는 용어의 정의는 다음과 같다.
1. "발명"이라 함은 자연법칙을 이용한 기술적 사상의 창작으로서 고도한 것을 말한다.
2. "특허발명"이라 함은 특허를 받은 발명을 말한다.
3. "실시"라 함은 다음 각목의 1에 해당하는 행위를 말한다.
가. 물건의 발명인 경우에는 그 물건을 생산·사용·양도·대여 또는 수입하거나 그 물건의 양도 또는 대여의 청약(양도 또는 대여를 위한 전시를 포함한다. 이하 같다.)을 하는 행위
나. 방법의 발명인 경우에는 그 방법을 사용하는 행위
다. 물건을 생산하는 방법의 발명인 경우에는 나목의 행위 외에 그 방법에 의하여 생산한 물건을 사용·양도·대여 또는 수입하거나 그 물건의 양도 또는 대여의 청약을 하는 행위

- C가 만든 게임은 시판되자마자 선풍적인 인기를 끌었는데, 어느 날 A는 이 게임이 자신의 아이디어를 그대로 따온 것을 알게 되었다. A는 자신의 원 게임을 특허 신청함과 동시에 C에게 월드 브루마블 게임을 생산·판매하지 말 것을 청구하고 있다(2008년 4월 1일).
- 그러나 C는 A의 원 게임이 본래 특허될 수 없는 것이었다고 주장하고, 사용중지 요청을 거절하였다. 누구의 주장이 타당한가?

그 근거는 무엇인가?

먼저 특허의 대상이 되는 발명이 성립하기 위해서는 발명이 '자연법칙'을 '이용'한 것이어야 한다. 자연법칙이란 사람의 감정·감성 혹은 창작적 사고와 관계없이 자연상태에 본래 존재하는 법칙이나 원리를 의미한다.[259] 따라서 사람의 사고의 산물인 인위적인 약속(게임 법칙), 또는 인간의 정신활동(영업계획) 등을 이용하고 있는 경우에는 원칙적으로 발명에 해당하지 않는다.

다만, 여기서 자연법칙 자체는 자연계에 이미 존재하는 공공의 것으로서 특정인의 배타적 지배하에 둘 수 없다. 따라서 통나무가 물에 뜨는 현상과 같은 단순한 자연법칙의 발견은 특허 대상이 될 수 없다. 특히 자연법칙 자체는 추상적인 아이디어이기 때문에 특허권으로 보호하는 경우 지나치게 범위가 넓어지고, 불명확하며 공공의 자산을 특정인의 배타적 지배하에 두게 되는 결과가 된다.

따라서 발명의 대상이 되기 위해서는 자연법칙을 '이용'한 것일 필요가 있다. 즉, 아인쉬타인의 상대성 법칙은 발명 대상이 될 수 없지만, 과학자가 이 원리를 효율적으로 적용하여 상대성 이론에 의한 광자 우주선을 개발한 경우에는 특허대상이 된다. 또한 자연에 존재하는 고강도의 티타늄의 성질 자체는 자연법칙으로서 특허대상이 아니지만, 이를 이용한 티타늄 드릴은 발명의 대상이 된다.

원칙적으로 이러한 자연법칙을 이용한 발명은 그 구성요소 전체가 자연법칙을 이용한 것이어야 하고 일부가 자연법칙을 이용하지 않은 것인 때에는 원칙적으로 특허대상이 될 수 없다. 그러나 이후에 설명되는 컴퓨터 소프트웨어에 대해서도 입법 정책상 특허가 인정되면서 이 요건은 상당히 완화되었다고 할 수 있다.[260]

이러한 자연법칙을 이용한 발명은 적어도 그와 같은 자연법칙을 이용한 결과물을 "일정하게 반복할 가능과 확실성"을 가지고 있어야 한다. 물론 100%의 확실성을 요구

259 임병웅, 앞의 책, 43면.
260 임병웅, 앞의 책, 50면.

하는 것은 아니지만 반복가능성이 없다면 발명의 대상이 될 수 없는 '사건'에 불과하다고 할 수 있다.

다만, 자신의 발명에 적용되는 자연법칙에 대한 정확한 인식을 요구하지는 않는다. 실제로 전기와 관련된 다양한 발명품을 만들어낸 에디슨은 전기 자기장에 대한 학문적 지식이 전혀 없었다.

결론적으로 사례에서 문제된 주사위를 이용한 게임은 사람의 사고의 산물인 일종의 약속의 집합체로서 자연법칙을 이용한 것이 아니기 때문에 발명의 대상이 될 수 없다.

(2) 자연법칙의 이용과 관련된 특이 발명 유형

사례❶

화학자인 A는 맥시코산 얌(yam)의 화학분자식을 완성한 후에, 얌을 이용해 스테로이드 약물의 원료물질을 대량 생산하기 위해 촉매 반응을 추가하는 화학 반응식을 완성하였다.

A는 이 화학반응식을 실행하는 스테로이드 제조공정 전체를 자신만이 사용하기 위해 특허출원하였다. 그러나 경쟁회사인 노바티스는 A의 허락도 받지 않고 A가 출원을 위해 제출한 촉매 화학반응식 관련 정보를 사용하여 더 효과적인 약품 사용공정을 완성하였고, 이러한 생산공정 절차를 특허출원하였다.

A는 노바티스의 행위가 자신의 장래 특허를 침해한 것으로 특허출원 거부사유가 되어야 한다고 주장한다.

반면 노바티스는 A가 자연법칙에 불과한 얌의 화학분자식을 포함시켜서 전체공정을 특허청구하고 있으나 화학반응식은 자연법칙으로 원칙적으로 특허출원의 대상이 될 수 없다고 주장한다.

여기서 누구의 주장이 타당한가?

본래 자연상태에서 존재하는 화합물의 화학분자식은 자연법칙 그 자체이기 때문에 특허의 대상이 될 수 없다. 그러나 새로운 촉매물질을 사용하는 공정에 사용될 화학반응식을 완성한 것은 자연법칙을 이용한 발명에 해당한다.

특히 화학반응식 자체를 넘어서서 이것을 포함하는 제조공정 전체를 특허출원하였기 때문에 발명의 대상이 될 수 있다.

사례❷

수학자 Q는 물체와 충돌하면 각도를 계산하여 자동적으로 차기 경로를 찾아가는 수학 알고리즘을 완성하였다. Q는 이것을 로봇 청소기에 이용하여 이것을 자동청소 로봇으로 특허청구하였다.

B는 이러한 Q의 로봇 청소기를 분해하여 메모리 칩에 기록된 수학알고리즘을 역분석한 후 이 알고리즘을 똑같이 사용하지만 구조나 청소모터의 성능은 더 향상시킨 로봇청소기를 만들었다. B는 원칙적으로 수학알고리즘은 인간의 사고 산물이기 때문에 특허대상이 되지 못한다고 주장한다.

B의 주장은 타당한가?

수학적 알고리즘 혹은 수학공식 또한 일종의 자연법칙이기 때문에 그 자체로는 특허대상인 발명이 성립할 수 없다는 것인 원칙이다.[261] 따라서 수학공식 자체는 특허의 대상이 될 수 없으나 이 공식에 의해 보다 효율적인 가공 공정이 완성되었다면, 이 공식이 결합된 공정은 특허의 대상이 된다는 것이 현재 미국을 비롯한 각국의 태도이다.

특히 미국 연방대법원은 논란이 되어 오던 소프트웨어 발명의 특성 적격성에 대해 Diamond 사건을 계기로, 일종의 수학적 알고리즘에 해당하는 소프트웨어가 공정자체에 결합된 경우에는 특허대상이 될 수 있다고 최종 확인하였다.[262] 이 사건에서는 합성 고무의 가공공정에 Arrhenius 공식을 사용하여 효율적인 공정과정을 특허출원하였다. 따라서 수학적 알고리즘을 포함한 경우 자연법칙이기는 하나 이를 통한 프로세스, 기계, 제조물, 조성물을 구성하는 경우에는 특허 적격성을 인정할 수 있다.

먼저 '소프트웨어가 일정한 결과물을 도출하기 위한 방법이나 절차'인 경우에는 방법 특허가 가능한데, 예를 들어 'PDF' 파일 문서를 작동시키기 위한 엔진 DLL 파일과 Windows interface를 이용한 과정에 의해 문서구현의 과정을 제어하는 컴퓨터 소프트웨어는 특허대상이 된다. 또한 수학적 알고리즘으로 표현된 '소프트웨어가 특정기계의 한 요소'인 경우에는 물건발명의 한 구성요소로서 특허가 가능하다. 위 사례에서 로봇 청소기의 행동을 제어하는 수학적 알고리즘은 특허품의 한 구성요소로서 특허대상이 된다.

다만, 컴퓨터 소프트웨어를 포함하는 특허가 출원된 경우에는 단순히 소프트웨어 혹은 수학적 알고리즘만을 특허청구한 것은 아닌지 세심히 살펴야 할 필요가 있는데 우

261 임병웅, 앞의 책, 48면.

262 Diamond v. Diehr, 450 U.S. 175(1981).

리 컴퓨터 관련 발명의 심사기준에 의할 때 '산업상 이용할 수 있는 구체적 수단', 즉 기술적 사상이 존재하는지 여부를 검토하여 특허 여부를 판단하도록 하고 있다.[263]

미국 연방법원은 Diamond 판결 이후에 대표적인 Freeman-Walter-Abele 심사 방법에 의해 소프트웨어의 특허가능성 여부를 판단하였는데, 1) 청구항(claim)이 직접·혹은 간접적으로 수학적 알고리즘을 포함하는지 여부, 2) 수학적 알고리즘을 포함한 경우에 어떠한 방법으로 물리적 요소로서 방법·단계에 응용되는지 혹은, 알고리즘을 제외하고도 다른 내용이 특허권의 보호대상이 되는지를 심사하였다. 다만, 이후 이 원칙은 미국 연방항소법원의 Alappat 사건 등에서 그 적용 범위가 제한되었다.[264]

사례의 경우 수학적 알고리즘 자체는 특허보호대상이 될 수 없다고 하여도 로봇 청소기에 포함된 수학적 알고리즘은 특허상품의 그 구성요소로서 특허권의 보호대상이 된다.

사례❸

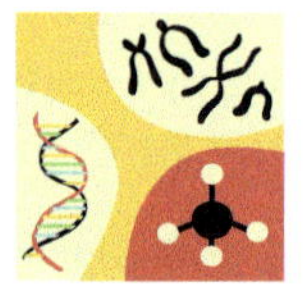

인도의 생명공학자 Kili는 박테리아를 이용하여, 정제된 원유의 순도를 높이는 연구를 하는 중에 유전자를 조합하여 새로운 형태의 박테리아를 개발하였다. 이 박테리아는 원유의 다양한 성분들을 분해할 수 있도록 고안되었고, Kili는 이것에 대한 특허를 신청하였다.

특허청은 실험실에서 제조한 생명이 있는 유기체는 발명의 대상이 될 수 없다고 주장하며 특허출원을 거부하였다. Kili는 법원에 자신의 특허를 인정해 달라는 소송을 제기하였다.

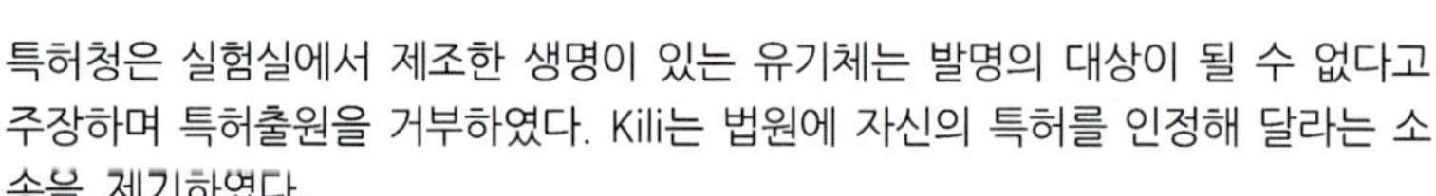

Kili의 주장은 타당한가?

자연상태에 존재하는 미생물이나 유전자 구조는 특허 대상이 될 수 있는 것인지가 문제될 수 있다. 현재 각국의 특허이론과 실무는 융통성을 발휘하여 전체적으로 보아 자연법칙을 이용하고 있는 경우에는 발명으로 인정하고 있다. 따라서 유전공학에 의해 자연계에 존재하지 않는 새로운 생명체를 완성하거나 특정기능의 유전자를 인위적으로 분리한 경우에는 특허대상인 발명으로 인정된다.[265]

미국의 Diamond v. Chakrabarty[266] 판결 이후 "인간이 만든 태양 아래 모든 것들

263 김순석, "컴퓨터 소프트웨어 관련발명의 특허권에 의한 보호", 『비교사법』 Vol.6 No.2(1999), 807~ 843면.

264 *In re* Alappat, 33 F.3d 1526(Fed. Cir. 1994); 이택수, "판례를 통해서 본 미국의 특허성 판단", 『특허정보』 제38호(1996), 12면.

265 임병웅, 앞의 책, 72면 ; 吉藤幸朔, 『특허법개설』(유미특허법률사무소, 2000), 177면.

은 특허대상"되는 것으로 판단하여 생명공학에 의한 결과물도 당연히 특허의 대상으로 인정하고 있다.

사례의 경우 인도 생명공학자가 유전자 조합에 의해 박테리아를 개발한 경우에, 실험실에서 제조한 생명이 있는 유기체는 발명의 대상이 될 수 없다는 것이 1980년 초 이전의 미국 특허청의 입장이었으나, 법원은 미생물이 제조물이나 조합체로서 특허 대상이 될 수 있다고 판결하였다. 특히 당시 법원은 자연적으로 발견된 어느 것과도 다른 특색을 가진다는 점에서 충분한 효용의 가치가 있음을 인정하였다.[267]

(3) 기술적 사상의 창작

사례

프로골퍼 A는 골프 폼을 연구한 끝에 9홀까지 가장 멀리 공을 직선으로 칠 수 있는 방법을 연구하여 훈련을 통해 그 폼을 익힐 수 있는 수련방법을 개발하였다.

A는 그 폼과 훈련수련방법에 대한 특허를 출원하여 다른 선수들에게 가르쳐 주고 돈을 벌 꿈에 부풀어 있다.

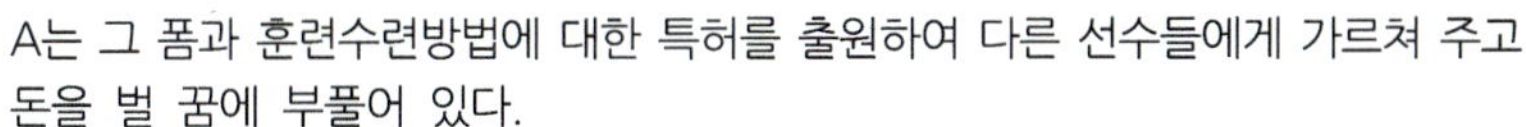

A가 개발 연구한 골프 폼과 수련방법은 특허대상이 되는가?

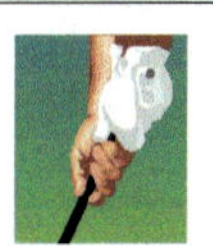

특허의 대상이 되는 발명은 목적달성을 위한 합리적인 수단으로서 동일한 기술적 효과를 가져 올 수 있는 반복가능성이 있는 기술적 사상이어야 한다. 특히 기술적 사상(idea)의 창작이라는 점에서 표현의 창작인 저작권과 구별된다. 여기서 기술적 사상이라는 것은 산업상 이용할 수 있는 구체적 수단이 되어야 한다는 것을 의미한다. 아름다운 시나, 소설, 그림 등은 그 자체로는 높은 가치를 가진 것이지만, 그 자체가 산업적으로 다른 결과물을 만들어 내지는 못한다.

이와 같은 기술적 사상은 특히 제3자에게 전달될 수 있는 객관성이 있어야 하는 것으로 단순한 기능, 기예와 구분된다. 예를 들어, 호떡을 빨리 만드는 방법, 스크류 볼을 던지는 방법, 나무로 불 피우는 방법 등은 개인의 숙련에 의해 달성될 수 있는 것으로서 객관적으로 제3자에게 동일하게 전달할 수 있는 방법이 없다.

266 Diamond v. Chakrabarty, 447 U.S. 303(1980).

267 박영규, "생명공학적 발명의 보호와 유전자특허의 보호범위", 산업재산권 제18호(2005), 41면 ; 김병연, "생명공학산업의 영리성과 특허권에 대한 제한", 산업재산권 제18호(2005), 83면.

사례의 경우, 골프 폼은 일종의 기예 혹은 기능으로서 연습을 통해 개인마다 주관적인 달성도가 다르기 때문에 이것을 기술적 사상이라고 할 수 없다. 훈련을 통해 그 폼을 익힐 수 있는 수련방법이 체계화되어 있다고 하여도 실제 그 방법에 따라 사람마다 동일한 결과가 발생하지 않기 때문에 기술적 사상이 될 수는 없다.

(4) 고도의 창작성

사례

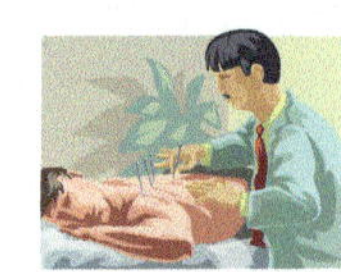

한약사인 A는 동의보감에 쓰여져 있는 우황청심환의 배합비율을 달리하면 값비싼 사향의 비율을 줄이고 값이 훨씬 싼 우황을 조금 더 첨가하여 동일한 효과를 거둘 수 있다는 것을 알게 되었다.

A는 자신이 개발한 이러한 독특한 방법을 통해 우황청심환을 만들었고, 제약사와 라이선스 협상을 하기 전에 특허를 받으려고 한다.

A가 개발 연구한 새로운 우황청심환 약품 배합비율은 특허대상이 될 수 있는가?

특허대상이 되는 발명은 기술적 사상의 창작으로서 그 내용이 '고도한 것'이어야 한다. 따라서 발명대상 상품·서비스의 관련 분야에 종사하는 자가 볼 때 쉽게 생각할 수 없을 정도로 창작성이 높은 것이어야 한다.

특허제도는 이와 같이 창작성의 고도성을 요구함으로써 '단순한 고안'을 보호대상으로 하는 실용신안제도와 구별된다. 따라서 이미 존재하는 의약품 제조방법에서 약간의 배합기법을 바꾼 경우 등에는 특허출원이 원칙적으로 불가능하다고 할 수 있다.

다만, 특허권은 이후에 설명하는 것처럼 특허요건으로서 '진보성'을 요구하고 있는데, 이 요건에 의하여 이전 기술보다 월등이 발전된 형태가 아닌 발명은 허용되지 않는다. 따라서 실제로 창작의 '고도성' 요건이 엄격히 심사될 필요성은 크지 않다고 할 수 있다. 사례의 경우, 약품배합기법의 변경 등은 고도의 창작성이 인정되지 않기 때문에 발명대상이 되기 어렵다.

Ⅱ. 특허의 종류

특허의 종류는 특허권의 실질적인 내용이 되는 청구항에 기재된 권리주장 사항에 따라 구분되는데 물건발명, 방법(제법)발명, 용도발명으로 구분된다. 이하에서는 특허종류를 이해하기 위한 한도 내에서 특허청구항의 기재방법을 먼저 살펴보고 특허의 종류를 살펴본다.

1. 특허 청구범위의 기재

(1) 특허 청구의 범위

사례

의사인 A는 환자의 가슴, 복부 등에 청진기를 대고 심장 박동과 혈류 등 신체 내부의 소리를 통해 환자의 상태를 진단하면서, 다른 잡음을 뺀 건강한 폐와 혈류 소리 등을 측정하여 저장한 후, 이를 시각적으로 보여주면 훨씬 더 정확한 진단이 가능할 것으로 생각하였다. 따라서 A는 기존 아날로그 청진기 대신 환자의 심장과 폐 등 측정 부위별 고유 주파수를 추출하고 잡음을 제거하고 미약한 청진기음의 진폭을 증대 시키는 필터링 과정을 수행하는 디지털 청진기를 발명하였다. A는 다음과 같은 내용으로 국내 특허를 출원 등록했고 해외 특허도 획득했다.

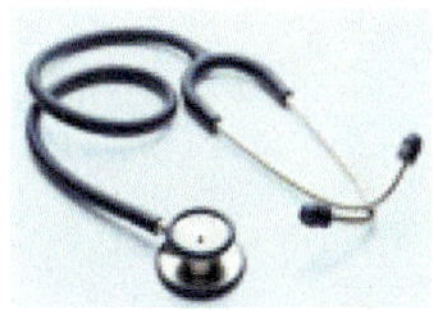

- 청구항 1: 소리를 흡입하는 크고 작은 '두개의 집음반'이 연결관의 양단부에 결합되고 연결관의 내부에 센서를 부착하여 집음관에서 수집된 음향을 탐지 · 녹화한 후, 그 청각적 소리를 시각적 그래프로 표현하는 청진기 형태.
- 청구항 2: 청구항 1에 있어서 소리를 흡입하기 위해 양면으로 형성 부착된 두개의 집음반
- 청구항 3:..청구항 1에 있어서….

A의 특허 발명품은 처음 나올 때는 상당한 찬사를 받았으나, 정작 A의 특허를 상용화 하겠다고 특허 매수의사를 밝힌 기업은 없었다. 그러는 와중에 A는 실제 자신이 고안한 디지털 청진기와 유사한 제품을 1년 후에 B기업이 생산하는 것을 확인하고 특허침해금지청구를 신청하였다. 이에 대해, B는 A의 특허권을 자신이 참조한 것은 사실이지만, B의 상품은 A의 특허권을 침해한 것이 아니라, 우회 설계한 것으로, A의 특허권과 달리 B의 상품은 1개의 집음반으로 구성된 발명이라고 주장하고 있다. B의 주장은 타당한가?[268]

특허법 제42조 2항은 특허출원서에 발명의 설명 · 청구범위를 적은 명세서와 필요한 도면 및 요약서를 첨부하도록 규정하고 있고, 다시 특허법 제42조 제8항에 의하여 청구범위의 기재방법은 그 시행령으로 정하고 있다.

이 중에서 "청구범위"는 특허를 청구할 때 구체적으로 보호받고자 하는 상품, 기술의 범위를 기재하는 것을 말한다. 특허권의 보호 범위는 이러한 청구범위에 한정되기 때문에, 이후에 특허침해 여부, 특허요건의 구비 여부 등이 이러한 청구범위의 기재내용을 중심으로 이루어진다. 현행법상 이러한 청구범위는 기재 방법상 여러 개를 특허청구범위에 기재할 수 있는 다항제를 채택하고 있다.[269]

이와 같은 청구항은 특허권을 통해 보호받을 대상을 지정하는 것으로써, 원칙적으로 청구항에 기재되지 않은 것은 유사한 것이라고 하여도 그 보호대상이 되지 않고, 따라서 특허침해도 인정되지 않는다. 사례에서 예시된 특허발명의 청구항은 실제 "두개의 집음반이 연결관의 양단부에 결합되고…"라고 규정하여, 두개 집음반이 결합된 형태만을 특허발명의 보호대상으로 설정하고 있고, '한 개 집음반의 양면을 사용하여 소리를 집음'하는 청진기는 그 특허발명의 보호대상에 포함되지 않는다.

그런데 만일 이 사례에서, "하나 이상의 집음반으로 구성된…."이라고 특허 청구범위를 더 넓혀서 청구항을 기재하였다면, 집음반 형태를 사용하는 모든 디지털 청진기가 보호대상이 될 수 있었을 것이다. 그러나 발명자는 청구항의 청구범위를 '두개의 집음반이 연결관의...'이라고 한정하여 규정함으로써, 이 사례의 특허는 쉽게 우회 개발될 수 있다.

청구항은 이와 같이 특허발명의 보호여부를 결정하는 중요한 요소이기 때문에 청구항을 기재할 때는 신중을 기하여 작성하여야 한다. 다만, "센서를 활용하여 … '신체에서 발생한 소리를 수집하는'…"과 같이 지나치게 광범위한 범위를 설정하는 청구항의 기재는 특허청구 거절의 사유가 될 수 있다.

(2) 독립항과 종속항

특허 청구항은 크게 독립청구항과 종속항의 두가지 종류로 구분된다. 이때 독립청구항은 특허발명으로 보호할 범위를 넓게 포섭할 목적으로 발명의 기본적인 구성내용을

268 네이버 인터비즈 이슈앤트렌드 2018. 4. 11. *Available at* https://blog.naver.com/businessinsight/221250171529.

269 특허청구항의 기재방법은 특허법 시행령 제5조에서 규정하고 있다.

서술한다. 또한 종속항은 독립항을 기술적으로 한정하거나 부가하여 구체화하여 발명의 깊이를 표현하는데 사용한다.[270]

따라서 특허청구범위를 기재할 때는 먼저 독립항(독립청구항)을 기재하고 이 독립항을 한정하거나 다시 부가함으로써 구체화하는 종속항을 기재하는 것이 일반적이다. 또한 필요한 경우에는 종속항을 다시 한정하거나 부가하여 구체화하는 종속항을 추가로 서술할 수도 있다.[271]

예를 들어, 특정 물질생산을 주 내용으로 하는 발명인 경우에는 생산되는 물질자체를 독립청구항으로 기재하고, 이러한 최종 생산물질을 제조하는 방법을 종속 청구항으로 보호청구하며, 만일 종속청구항에 포함된 제조방법과 관련하여 중간 원료물질 혹은 원료물질 제조방법에 대한 보호를 또 다른 종속항으로 보호청구할 수 있다.

㉮ 특허출원서에 기재되는 [특허청구범위]의 기재 방법인 독립 청구항과 종속청구항

[청구항 1] CML(만성골수성백혈병)치료약물 A → 독립항

[청구항 2] 청구항 1에 있어서, A 생산을 위해 물질 B와 C를 결합 생산하는 방법 → 종속항

[청구항 3] 청구항 2에 있서, A의 생산방법을 가능케 한 원인 물질 B → 종속항

[청구항 4] 청구항 3에 있어서, 증류 용출법에 의한 B의 생산 방법 → 종속항

2. 특허의 종류구분

(1) 물건발명과 방법발명의 구분

특허법상 언급되는 발명은 물건발명과 방법발명으로 구분된다.[272] 물건발명은 물건이나 특정 물질 자체를 생산하는데 필요한 기술적 사상에 대한 창작을 의미하는데, 일반적으로 그 자체로 독립성을 가진 물건을 지칭하는 협의의 물건 발명과 화학물질, 조

270 특허법 시행령 5조 1항.

271 임병웅, 앞의 책, 280면.

272 특허법 제2조
1...
3호. "실시"란 다음 각 목의 구분에 따른 행위를 말한다.
가. 물건의 발명인 경우: 그 물건을 생산·사용·양도·대여 또는 수입하거나 그 물건의 양도 또는 대여의 청약(양도 또는 대여를 위한 전시를 포함한다. 이하 같다)을 하는 행위
나. 방법의 발명인 경우: 그 방법을 사용하는 행위 또는 그 방법의 사용을 청약하는 행위
다. 물건을 생산하는 방법의 발명인 경우: 나목의 행위 외에 그 방법에 의하여 생산한 물건을 사용·양도·대여 또는 수입하거나 그 물건의 양도 또는 대여의 청약을 하는 행위

성물, 약품성분 등과 같은 그 자체로는 독립성이 없는 물질발명으로 구분된다.[273] 반면에 방법발명은 물건을 생산하는 방법(제법발명)과 통신방법, 제어방법과 같은 물건생산과 관계없는 방법발명으로 구분되는데 특정한 결과물을 얻기 위해 수행되는 일정한 과정 절차에 대한 발명을 의미한다.[274] 다만, 특허법상 명시적으로 언급된 것은 아니지만 물건·물질의 새로운 속성 혹은 새로운 용도에 대한 창작적 아이디어와 관련하여 용도발명이 존재한다. 용도발명은 단순히 기존의 자연현상을 단순히 발견한 것에 불과한 것이어서 발명성이 인정될 수 있는지가 논란이 될 수 있다.

그러나 현재의 미국을 비롯한 대다수의 국가에서는 단순한 발견이 아니라, 기존의 물질이 가지고 있는 새로운 성질에 대한 유용한 발견으로서 산업상 이용가치가 높은 것에 대해서는 발명성을 인정하고 있다.[275] 다만, 종래 물질에서 새로운 성질이 발견되었다고 하여도 그 용도가 기존의 사용범위를 벗어나지 못하는 경우에는 단순한 효과의 발견에 불과한 것으로 새로운 용도발명이 성립할 여지는 없다.[276]

(2) 물건발명, 방법발명 등의 구별 실익

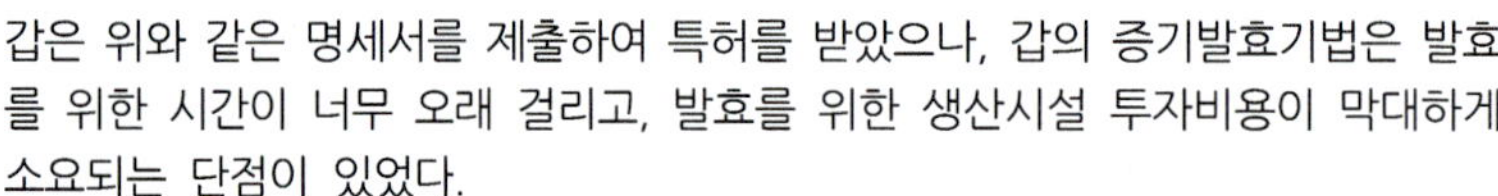

갑은 염증치료제로서 탁월한 효과를 보이는 스테로이드를 제조하는데 사용하는 안톤시아닌 화합물을 발명하면서 이것의 제조방법으로 가장 값이 싼 맥시코산 얌(yam)을 증기로 발효시키는 방법을 개발하여 이들을 다음과 같이 특허 청구하였다.

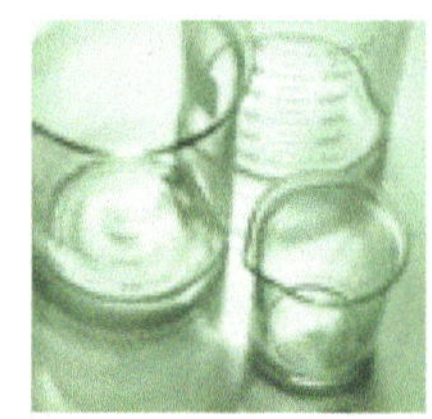

- (청구항 1) 시클로펜타노히드로페난트렌 고리 구조를 가진 치료용 스테로이드 약물 제조에 사용되는 원료물질로서 안톤시아닌
- (청구항 2) 청구항 1에 있어서 원료인 얌(yam)을 증기 발효하여 제조하는 방법
- (청구항 3) 청구항 2에 있어서 증기발효 시에 사용하는 촉매물질 A

갑은 위와 같은 명세서를 제출하여 특허를 받았으나, 갑의 증기발효기법은 발효를 위한 시간이 너무 오래 걸리고, 발효를 위한 생산시설 투자비용이 막대하게 소요되는 단점이 있었다.

273 임병웅, 앞의 책, 55면 ; 吉藤幸朔, 앞의 책, 90~91면.

274 특허기술이 포함된 프로그램이 USB나 CD 등 기록매체에 저장된 형태로는 특허보호가 가능하지만, 프로그램이 기록매체의 이전 없이 정보통신망을 통하여 전송되는 경우에는 특허발명의 실시에 해당하는지가 불분명하여 특허로 보호되기 어려웠다. 2020년 3월 개정된 특허법은 이것을 반영하여 "제2조 3호 나"를 수정하여 '방법의 발명'을 실시하는 방법으로, "그 방법의 사용을 청구하는 행위"를 포함하고 있다.

275 임병웅, 앞의 책, 64면.

276 吉藤幸朔, 앞의 책, 88, 125면.

스테로이드가 특히 류머티즘에 효과가 있는 유일한 약물이기 때문에 수요가 급증하였고, 을은 스테로이드를 대체할 다른 물질을 연구하고 있던 중에 우연하게 스테로이드 원료 물질인 안톤시아닌을 증기발효기법이 아닌 다른 방법을 통해 제조하는 방법을 개발하였다. 을은 기존의 증기발효기법 대신에 원료 물질을 살리실산을 통해 용해시키고, 다시 촉매반응을 통해 용해물질에서 분리하면 원래 가격의 1/20 가격, 1/20의 시간으로 대량생산이 가능하다는 것을 알게 되었다.

을은 따라서 다음과 같은 청구범위를 가진 특허명세서를 제출하였다.

- (청구항 1) 스테로이드 약물 제조에 사용되는 안톤시아닌의 용해기법에 의해 제조방법
- (청구항2) 청구항 1에 있어서 살리실산을 용매제로 얌을 통해 추출하는 용해방법
- (청구항3) 청구항 2에 있어서 B를 사용하여 용해 촉진하는 촉매방법

다만, 을은 자신의 특허가 이전 갑의 특허를 침해하는 것은 아닌지 우려하고 있다.

을이 출원한 특허는 특허출원이 가능한가?

특허침해 여부를 판단할 때는 우선 선발명의 대상과 후발명이 동일한 것인지를 판단하여야 하는데, 양자가 유사하다고 하여도 양 발명의 유형이 서로 다르다면 양자는 동일하지 않은 것이 된다. 즉, 실질적으로 동일한 발명이 아닌 이상, 상이한 유형인 물건발명과 방법발명은 원칙적으로 동일하지 않은 발명으로 취급된다.

문제는 양자를 구별하는 기준인데 일반적으로 시간적 요소를 필요로 하지 않은 때에는 물건의 발명이고, 시간적 순서와 과정을 핵심적인 내용으로 하는 경우에는 방법발명이라고 설명된다.[277] 예를 들어, A와 B로 구성된 것을 특징으로 하는 물건발명과 B와 A로 구성되는 특징을 가진 물건발명은 동일 발명에 불과하다. 그러나 X 공정 후 Y 공정을 거치는 물건의 제조방법과 Y 공정 후 X 공정을 거치는 제조방법은 별개의 방법발명이 된다. 다만, 방법발명의 모두가 시간의 경과나 과정 절차를 중요한 요소로 하지 않은 경우가 등장하고 있기 때문에 시간적 요소를 기준으로 방법발명을 물건발명과 구분하는 것이 언제나 타당한 것은 아니다.[278]

예를 들어, 물건을 사용하는 방법으로서 참기름에서 기름 성분을 추출할 때 사용하는 살리실산을 의약품으로서 피부박피용으로 사용하는 경우에는 시간의 경과와 관계없는 방법발명으로 설명된다. 따라서 방법발명을 "인간의 행위를 요소로 하는 지를 기준으로 구분하는 것이 타당하다"는 주장이 존재한다.[279]

277 임병웅, 앞의 책, 55면 ; 吉藤幸朔, 앞의 책, 90~91면.

278 임병웅, 앞의 책, 55면 ; 이종완, 『특허법론』(대한변리사회, 2004), 65면.

279 임병웅, 앞의 책, 56면.

물건발명과 방법발명의 또 하나의 구분 실익은 물건발명의 경우 배타성이 강하여 일단 특정물건발명이 출원되면 원칙적으로 동일 · 유사한 물건 특허가 존재하기 어려운 반면에, 방법 발명의 경우에는 그와 유사하더라도 진보성과 신규성이 인정되는 한 얼마든지 독립적으로 다른 발명이 성립할 여지가 높기 때문이다.

즉, 하나의 명세서 안에서 물건발명이 특허요건을 충족하지 못하여 특허권이 인정되지 않는다고 하여도, 별도의 방법발명은 당연히 그에 종속하여 특허가 거부되는 것이 아니라 별도의 독립적인 특허요건 충족여부를 판단할 필요가 있다.

예를 들어, 우선 하나의 물건을 만드는 수많은 방법이 존재하는 경우에 독립항이 물건발명으로서 신규성, 진보성이 인정된다면 타독립항, 타종속항의 제조방법 또는 용도발명은 당연히 신규성, 진보성이 존재하는 것으로 인정된다. 그러나 독립항의 물건 발명이 신규성 진보성이 없는 경우도 타독립항, 종속항의 신규 · 진보성 여부는 별도로 판단하여야 하는 것이다.

따라서 물건 1과 방법 1, 2, 3을 출원하였으나 이미 물건 1과 방법 1에 관한 선출원이 존재하는 경우에 물건 1과 방법 1은 출원이 불가능하지만 종속항으로 방법 2, 3은 진보성이 인정되는 한 원칙적으로 특허가 가능하다고 해석된다.

사례의 경우 선출원 특허는 물질발명과 그에 부속하는 방법발명이고 을의 후출원 특허는 선출원에 기재되지 않은 방법 특허인 경우에 해당하고, 결국 양자는 독립한 특허로 인정된다. 따라서 을의 후출원 특허는 성립가능하다고 할 수 있다.

(3) 기본·독립발명, 개량·종속발명

사례

생명공학 전문 A회사는 최근에 인간의 노화과정에 작용하는 특정 단백질 구조를 파악하고 이것에 영향을 미치는 유전자의 특정 구조를 발견하였다. A는 이를 통해 모발 세포 등의 노화를 막는 물질을 발명하여 특허를 청구하였다.

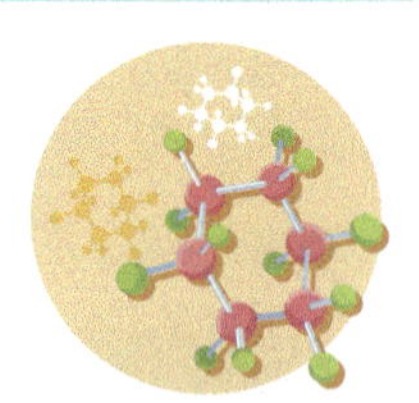

의약품 회사인 B는 A회사가 특허출원과 동시에 공개한 노화촉진 단백질 구조를 이용해 암세포를 사멸시키는 연구를 진행하였고, 연구결과 최근에 얻어진 신약을 특허청구하였다. 그러나 이 사실을 안 A회사는 B의 발명품은 자신의 특허품을 기초로 하여 만들어진 것인데, B가 자사의 허락을 받지 않고 2차 발명품을 개발하였기 때문에 B가 그 발명품에 대해 특허를 청구하는 것이 A사의 특허에 대한 침해가 성립한다고 주장하고 있다.

A사의 주장은 타당한가?

어느 기술분야에서 선도적인 역할을 하는 기초적인 기술적 사상에 대한 발명을 기본 발명이라고 하고, 이러한 기본 발명을 토대로 보다 발전된 기술적 사상 혹은 개선하는 내용을 발명하는 것을 개량발명이라고 한다.

일반적으로 기본발명은 다른 발명을 사용하지 않고 독립적으로 제3자에게 사용 라이선스를 허가하는 등 당해 발명자가 그 특허품의 권한을 배타적으로 실시할 수 있다. 다만, 기본발명을 이용하여 이를 발전시킨 개량발명의 상당수는 종속발명으로서 개량발명을 이용하기 위해서는 이전의 선행 기본발명을 실시하여야 하는 경우가 많다. 이와 같이 다른 발명을 실시하지 않으면 자신의 발명을 실시할 수 없는 종속발명은 그 실시를 위해 원천 특허 혹은 기본발명자의 허락이 있어야만 당해 발명을 실시할 수 있다.[280]

그러나 이러한 종속발명은 적어도 그 성립에 있어서는 기본발명자 혹은 원천특허권자의 허락을 필요로 하지 않는다. 기본발명을 토대로 이를 발전시킨 개량발명 혹은 종속발명의 특허권 성립여부는 오직 그 발명자체가 특허수여 요건을 충족하는지 여부에 따라 결정된다. 물론 기본발명의 개량정도가 매우 낮거나, 이미 기본발명이 청구범위에 포함된 것으로 해석되는 것들은 특허대상 자체가 되지 못한다.

사례의 경우, 개량발명인 B사의 특허는 특허권을 받은 후에 그 실시를 위해서는 A의 허락이 필요할 수 있으나, 일단 특허권 자체를 수여 받는 데에는 A의 허락이나 승인이 필요 없다. 따라서 기본발명이 출원되면서 공개된 정보를 가지고 제3자는 얼마든지 이를 개량시킨 발명을 만들어 낼 수 있다.

이와 같이 특허출원에 의해 공개된 정보가 확산되면서 새로운 기술이 발전하는 것을 특허법은 중요한 입법목적으로 설정하고 있다.

280 임병웅, 앞의 책, 60면.

Ⅲ. 특허수여 요건

1. 특허권의 목적과 그 수여 요건의 취지

특허권의 본질에 대하여 경제적 도구설을 취한다면 특허권을 인정하는 취지는 기술발명을 유도하여 그를 통해 기술발전을 이룸으로써 사회복지를 증진하는데 있다. 즉, 단순히 특허권자의 이익을 보장하기 위한 것이 아니기 때문에 특허권의 인정은 대단히 신중할 필요가 있다. 예를 들어, 비록 본인이 만들었다고 하여도 이미 공공에 널리 알려진 아이디어에 대해 특허권을 인정하면 공공의 재산을 빼앗아 특허권자의 이익을 보장하는 결과가 된다.

또한 누구나 쉽게 만들어낼 수 있는 단순한 것에 특허권을 부여하게 되면 공공이 나중에 이것을 만들어 사용할 가능성을 원천적으로 차단하는 결과가 된다.

반면에 특허권 수여 요건이 지나치게 까다롭다면 새로운 기술을 발명하는 기술창작자들의 창작동기를 지나치게 억누르는 결과가 될 수도 있다. 특히 특허권 수여 요건을 위반한 발명에 대해서는 특허무효 청구가 인정되기 때문에 특허권자들의 노력이 한 순간에 사라질 수도 있다.

따라서 특허권 수여 요건은 기술발명을 유도하여야 하는 공공의 이익을 증진하는 반면에 특허권 인정을 통해 발생할 수 있는 불이익은 최대한 억제하는 방향으로 설정되고 해석되어야 한다.

2. 특허수여 요건의 구체적 내용

(1) 산업적 이용 가능성

1) 산업적 이용 가능성의 의의

사례

발명가인 A는 무한동력장치를 구상 중이다. A는 한쪽에는 전기모터를 다른 쪽에는 큰 발전기를 장착하여 모터의 힘에 의해 발전기의 발전 축이 구동되도록 하고, 발전기에서 나온 전기가 다시 모터로 흘러 모터가 돌아 갈 수 있도록 하였다. 이를 통해 처음 모터를 돌리는 약 50v의 전기만 있으면 무동력 무한발전이 가능하다고 주장하며 특허출원서를 제출하였다.

다만, A의 무한동력기는 아직까지 2분 이상 제대로 작동된 적이 없다. 그러나 A는 특허의 요건상 반드시 상용화를 요구하지는 않는다고 주장하며 특허를 요구하고 있다.

A의 발명품은 특허가 가능한가?

특허법상 산업적 이용 가능성은 상업화와 어떻게 구별되는가?

특허법 제29조는 발명이 특허대상이 되기 위한 첫 번째 요건으로서 산업적 이용 가능성을 규정하고 있다.[281] 산업적 이용 가능성은 당해 발명이 기술적으로 산업에 이용될 수 있는 것이어야 한다는 것을 말한다. 다만, 여기서 '이용'의 개념은 상업성이나 경제성을 의미하지 않고 장래에 이용될 가능성 수준을 의미한다.

또한 당해 발명이 상용화 가능한 것임을 요구하지 않으나, 단순한 아이디어 수준을 넘어서서 산업상 구체적이고 유용한 결과를 반복적으로 생산할 수 있는 단계에 도달하여야 한다.[282]

따라서 기술적으로 구체화 시킬 수 없는 아이디어는 특허대상이 되지 못한다. 예를 들어, 무한동력장치, 바다 위를 걷는 방법 등은 반복적으로 그 결과를 달성할 수 없으

281 특허법 제29조(특허요건) ① 산업상 이용할 수 있는 발명으로서 다음 각 호의 어느 하나에 해당하는 것을 제외하고는 그 발명에 대하여 특허를 받을 수 있다.
1. 특허출원전에 국내 또는 국외에서 공지되었거나 공연히 실시된 발명
2. 특허출원전에 국내 또는 국외에서 반포된 간행물에 게재되거나 전기통신회선을 통하여 공중이 이용가능하게 된 발명

282 임병웅, 앞의 책, 165면.

므로 산업적 이용 가능성이 없다.

위 사례에서 발명자가 그 발명장치를 가시화시켰다고 하여도 실제 현 상태에서는 관련기술의 부족으로 작동시킬 수 없다면 이용 가능성이 없다.

2) 산업적 이용 가능성의 판단

사례

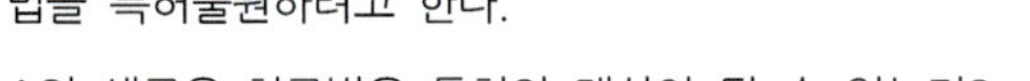

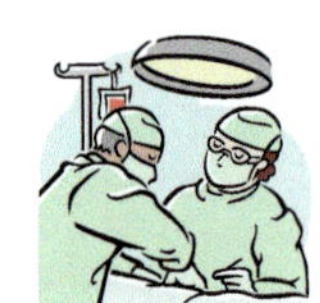

외과의사 A는 심장으로 향하는 동맥에 콜레스테롤이 쌓여서 혈관이 막힘으로써 심장근육이 괴사하는 심근경색의 새로운 치료법을 개발하였다. 기존에는 꽈리처럼 부풀어 오른 혈관을 절제하기 위해 가슴을 10cm 이상 절개하여야 했으나 이 경우엔 패혈증 등 합병증이 우려되고 회복기간도 3주 이상이 소요되는 등 부작용이 많았다.

그러나 A는 허벅지의 대동맥을 통해 가는 철사관을 심장 대동맥까지 집어 넣어 막힌 혈관에 풍선을 불어 확장하는 카테타 시술을 개발하였다. A는 이러한 치료법을 특허출원하려고 한다.

A의 새로운 치료법은 특허의 대상이 될 수 있는가?

특허법 제29조의 해석상 "산업적 이용 가능성"의 요건은 발명개념으로서 "자연법칙의 이용"과 거의 동일하게 해석되는 경향이 일반적이다. 이와 같은 산업적 이용 가능성을 판단할 때는 다음과 같은 몇 가지 기준이 문제된다.

먼저 윤리적 이유에서 산업적 이용 가능성을 부인하는 경우가 있는데, 그 예로는 의료업에서 인체를 필수적 구성요소로 하는 진단 및 치료방법에 대한 발명이 문제된다. 의료기술과 관련된 발명을 구분하면 의약품이나 의료기기에 대한 발명과 의료방법에 대한 발명으로 구분된다.

의료기기와 약품에 대한 특허는 당연히 인정되는 것이 원칙이지만, 의료방법에 대한 특허여부는 각국의 실무 관행상 차이가 있다. 한국을 비롯한 일본·유럽의 특허실무와 학계는 의료방법에 대한 특허로서 예를 들어 수술방법 등에 대한 특허는 산업적 이용 가능성이 없다고 해석한다.[283] 특히 유럽의 경우 의료방법에 대한 특허를 인정하는 경우에 발생할 수 있는 사회 윤리적 차원의 문제점을 지적한다.

다만, 의료방법에 대한 특허를 부인하는 국가들도, 인체를 간접적인 구성요소로 하

283 임병웅, 앞의 책, 167면 ; 천효남, 『특허법』(법경사21C, 2007), 214면 ; 대법원 2004.3.14. 선고 2001 후 2801 판결.

거나, 인체를 구성요소로 하지 않는 경우, 동물용으로 한정되는 경우 등에는 의료방법의 발명도 산업적 이용 가능성을 인정하는 것이 일반적이다.[284] 예를 들어, 인체로부터 분리하여 채취된 모발, 조직에 대한 검사방법에 대한 기술사항은 산업적 이용 가능성이 인정된다.

그러나 이와 같이 의료방법에 대해서 특허권 자체를 인정하지 않는 입법적 태도에는 많은 비판이 가해질 수 있다.[285] 특허제도의 본질상 의료방법의 발명을 유도하기 위해서는 최소한 특허권 자체는 인정하되 그 예외사유를 넓게 인정하는 것이 타당하다고 생각된다. 미국의 경우 1996년 이후 의료방법에 대한 특허를 인정하되 예외를 넓게 인정함으로써 의료기관 외의 자가 당해 의료방법과 관련된 의료기기를 제조 생산하는 경우에는 권리행사를 가능하게 함으로써 부분적으로 의료방법 개발자에 대한 인센티브를 보장하고 있다.[286]

산업적 이용 가능성과 관련하여 또한 문제되는 것은 발명의 '경제성 요건'인데, 원칙적으로 발명의 경제성 유무는 기술적 평가와 관련 없는 내용으로서 사회적 상황에 의해 좌우되는 요건이기 때문에 특허요건인 산업적 이용 가능성에 영향을 미치지 않는다. 따라서 경제성이 없는 것으로 보여도 산업적 이용 가능성 요건이 부인되지는 않는다.

마지막으로 발명 생산품의 활용가능성도 문제되는데 발명의 결과를 응용하여 실제 생산한 생산품의 활용가능성도 특허요건의 판단대상이 될 수는 없다. 따라서 일단, 일반산업에 이용될 수 없는 것이라도 군수 목적 사용가능성이 있는 경우에는 '산업적 이용 가능성'이 인정된다. 이와 같은 산업상 이용 가능성을 흠결한 발명은 특허 등록 전에는 당연히 특허거절사유에 해당하고, 만일 등록된 후에 밝혀진 경우에는 특허무효사유(법 제133조 제1항 제1호)에 해당한다.[287]

사례의 경우 전형적인 의료방법에 대한 특허로서 한국에서는 산업적 이용 가능성이 부인됨으로 특허대상이 될 수 없다. 다만, 의료시술에 사용되는 카테타와 같은 의료기기는 특허의 보호대상이 된다.

284 임병웅, 앞의 책, 167면 ; 천효남, 앞의 책, 215면 ; 대법원 1997.9.26. 선고 96후825 판결(특허청구항에 의료방법이 동물용으로 한정되는 경우에는 특허를 인정함).

285 정차호, "의료방법발명의 특허보호 타당성 검토", 『산업재산권』 제19호(2006), 1면.

286 미국 특허법 제287조(c)(1) 참조.

287 특허법 제133조(특허의 무효심판) ① 이해관계인(제2호 본문의 경우에는 특허를 받을 수 있는 권리를 가진 자만 해당한다) 또는 심사관은 특허가 다음 각 호의 어느 하나에 해당하는 경우에는 무효심판을 청구할 수 있다. 이 경우 청구범위의 청구항이 둘 이상인 경우에는 청구항마다 청구할 수 있다.
1. 제25조, 제29조, 제32조, 제36조제1항부터 제3항까지, 제42조제3항제1호 또는 같은 조 제4항을 위반한 경우

(2) 신규성

1) 신규성 요건의 의의

사례

피부과 의사인 B는 집에서 요리를 하다가 병원의 호출을 받고 뛰어오는 바람에 밀가루가 잔뜩 묻은 손으로 병원까지 와야 했다. B는 이 상태로 병원에서 몇 가지 작업을 하던 중에 우연히 밀가루가 자외선 차단과 피부 보호막을 형성하는 중요한 역할을 하는 것을 알게 되었다.

B는 이것을 이용해 화장품을 개발하면 노화방지는 물론 보습효과를 충족시킴으로써 훌륭한 에센스 화장품의 역할을 하는 것을 알게 되었다. B는 따라서 이러한 특성을 가진 밀가루를 특허출원하려고 한다.

이미 흔히 사용하는 물질에 대한 특허가 가능한가?

특허요건으로서 발명의 신규성은 신청된 발명이 이미 사회일반에 널리 알려져 있지 않은 것으로서 특허출원자의 독창성이 인정될 수 있는 것을 의미한다. 이에 따라 법 제29조는 국내 또는 국외에서 "공지, 공용 또는 간행물의 게재, 혹은 전기통신회선으로 공중이 이용 가능한 기술에 해당하지 않은 창작적 기술"일 것을 요구한다.[288] 특히 신규성 요건은 만일 이미 공공에 널리 알려져서 일반인들이 사용하고 있는 것에 특허가 부여되는 경우에는 공공의 영역에 있는 자산을 빼앗아 특허권자에게만 배타적 권리를 인정하는 결과가 되기 때문에 특허법의 본질과 목적을 달성하기 위한 매우 중요한 요건이다.

다만, 그 물질 자체의 신규성뿐만 아니라 기존물질의 새로운 용도와 새로운 제조방법 등도 특허권의 보호대상이 된다. 특히 동일 물질의 새로운 용도는 물건발명 혹은 방법발명의 하나로 특허권을 부여받을 수 있다.[289] 사례의 경우도 일단 존재하는 물질의 새로운 용도는 신규성이 인정되어서 특허대상이 될 수 있다.

288 특허법 제29조(특허요건) ① 산업상 이용할 수 있는 발명으로서 다음 각 호의 어느 하나에 해당하는 것을 제외하고는 그 발명에 대하여 특허를 받을 수 있다.
1. 특허출원 전에 국내 또는 국외에서 공지되었거나 공연히 실시된 발명
2. 특허출원 전에 국내 또는 국외에서 반포된 간행물에 게재되거나 전기통신회선을 통하여 공중이 이용할 수 있는 발명

289 천효남, 앞의 책, 192면.

2) 신규성 결격 사유(법 제29조 1항)

가. 공지된 발명

사례

통신기술 전문가인 A는 SF 인기 드라마인 스타트랙을 시청하다가 방송에서 미래의 지구인들이 사용하는 귀속 이어폰식 무전 송수신기에서 힌트를 얻어서 이것에 대한 기술연구를 시작하였다.

A는 얼마 후 드라마 속에서 주인공이 사용하는 방식과 동일한 무선송수신기를 개발해 냈다.

이때 A의 발명은 드라마에 의해 이미 공지되어 신규성을 상실한 것이 되는가?

특허법 제29조 1항은 먼저 공지된 발명에 대해서는 신규성을 부인하고 있다(제29조 1항 1호 전단). 여기서 공지된 발명이란 비밀 유지의무가 없는 불특정인이 알 수 있는 상태에 있는 발명을 의미한다.[290] 다만, 반드시 일반인들이 모두 알 수 있는 상태여야 하는 것은 아니고, 전문잡지 등에 공표된 경우에는 일반적으로 공지된 것이 된다.

특히 공지된 사람의 수가 문제가 아니라 비밀이 유지되는지가 문제된다.[291] 따라서 1인에게라도 비밀이 해지되면 공지된 것이 되지만, 비밀유지 의무가 있는 다수인이 이를 취득한 경우에는 공지성이 부인된다. 따라서 전문 학회지에 원고가 접수된 경우에도 논문이 최종적으로 공표되기 전에는 신규성이 상실되지 않는다.[292]

다만, 일반인에게 공지된 발명이라고 하기 위해서는 발명을 구성하는 기술의 구체적인 내용이 알려져야 한다. 내용이 구체화되지 못하여 발명을 완성시키기 위해서는 추가적인 기술적 사상이 고안되어야 한다면 신규성을 상실시키는 '공지된 발명'이라고 할 수 없다.

따라서 사례의 경우 SF 드라마에서 소개된 추상적인 개념만으로는 공지된 발명이라고 할 수 없고, 기술적 사상을 통해 이것을 구체화시킨 경우에만 신규성이 상실된다.

290 대법원 1983.2.8. 선고 81후64 판결 ; 대법원 1963.2.28. 선고 62후14 판결 ; 임병웅, 앞의 책, 170면 ; 천효남, 앞의 책, 225면.

291 천효남, 앞의 책, 226면 ; 특허법원 2000. 10. 5. 선고 2000허3647 판결.

292 대법원 96후1804 ; 임병웅, 앞의 책, 170면.

나. 공연히 실시된 발명

사례

1 할머니 C는 자신의 손자를 보살피다가 아이를 업고 일을 하는 불편함을 해소하기 위해 어린아이를 보호하며 잘 안을 수 있는 포대기를 만들었다. C는 주변의 친척들에게 이것을 선물하였는데, 그 후 1년이 지나 여러 사람들에게 인기를 얻게 되었다. C는 이 포대기를 특허출원하였다.

그러나 국내 굴지의 어린이 용품 회사 F는 C가 특허출원한 포대기를 C의 허락 없이 생산하며 오히려 C의 특허권이 무효임을 주장하고 있다.

F의 주장은 타당한가?

2 인류학자인 갑은 아프리카 원주민과 함께 지내고 있다. 어느 날 원주민이 뱀에 물린 상처에 챠코라는 뿌리식물을 씹어 바르자 통증이 사라지고 해독이 되는 것을 발견하고 마을의 주술사로부터 그 치료 방법을 자세히 전해 들었다. 갑은 본국으로 돌아오자 이 물질을 항생제로 특허출원하였다.

갑의 발견한 물질은 특허출원이 가능한가?

특허법 제29조 1항 1호 후단은 또한 특허발명이 '공연히 실시된 발명'이 아닐 것을 요구하고 있다. 공연히 실시된 발명이란 발명대상인 상품 혹은 기술이 사용됨으로써 외부에 알려지거나 알려질 수 있는 상태에 있는 것을 의미한다. 앞서 설명한 '공지된 발명'이 구체적으로 사용되지는 않은 단계를 포함하는데 반해 공연히 실시된 발명은 1회라도 실시 즉, 사용되는 상태에 있는 것을 의미한다. 또한 공연성은 발명의 중요부분에 대한 비밀이 해제되어 통상의 지식을 가진 자가 그 발명의 내용을 용이하게 실시할 수 있는 것을 의미한다.[293]

공연히 실시된 발명은 자신이 실시한 발명을 포함하는 개념이다. 따라서 사례 1과 같이 설사 자신이 선의로 외부에 공지한 경우에도 신규성을 상실시키는 원인이 될 수 있다.

반면 사례 2의 경우에는 자신의 독창적인 창작물이 아니라 원주민들 사이에서는 이미 널리 사용되고 있는 전통방식을 전해 듣고 그것을 특허로 출원한 것이기 때문에 신규성이 상실된다고 보아야 한다. 다만, 이와 같은 개발도상국가의 전통적인 민간약품 혹은 전통지식을 이용한 특허의 문제는 개발도상국가가 전통지식에 대한 자국의 권리를 보호하여야 한다는 측면에서 특히 문제가 된다. 이른바 "생물다양성(Biodiversity)"

293 대법원 1996.1.23. 선고 94후1688 판결.

을 보호하기 위해 지적재산권 제도의 운영을 둘러싼 다양한 다자국간의 조약들이 시행되어 운영되고 있다.[294]

다. 간행물에 게재된 발명/전기통신회선 등을 통해 공중이 이용가능하게 된 발명

사례

통신기기 전문회사인 A 회사는 회사의 업무계획을 주주총회에 보고하면서 보고문건을 통해 이미 개발이 완료된 전력망을 통한 차세대 Wifi 무선인터넷 통신 네트워크 기술을 발표하였다. A사는 관련기술이 너무 일찍 공개될 것을 염려하여 개발 완료된 기술을 특허출원하지 않고 있었다.

1년 후 A회사가 특허출원하기 전에 관련기술을 개발한 연구원 갑은 A회사의 경쟁회사인 B에게 관련기술을 팔아 넘겼다. 기술이 이미 유출된 것을 안 A회사는 당해 기술의 특허를 서둘러 신청하였다. A회사의 특허출원이 있자, B 회사는 A 회사의 기술이 이미 1년 전 주주총회의 보고문건에 상세히 공개된 것으로 신규성을 상실하였기 때문에 특허출원이 불가능하다고 이의를 제기하였다.

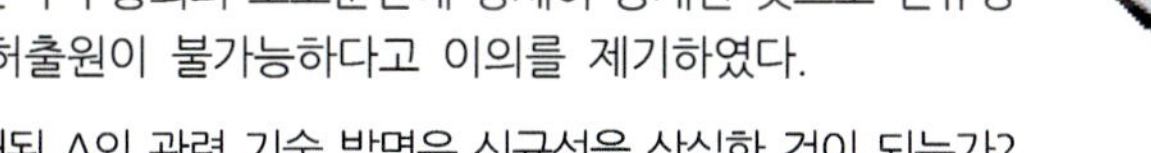

주주총회의 보고문건에 게재된 A의 관련 기술 발명은 신규성을 상실한 것이 되는가?

특허법 제29조 1항 2호는 또한 국내 또는 국외 간행물에 게재된 발명을 신규성 요건에 위반한 것으로 규정한다.[295] 먼저 간행물은 국내 또는 국외에서 불특정인이 열람할 수 있는 상태로 반포된 것에 한정한다. 간행물의 반포시기가 문제되는데, 일반적으로 간행물에 기재된 발행시기 그 기준점이 되나, 발행 연월일이 구체적이지 않은 경우에는 기재된 년, 월의 말에 반포된 것으로 간주한다.[296]

외국간행물의 경우는 반포시기와 국내에 입수되는 시기가 차이가 나는데 일반적으로 국내에 입수되는 통상의 시간이 지난 후에, 여러 판수가 존재하는 경우에는 초판시에 반포한 것으로 간주한다.[297]

간행물의 종류는 일정한 정보를 포함하고, 공개를 목적으로 하는 CD, 카탈로그, 비매품, 한정 출판물 등의 문서, 도면의 매스미디어(정보성과 공개성을 요건으로 함)를 포함한다. 그러나 발행목적상 공개할 것을 예정하고 있지 않은 회사 내의 비밀문서는 간행물이라고 할 수 없다. 마지막으로 간행물에 게재되었다고 할 수 있기 위해서는 당해 발명이 속한 기술분야에서 일반적인 지식을 가진 자가 간행물의 내용물을 보고 용

294 김승군, "생물다양성과 지적재산의 조화", 『지적재산권법연구』(2001), 140면.

295 특허법 제29조 1항 2호 전단: "2. 특허출원전에 국내 또는 국외에서 반포된 간행물에 게재되거나…"

296 임병웅, 앞의 책, 174면.

297 임병웅, 앞의 책, 174면.

이하게 실시가 가능한 수준의 기술적 사상이 공개되었을 필요가 있다. 따라서 단순히, 내부에 특수한 구조를 가지는 고안에 대해 외형사진을 실은 경우에는 이것을 게재된 수준이라고 판단할 수 없다.[298]

이 사례를 살펴볼 때, 회사의 주주총회에 보고문건으로 작성된 것은 대외에 공표를 목적으로 작성된 것이 아니고, 회사의 주주에 한정되어 반포된 것으로 간행물의 요건을 갖추었다고 보기 어렵다.

마지막으로 특허법 제29조 1항 2호 후단은 "전기통신회선을 통해 공중이 이용할 수 있는 발명"을 신규성 상실요건으로 규정한다. 일반적으로 전기통신회선은 전기통신기본법상의 유·무선송수신 시설로서 인터넷, 이메일, 포탈의 게시판 등을 의미한다.

3) 신규성의 판단 방법

가. 신규성 판단의 기준인 공지기술의 범위

사례

갑은 2008년 1월 1일 청구항이 물질 A, 물질 B, 물질 C로 구성된 신약을 특허출원하였다. 그러나 이미 2007년과 2006년에 동일한 약효를 가진 약품으로 청구항이 물질 A, 물질 B, 물질 F로 구성된 특허가 존재하고, 또한 청구항이 물질 C, 물질 D, 물질 E로 구성된 다른 발명품도 존재한다.

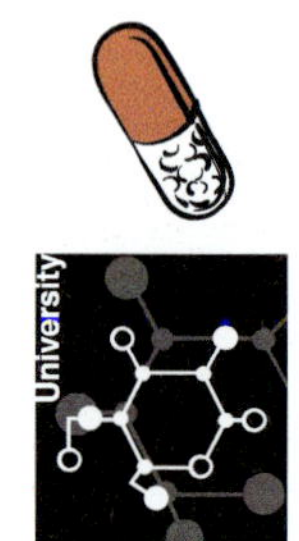

갑은 자신의 특허 청구항에 주장된 구성 물질들이 이미 실시되고 다른 특허품에서 모두 언급되고 있어서 신규성을 상실한 발명으로 특허가 거부되는 것인지 우려하고 있다.

갑의 발명품은 신규성을 상실하게 되는가?

신규성 여부를 판단할 때는 공지기술 각각을 특허청구 기술과 한 개씩 비교 검토하여야 한다(Single source anticipation). 즉, 신규성의 판단은 한 개의 공지기술을 중심으로 당해 특허청구 기술의 청구항에 기재된 발명내용을 비교판단하는 것으로 특허출원 전에 존재하는 여러 공지기술을 복합적으로 비교하여 신규성을 판단하는 것이 아니다.[299] 복수의 공지기술을 결합하여 특허 청구된 기술과 비교하는 것은 다음 진보성 요건에서 사용하는 판단방법이 된다.

298 특허법원 1998.7.9. 선고 허3767 임병웅, 앞의 책, 176면.
299 임병웅, 앞의 책, 178면.

신규성 판단의 기준이 되는 공지기술의 범위에는 미완성 발명도 포함한다는 것이 일반적인 견해로서 일단 "당해 기술 분야에서 통상의 지식을 가진 자가 용이하게 그 내용을 파악하여 실시할 수 있다면 미완성 발명도 공지기술에 포함된다."고 해석된다.[300] 이와 같은 신규성의 판단시점은 특허법 제29조의 법문이 "특허출원 전"이라고 규정하고 있기 때문에 출원시점을 기준으로 판단하는 것으로 해석된다.[301] 특허출원 전에 공지기술이 존재하여야 한다.

사례에서는, 갑이 특허청구한 물질 A, B, C로 구성된 특허와 동일한 선발명이 존재하지 않음으로 갑의 특허는 신규성을 상실하지 않는다. 다만, 후술하는 특허권의 두번째 요건인 진보성과 관련해 갑의 발명품이 기존 약품인 A, B, C와 비교해 다른 효력이 없다면 '진보성'이 부인되어 특허권의 수여가 거부될 수 있다.

나. 선행기술의 청구범위와 후행기술의 신규성의 문제

사례

A는 항히스타민제인 로라타딘(Loratadine)의 특허를 받은 후 이것이 만료되는 출원일로부터 20년이 되기 직전에 로라타딘을 먹었을 때 몸 속에서 생성되는 대사물질인 DCL(Descarboethoxy-loratadine)의 특허를 다시 청구하였다. 로라타딘이 항히스타민 물질로 작용하기 위해서는 몸 속에서 반드시 DCL로 변환되는 과정을 거쳐야 한다. A는 로라타딘을 특허할 당시에는 이러한 특징을 전혀 몰랐다.

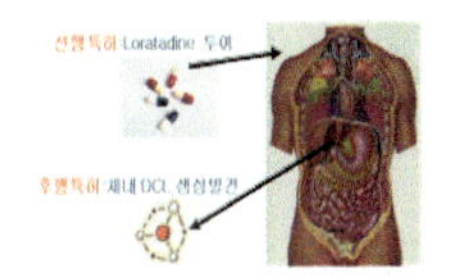

그러나 A의 경쟁사인 B는 A의 로라타딘에 대한 특허기간이 만료되는 날만을 기다리며 이 물질을 함유한 항히스타민제를 생산할 모든 준비를 갖추고 있는 상태이다. 만일 로라타딘의 DCL이 또 다시 특허가 된다면 B는 A의 허락없이는 DCL 변환과정을 거치는 로라타딘을 생산 판매할 수 없다. B는 A가 특허출원하는 DCL은 이전의 로라타딘과 다른 신규성이 인정되지 않는다고 주장하고 A는 로라타딘의 특허출원 당시에 자신들이 그 생성물임을 알지 못했기 때문에 신물질이라고 주장한다.

A에게 로라타딘의 대사물인 DCL의 특허를 부여하는 것이 타당한가?

특허출원된 선행기술과 관련성을 가진 후발연관 기술의 경우 그 신규성을 판단할 때는 선행기술의 청구범위의 해석이 중요한 의의를 가진다. 즉, 이미 특허 받은 선행기술의 청구범위에 후발기술이 암시되어 있거나 거의 유사하다면, 공연히 실시된 발명이

300 대법원 2000.12.8. 선고 98후270 판결 ; 대법원 1997.8.26. 선고 96후1514 판결.

301 임병웅, 앞의 책, 179면.

이미 존재한 경우에 해당하여 후발기술은 신규성을 상실하게 된다.[302]

문제는 최근 기초 연구 기술분야에서는 그 발명의 모든 구체적 효과, 용도 등이 완전히 인식되지 않은 경우가 상당수 존재한다는 점이다. 따라서 후행기술의 신규성 여부를 판단할 때는 선행기술의 청구범위에 명시된 것뿐만 아니라, 명시적으로 기재되지는 않았지만, 내포하고 있는 것으로 예측될 수 있는 내용을 포함하여 신규성을 결정하여야 하는지 문제될 여지가 있다.

선행기술의 청구범위에서 구체적으로 명시되지 않았던 발명이 후행기술로 출원되는 경우에 그 동일성을 넓게 보아 후행 기술의 신규성을 부인할 것인지에 대해서 미국은 이른바 내재성(inherency)의 문제로 선행발명의 목적이나 성질 등에 의해서 특정 결과물이 당연히 예측되는 경우에는 그 필연적인 결과물은 신규성이 인정되지 않는 것으로 판단한다.[303] 즉, 선행기술에 나타나 있지 않은 것이 구조의 일부이거나 방법의 일부 단계인 경우는 당해 영업 분야의 일반적 지식을 가진 사업자가 이것을 인식할 수 있는 경우에는 선행기술에 의하여 신규성이 부인된다. 그러나 선행발명에 의한 결과물을 반드시 선행발명자가 인식하고 있어야 하는지는 문제가 될 수 있다.

위 사례의 모델인 *Schering* 사건에서 미국 연방법원은 후행특허인 Loratadine의 대사물인 DCL은 선행특허인 Loratadine과 동일한 것으로 신규성이 부인된다고 판결하였다.[304] 즉, 법원은 로라타딘에 관한 선행특허가 DCL을 게재하고 있지는 않지만 DCL이 Loratadine의 체내 투여에 의해 만들어지는 대사물이기 때문에 DCL은 Loratadine의 체내투여에 발생하는 결과물로서 예견이 가능하다고 판단하였다.

다만, 로라타딘에 대한 선행특허권자인 원고측이 자신과 당해 기술의 관련분야의 사업자들은 Loratadine의 대사물로써 DCL이 만들어진다는 것을 인식하지 못하였다는 것을 주장하였으나, 법원은 그 인식여부는 신규성 판단에 영향을 미치지 않는다고 결정하였다.

302 이것은 선출원 발명과 후행 발명의 동일성의 문제로 귀결될 수도 있다.

303 Ted Sabety, “The Doctrine of Inherency and the Carbon Nanotube Patents: Experimental Measurement vs. Documentary Inference”, 17 Alb. L.J. Sci. & Tech. 737(2007).

304 Schering Corp. v. Geneva Pharms. Inc., 339 F.3d 1373(Fed.Cir.2003).

(3) 진보성

1) 의의

특허요건에 대한 특허법 제29조 제2항은 발명이 특허출원 시의 선행기술에 비추어 용이하게 발명할 수 있는 것인지를 고려하여 당해발명이 관련기술의 분야에 종사하는 자에 의하여 용이하게 발명할 수 없는 경우에 한정하여 특허권을 부여한다.[305]

진보성 없는 발명에 특허권을 부여하는 것은 이후의 진보성 있는 기술의 출현을 방해하는 결과가 되기 때문이다. 진보성 판단의 근거가 되는 공지기술 등의 범위는 신규성 판단기준과 동일하나, 특허출원 발명이 선행기술들 보다 어느 정도의 발전된 점이 있는지에 대한 판단이라는 점에서 신규성 요건과 차이가 있다.

2) 진보성의 판단기준

가. 주관적 기준

사례❷

1 A는 바다낚시를 처음 배우는 사람으로서 얼마 전 낚시를 하다가 낚시바늘이 부러져서 큰 물고기를 놓친 적이 있다. A는 기존의 낚시바늘 두 개를 하나로 묶어 사용하여 하나가 부러지더라도 고기를 놓치지 않도록 만들었다. 이 방법이 성공적이자 A는 아예 낚시 바늘에 실이 각각 두 개가 달린 낚시바늘을 특허를 내려고 한다.

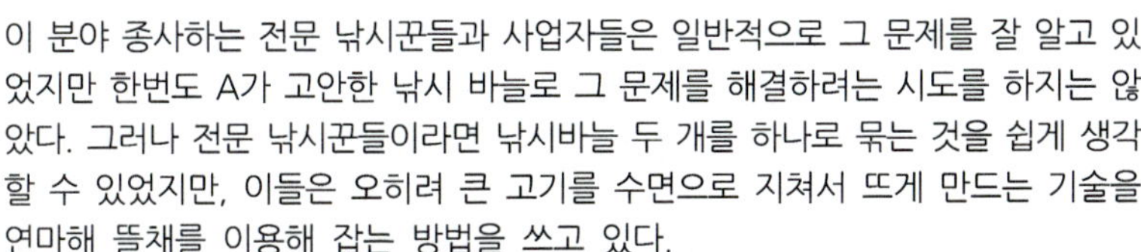

이 분야 종사하는 전문 낚시꾼들과 사업자들은 일반적으로 그 문제를 잘 알고 있었지만 한번도 A가 고안한 낚시 바늘로 그 문제를 해결하려는 시도를 하지는 않았다. 그러나 전문 낚시꾼들이라면 낚시바늘 두 개를 하나로 묶는 것을 쉽게 생각할 수 있었지만, 이들은 오히려 큰 고기를 수면으로 지쳐서 뜨게 만드는 기술을 연마해 뜰채를 이용해 잡는 방법을 쓰고 있다.

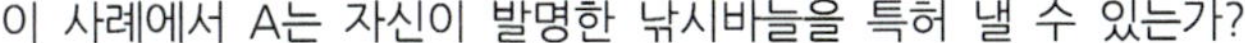

이 사례에서 A는 자신이 발명한 낚시바늘을 특허 낼 수 있는가?

305 특허법 제29조(특허요건) ① ….
② 특허출원 전에 그 발명이 속하는 기술분야에서 통상의 지식을 가진 사람이 제1항 각 호의 어느 하나에 해당하는 발명에 의하여 쉽게 발명할 수 있으면 그 발명에 대해서는 제1항에도 불구하고 특허를 받을 수 없다.

2 아마추어 낚시군 B는 참치를 낚기 위해 쓰는 가짜 미끼에 반짝거리는 펄을 바르는 경우에 물속에서 시야각이 좁은 참치가 반사작용 때문에 훨씬 잘 속는다는 것을 발견하고 자신이 만든 가짜 미끼를 특허출원하려고 한다. 다만, 다른 낚시꾼들과 낚시업계 종사자들은 참치 낚시에 펄이 칠해진 미끼를 쓰는 것은 오히려 고기 떼를 쫓는 것으로 확고히 생각하고 있다.

그러나 실제 결과는 관련업계 종사자들의 판단과 정반대로 B가 개발한 가짜 미끼는 기존의 미끼보다 200% 이상의 유인효과를 가져왔다.

B가 생각한 가짜 미끼는 특허가 가능한가?

발명의 진보성은 그 발명이 속하는 기술 분야에서 통상의 지식을 가진 전문가를 기준으로 판단한다. 먼저 '그 발명이 속하는 기술분야'는 출원발명과 관련된 관련분야를 포함하나, 신규성 판단과 달리 비교적 좁게 해석하여야 한다는 것이 일반적인 견해이다.[306]

후술하는 바와 같이 진보성의 판단은 2개 이상의 선행기술을 종합하여 진보성 여부를 판단하기 때문에 신규성에 비하여 객관적인 기준이 훨씬 엄격하기 때문이다. 다음으로 '통상의 지식을 가진 자'는 출원 시에 당해 기술분야의 기술지식을 습득하고 연구 가능한 자를 의미하며 발명관련 분야에서 일반적인 능력을 갖춘 자를 의미한다.[307] 소위 '당업자(a person having ordinary skill in the art)'로 지칭되는데 진보성을 판단하기 위한 가상의 개념이다.

사례 1의 경우 원 발명자 자신을 기준으로 볼 때는 전혀 생각하지 못한 개발품으로 그 창작성이 인정될 수 있지만, 동종업계에 종사하는 통상의 지식을 가진 자들의 관점에서 쉽게 창작할 수 있는 정도라면 진보성이 없는 발명이라고 할 수 있다. 따라서 A가 발명한 낚시바늘은 진보성 요건을 결여하여 특허등록이 허용될 수 없다. 그러나 사례 2의 경우, 관련업계 종사자들이 쉽게 예상하지 못하여 용이하게 창작할 수 없는 B의 발명은 진보성이 인정되기 때문에 특허가 부여될 수 있다.

306 임병웅, 앞의 책, 184면 ; 천효남, 앞의 책, 249면.
307 임병웅, 앞의 책, 185면 ; 천효남, 앞의 책, 250면.

나. 진보성 판단의 객관적 기준

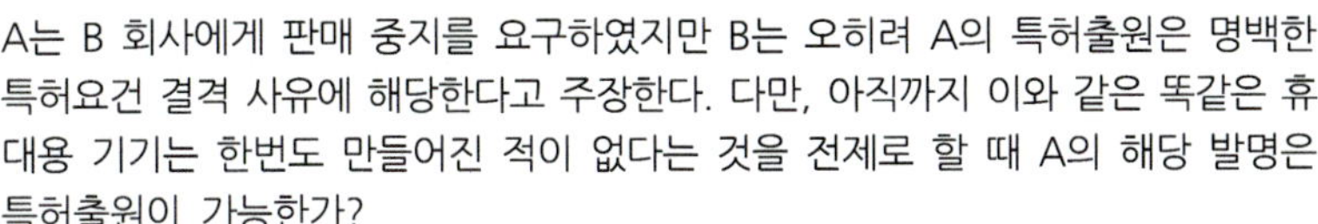

사례

A 전자회사는 기존에 존재하는 카메라, 라디오, DMB TV, mp3 player, 전자사전을 합쳐서 새로운 복합 휴대용 기기를 만들었고 이것을 특허출원하였다. 이와 동시에 B 회사는 A 회사의 특허출원발명품을 모방한 유사한 상품을 개발 판매하였다.

A는 B 회사에게 판매 중지를 요구하였지만 B는 오히려 A의 특허출원은 명백한 특허요건 결격 사유에 해당한다고 주장한다. 다만, 아직까지 이와 같은 똑같은 휴대용 기기는 한번도 만들어진 적이 없다는 것을 전제로 할 때 A의 해당 발명은 특허출원이 가능한가?

진보성 판단은 당해 발명이 속하는 기술분야의 선행기술을 기준으로, 출원된 기술의 청구항을 비교하는 방법으로 이루어진다. 여기서 진보성 판단의 대상이 되는 선행기술은 특허법 제29조 1항 각 호의 공지, 공연히 실시된 발명에 한정되지 않고 특허출원전의 기술자료를 포함하는 개념으로서 학술연구지, 논문, 디자인 고안 등을 포함하는 개념이 된다.[308]

특히, 신규성 판단과 달리 진보성의 판단은 '두 개 이상의 선행기술을 통합하여 종합적으로 판단' 하게 된다. 즉, 두 개 이상의 기술을 종합하여 볼 때 특허출원된 발명이 당해 기술분야의 업자에게 자명한 것인지를 검토하게 된다. 따라서 당해 발명과 동일한 발명은 선행기술로서 존재하지 않지만, 당해 발명을 구성하는 요소들이 이미 개별적으로 존재하여 이러한 요소를 통합한다면 쉽게 당해 발명을 창작할 수 있는 경우에는 진보성이 인정되지 않는다.

이와 같은 진보성의 예외사항과 판단을 위한 지역적 기준의 대상은 원칙적으로 신규성 판단과 동일하다. 다만, 국내의 특정기술분야에 종사하는 자와 외국에 거주하는 통상 분야의 자 사이에 기술인식의 차가 존재하기 때문에 판단기준이 되는 '통상의 지식을 가진 자의 수준'은 국내로 한정하여 판단한다.[309]

위 사례의 경우, 선행기술 중에 동일한 기능을 가진 기기가 없어서 신규성 요건에는 결격사유가 되지 않으나 이미 존재하는 선행기술을 모두 종합하여 볼 때 통합기계는 이미 존재하는 기기들을 결합시켜놓은 것에 불과한 것으로 진보성을 인정하기 곤란하다고 할 수 있다.

308 임병웅, 앞의 책, 187면 ; 천효남, 앞의 책, 248면.
309 임병웅, 앞의 책, 186면 ; 천효남, 앞의 책, 250면.

3) 진보성 판단의 방법

사례

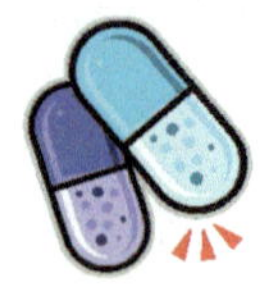

G 제약회사는 기존의 AIDS 치료약물 4개를 결합하여 새로운 AIDS 치료약으로 개발하였다. G사가 청구한 특허의 청구항은 특허권이 만료된 AIDS 치료약 A, B, C, D에서 사용된 물질 a, b, c, d를 일정한 비율로 결합한 물질 "F"를 그 대상으로 하고 있다.

G가 특허출원 한 F는 기존의 AIDS 치료약 보다 5배 이상 효과가 향상되었고, 특히 기존의 치료약에 내성을 나타내기 시작한 환자들에게 강력한 효과를 발휘하였다. G회사는 기존의 약품보다 월등한 효과를 가진다는 점, 배합비율의 실시 곤란성을 주장하고 있으나, 다른 경쟁사들은 F 물질의 특허성에 의문을 제기하고 있다.

G 회사의 특허출원은 허용될 수 있는가?

먼저 특허 청구된 발명과 선행기술을 비교할 때 진보성을 판단하는 대상은 우선 출원된 발명의 청구항의 구성내용이라고 할 수 있다. 청구항에 기재된 구성요소를 중심으로 당해 기술분야에 종사하는 자가 선행 기술의 구성내용을 결합해 특별한 어려움 없이 당해 발명을 용이 하게 만들어 낼 수 있다면 진보성은 부인된다.

우리 실무와 판례는 청구항에 기재된 구성요소를 선행기술과 비교하여 그 구성의 곤란성을 진보성 판단의 기준으로 삼는다.[310] 예를 들어, 청구항이 공지된 선행기술들을 단순히 집합시켜 놓은 것에 불과한 발명, 그 주된 요소의 배치만을 변경한 경우 등은 진보성이 인정되지 않는다.[311]

그러나 청구항의 구성내용만을 진보성의 판단요건으로 하게 되면, 선행기술을 결합시켜서 구성내용에는 큰 차이가 없으나 그 효과 면에서는 기존 발명과 월등한 차이를 보여서 당해 기술분야의 통상의 지식을 가진 자가 쉽게 발명할 수 없었던 경우에도 진보성을 부인하는 결과가 발생한다.

따라서 진보성의 판단대상에는 청구항의 구성 내용뿐만 아니라 그 효과의 현저성도 역시 진보성 판단의 대상이 된다.[312] 즉, 비록 청구항의 구성내용이 선행 공지기술을 결합한 것이지만 발명의 효과가 선행기술로 예측할 수 없는 현저히 차이가 나는 우월

310 임병웅, 앞의 책, 188면 ; 천효남, 앞의 책, 251면.

311 임병웅, 앞의 책, 188면 ; 천효남, 앞의 책, 251면.

312 임병웅, 앞의 책, 190면 ; 천효남, 앞의 책, 252면.

한 것이고, 당해 기술 분야의 종사자가 쉽게 실시할 수 없는 경우에는 진보성이 인정된다.[313] 결론적으로 진보성의 여부는 청구항의 구성 기술뿐만 아니라 그 효과와 발명 목적의 특이성 등을 고려하여야 한다.

사례의 경우, 청구된 발명의 구성은 선행기술의 결합에 불과하나 그 효과의 현저성과 발명의 목적을 판단할 때 기존 선행기술과 다른 진보성을 인정할 수 있다.

이와 같이 공지기술의 새로운 결합을 이른바 "조합발명(Combination)"이라고 칭하여, 공지기술의 단순한 집합형태로서 진보성이 부인되는 "주합발명(Aggregation)"과 구별한다.[314]

(4) 신규성 및 진보성 위반의 예외(법 30조)

사례

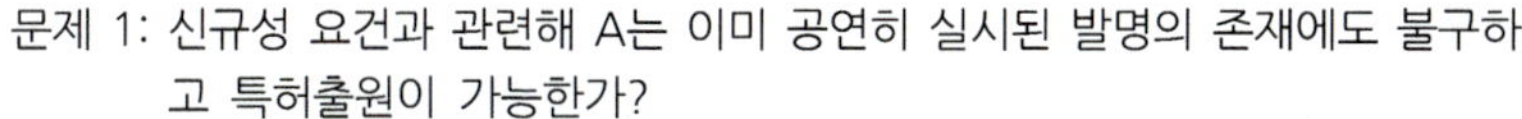

생화학자인 A교수는 자신이 만든 약품이 항생제에 내성을 가진 슈퍼박테리아에 탁월한 효과가 있다는 것을 발견하고 이것을 곧 특허출원하기 위해 국제 저명 학회지에 발표를 일단 미루고 실험 데이터를 모으고 있는 중이었다. A교수의 밑에서 일을 하던 박사과정 B는 최근 박사과정 논문자격시험에서 자신이 탈락하자 지금까지 실험에 참여해온 자신을 제대로 돌봐주지 않은 A에게 불만을 품고, A교수가 특허 준비중인 신물질에 관련된 모든 자료를 관련 제약회사 C에게 소정의 대가를 받고 넘겼다.

이것을 넘겨받은 제약회사 C는 곧 상용화에 착수하여 2008년 1월 1일 신약을 출시하였다. 이 사실을 몰랐던 A가 2008년 12월 1일 이것을 특허출원하자 제약회사 C는 이미 A의 특허기술은 관련 업계에서 공지의 기술이 되었으므로 특허출원의 대상이 될 수 없다고 주장한다.

문제 1: 신규성 요건과 관련해 A는 이미 공연히 실시된 발명의 존재에도 불구하고 특허출원이 가능한가?

문제 2: 2008년 1월 1일 신약출시 전 C 회사가 이미 특허출원절차를 마치고 특허등록을 완료하였다면 어떠한 문제가 발생하는가(A가 신규성 요건의 예외만 인정받으면 곧바로 특허출원이 가능한지 여부)?

신규성 혹은 진보성 결격 사유의 예외로서 특허법 제30조는 1) 특허를 받을 수 있는 권리를 가진 자가 스스로 공개를 하고 12개월 이내 특허출원한 경우(시험, 발표 실험,

313 대법원 2003.1.10. 선고 2001후2269 판결(청구항의 구성이 선행기술을 결합한 것에 불과하고, 작용효과에 큰 차이가 없다고 하여 특허를 부인한 사례).

314 임병웅, 앞의 책, 188면.

박람회 출품 공지), 2) 특허를 받을 수 있는 자의 의사에 반해 특허가 공지되거나 공연히 실시된 경우 혹은 간행물 등에 게재된 경우 12개월 이내에 특허출원한 경우를 규정하고 있다.[315]

따라서 사례와 같이 특허를 받을 수 있는 자의 의사에 반해 특허가 공지된 경우 혹은 공개 실시된 경우에는 발명을 한 자가 그 날로부터 12개월 이내 특허출원을 하는 경우에 신규성 혹은 진보성 결격사유에 해당하지 않게 된다.[316]

다만, 특허 받을 수 있는 자의 의사에 반하여 이미 특허가 등록되거나 출원되었다면, 발명자는 이제 신규성 또는 공지성 요건에서 예외를 인정받더라도 먼저 출원한 자에게만 특허를 인정하는 우리 특허법상 선출원주의에 반하기 때문에 정상적인 절차로는 특허출원을 청구하여 특허권을 인정받을 수 없다.[317]

이와같은 무권리자의 특허출원은 후술하는 바와 같이 특허등록전이라면 특허법 제62조 제2호의 특허거절결정의 사유가 되고, 이미 특허등록이 완료된 경우에는 특허법 제133조 1항 2호에 의해 특허무효심판 청구의 사유가 된다.[318] 발명자는 이러한 절차에 의해 먼저 무권리자가 출원한 특허의 효력을 부인하여야 한다.

315 특허법 제30조(공지 등이 되지 아니한 발명으로 보는 경우) ① 특허를 받을 수 있는 권리를 가진 자의 발명이 다음 각 호의 어느 하나에 해당하는 경우 그날부터 12개월 이내에 특허출원을 하면 그 특허출원된 발명에 대하여 제29조 제1항 또는 제2항의 규정을 적용할 때에는 그 발명은 제29조 제1항 각 호의 어느 하나에 해당하지 아니한 것으로 본다.
1. 특허를 받을 수 있는 권리를 가진 자에 의하여 그 발명이 제29조 제1항 각 호의 어느 하나에 해당하게 된 경우. 다만, 조약 또는 법률에 따라 국내 또는 국외에서 출원공개되거나 등록공고된 경우를 제외한다.
2. 특허를 받을 수 있는 권리를 가진 자의 의사에 반하여 그 발명이 제29조 제1항 각 호의 1에 해당하게 된 경우

316 임병웅, 앞의 책, 308면 ; 천효남, 앞의 책, 225면.

317 특허법 제36조 ① 동일한 발명에 대하여 다른 날에 둘 이상의 특허출원이 있는 때에는 먼저 특허출원한 자만이 그 발명에 대하여 특허를 받을 수 있다. ② ….

318 특허법 제33조(특허를 받을 수 있는 자) ① 발명을 한 사람 또는 그 승계인은 이 법에서 정하는 바에 의하여 특허를 받을 수 있는 권리를 가진다. 다만, 특허청직원 및 특허심판원직원은 상속 또는 유증의 경우를 제외하고는 재직중 특허를 받을 수 없다. ② 2인 이상이 공동으로 발명한 때에는 특허를 받을 수 있는 권리는 공유로 한다.
특허법 제133조(특허의 무효심판) ① 이해관계인(제2호 본문의 경우에는 특허를 받을 수 있는 권리를 가진 자만 해당한다) 또는 심사관은 특허가 다음 각 호의 어느 하나에 해당하는 경우에는 무효심판을 청구할 수 있다. 이 경우 청구범위의 청구항이 둘 이상인 경우에는 청구항마다 청구할 수 있다.
1. …………….
2. 제33조 제1항 본문의 규정에 의한 특허를 받을 수 있는 권리를 가지지 아니하거나 제44조의 규정에 위반된 경우

Ⅳ. 특허 받을 수 없는 발명(불특허 발명)

1. 공서양속 위반 발명

사 례

한의사 A는 곰 농장을 운영하는 B로부터 곰을 죽이지 않고 약효가 뛰어난 곰의 쓸개즙을 채취할 방법이 없는지 문의를 받았다. A는 오랜 연구 끝에 살아있는 곰의 쓸개에 주사바늘을 꽂아서 살아있는 동안 내내 쓸개즙을 외부로 배출하는 방법을 개발하였다.

A는 비록 동물 보호단체로부터 동물학대라는 비난을 받기는 하지만 곰의 담즙 재취를 위한 보조기구로 이 방법과 기구를 특허출원할 예정이다.

A의 특허출원은 가능할 것인가?

불가능하다면 그 이유는?

특허법은 공공질서 및 선량한 풍속에 반하는 발명과 공중의 위생을 해칠 우려가 있는 발명을 금지하고 있다.[319] 여기서 공공질서는 사회구성원 모두를 위한 일반적인 이익의 보장을 위한 원칙을 의미하고, 선량한 풍속은 사회의 일반적인 도덕관념을 의미한다.

이것은 민법 제103조가 선량한 풍속 기타 사회질서 위반 법률행위를 무효로 규정하고 있는 것과 동일한 취지로 사회적 타당성이 없는 발명을 허용하지 않는 것이 특허법의 목적에 부합한다고 할 수 있다. 또한 공중의 위생을 해할 염려가 있는 발명도 역시 사회의 공익에 기여하기 위한 특허법의 본질적인 목적상 당연히 금지된다.

이러한 불특허발명의 내용은 발명의 효과가 사회질서에 반하는 경우(각종 성폭행 사건에 악용될 수 있는 무색무취의 성흥분제), 발명의 목적이 사회질서를 해치는 경우(사기도박의 도구, 성도덕의 문란을 가져오는 성행위 보조기구), 방법발명의 경우 방법이나 그 방법으로 제조된 물건이 공서양속에 반하는 경우(아편속의 환각성분의 효과를

319 특허법 제32조(특허를 받을 수 없는 발명) 공공의 질서 또는 선량한 풍속에 어긋나거나 공중의 위생을 해칠 우려가 있는 발명에 대해서는 제29조제1항에도 불구하고 특허를 받을 수 없다.

100배 이상 증가시키는 제조방법), 공중의 위생을 해할 염려가 있는 물질과 그 물질을 생산하는 방법발명(식품에 사용되어 신선한 이미지를 보이는 발암물질) 등으로 구분된다.[320]

이 사례에서 살아있는 곰으로부터 담즙을 채취하기 위한 기구는 동물을 학대하는 방법을 사용하는 물건과 방법으로써 인간을 치료하기 위한 급박한 목적보다는 동물학대의 부수효과가 더 크기 때문에 선량한 풍속에 반하는 발명에 해당한다고 할 수 있다.

2. 국방상 필요한 발명

사례

전파공학과의 대학원생 A는 최근에 일정한 영역의 고주파를 한곳에 집중시키면 열을 발생시키고 그 열로 음식을 조리할 수 있다는 것을 알게 되었다. 갑의 이 방법은 기존의 전자레인지에서 사용하는 마이크로웨이브 보다 훨씬 성능이 뛰어난 것이다.

특허출원을 통해 특허등록을 마친 A는 그러나 국가가 본인의 특허권을 비밀로 취급하도록 명령한 명령서를 받았다. 그 이유는 A의 특허가 초음파 파괴 무기로 활용될 여지가 있기 때문이다. A는 그러나 이미 이 기술을 전자회사에 넘겨 1년에 1억 원씩의 로열티를 받기로 약정했었다.

A는 특허권에 대한 비밀유지명령을 거부할 권리가 있는가?

국가의 안보와 관련된 발명의 경우 국가는 그 발명을 외국에서 출원하는 것을 금지하거나 비밀취급명령을 발령할 수 있다. 이 경우 특허정보의 공개가 제한되어 공공의 특허정보에 대한 접근이 제한된다.[321] 또한 국가는 국방상 필요한 경우에는 특허를 하지 않을 수 있고, 전시, 사변 등의 비상시에는 특허받을 수 있는 권리 또는 특허권을

320 임병웅, 앞의 책, 217면 ; 천효남, 앞의 책, 266면.

321 특허법 제41조(국방상 필요한 발명 등) ① 정부는 국방상 필요한 경우 외국에 특허출원하는 것을 금지하거나 발명자·출원인 및 대리인에게 그 발명을 비밀로 취급하도록 명할 수 있다. 다만, 정부의 허가를 얻은 때에는 외국에 특허출원을 할 수 있다.
② 정부는 특허출원된 발명이 국방상 필요한 경우에는 특허를 하지 아니할 수 있으며, 전시·사변 또는 이에 준하는 비상시에 있어서 국방상 필요한 경우에는 특허를 받을 수 있는 권리를 수용할 수 있다.
③ 제1항의 규정에 의한 외국에의 특허출원금지 또는 비밀취급에 따른 손실에 대하여는 정부는 정당한 보상금을 지급하여야 한다.
④ 제2항에 따라 특허하지 아니하거나 수용한 경우에는 정부는 정당한 보상금을 지급하여야 한다.
……
⑦ ….

수용하고, 비상시에는 강제실시권을 설정할 수도 있다.[322]

다만, 정부 또는 정부 외의 자가 특허권을 수용하거나, 강제실시 하는 경우에는 특허권자 · 전용실시권자 또는 통상실시권자에 대하여 정당한 보상금을 지급하여야 한다.

사례의 경우, 발명자는 비밀유지의무를 거부할 수는 없다. 다만, 비밀유지 의무에 의하여 입게 되는 손실에 대한 정당한 보상의 지급을 청구할 권리를 갖게 된다.

322 특허법 제106조(특허권의 수용 등) ① 정부는 특허발명이 전시, 사변 또는 이에 준하는 비상시에 국방상 필요한 경우에는 특허권을 수용할 수 있다.
② 특허권이 수용되는 경우에는 그 특허발명에 관한 특허권 외의 권리는 소멸된다.
③ 정부는 제1항에 따라 특허권을 수용하는 경우에는 특허권자, 전용실시권자 또는 통상실시권자에 대하여 정당한 보상금을 지급하여야 한다.
④ 특허권의 수용 및 보상금의 지급에 필요한 사항은 대통령령으로 정한다.

V. 특허출원

1. 선출원 주의

(1) 의의

우리 특허법은 동일한 발명에 대해 두 명 이상이 특허출원을 신청한 경우에는 먼저 특허출원을 한 자에게 특허를 부여하는 방식을 채택하고 있는데 이를 선출원 주의라고 한다.[323] 이러한 방식은 과거 미국의 선발명 주의와 대조되는 방식으로, 누가 발명을 먼저 하든지 관계없이 특허출원일을 기준으로 특허권을 부여하기 때문에 진정한 발명자를 보호하지 못한다는 단점이 있으나, 발명자가 가능한 빨리 본인의 특허물을 공개하여 사회이익에 기여하도록 유도할 수 있는 장점이 있다.

반면에 미국이 유일하게 채택하고 있었던 선발명주의는 출원일에 관계없이 최초의 발명자에게 특허권을 부여함으로써 진정한 발명자를 보호하는 장점을 가지고 있으나, 발명자들이 특허출원을 서두르지 않아 결과적으로 특허정보의 공개가 늦어지고, 최초 발명의 판단에 많은 어려움이 있다는 단점이 있다. 미국의 경우 최근 특허법 개정을 통해 다른 나라들과 동일한 선출원주의 방식을 도입하기 위해 2010년 특허법 개정안을 2011년 상·하원에서 통과시킨 바 있다.

323 특허법 제36조(선출원) ① 동일한 발명에 대하여 다른 날에 둘 이상의 특허출원이 있는 때에는 먼저 특허출원한 자만이 그 발명에 대하여 특허를 받을 수 있다.
② 동일한 발명에 대하여 같은 날에 둘 이상의 특허출원이 있는 때에는 특허출원인의 협의에 의하여 정하여진 하나의 특허출원인만이 그 발명에 대하여 특허를 받을 수 있다. 협의가 성립하지 아니하거나 협의를 할 수 없는 때에는 어느 특허출원인도 그 발명에 대하여 특허를 받을 수 없다.
……….
⑥ 특허청장은 제2항의 경우에는 특허출원인에게 기간을 정하여 협의의 결과를 신고할 것을 명하고 그 기간 내에 신고가 없는 때에는 제2항의 규정에 의한 협의는 성립되지 아니한 것으로 본다.

(2) 내용

1) 국내출원

사례

A는 휴대용 블루투스 기기 등에 사용되는 신형 배터리를 발명하고 특허출원 청구를 하였으나, 같은 날 B도 역시 동일한 발명의 특허출원서를 제출하였다. 시간상으로는 A가 아침 9시에 출원서를 접수시켰고 B는 오후 4시에 출원서를 접수시켰다.

이 경우에 현재 특허법상 선출원주의 원칙에 의하여 특허출원이 허용되는 자는 누구인가?

선출원주의에 의할 때 먼저(1) 동일발명이 각각 다른 날에 출원된 경우(이일(異日)출원(出願)에는 당연히 먼저 출원한 자만이 그 발명에 대한 특허권을 획득한다. 이것은 실용신안등록출원을 한 경우에 동일하게 적용되나(특허법 36조 1항, 2항), 디자인보호법의 출원과 특허출원과의 사이에서는 선출원주의가 적용되지 않는다.

문제가 되는 것은 동일(同日) 출원(出院)의 경우로서 동일한 날에 동일한 발명이 둘 이상 출원된 경우에는 원칙적으로 특허출원인의 협의에 의해 정하여진 하나의 출원인만이 그 발명에 대해 특허를 받을 수 있다.[324] 그러나 협의가 성립하지 않거나 협의가 불가능한 경우에는 출원인 모두가 그 발명에 대한 특허를 받을 수 없다. 여기서 협의 불가능의 사유는 상대방이 협의에 응하지 않는 경우, 두개의 출원 중에 어느 한 출원이 포기되거나 거절이 확정된 경우 등을 포함한다.

협의가 불가능한 경우에 특허청장은 특허출원인에게 기간을 정하여 협의의 결과를 신고할 것을 명하고 그 기간 내에 신고가 없는 때에는 협의는 성립되지 아니한 것으로 본다.[325]

다만, 선출원주의에서 시간적 기준은 원칙적으로 "출원일"을 기준으로 하기 때문에 같은 날에 출원된 발명 사이에 시간 선후가 있더라도 양자는 동일출원에 해당하여 특허 받을 자를 협의하여 결정하거나 양자 모두 특허를 포기하여야 한다.[326] 따라서 사례의 경우 특허출원시간의 우열에도 불구하고 양자 간에 실질적인 우선권은 존재하지

324 특허법 제36조 2항. 천효남, 앞의 책, 341면.

325 특허법 제36조 ⑥ 특허청장은 제2항의 경우에는 특허출원인에게 기간을 정하여 협의의 결과를 신고할 것을 명하고 그 기간 내에 신고가 없는 때에는 제2항의 규정에 의한 협의는 성립되지 아니한 것으로 본다.

326 임병웅, 앞의 책, 199면.

않는다.

2) 조약에 의한 우선권주장 특허

사례

미국인 A는 자동차의 동력을 충전 배터리로 저장할 때 발생하는 에너지 손실을 막는 새로운 배터리 소재를 개발하여 2007년 1월 1일 미국에 특허를 출원하였다. 이 소재는 자동차의 운행 시 발생하는 에너지를 비축하여 나중에 전동차로 운행하는 하이브리드(Hybrid) 자동차를 개발하는데 필수적인 요소이다.

반면 한국인 B도 역시 새로운 배터리 소재를 찾던 중에 A가 사용한 것과 거의 유사한 소재를 개발하여 국내에서 2007년 12월 20일 특허를 출원하였다. 미국인 A는 이 사실을 듣고 한국에서 자신의 권리주장을 위해 한국에 다시 2007년 12월 30일 특허출원을 하였다. 미국인 A는 자신이 출원한 한국특허의 순위기준일은 미국에서 출원 공개한 2007년 1월 1일이 되어야 한다고 주장하고, 한국인 B의 발명은 선출원주의에 반하여 특허출원이 허용될 수 없다고 주장하고 있다.

A의 주장은 타당한가?

특허법 제54조 1항은 조약에 의하여 대한민국 국민에게 특허출원에 대한 우선권을 인정하는 당사국 국민이 그 당사국 또는 다른 당사국에 특허출원을 한 후 동일발명을 대한민국에 특허출원하여 우선권을 주장하는 때에는 신규성, 진보성 요건(제29조)과 선출원주의(제36조)의 규정을 적용할 때 그 당사국에 출원한 날을 대한민국에 특허출원 한 날로 본다고 규정하고 있다.[327]

이것은 대한민국 국민이 조약에 의하여 대한민국 국민에게 특허출원에 대한 우선권을 인정하는 당사국에 특허출원한 후 동일발명을 대한민국에 특허출원한 경우에도 동일하게 적용된다. 그러나 이와 같이 조약에 의하여 우선권을 주장하기 위해서는 우선권 주장의 기초가 되는 최초의 출원일부터 1년 이내에 특허출원을 하여야 한다.

327 특허법 제54조(조약에 의한 우선권주장) ① 조약에 따라 다음 각 호의 어느 하나에 해당하는 경우에는 제29조 및 제36조를 적용할 때에 그 당사국에 출원한 날을 대한민국에 특허출원한 날로 본다.
1. 대한민국 국민에게 특허출원에 대한 우선권을 인정하는 당사국의 국민이 그 당사국 또는 다른 당사국에 특허출원한 후 동일한 발명을 대한민국에 특허출원하여 우선권을 주장하는 경우
2. 대한민국 국민에게 특허출원에 대한 우선권을 인정하는 당사국에 대한민국 국민이 특허출원한 후 동일한 발명을 대한민국에 특허출원하여 우선권을 주장하는 경우
② 제1항에 따라 우선권을 주장하려는 자는 우선권 주장의 기초가 되는 최초의 출원일부터 1년 이내에 특허출원을 하지 아니하면 우선권을 주장할 수 없다.
③ 제1항에 따라 우선권을 주장하려는 자는 특허출원을 할 때 특허출원서에 그 취지, 최초로 출원한 국가명 및 출원의 연월일을 적어야 한다.

사례의 경우, 원칙적으로 A가 미국에서 먼저 특허를 출원하였다면 이미 공지, 공용 발명이 존재함으로 한국인 B의 특허는 신규성 요건에 위반하여 특허무효가 주장될 수도 있다. 그러나 단순히 특허 무효를 주장하고 한국에서 다시 특허를 출원하는 경우에는 A 본인의 미국 특허에 의해 A도 역시 신규성 위반이 되어 특허출원이 불가능하다. 조약에 의한 우선권 주장은 이러한 문제를 해결하기 위한 것으로 한국인에 대해 특허우선권을 인정하는 미국의 국민 A가 본국에 특허를 출원한 후에 1년 이내에 다시 한국에 특허출원하는 경우에는 원특허 출원일인 미국 특허출원일 즉, 사례의 경우 2007년 1월 1일로 출원일자가 소급된다. 따라서 이 날짜 보다 더 늦은 B의 한국특허는 선출원주의 위반으로 무효가 된다.

2. 출원서의 기재내용–명세서

(1) 의의

명세서는 특허출원서의 중요부분으로서 특허출원을 청구하는 자가 특허를 받고자 하는 발명의 명칭, 기술적인 설명, 특허청구범위 등을 기재하여 제출하는 서면을 의미한다. 명세서에 공개된 내용은 무형적 기술적 사상을 그 대상으로 하는 특허권의 특성상 권리를 구체적 확인하는 중요한 의미를 가지기 때문에 명세서에 구체적으로 확정되고 공개된 부분에 대해서만 권리가 주어지는 것이 일반적이다.

명세서에는 발명의 명칭을 비롯하여 도형의 간단한 설명, 발명의 상세한 설명, 그리고 특허의 권리내용을 결정하는 특허청구범위가 기재된다.[328]

328 특허법 제42조(특허출원) ① 특허를 받으려는 자는 다음 각 호의 사항을 적은 특허출원서를 특허청장에게 제출하여야 한다. <개정 2014.6.11.>
1. 특허출원인의 성명 및 주소(법인인 경우에는 그 명칭 및 영업소의 소재지)
2. 특허출원인의 대리인이 있는 경우에는 그 대리인의 성명 및 주소나 영업소의 소재지[대리인이 특허법인·특허법인(유한)인 경우에는 그 명칭, 사무소의 소재지 및 지정된 변리사의 성명]
3. 발명의 명칭
4. 발명자의 성명 및 주소
② 제1항에 따른 특허출원서에는 발명의 설명·청구범위를 적은 명세서와 필요한 도면 및 요약서를 첨부하여야 한다. <개정 2014.6.11.>
③ 제2항에 따른 발명의 설명은 다음 각 호의 요건을 모두 충족하여야 한다. <개정 2014.6.11.>
1. 그 발명이 속하는 기술분야에서 통상의 지식을 가진 사람이 그 발명을 쉽게 실시할 수 있도록 명확하고 상세하게 적을 것
2 그 발명의 배경이 되는 기술을 적을 것
…
⑨…

(2) 명세서의 기재내용 1–발명의 상세한 설명

사례

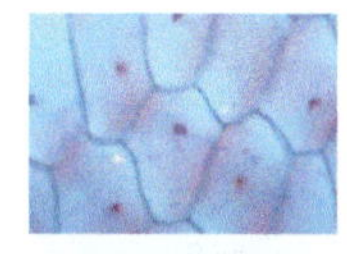

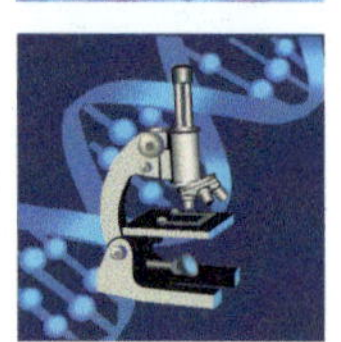

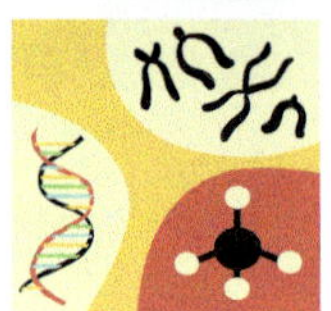

A는 핵치환 기술을 이용한 인간체세포 복제기술에 대한 특허출원서를 제출하면서 체세포 복제를 위한 전 과정으로서 난자세포에서 핵을 빼내고 그 안에 새로운 핵을 주입하는 일명 Squeeze 방법을 명세서 안에 간략히 서술하였다.

B는 A의 출원서안에 첨부된 명세서에서 발명에 관한 설명을 보고 그대로 모방하여 핵치환 기술을 재현하려 하였으나 단순히 "막대를 써서 핵을 짜내고 그 안에 새로운 핵을 주입한다."는 설명만으로는 A의 발명상황을 재현하는 것이 불가능하였다. B는 A에게 접촉하여 자세한 설명을 듣고 싶었으나 A는 그 정도의 설명으로도 자신의 연구원들은 충분히 발명을 재현할 수 있다고 하면서 B의 실력부족을 지적하고 접촉자체를 거부하였다.

화가 난 B는 A의 특허권이 명세서에 발명에 관한 상세하고 정확한 정보를 공개하지 않아 무효임을 주장하고 있다.

이러한 B의 주장은 타당한가? 타당하다면 그 주장 근거는?

명세서에는 발명의 명칭 및 도면에 대한 설명과 함께 '발명에 대한 상세한 설명'을 기재하여야 한다. 명세서에 기재되는 '발명의 상세한 설명'은 함께 기재되는 청구범위를 구체적으로 설명하는데 의의를 가지고 일종의 권리해설서로서의 역할을 한다.[329]

따라서 '발명의 상세한 설명'은 그 내용을 이해하기 쉽고, 명세서만으로 발명의 구체적인 내용을 알 수 있을 정도로 기술하여야만 제3자가 당해 발명이 미치는 범위를 충분히 예측할 수 있다. 또한 명세서는 일반 공공에게 특허발명에 대한 정보를 전달하는 중요한 역할을 한다. 당해 특허발명을 토대로 지속적인 기술발전을 유인하는 것이 특허법의 궁극적인 목적이기 때문에 '발명의 상세한 설명'을 기재하는 것은 특허정책상 중요한 의의가 있다. 따라서 명세서 기재요건이 충족되지 못한 경우 특허거절 결정 및 무효심판의 사유가 된다.[330]

329 임병웅, 앞의 책, 270면 ; 吉藤幸朔, 앞의 책, 288면.

330 특허법 시행규칙 제11조(부적법한 출원서류 등의 반려) ① 특허청장 또는 특허심판원장은 법 제42조 · 제90조 · 제92조의3 · 제132조의4 · 제140조 또는 제140조의2에 따른 특허출원, 특허권의 존속기간의 연장등록출원, 특허취소신청 또는 심판에 관한 서류 · 견본이나 그 밖의 물건(이하 "출원서류등"이라 한다)이 다음 각 호의 어느 하나에 해당하는 경우에는 법령에 특별한 규정이 있는 경우를 제외하고는 적법한 출원서류등으로 보지 아니한다.
………. 5. 출원서에 명세서(명세서에 발명의 상세한 설명이 기재되어 있지 아니한 경우를 포함한다.)를 첨부하지 아니한 경우 특허법 제62조(특허거절결정); 특허법 제133조 1항(특허무효사유)

특허법은 명세서에 기재하는 발명의 상세한 설명에 대하여 우선 "1) 그 발명이 속하는 기술분야에서 통상의 지식을 가진 자가, 2) 그 발명을 쉽게 실시할 수 있도록 명확하고 상세하게 적을 것, 또한 그 발명의 배경이 되는 기술을 적을 것"을 규정하고 있다.[331]

여기서 '용이하게 실시할 수 있을 정도'가 구체적으로 어느 정도인지가 문제되는데, 일반적으로 그 발명이 속하는 기술분야에 종사하는 자가 시행착오와 계속적인 실험을 거치지 않고 혹은 특수한 지식을 부가하지 않고서도 명세서에 기재된 내용에 의해 발명을 정확하게 이해할 수 있고 동시에 재현할 수 있는 정도를 의미하는 것으로 해석된다.[332]

그 구체적인 기재방법에 대해서 특허법 시행규칙 제21조 3항은 기술분야를 비롯하여 해결하고자 하는 과제, 과제의 해결 수단 등을 기재하도록 하고, 다만 해당사항이 없는 경우에는 생략이 가능하도록 규정하고 있다.[333]

다만, 발명의 특성상 발명의 상세한 설명을 기재하는 것만으로는 제3자가 발명을 쉽게 재현할 수 없는 경우에는 특별한 원칙이 적용된다.

예를 들어, 미생물 관련 발명의 경우 당해 분야에 종사하는 자가 발명대상인 미생물을 용이하게 입수할 수 없는 경우를 대비하여 일정기관에 미생물을 기탁하고 그 시료를 채취 가능하도록 하고, 그 외 식물발명은 반복생산가능성을 위해 발명의 특성 재현

331 특허법 제42조 3항 ① … ③ 제2항에 따른 발명의 설명은 다음 각 호의 요건을 모두 충족하여야 한다. <개정 2014.6.11.>
1. 그 발명이 속하는 기술분야에서 통상의 지식을 가진 사람이 그 발명을 쉽게 실시할 수 있도록 명확하고 상세하게 적을 것
2. 그 발명의 배경이 되는 기술을 적을 것

332 대법원 1996.6.28. 선고 95후95 판결. 임병웅, 앞의 책, 270면.

333 특허법 시행규칙 제21조(특허출원서 등) ③ 제1항 제1호에 따른 명세서의 발명의 상세한 설명에는 다음 각 호의 사항이 포함되어야 한다.
1. 발명의 명칭
2. 기술분야
3. 발명의 배경이 되는 기술
4. 다음 각 목의 사항이 포함된 발명의 내용
가. 해결하려는 과제
나. 과제의 해결 수단
다. 발명의 효과
5. 도면의 간단한 설명
6. 발명을 실시하기 위한 구체적인 내용
7. 그 밖에 그 발명이 속하는 기술분야에서 통상의 지식을 가진 자가 그 발명의 내용을 쉽게 이해하기 위하여 필요한 사항
④제3항제2호 · 제4호 · 제5호 및 제7호의 사항은 해당하는 사항이 없는 경우에는 그 사항을 생략할 수 있다.

을 위해 육종경과를 상세히 기재하여야 한다.[334]

사례의 경우 발명의 상세한 설명이 당해 분야에 종사하는 통상의 자가 추가적인 기술적 연구 없이는 당해 발명을 재현할 수 없는 경우에 해당하고, 따라서 특허무효청구(특허법 제133조 1항)의 사유가 된다.

(3) 명세서의 기재내용 2-특허청구범위

1) 의의

특허 명세서에서 핵심 내용이 되는 부분은 특허청구범위에 대한 기재이다. 특허청구범위는 특허출원을 통해 보호받을 권리의 내용과 범위를 기재하는 항으로서 특허권의 주장 혹은 특허권 침해여부를 판단하는 기준이 된다.

따라서 그 내용이 추상적이거나 포괄적이 되면 특허권자의 권리주장 범위가 모호해지기 때문에 이미 법률규정에 의하여 구체적인 작성방식이 법제화되어 있다.

우리 특허법 제42조 제4항은 특허청구범위에 보호를 받고자 하는 사항을 기재한 항("특허청구항")이 하나 이상 있어야 하며, 그 청구항은 1) 발명의 상세한 설명에 의하여 뒷받침될 것, 2) 발명이 명확하고 간결하게 기재될 것을 요구하고 있다.

334 임병웅, 앞의 책, 274면 ; 吉藤幸朔, 앞의 책, 303면.

2) 청구항의 기재요건과 효력

가. 발명의 상세한 설명에 의해 뒷받침될 것

사례

급성천식 치료기 전문 제조 회사 A는 다음과 같은 발명 출원서를 제출하였다.

[명세서]

[발명의 명칭]: 급성천식 진정 작용 호흡기

[발명의 상세한 설명]

[기술분야]

[배경기술]

[발명의 내용]

[해결하고자 하는 과제]: 소아급성 천식에 의한 호흡중단 증세의 방지

[과제해결수단] 호흡기에 직접 도포하는 흡입약물과 흡입기구로 구성된 발명

[효과] 최적의 흡입각도와 신속반응 약물을 통해 효과의 신속성을 확보하여 기관지 폐쇄 및 호흡 곤란증을 해결

[발명실시를 위한 구체적인 내용] [청구항 2]의 혼합물질은 기관지를 확장시켜주는 속효성제제인 아트로벤트와 평소에 기관지의 염증을 억제시켜주는 지속성제제 세레타이드를 2:3으로 혼합하여 제조한다. 이러한 치료약물의 혼합을 촉진하기 위한 촉매물질로서 아질산가스 12%를 고압축 상태로 혼합공정에 추가하여 제조함.

[특허청구범위]

[청구항 1] 소아 급성천식 환자의 천식을 멈추게 하는 비강 내 흡입약물과 흡입기구

[청구항 2] 청구항 1에 있어서 비강내 흡입용 Antihistamine(알레르기 억제 약물)인 세레타이드와 아트로벤트의 혼합물질

[청구항 3] …….

A의 급성천식치료제가 특허된 이후에 B 기업은 A의 특허 명세서에 설명된 천식 치료 약물의 혼합을 촉진하는 촉매물질로서 아질산 가스와 그 사용방법인 압축 혼합 방법을 이용하여 유사한 다른 천식 치료약물을 혼합하고 이것을 천식 치료제로 사용하고 있다. A는 B의 치료약품 생산이 자사의 특허에 소개된 방법을 이용하여 제조되고 있음으로 자사의 특허를 침해하고 있다고 주장한다.

이 주장은 타당한가?

발명의 청구범위는 먼저 "발명의 상세한 설명에 의해 뒷받침"되어야 한다.[335] 즉, 발명의 상세한 설명은 특허청구범위를 구체적으로 확정하는 역할을 하기 때문에 청구항

을 명확히 설명하고 이와 일치하는 내용이어야 한다.

예를 들어, 발명의 상세한 설명으로 청구항이 뒷받침되지 않는 유형으로 1) 청구항에 기재된 사항이 발명의 상세한 설명에는 직접적으로 기재되지 않은 경우, 2) 발명의 상세한 설명과 청구항에 기재된 청구내용이 서로 다른 명칭을 사용하는 경우, 3) 청구항에서 기재한 기능을 구현하는 수단과 절차·방법이 발명의 상세한 설명에도 기재되어 있지 않은 경우가 지적된다.[336]

청구범위가 이와 같이 발명의 설명에 의하여 뒷받침 되지 못하여 기재요건이 충족되지 못한 경우에는 특허등록 전에는 특허거절 결정(특허법 제62조)이 내려지게 되고 특허등록 후에는 무효심판의 사유가 된다. 다만, 법령의 기준과 반대로 청구범위에는 표현되지 않은 사항이 발명의 상세한 설명에는 기재되어 있는 경우에 그 권리범위는 어디까지 인지가 문제된다.

원칙적으로 특허권의 범위는 청구항으로 제한되기 때문에 발명의 상세한 설명에 기재하였다고 하여도 특허권자는 그의 권리를 주장할 수 없다.[337] 그러나 일단 선출원된 특허의 명세서에 기재된 도안이나 설명 등은 그 자체로는 권리주장의 대상이 될 수 없지만, 나중에 출원된 특허 발명을 배제하는 효과를 가진다.

즉, 선출원으로서 후출원을 배제할 수 있는 범위는 출원공개를 요건으로 하여 특허청구범위 뿐만 아니라 최초 출원서에 첨부된 명세서·도면 전체에 기재된 발명으로 확대된다.[338] 이것을 강학상으로는 확대된 선출원의 지위라고 정의한다.[339]

위 사례의 경우, 청구항에는 기재되어 있지 않으나 발명의 상세한 설명에는 언급되어 있는 발명의 구성요소에 대하여 그 특허권을 주장할 수 없다. 다만, 그 구성요소에 대한 후순위 발명이 출원되는 것은 막을 수 있는 소극적 효력이 남아 있다고 할 수 있다.

나. 발명이 명확하고 간결하게 기재될 것

335 특허법 제42조 4항 1호.

336 임병웅, 앞의 책, 277면 ; 천효남, 앞의 책, 351~352면.

337 임병웅, 앞의 책, 276면.

338 특허법 제29조 3항: 특허출원한 발명이 다음 각 호의 요건을 모두 갖춘 다른 특허출원의 출원서에 최초로 첨부된 명세서 또는 도면에 기재된 발명과 동일한 경우에 그 발명은 제1항에도 불구하고 특허를 받을 수 없다. 다만, 그 특허출원의 발명자와 다른 특허출원의 발명자가 같거나 그 특허출원을 출원한 때의 출원인과 다른 특허출원의 출원인이 같은 경우에는 그러하지 아니하다.
1. 그 특허출원일 전에 출원된 특허출원일 것
2. 그 특허출원 후 제64조에 따라 출원공개되거나 제87조제3항에 따라 등록공고된 특허출원일 것

339 임병웅, 앞의 책, 198면 ; 천효남, 앞의 책, 491면.

특허청구범위는 또한 특허권의 보호범위를 결정하는 사항이기 때문에 불명확하거나 기재내용이 복잡하여 특허요건 판단에 어려움을 야기해서는 안 된다. 특히 청구항을 일부러 모호하고 복잡하게 서술하는 경우에는 제3자의 후속기술을 제한하려는 의도가 숨겨져 있을 수 있다.

따라서 청구범위에 의한 발명의 서술은 최대한 자세히 기재되어야 하나, 청구항 자체는 간결하여야 한다.[340]

예를 들어, 1) 청구항의 구성요소가 단순 나열식으로만 기재되어 구성요소 상호간의 구체적 결합관계를 알 수 없는 경우, 2) 청구항의 내용이 장황하여 발명의 구성 내용을 정확히 알 수 없는 경우, 3) 청구항의 지시대상이 불명확하고 발명구성이 불명확한 경우에는 기재요건 위반이 된다.[341]

특허법은 이와 같은 관점에서 특허청구범위를 기재할 때는 발명을 특정하는데 필요하다고 인정되는 구조·방법·기능·물질 또는 이들의 결합관계를 구체적으로 기재하도록 규정하고 있다.[342]

3) 특허청구의 범위의 구체적 기재방법

특허청구범위는 권리주장 문서로서의 성격을 갖고 있기 때문에 그 구체적인 기재방법이 법정화 되어 있고 이에 부합하여 기재하여야 한다. 이미 특허종류를 설명할 때 언급한 것처럼 특허청구범위에는 구체적으로 보호받고자 하는 상품, 기술의 범위를 기재하여야 하는데 이것을 "청구항"이라고 한다. 우리 특허법은 특허청구범위에 2개 이상의 항을 기재할 수 있도록 하는 다항제를 채택하고 있다.[343]

340 특허법 제42조 4항 2호.

341 대법원 2002.10.22. 선고 2001후744 판결 ; 임병웅, 앞의 책, 278면 ; 천효남, 앞의 책, 354면.

342 특허법 제42조 ⑥ 제2항에 따른 청구범위에는 보호받으려는 사항을 명확히 할 수 있도록 발명을 특정하는데 필요하다고 인정되는 구조·방법·기능·물질 또는 이들의 결합관계 등을 적어야 한다.

343 특허법 시행령 제5조(특허청구범위의 기재방법) ① 법 제42조 제8항에 따른 특허청구범위의 청구항(이하 "청구항"이라 한다.)을 기재할 때에는 독립청구항(이하 "독립항"이라 한다.)을 기재하여야 하며, 그 독립항을 한정하거나 부가하여 구체화하는 종속청구항(이하 "종속항"이라 한다.)을 기재할 수 있다. 이 경우 필요한 때에는 그 종속항을 한정하거나 부가하여 구체화하는 다른 종속항을기재할 수 있다.
② 청구항은 발명의 성질에 따라 적정한 수로 기재하여야 한다.
③ 삭제<1999.6.30>
④ 다른 청구항을 인용하는 청구항은 인용되는 항의 번호를 적어야 한다.
⑤ 2 이상의 항을 인용하는 청구항은 인용되는 항의 번호를 택일적으로 기재하여야 한다.
⑥ 2 이상의 항을 인용한 청구항에서 그 청구항의 인용된 항은 다시 2 이상의 항을 인용하는 방식을 사용하여서는 아니 된다. 2 이상의 항을 인용한 청구항에서 그 청구항의 인용된 항이 다시 하나의 항을 인용한 후에 그 하나의 항이 결과적으로 2 이상의 항을 인용하는 방식에 대하여도 또한 같다.

특허청구범위를 기재할 때 우선 발명자가 창작한 아이디어가 발명으로 사용될 때 구체화되는 방법 결과물 등을 허용되는 범위에서 포괄적으로 기재하는 것이 일반적이다. 독립항을 포괄적으로 기재할수록 특허권자는 자신의 권리주장 범위가 넓어지기 때문이다.

이와 같은 독립항을 기술적으로 한정하거나 구분하여 보다 구체적인 표현을 하는 것이 종속항이 되는데 종속항을 계속하여 인용, 한정하여 확장하는 것을 막고 독립항의 어느 부분을 설명하는 지를 정확히 할 필요가 있다. 따라서 시행령은 2개 이상의 항을 인용한 청구항은 항의 번호를 택일적으로 기재하도록 하고, 2개 이상의 항을 인용한 청구항에서 그 청구항의 인용된 항은 다시 2개 이상의 항을 인용하는 방식을 사용하지 못하도록 규제하고 있다.[344]

예 [청구항 1]	…… 물질
[청구항 2] 청구항 1에 있어서 원료가 되는	…… 물질
[청구항 3] 청구항 1 또는 2에 있어서	…… 촉매 물질
[청구항 4] 청구항 2 또는 3에 있어서	…… 배합방법

위의 예에서 청구항 4는 이미 2개 이상의 항을 인용한 청구항 3을 다시 인용하기 때문에 기재방법을 위반한 것이 된다.

⑦ 인용되는 청구항은 인용하는 청구항보다 먼저 기재하여야 한다.
⑧ 각 청구항은 항마다 행을 바꾸어 기재하고, 그 기재하는 순서에 따라 아라비아숫자로 일련번호를 붙여야 한다.

344 특허법 시행령 제5조 6항.

VI. 특허권의 효력

1. 특허권자의 권리

(1) 특허권자의 배타적 실시권

사 례

A는 의료 CT와 X-ray 등에서 의사의 판독이 어려운 0.5cm 이하의 종양을 찾아내는 프로그램을 개발하여 이를 구동하는 영상기계장치와 함께 특허를 출원하였다.

의사 B는 A가 특허출원한 프로그램과 기계장치가 대장 내시경 등에도 응용될 수 있는 정도의 정확성을 가지는 지를 실험하기 위해 A가 만든 프로그램을 분해하여 대장 내시경에 연결한 뒤에 무료 임상시험을 실시하였다. A는 B가 자신의 허락 없이 자신의 판독기계를 개조하여 그 안의 프로그램을 무단으로 사용하고 있다고 주장하며 특허침해 혐의로 B를 고소하였다.

B가 특허침해죄를 벗어나기 위해 주장할 수 있는 항변은 무엇인가?

특허권자는 산업상 그 특허발명을 실시할 권리를 배타적으로 지배할 권리를 갖는다.[345] 따라서 물건발명의 경우에는 물건의 생산, 사용, 양도, 대여, 수입 등의 행위, 물건을 생산하는 방법발명의 경우 그 방법을 사용하는 행위, 특허 방법에 의해 생산된 물건, 당해 물건을 사용, 양도, 대여하는 행위 등에 대한 배타적 전용권을 행사한다. 다만, 특허법 제94조는 "특허권자가 특허발명을 실시를 권리를 독점한다"고 규정하고 있는데, 여기서 '독점권'의 의미는 본래 그 용어를 만들어낸 경제학적 개념과는 다른 의미를 가지고 있다.

즉, 경제학적으로 독점(monopoly)이라고 하면 일반적으로 관련시장을 전제로 하여 그 시장 안에서 생산·공급자가 1인인 경우를 독점이라고 정의한다. 그러나 특허법이

345 특허법 제94조(특허권의 효력) ① 특허권자는 업으로서 특허발명을 실시할 권리를 독점한다. 다만, 그 특허권에 관하여 전용실시권을 설정하였을 때에는 제100조제2항에 따라 전용실시권자가 그 특허발명을 실시할 권리를 독점하는 범위에서는 그러하지 아니하다. <개정 2019. 12. 10.>
② 특허발명의 실시가 제2조제3호나목에 따른 방법의 사용을 청약하는 행위인 경우 특허권의 효력은 그 방법의 사용이 특허권 또는 전용실시권을 침해한다는 것을 알면서 그 방법의 사용을 청약하는 행위에만 미친다. <신설 2019. 12. 10.>

어느 물건의 특허권자에게 시장에서 독점할 권리를 주는 것은 아니다. 예를 들어, 어느 발명가가 만년필을 발명했다고 할 때, 만년필은 필기구 시장을 구성하는 하나의 물건에 불과하고 특허권자가 가지는 권리란 필기구 시장전체에서 만년필만을 팔 수 있는 독점의 권리가 아니다. 여기서 만년필의 특허권자는 자신이 발명한 만년필의 생산·양도·대여 등을 자신만이 허락할 수 있는 배타적 권리(exclusive right)를 가질 뿐이다.

이와 같은 특허권자의 배타적 권리를 침해하면 민사상 손해배상과 별도로 형사벌의 처벌을 받게 된다.[346] 특히, 특허침해죄는 과거 친고죄에서 2020년 개정을 통해 반의사불벌죄로 개정되어 피해자의 명시적인 의사가 없는 한 원칙적으로 형사처벌 대상이 된다.

다만, 특허법은 이러한 특허권자의 배타적 실시권에 대한 예외를 인정하고 있다.[347] 이에 따라 1) 연구 또는 시험을 하기 위한 특허발명의 실시, 2) 국내를 통과하는데 불과한 선박·항공기·차량 또는 이에 사용되는 기계·기구·장치 기타의 물건, 3) 특허출원시부터 국내에 있는 물건, 또한 사람의 질병의 진단·경감·치료·처치 또는 예방에 사용되는 2개 이상의 의약을 혼합함으로써 제조되는 의약의 발명 또는 그 제조방법에 대한 특허권은 「약사법」에 의한 조제행위와 그 조제에 의한 의약에 효력을 미치지 아니한다. 특히, 여기서 연구 또는 시험을 위한 특허발명의 실시는 당해 특허발명의 시험·검증을 위한 것이어야 하고, 어떤 다른 목적을 위한 시험·검증은 여기에 해당하지 않는다.[348]

사례의 경우, 특허권의 실시가 해당 발명 자체의 성능 검증실험이고, 또 무료 임상실험이었기 때문에 단순히 연구를 위한 것이었다는 점에서 특허권침해의 예외가 인정된다고 할 수 있다.

346 특허법 제225조(침해죄) ① 특허권 또는 전용실시권을 침해한 자는 7년 이하의 징역 또는 1억 원 이하의 벌금에 처한다.
② 제1항의 죄는 피해자의 명시적인 의사에 반하여 공소(公訴)를 제기할 수 없다. <개정 2020. 10. 20.>

347 특허법 제96조(특허권의 효력이 미치지 아니하는 범위) ① 특허권의 효력은 다음 각 호의 어느 하나에 해당하는 사항에는 미치지 아니한다.
1. 연구 또는 시험(「약사법」에 따른 의약품의 품목허가·품목신고 및 「농약관리법」에 따른 농약의 등록을 위한 연구 또는 시험을 포함한다)을 하기 위한 특허발명의 실시
2. 국내를 통과하는데 불과한 선박·항공기·차량 또는 이에 사용되는 기계·기구·장치 기타의 물건
3. 특허출원 시부터 국내에 있는 물건
② 둘 이상의 의약(사람의 질병의 진단·경감·치료·처치 또는 예방을 위하여 사용되는 물건을 말한다. 이하 같다.)을 혼합함으로써 제조되는 의약의 발명 또는 둘 이상의 의약을 혼합하여 의약을 제조하는 방법의 발명에 관한 특허권의 효력은 「약사법」에 의한 조제행위와 그 조제에 의한 의약에는 미치지 아니한다.

348 임병웅, 앞의 책, 625면 ; 천효남, 앞의 책, 575면.

(2) 특허권자 이외의 자의 특허발명 실시권(전용실시권, 통상실시권)

사례

건설 자제공급업자 A는 고층 아파트 등에 설치가 의무화된 열감지식 화재경보장치를 수입·판매할 수 있는 특허 라이센스 계약을 발명자인 스위스 사업자 B와 체결하였다. 라이선스 계약의 내용에는 "한국 내에서 'oo 장치'의 수입, 판매권을 인정하는 라이선스(non-exclusive patent licence; 통상실시권)를 A에게 부여한다."고 규정되어 있었다.

법률지식이 없었던 A는 자신이 B의 화재경보 장치를 수입·판매할 유일한 업체라고 생각하고 많은 홍보비용을 들여서 B가 만든 화재경보기를 소개하고 판매에 나섰다. A는 자신이 한국 내 유일한 판매업자라고 생각하고 수입된 경보장치에 상당히 높은 가격을 책정하였으나, 얼마 후 다른 사업자 C가 동일한 제품의 수입·판매를 허가받고 판매하고 있다는 것을 알게 되었다. A는 원특허권자 B에게 계약위반임을 항의하였으나, B는 애초에 계약내용에 따른 것으로 아무런 잘못이 없다고 주장하고 있다.

A의 주장은 타당한가?

특허권자의 특허발명 실시권은 전용실시권(exclusive license)과 통상실시권(non-exclusive license)으로 구분된다. 먼저 전용실시권은 계약에 의하여 설정된 범위 안에서 영업으로서 당해 특허권을 독단적으로 배타적으로 실시할 수 있는 권리를 의미한다.[349] 전용실시권을 가지는 자는 설정계약에서 정한 범위 안에서 독단적인 권리를 가지기 때문에 특허권자라고 하더라도 일단 전용실시권을 설정한 범위에 대해서는 허락없이 특허권을 실시할 수 없고, 당연히 전용실시권을 다른 제3자에게 설정할 수는 없다. 또한 전용실시권자는 정당한 법적 근거 없이 전용실시 특허권을 침해한 자에 대해서는 원특허권자의 동의없이 독자적인 법적제재 조치를 취할 수 있다.

반면 통상실시권은 설정범위 안에서 영업목적을 가지고 당해 특허발명을 실시할 수 있는 권리로서 독자적인 배타성이 없기 때문에 특허권자는 여러 개의 통상 실시권을

349 특허법 제100조(전용실시권) ① 특허권자는 그 특허권에 대하여 타인에게 전용실시권을 설정할 수 있다.
② 전용실시권을 설정받은 전용실시권자는 그 설정행위로 정한 범위에서 그 특허발명을 업으로서 실시할 권리를 독점한다.
③ 전용실시권자는 다음 각 호의 경우를 제외하고는 특허권자의 동의를 받아야만 전용실시권을 이전할 수 있다.
1. 전용실시권을 실시사업(實施事業)과 함께 이전하는 경우
2. 상속이나 그 밖의 일반승계의 경우
④ 전용실시권자는 특허권자의 동의를 받아야만 그 전용실시권을 목적으로 하는 질권을 설정하거나 통상실시권을 허락할 수 있다.
⑤ 전용실시권에 관하여는 제99조제2항부터 제4항까지의 규정을 준용한다.

복수로 허용할 수 있다.[350] 또한 단순히 수동적인 실시권을 허락받은 것에 불과하기 때문에 제3자의 특허권 침해에 대하여 독자적인 민·형사상의 조치를 취할 수 없다. 전용실시권과의 차이는 통상실시권이 특허권 자체에 대한 독점권을 가지고 있지 않다는 점이다.

사례의 경우, 특허 라이선스 계약의 내용이 통상실시권이기 때문에 특허권자는 당연히 수 개의 통상실시권을 동시에 허락할 수 있다.

(3) 특허권의 존속기간

일반적인 원칙으로 특허권의 존속기간은 특허권의 설정등록이 있는 날부터 특허출원일 후 20년이 되는 날까지로 한다.[351] 주의할 점은 효력이 발생하는 것은 특허설정 등록이 있는 날부터이지만, 특허만료 기간이 기산되는 점은 특허출원일부터라는 점이다.

따라서 의약품, 의료기기 등과 같이 최초 특허출원일로부터 특허등록, 특허등록 후 실제 실시될 때까지 여러 행정절차를 거쳐야 하는 경우에는 특허권자에게 실제 특허권을 행사할 기간이 줄어들기 때문에 상당히 불리한 결과가 된다.

이와 같은 경우를 대비하여 법은 예외적으로 특허권 연장사유를 규정하여 합리적인 결과를 도모하고 있다.[352] 따라서 특허권자는 특허발명을 실시하기 위하여 다른 법령의 규정에 의하여 허가를 받거나 등록 등을 하여야 하고, 그 허가 또는 등록 등을 위하여 필요한 활성·안전성 등의 시험으로 인하여 장기간이 소요되는 경우에는 그 실시할 수 없었던 기간에 대하여 5년의 기간 내에서 당해 특허권의 존속기간을 연장할 수 있다.

350 특허법 제102조(통상실시권) ① 특허권자는 그 특허권에 대하여 타인에게 통상실시권을 허락할 수 있다.
② 통상실시권자는 이 법의 규정에 의하여 또는 설정행위로 정한 범위 안에서 업으로서 그 특허발명을 실시할 수 있는 권리를 가진다.
③ 제107조의 규정에 의한 통상실시권은 실시사업과 같이 이전하는 경우에 한하여 이전할 수 있다.

351 특허법 제88조(특허권의 존속기간) ① 특허권의 존속기간은 제87조 제1항의 규정에 의한 특허권을 설정등록한 날부터 특허출원일 후 20년이 되는 날까지로 한다.
② 정당한 권리자의 특허출원이 제34조 및 제35조의 규정에 의하여 특허된 경우에는 제1항의 특허권의 존속기간은 무권리자의 특허출원일의 다음날부터 기산한다.

352 특허법 제89조(특허권의 존속기간의 연장) ① 특허발명을 실시하기 위하여 다른 법령에 따라 허가를 받거나 등록 등을 하여야 하고, 그 허가 또는 등록 등(이하 "허가등"이라 한다)을 위하여 필요한 유효성·안전성 등의 시험으로 인하여 장기간이 소요되는 대통령령으로 정하는 발명인 경우에는 제88조제1항에도 불구하고 그 실시할 수 없었던 기간에 대하여 5년의 기간까지 그 특허권의 존속기간(제92조의5제2항에 따라 특허권의 존속기간의 연장이 등록된 경우에는 그 연장된 날까지를 말한다)을 한 차례만 연장할 수 있다. 다만, 허가등을 받은 날부터 14년을 초과하여 연장할 수 없다. <개정 2025. 1. 21.>
② 제1항을 적용할 때 허가등을 받은 자에게 책임있는 사유로 소요된 기간은 제1항의 "실시할 수 없었던 기간"에 포함되지 아니한다.

또한 특허받은 물건의 실질적인 사용이 늦어진 경우와 달리 특허설정 등록자체가 늦어진 경우에도 등록지연에 따른 특허권의 존속기간 연장 규정(제 92조의 2)이 적용되어 특허권 설정등록이 특허출원일부터 4년과 출원심사 청구일부터 3년 중 늦은 날보다 지연되어 이루어지는 경우에는 그 지연된 기간만큼 해당 특허권의 존속기간을 연장할 수 있다.

2. 특허 침해의 구제청구

(1) 침해금지 청구권

1) 의의

특허권자 또는 전용실시권자는 자기의 권리를 침해한 자 또는 침해할 우려가 있는 자에 대하여 그 침해의 금지 또는 예방을 청구할 수 있다.[353] 금지청구의 구체적인 내용은 침해행위를 조성한 물건(물건을 생산하는 방법의 발명인 경우에는 침해행위로 생긴 물건을 포함한다)의 폐기, 침해행위에 제공된 설비의 제거 기타 침해의 예방에 필요한 행위를 청구할 수 있다. 특허권자가 이와 같은 침해금지를 청구하기 위해서는 당연히 특허침해행위가 존재할 것을 전제로 한다.

2) 특허 침해 행위

가. 직접침해-균등론

사례

A는 두피 부착용 가발의 제작에 관한 특허를 출원하면서 특허 청구항에 인모(人毛)를 이식할 인조두피의 두께와 통기구멍, 인모 간격을 기재하였고, 두피의 재질로서는 레이온과 폴리에스테르 합성 섬유를 적시하였다. A의 특허가 출원된 후에 B회사는 A회사의 부착용 가발과 거의 유사한 두께와 모발간격을 사용하면서 인조두피의 재질만은 기존의 레이온을 대체하는 아크릴 섬유를 사용하여 가발을 제작 판매하였다.

353 특허법 제126조(권리 침해에 대한 금지청구권 등) ① 특허권자 또는 전용실시권자는 자기의 권리를 침해한 자 또는 침해할 우려가 있는 자에 대하여 그 침해의 금지 또는 예방을 청구할 수 있다.
② 특허권자 또는 전용실시권자가 제1항의 규정에 따른 청구를 할 때에는 침해행위를 조성한 물건(물건을 생산하는 방법의 발명인 경우에는 침해행위로 생긴 물건을 포함한다)의 폐기, 침해행위에 제공된 설비의 제거, 그 밖에 침해의 예방에 필요한 행위를 청구할 수 있다.

A회사는 B회사가 실질적으로는 자사의 특허권과 유사한 상품을 개발하여 특허권을 침해하고 있음을 주장하며 가발생산금지를 청구하였다. B회사는 이에 대해 A의 특허권 대상인 가발의 핵심은 인조두피에 있고, 이 두피 제작물질이 서로 다르기 때문에 특허권의 침해가 아니라고 주장하고 있다.

그러나 A회사는 실제로 아크릴은 레이온의 전형적인 대체 물질로서, A가 생산하는 두피부착용 가발의 성질과 유사한 효과를 낼 수 있는 것으로 이것은 당해 업종에 종사하는 누구나 알고 있는 것이라고 주장한다. 이에 대해 다시 B는 특허권의 범위는 오직 특허 청구항에 기재된 범위에 제한되어야 하고, A가 특허 청구항에 기재되지 않은 아크릴 사용 가발을 사용금지할 권리는 없다고 주장한다.

여기서 누구의 주장이 타당한가?

특허권 침해금지청구권이 발생하는 특허침해의 유형은 크게 직접침해와 간접침해로 분류될 수 있다. 여기서 먼저 직접침해란 가장 일반적인 특허침해 행위로서 정당한 사용권한이 없는 자가 특허발명을 실시한 것을 의미한다.

구체적으로 1) 유효한 특허권의 존재, 2) 침해혐의를 받는 물건 또는 방법이 특허발명의 보호범위에 해당할 것, 3) 침해 혐의를 받는 자에게 정당한 권원이 없을 것, 4) 업으로 실시하는 행위가 있을 것의 요건을 갖추어야 한다.[354] 특히 여기서 '업'으로 특허권을 실시한다는 의미는 개인적이고 가사목적의 실시가 아니라 일종의 반복적이고 지속적인 영업목적을 가진 실시를 말한다.[355]

또한 '실시'란 특허법 제2조 3호에서 규정하는 것처럼 물건발명의 경우 그 물건을 생산 · 사용 · 양도 · 대여 · 수출 또는 수입 등을 하는 행위를 말하고, 방법의 발명인 경우에는 그 방법을 사용하는 행위 또는 그 방법의 사용을 청약하는 행위, 물건을 생산하는 방법의 발명인 경우에는 그 방법에 의하여 생산한 물건을 사용 · 양도 · 대여 · 수출 또는 수입하거나 그 물건의 양도 또는 대여의 청약을 하는 행위를 말한다.[356]

특허직접 침해여부를 판단하는데 있어서 핵심적인 사항은 우선 원특허의 권리범위에 대한 해석이다. 특허법 제97조는 특허발명의 보호범위가 "특허청구범위에 적혀있

354 임병웅, 앞의 책, 672면 ; 천효남, 앞의 책, 697면.

355 임병웅, 앞의 책, 673면 ; 천효남, 앞의 책, 697면.

356 특허법 제2조(정의)
3. "실시"라 함은 다음 각목의 구분에 따른 행위를 말한다.
가. 물건의 발명인 경우: 그 물건을 생산 · 사용 · 양도 · 대여 · 수출 또는 수입하거나 그 물건의 양도 또는 대여의 청약(양도 또는 대여를 위한 전시를 포함한다. 이하 같다.)을 하는 행위
나. 방법의 발명인 경우: 그 방법을 사용하는 행위 또는 그 방법의 사용을 청약하는 행위
다. 물건을 생산하는 방법의 발명인 경우: 나목의 행위 외에 그 방법에 의하여 생산한 물건을 사용 · 양도 · 대여 · 수출 또는 수입하거나 그 물건의 양도 또는 대여의 청약을 하는 행위

는 사항"에 한정하여 정해진다고 규정함으로, 보호범위의 해석은 일단 특허청구범위에 기재된 문언적 기재사항에서 출발한다.

그러나 문제는 특허청구범위를 간결하게 기재하도록 요구하기 때문에 특허청구범위만으로는 특허발명의 보호범위를 명확히 확정할 수 없는 경우가 존재할 수 있다. 결국 이 경우에는 명세서에 기재된 '발명의 상세한 설명' 등을 통해 그 권리범위를 보충적으로 해석하게 된다.

다만, 이러한 발명의 상세한 설명 등에도 나타나 있지 않으나 '발명과 관련된 업종에 종사하는 자가 누구든지 쉽게 당해 발명의 일부분을 변형하여 이와 동일한 기능과 효과를 얻을 수 있다면 당해 발명의 권리범위가 좀 더 확대되는 것으로 해석하는 것이 타당하다고 할 수 있다. 이것을 특허균등론에 의한 특허보호범위의 확대라고 한다.[357]

이와 같이 특허균등론은 침해 의심이 되는 발명이 인용 특허발명의 청구항에 기재된 문언적 요소와 모두 일치하지는 않지만 1) 과제해결의 원리 혹은 핵심적인 기술사상이 동일하고, 2) 그 발명의 다른 구성요소가 인용 특허발명의 구성요소와 실질적으로 동일한 기능을 수행하여 실질적으로 동일한 효과를 가져오며, 3) 이와 같은 구성요소의 치환이 당해 기술분야의 통상인을 기준으로 용이한 경우에는 실제 인용 특허권의 기술사상과 균등한 것으로 인용 특허발명의 보호범위 안에 있다고 해석하는 이론이다.[358] 침해 혐의물과 특허발명의 구성요소를 비교함에 있어서 실질적으로 동일한 것 또는 균등물로 볼 수 있는지 여부에 대한 판단은 당해 기술분야의 통상의 지식을 가진 자가 특허발명을 균등물로 치환할 수 있는지를 판단하는 치환가능성에 중점을 두게 된다.[359]

사례의 경우, 특허침해 혐의 물건이 사용하는 구성요소가 특허청구범위의 문언과 일치하지는 않지만 당해 기술분야에서 용이하게 변형 가능하거나 치환할 수 있는 것으로서 실질적으로 동일한 효과를 가져오기 때문에 균등론에 의하여 특허의 보호범위라고 판단된다. 따라서 실질적으로는 특허 구성 요소를 정당한 권원 없이 사용하는 행위에 해당하여 특허권 침해 행위를 구성하게 된다.

357 임병웅, 앞의 책, 649면 ; 정상조, 앞의 책, 189면 ; 천효남, 앞의 책, 722면.

358 정상조, 앞의 책, 189면 ; 임병웅, 앞의 책, 649면.

359 정상조, 앞의 책, 190면.

나. 간접침해

사례

프린터 부품을 제작 납품하던 A는 외국계 대기업의 특허 받은 잉크젯 프린터 모델에 사용되는 특허 부품인 잉크 카트리지(cartridge)에 비특허품인 평범한 잉크가 채워져 실제 부품원가의 10배 이상의 값으로 판매되는 것을 보고 자신이 훨씬 저렴한 가격으로 소비자들로 부터 수거한 잉크카트리지를 재충전하여 판매하기로 계획을 세웠다.

이와 관련해 프린터 제조회사 B는 프린터와 함께 잉크카트리지를 판매하면서 "일회 사용만 가능"이라는 문구를 표시하였다. 그리고 카트리지의 설명서와 보증서에는 "일회 사용 조건을 위반한 재충전 등의 사용행위는 자사의 특허품에 대한 특허권 침해로 간주됩니다"라는 문구를 삽입하였다.

A는 B회사 제품의 프린터에서 완벽히 동작하고 동일한 품질을 가진 재생 잉크카트리지를 훨씬 싼 가격에 판매를 시작하였다. B회사는 A의 판매 때문에 자사의 잉크 카트리지 판매가 줄자 A의 행위가 잉크 카트리지를 개조하여 재충전함으로써 소비자들이 특허품 사용계약을 위반하여 특허를 침해하도록 유도한 간접침해 행위라고 주장하며 판매금지를 청구하였다.

특허품인 잉크 카트리지에 대한 간접침해라는 B의 주장은 타당한가?

특허법 제127조는 당해 특허발명의 물건을 직접 생산하거나 방법을 직접 사용하지 않는 경우에도 그 침해행위를 도울 수 있는 물건을 생산 · 양도 · 대여 · 수출 · 수입 또는 그 물건의 양도 또는 대여의 청약을 하는 행위에 대해서는 특허권을 침해하는 것으로 간주하는 간접침해 제도를 규정하고 있다.[360]

이런 간접침해를 규제하는 의의는 특허발명 자체의 실시는 아니라고 하더라도 실제 특허권 침해를 조장하거나 특허권의 침해로 이어질 수 있는 개연성 높은 행위를 금지하는데 그 의의가 있다. 그러나 간접침해를 인정하는 범위가 넓어지면 실제 특허권의 대상이 아니어서 특허권자의 보호범위에 들어가지 않는 물건에 까지 특허권의 배타적 효력이 넓어지는 문제점이 야기될 수 있다.

간접침해가 성립하기 위해서는 우선 물건 발명의 경우 "그 물건의 생산에만 사용하

360 특허법 제127조(침해로 보는 행위) 다음 각 호의 구분에 따른 행위를 업으로서 하는 경우에는 특허권 또는 전용실시권을 침해한 것으로 본다.
1. 특허가 물건의 발명인 경우: 그 물건의 생산에만 사용하는 물건을 생산 · 양도 · 대여 · 수출 또는 수입하거나 그 물건의 양도 또는 대여의 청약을 하는 행위
2. 특허가 방법의 발명인 경우: 그 방법의 실시에만 사용하는 물건을 생산 · 양도 · 대여 · 수출 또는 수입하거나 그 물건의 양도 또는 대여의 청약을 하는 행위

는 물건"을 업으로서 생산·양도·대여·수출 또는 수입 등의 행위를 하여야 한다. 여기서 문제가 되는 것은 "특허품의 생산"에 직접 사용되지는 않지만 당해 특허품을 사용하는 데 '이용'되는 '소모품'의 생산·양도·대여·수출 또는 수입 하는 등의 행위를 하는 것이 간접침해에 해당하는 지에 대한 것이다.

법문의 규정을 엄격히 해석한다면 특허품의 '생산'에 사용되지 않는 단순히 '이용'되는 소모품의 생산은 간접침해를 구성하지 않아야 하지만 우리 대법원은 간접침해의 범위를 넓게 해석하여 특허물품의 사용에만 이용되는 "물건의 생산" 등의 행위도 간접침해에 해당한다고 결정하였다.[361]

특허권의 보호를 강화시킨다는 측면은 있으나 공공의 이익을 위한 특허제도의 취지에 비추어 특허권의 보호범위를 비특허품에까지 확대하는 것은 신중하여야 한다는 점, 또한 소모품에 대한 소비자의 선택권을 지나치게 제한한다는 측면에서 상당한 비판의 여지가 있다.[362] 방법 발명의 경우에도 "그 방법의 실시에만 사용 되는 물건"을 생산·양도·대여·수출 또는 수입 등의 행위를 하여야 한다. 예를 들어, 바다에서 막 잡은 고등어를 위생용 특수 캔에 신선 포장하는 방법을 특허 받았다면, 이 포장방법에 사용되는 위생용 캔(Can)을 생산·양도·대여 또는 수입 혹은 양도 또는 대여청약을 하는 행위가 간접침해로서 인정된다. 특허권자 입장에서 볼 때는 자사가 생산하는 위생용 캔을 별도로 특허 받지 않는다고 하여도 특허권의 간접적인 보호를 받게 되는 이익을 누리게 된다.

사례에서는 잉크카트리지를 구매한 소비자가 사용조건인 "일회사용조건"을 위반하였음으로 그 다음부터는 권한 없는 특허품의 사용이 되어 특허침해를 구성한다. A는 이러한 소비자들의 특허침해를 재충전이라는 방법을 통해 보조함으로써 간접침해에 해당할 가능성이 높다. 그러나 이 사례에서 B회사가 잉크카트리지에 대한 특허권을 가지고 있다고 하더라도 일단 특허품인 카트리지를 소비자에게 판매한 후에서는 당해 카트리지의 처분과 함께 카트리지의 재사용여부, 충전사용여부 등을 통제하는 특허권은 이미 소멸된 것으로 더 이상 카트리지에 대한 "일회사용조건"을 부과할 수 있는 B의 특허권한은 존재하지 않는다고 해석할 여지가 높다.[363] 이것은 후술하는 최초판매 이

361 대법원 1996.11.27. 선고 96마365 결정.("….특허발명의 대상이거나 그와 관련된 물건을 사용함에 따라 마모되거나 소진되어 자주 교체해 주어야 하는 소모부품일지라도, 특허발명의 본질적인 구성요소에 해당하고 다른 용도로는 사용되지 아니하며 일반적으로 널리 쉽게 구할 수 없는 물품으로서 당해 발명에 관한 물건의 구입 시에 이미 그러한 교체가 예정되어 있었고 특허권자측에 의하여 그러한 부품이 따로 제조·판매되고 있다면, 그러한 물건은 특허권의 간접침해에서 말하는 '특허 물건의 생산에만 사용하는 물건'에 해당한다.")

362 정상조, 앞의 책, 193면.

363 Static Control Components, Inc. v. Lexmark Intern., Inc., 615 F.Supp.2d 575, 585(E.D.Ky. 2009).

론으로서 다음 장에서 추가로 설명된다.

(2) 특허권 침해 주장에 대한 항변

1) 특허소진이론

사례

미국 레이저 프린터 제조업체 렉스마크(Lexmark Int'l, Inc.)는 미국 및 해외에서 특허 등록된 '레이저 프린터용 토너' 제품을 판매하면서, '1회 사용 및 재판매 금지조건(Single Use Only)'을 약정한 레이저 토너 제품에 한정하여, 개당 6만원(일반 판매가 12만원)에 할인 판매하였다. 토너 재판매업체 임프레션(Impression Products, Inc.)은 소비자들로부터 완전 소모된 토너제품을 개당 7,000원에 재수거하여, 중국 등에서 재충전한 후에 미국으로 수입하여 소비자들에게 저가로 판매를 하였다.

프린터 제조사 렉스마크는 국내·외에 판매한 일반형·할인형 토너 카트리지를 리셀러 업체인 임프레션이 재가공해 미국으로 수입·판매한 행위는 '1회 사용' 특허품 사용조건을 위반한 특허침해 상품을 수집하여 판매한 불법행위로 특허 침해(간접침해)라고 주장하였다.

이 사건에서, 특허품을 적법하게 구매한 소비자들의 특허품 사용권한을 계약 조건에 의하여 제한하고, 소비자들의 특허품 재판매를 금지한 특허권자의 행위는 특허법상 적법 한 것인가?

최초판매 이론(혹은 권리소진이론)은 특허법을 비롯한 지식재산권법의 독특한 목적과 취지, 공공정책에 근거한 일반이론들 중에서 가장 중요한 이론 중 하나로서 특허·저작권자가 특허·저작상품 등을 적법하게 최초판매한 후에는 당해 특허·저작권의 이용에 대한 배타적 권리가 소진되고, 따라서 특허·저작상품의 양수인 혹은 기술실시자는 당해 상품을 자유롭게 재판매·사용할 수 있다는 것을 의미한다.[364] 이러한 최초 판매이론은 연계되는 후속 특허·저작권 이용자들의 권리를 계속 제한하여 특허·저작권의 배타적 범위를 확대하려는 권리자들의 의도를 제한하는 대단히 중요한 이론으로서 특허·저작권에 의하여 공개된 정보에 대한 공공의 이용권 보장과 밀접한 연관성을 가진다고 할 수 있다.

364 See Donald S. Chisum, Patents, §16.03[2][a](2011). 최초판매이론의 기원은 Bloomer v. McQuewan. 55 U.S.(14 How.) 549(1852);Keeler v. Standard Folding Bed Co., 157 U.S. 659, 666(1895);Chaffee v. Boston Belting Co., 63 U.S.(22 How.) 217, 223(1859).

사례에서 미국 연방대법원은, 특허권자의 배타적 배포권은 "적법한 판매 허락에 의하여 특허품이 최초 판매된 이후에는 모두 소멸된다"는 '특허소진론'을 적용하였고, 이것은 "특허권자가 특허품의 판매 당시 구매자와 계약을 통해 그 통제권한을 유지한다고 약정한 경우에도 동일하게 적용된다"고 판단하였다.[365] 결국, 사례에서 최초 판매이론은 판매 당시 계약과 무관하게 적용되고, 렉스마크는 특허침해를 주장할 특허법상 권한이 없는데, 미국 연방대법원은 특허법의 기본적인 정책인 최초판매 이론을 침해하는 특허권자의 권리행사는 남용으로서 허용될 수 없다는 결론을 제시한 것이다.

다만, 해당 판결로 렉스마크가 특허 침해를 주장할 수는 없으나, 재판매 조건을 위반한 소비자들을 상대로 '계약상 책임'을 여전히 주장할 여지는 존재한다. 결국 소비자들이 특허법과 별도로 계약상 책임을 부담하는지 여부가 문제될 수 있으나, 실제로는 최초판매이론을 배제하는 당사자 간의 약정은 그 법률행위의 목적이 전형적인 '사회적 타당성'이 없는 것으로 무효가 된다고 판단될 가능성이 높다.

2) 특허권 남용

사례

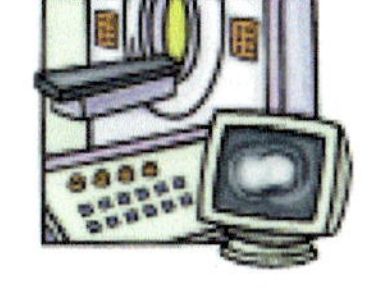

암세포의 전이여부를 판단하는 핵영상 촬영장치의 조영제로 사용되는 약물의 물질특허를 보유한 A는 특허기간이 3년 남은 시점에서 조영제 생산업체 B와 통상실시를 허락하는 라이선스 계약을 체결하였다. A는 구체적인 라이선스 계약 안에 3년 후 특허기간이 만료된 뒤에도 B는 향후 5년간 로열티(기술실시료)를 계속 지급하는 조건을 부과하였다. 3년후 A의 특허권이 만료되자 B는 A가 특허권자로서 우월적 지위를 남용하여 부당한 라이선스 조건을 강요함으로서 불리한 계약을 체결하였다고 주장하며 라이선스 계약의 무효를 주장하고 더 이상 기술실시료를 지불할 수 없다고 주장하고 있다. 더 나아가 B는 특허기간 만료 후 A의 기술실시료 강제는 A의 원특허기술을 바탕으로 B가 개발한 간독성 부작용이 더 적은 신약의 생산을 방해하여 경쟁자를 배척하는 것이라고 주장한다.

그러나 A는 특허권자로서 라이선스를 거절할 권리는 물론 그 조건을 자유롭게 결정할 자유가 있음을 주장하고, 특히 계약체결 당시 B는 이 모든 사실을 알고 자의적으로 계약하였기 때문에 정당한 특허권의 행사라서 기술실시료 지급약정은 유효하다고 주장하고 있다. 이 사례에서 B의 주장은 타당한가?

특허 · 저작권자의 행위가 지식재산권의 정당한 목적을 벗어나서 행사되는 경우에는 그 권리실행을 지식재산권의 남용이라고 호칭한다. 이러한 지식재산권 남용이론은 특

365 Impression Products, Inc. v. Lexmark Int'l, Inc., 581 U.S. 360, 137 S. Ct. 1523, 198 L. Ed. 2d 1 (2017)

허·저작권의 본질과 목적·취지에 근거를 둔 것으로서 지식재산권 제도는 권리자에게 경제적 이익을 주는 것 자체만을 목적으로 하지 않고, 일정한 단기간 동안 배타적 권리를 특허·저작권자에게 부여하지만 그 기간이 끝나면 특허·저작권 정보를 공익의 소유로 돌림으로써 궁극적으로는 또 다른 새로운 기술·혁신의 원동력을 제공하기 위한 것이라는 이론에 근거가 있다. 이와 같은 특허·저작권법의 본질에 비추어 본다면 특허·저작권자가 법에 규정된 제한적인 배타적 기간을 넘어서서 그 권리의 행사기간을 연장하는 것을 별도로 약정을 하는 것은 특허·저작권법의 정책에 정면으로 위배되는 것으로 그 효력을 인정할 수 없다.[366]

미국의 실무상 이와 같은 특허·저작권 남용행위는 당사자간 약정을 통해 기술실시자가 무효사유가 존재하는 특허권의 하자를 다툴 수 없도록 약정하는 행위를 비롯해 다양한 유형이 존재한다. 그러나 한국 및 독일, 일본과 같이 대륙법계의 지식재산권법 이론을 따르는 국가에서는 성문법에 규정되어 있지 않은 사유로 법원이 특허무효심판 혹은 판결 없이 특허·저작권의 효력을 정지시키는 남용이론을 적용하는데 있어서 대단히 소극적인 태도를 취하고 있다.

(3) 특허침해에 의한 손해배상의 특별규정

1) 의의

특허권이 침해되는 경우 침해자는 특허법상 형사처벌 대상이 되지만, 특허권자 입장에서는 자신에게 발생한 손해배상을 받는 것이 가장 급선무가 된다. 원칙적으로 특허권자는 자신과 라이선스 계약관계가 있는 경우에는 계약책임을, 자신과 아무런 관계가 없는 침해자에 대해서는 민법 제750조의 불법행위 책임을 물어 특허권 침해자에게 자신에게 발생한 손해에 대한 배상책임을 물을 수 있다.

그러나 민법 편에서 언급한 것처럼 민법 계약책임 및 제750조의 불법행위 책임에 관한 일반원칙에 의하면 채무불이행 혹은 불법행위를 주장하는 특허권자가 침해자의 고의, 과실, 자신의 손해액을 그리고 침해행위와 자신의 손해와의 인과관계를 전부 입증하여야 한다.

특히 불법행위에 의한 특허권의 침해에 있어서 특허침해자의 특허존재 사실에 대한 인지유무 혹은 그 사실을 몰랐던 것에 대한 과실유무를 특허권자가 입증하는 것은 현

366 See 6 Donald S. Chisum, Chisum on Patents §19.04(3)(d)(2003); Virginia Panel Corp. v. MAC Panel Co., 133 F.3d 860, 868(Fed. Cir. 1997); Brulotte v. Thys Co., 379 U.S. 29, 32-33(1964).

실적으로 대단히 어려운 문제가 된다. 또한 라이선스 계약위반 혹은 불법행위책임에 의한 손해배상 주장 모두에서 특허침해자가 생산·수입·판매·양도·대여한 행위 등에 의해 특허권자가 실제 입은 손해액수가 얼마인지를 정확히 산정하고 입증한다는 것도 현실적으로는 불가능 한 경우가 대부분이다. 따라서 특허법은 민법의 일반원칙을 완화하기 위해 특허법상 특별규정을 두고 있다.

2) 과실 및 손해액의 추정

사례

가발 제조업자 B는 독창적인 연구를 통해 밀착성과 통기성이 높고 유지효과가 매우 뛰어난 가발을 개발하였다. 그러나 실제 B가 개발한 가발소재와 접착방식 인모(人毛)배열 방식 등 상당부분은 이미 A기업이 특허를 받아 실시하고 있는 상태이다. B는 실제 A의 특허가 존재하는 줄 전혀 몰랐고, 제주도의 공장에서 연구만 하였기 때문에 그 사실을 알 수도 없었다

그러나 B의 신제품 가발판매의 결과 이보다 10배 비싼 A의 가발 판매가 전부 중단되어 A는 도산하였다. A는 B에 대해 민법 제750조의 불법행위에 의한 손해배상책임을 주장하고 있으나, B는 민법상 불법행위에 의한 손해배상책임이 존재하기 위해서는 자신의 고의·과실이 입증되어야 하는데 자신은 고의·과실이 없음으로 손해배상 책임을 지지 않는다고 항변한다.

특히, A는 자신이 도산 전 후에 B가 가발을 생산하여 벌어들인 모든 이득액을 손해배상액으로 주장하고 있다. 그러나 B는 이것은 자신이 광고하고 자신이 열심히 마케팅 전략을 세워 얻은 이익이기 때문에 도산한 후 가만히 앉아 놀고 있던 A에게 손해배상금으로 지급할 수는 없다고 주장한다.

여기서 B의 주장은 타당한가?

특허침해 발생에 대한 과실 입증과 관련하여 특허법 제130조는 "타인의 특허권 또는 전용실시권을 침해한 자는 그 침해행위에 대하여 과실이 있는 것으로 추정한다."고 규정하여 특허침해자에 대한 과실의 추정 규정을 두고 있다. 따라서 특허권자는 침해자에 의한 침해행위가 존재한다는 사실만을 주장하면 되고 과실입증 책임을 면하게 된다.

반면 특허법 제128조는 특허침해행위로 인해 발생한 손해액을 추정하는 규정을 두고 있다.[367] 이에 따라 특허권자 또는 전용실시권자의 특허권 또는 전용실시권을 침해

367 특허법 제128조(손해배상청구권 등) ① ·········
④ 제1항에 따라 손해배상을 청구하는 경우 특허권 또는 전용실시권을 침해한 자가 그 침해행위로 인하여 얻은 이익액을 특허권자 또는 전용실시권자가 입은 손해액으로 추정한다.

한 자가 그 침해에 의하여 이익을 받은 때에는 그 이익의 액이 특허권자 또는 전용실시권자가 받은 손해의 액으로 추정된다.

특허권자 또는 전용실시권자는 그 외에도 손해액의 주장을 위해 몇 가지 다른 선택을 할 수도 있는데 예를 들어 특허권자 또는 전용실시권자는 그 고의 또는 과실에 의하여 자기의 특허권 또는 전용실시권을 침해한 자에 대하여 그 침해에 의하여 자기가 받은 손해의 배상을 청구하는 경우에는 그 특허발명의 실시에 대하여 합리적으로 받을 수 있는 금액을 자신의 손해액으로 주장하여 손해배상을 청구할 수 있다.[368]

또한 그 외에 방법발명과 관련해서는 침해방법과 관련하여 특별규정을 두고 있는데, 예를 들어 방법특허의 경우에는 특허권을 실시하는 결과물만이 외부에 나타나기 때문에 실제 그 물건이 방법특허를 침해하여 생산된 것인지를 입증하기 곤란한 문제점이 있다. 이를 위해 특허법 제129조는 "물건을 생산하는 방법의 발명에 관하여 특허가 된 경우에 그 물건과 동일한 물건은 그 특허된 방법에 의하여 생산된 것으로 추정한다." 고 규정하여 침해행위 입증의 문제점을 해결하였다.

다만, 그 물건이 1) 특허출원 전에 국내에서 공지되었거나 공연히 실시된 물건, 2) 특허출원 전에 국내 또는 국외에서 반포된 간행물에 게재되거나 대통령령이 정하는 전기통신회선을 통하여 공중이 이용가능하게 된 물건인 경우에는 적용되지 않는다.

사례의 경우 가발의 특허가 존재하는 사실을 몰랐다고 하더라도 특허법 제130조에 의하여 타인의 특허권 또는 전용실시권을 침해한 자는 그 침해행위에 과실이 있는 것으로 추정된다. 따라서 특허권자는 민법 제750조의 불법행위 청구에 있어서 과실의 입증책임을 지지 않는다. 또한, 2019년 7월부터는 징벌적 손해배상제도가 도입되어, 특허권 또는 전용실시권 침해행위가 고의적인 것으로 인정되는 경우에는 손해로 인정된 금액의 5배를 넘지 아니하는 범위에서 배상액을 인정할 수 있도록 하여 특허권자의 배상범위가 더 확대되었다고 할 수 있다.[369]

⑤ 제1항에 따라 손해배상을 청구하는 경우 그 특허발명의 실시에 대하여 통상적으로 받을 수 있는 금액을 특허권자 또는 전용실시권자가 입은 손해액으로 하여 손해배상을 청구할 수 있다. <개정 2016.3.29.>
⑥ 제5항에도 불구하고 손해액이 같은 항에 따른 금액을 초과하는 경우에는 그 초과액에 대해서도 손해배상을 청구할 수 있다. 이 경우 특허권 또는 전용실시권을 침해한 자에게 고의 또는 중대한 과실이 없을 때에는 법원은 손해배상액을 산정할 때 그 사실을 고려할 수 있다. <개정 2016.3.29.>
⑦ 법원은 특허권 또는 전용실시권의 침해에 관한 소송에서 손해가 발생된 것은 인정되나 그 손해액을 증명하기 위하여 필요한 사실을 증명하는 것이 해당 사실의 성질상 극히 곤란한 경우에는 제2항부터 제6항까지의 규정에도 불구하고 변론 전체의 취지와 증거조사의 결과에 기초하여 상당한 손해액을 인정할 수 있다.

368 특허법 제128조 5항.

369 제128조 8항 법원은 타인의 특허권 또는 전용실시권을 침해한 행위가 고의적인 것으로 인정되는 경우에는

또한 손해액의 입증과 관련하여 특허법 제128조 ④항에 의하여 특허침해자가 얻은 이익은 특허권자의 손해액으로 추정되기 때문에 특허권자가 설사 그 기간 영업을 게을리 하였다고 하여도 자신의 손해액으로 주장하는데 특별한 문제가 없다.

(4) 특허무효 심판 및 특허취소 제도

1) 정당한 권리자의 무효심판 청구

사례

생화학자인 A교수는 암세포만 찾아 제거하는 것은 나노웜(nano worm), 일명 나노벌레를 발명하였다. 나노벌레는 산화철(iron-oxide) 입자로 이뤄진 기다란 띠 형태로 이루어져 내부에는 암세포를 죽이는 약물이 주입되고 외부에는 암세포에 잘 달라붙도록 하는 분자물질이 코팅된다. 이것은 몸 안을 떠돌다 암세포에만 달라붙어 약물을 주입하기 때문에 별다른 부작용 없이 암을 효과적으로 치료할 수 있다.

A교수는 동물임상 실험을 마치고 인간에게 적용하는 시험을 준비하는 도중에 나노벌레의 제조방법과 구성물질 등에 대한 정보를 잠시 실험실 컴퓨터에 저장하였는데 누군가에 의해 정보가 유출되었다.

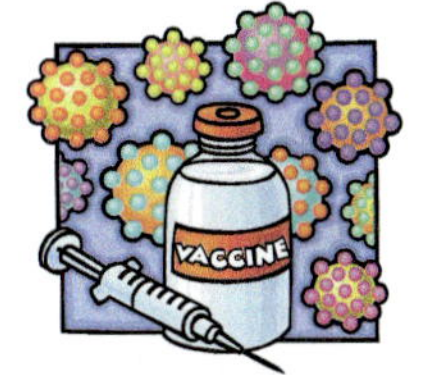

이 정보를 취득한 B회사는 4개월 후인 2008년 1월 1일에 나노벌레에 대한 특허출원서를 제출하였고 특허가 등록되었다. B의 특허등록 후 명세서를 검토하던 A는 B의 특허가 자신의 발명을 훔쳐간 것을 확신하고 있다.

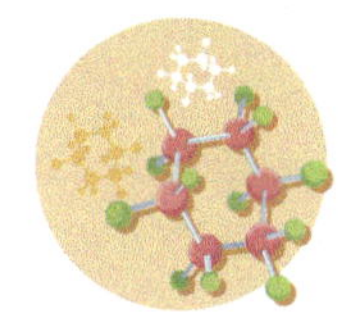

이런 와중에 나노벌레와 유사한 나노로봇을 이용한 암세포 치료방법을 연구하던 C는 2008년 6월 1일 명세서에 공개된 나노벌레의 제조방법을 개량하여 나노로봇 표면 제작방법을 개발하였고 이것을 특허출원하였다. 이 상태가 유지된다면 C의 개량특허인 나노로봇 제작방법의 특허는 독립적으로 가능하지만, 그 실시를 위해서는 여전히 원특허권자인 B의 허가를 받아야 한다.

이러한 상황에서 A교수가 자신의 특허를 출원하여 등록할 방법이 있는가? 만일 사후에 등록이 가능하다면 산업스파이에 의한 부정한 특허등록 이후 곧바로 개량특허를 등록한 C에 대해서도 사후에 특허등록한 A가 여전히 자신이 원 특허권자로서 허가권을 갖는다고 주장할 수 있는가?

먼저 특허를 받을 수 있는 자는 특허법 제33조에 의해 발명을 한 자와 그 승계인에 한정된다. 따라서 산업스파이 등을 통해 특허정보를 불법적으로 취득한 자는 원칙적으로 특허를 받을 수 없다.[370] 만일 특허출원이 되고 아직 특허출원이 허가되지 않은 경

제1항에도 불구하고 제2항부터 제7항까지의 규정에 따라 손해로 인정된 금액의 5배를 넘지 아니하는 범위에서 배상액을 정할 수 있다.

우에는 특허법 제62조 제2호(무권리자에 대한 특허거절결정)의 사유가 되어 무권리자의 특허출원이 거부되기 때문에 A의 특허출원이 가능하다.

그러나 이미 무권리자의 특허출원이 등록된 경우가 문제되는데 A는 특허법 제133조의 특허무효심판 청구를 통해 등록된 특허의 무효를 청구할 수 있다.[371] 다만, 특허무효심판을 청구하면서 진정한 특허권자가 아직 특허등록을 하지 못하고 있는 사이에 무권리자의 공개된 특허정보를 통해 제3의 개량 특허권자가 존재하는 경우에는 이 개량 특허권자와 진정한 특허권자의 권리순위가 문제될 수 있다.

즉, 특허무효청구가 인정되어 무권리자의 특허가 무효가 된다고 하여도 이후에 출원등록한 진정한 특허권자는 이미 제3개량 특허권자의 특허출원 등록일보다 후순위가 된다. 이것은 결국 진정한 특허권자가 그의 권리를 기초로 생성된 개량발명에 대해 특허권 행사를 하지 못하는 결과가 되기 때문에 타당하지 않다.

따라서 특허법은 무권리자의 특허출원이 부적법 한 것으로 거절된 경우에는 무권리자의 특허출원 후에 한 정당한 권리자의 특허출원이 무권리자가 특허출원한 때로 소급하여 특허출원한 것으로 간주하고 있고,[372] 무권리자의 특허가 특허심판원의 심결에 의하

370 특허법 제33조(특허를 받을 수 있는 자) ① 발명을 한 자 또는 그 승계인은 이 법에서 정하는 바에 의하여 특허를 받을 수 있는 권리를 가진다. 다만, 특허청직원 및 특허심판원직원은 상속 또는 유증의 경우를 제외하고는 재직중 특허를 받을 수 없다.
② 2인 이상이 공동으로 발명한 때에는 특허를 받을 수 있는 권리는 공유로 한다.

371 제133조(특허의 무효심판) ① 이해관계인(제2호 본문의 경우에는 특허를 받을 수 있는 권리를 가진 자만 해당한다) 또는 심사관은 특허가 다음 각 호의 어느 하나에 해당하는 경우에는 무효심판을 청구할 수 있다. 이 경우 청구범위의 청구항이 둘 이상인 경우에는 청구항마다 청구할 수 있다. <개정 2016.2.29.>
1. 제25조, 제29조, 제32조, 제36조제1항부터 제3항까지, 제42조제3항제1호 또는 같은 조 제4항을 위반한 경우
2. 제33조제1항 본문에 따른 특허를 받을 수 있는 권리를 가지지 아니하거나 제44조를 위반한 경우. 다만, 제99조의2제2항에 따라 이전등록된 경우에는 제외한다.
3. 제33조제1항 단서에 따라 특허를 받을 수 없는 경우
4. 특허된 후 그 특허권자가 제25조에 따라 특허권을 누릴 수 없는 자로 되거나 그 특허가 조약을 위반한 경우
5. 조약을 위반하여 특허를 받을 수 없는 경우
6. 제47조제2항 전단에 따른 범위를 벗어난 보정인 경우
7. 제52조제1항에 따른 범위를 벗어난 분할출원인 경우 또는 제52조의2제1항 각 호 외의 부분 전단에 따른 범위를 벗어난 분리출원인 경우
8. 제53조제1항에 따른 범위를 벗어난 변경출원인 경우
② 제1항에 따른 심판은 특허권이 소멸된 후에도 청구할 수 있다.
③ 특허를 무효로 한다는 심결이 확정된 경우에는 그 특허권은 처음부터 없었던 것으로 본다. 다만, 제1항 제4호에 따라 특허를 무효로 한다는 심결이 확정된 경우에는 특허권은 그 특허가 같은 호에 해당하게 된 때부터 없었던 것으로 본다.
④ 심판장은 제1항에 따른 심판이 청구된 경우에는 그 취지를 해당 특허권의 전용실시권자나 그 밖에 특허에 관하여 등록을 한 권리를 가지는 자에게 알려야 한다.

여 무효가 된 경우에도 역시 무효가 된 특허출원 후에 한 정당한 권리자의 특허출원을 무효가 된 무권리자의 특허출원 시로 소급하여 특허출원한 것으로 인정하고 있다.[373]

따라서 사례의 경우, 무권리자가 이미 특허를 출원하고 등록한 경우이기 때문에 특허무효청구에 의하여 무권리자의 특허를 무효화 시킨 후에 진정한 권리자 A가 특허를 출원 등록할 수 있다. 다만, 이때 진정한 권리자의 특허출원일자는 그 무권리자가 출원한 날로 소급됨으로 그 이후에 특허출원 한 제3자의 개량발명에 대해 모든 특허권을 행사할 수 있다.

2) 특허무효 심판의 효과와 기존 기술실시료

사례

세계적인 블록버스터 신약을 주로 개발하는 노바티스는 기존 당료병 치료제의 성능을 획기적으로 보완하여 고단위 인슐린을 하루에 3번 맞아야 하는 기존 주사약의 단점을 극복하면서도 효과는 동일한 경구용 알약을 개발하였다. 한국의 시장 점유율 1위 기업인 한국제약은 노비티스와 기술실시 협상을 체결하여 한국에서 제일 먼저 이 약품을 제조 판매할 수 있는 허락을 받았다. 약품이 한국에서 판매된지 4년 후 한국의 B 제약사는 노바티스의 신약이 기존약물을 단순히 결정화하여 안정시키고 여기에 체내 흡수율을 지연시킨 단순한 주합발명에 지나지 않아 진보성이 없어 특허가 무효임을 주장하며 소송을 제기하였다.

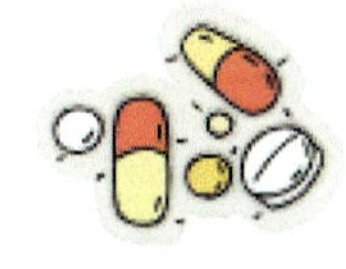

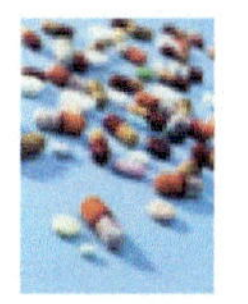

추후 법원의 판결로 실제 노바티스의 신약 특허는 무효로 판결되었다. 이러한 결과를 전해들은 한국제약은 특허무효로 인하여 특허권 자체가 소급적으로 소멸하였기 때문에 지금까지 노바티스에게 4년 동안 지불한 기술실시료는 원인이 없이 지급된 것으로 모두 반환되어야 한다고 주장하며 기술실시료 반환청구 소송을 제기하였다.

이 사건에서 한국제약의 주장처럼 특허가 무효가 된 경우 기존에 지급한 실시료는 모두 반환되어야 하는가?

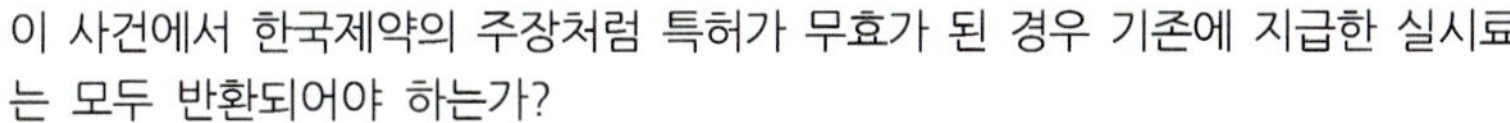

372 특허법 제34조(무권리자의 특허출원과 정당한 권리자의 보호) 발명자가 아닌 자로서 특허를 받을 수 있는 권리의 승계인이 아닌 자(이하 "무권리자"라 한다.)가 한 특허출원이 제33조 제1항 본문의 규정에 의한 특허를 받을 수 있는 권리를 가지지 아니한 사유로 제62조 제2호(무권리자에 대한 특허거절결정)에 해당되어 특허를 받지 못하게 된 경우에는 그 무권리자의 특허출원 후에 한 정당한 권리자의 특허출원은 무권리자가 특허출원한 때에 특허출원한 것으로 본다. 다만, 무권리자가 특허를 받지 못하게 된 날부터 30일을 경과한 후에 출원을 한 경우에는 그러하지 아니하다.

373 특허법 제35조(무권리자의 특허와 정당한 권리자의 보호) 제33조제1항 본문에 따른 특허를 받을 수 있는 권리를 가지지 아니한 사유로 제133조제1항제2호에 해당하여 특허를 무효로 한다는 심결이 확정된 경우에는 그 무권리자의 특허출원 후에 한 정당한 권리자의 특허출원은 무효로 된 그 특허의 출원 시에 특허출원한 것으로 본다. 다만, 심결이 확정된 날부터 30일을 경과한 후에 특허출원을 한 경우에는 그러하지 아니하다.

특허가 무효로 심결 확정되는 경우 그 효력에 대하여 특허법 제133조 제3항은 "특허를 무효로 한다는 심결이 확정된 때에는 그 특허권은 처음부터 없었던 것으로 본다."고 규정하여 원칙적으로 무효의 효과는 소급하는 것으로 규정하고 있다. 따라서 특허권이 부여된 때로 소급하여 무효가 됨으로써 이론적으로는 무효인 특허권에 이미 지급한 기술실시료는 원인 없이 제공된 부당한 것으로 반환되어야 한다고 해석할 여지가 있다.

그러나 일반적인 법률관계와 달리 특허가 출원된 상태에서 미리 기술실시 계약을 체결하는 경우에는 제3자는 알 수 없는 특허발명에 대한 정보를 기술실시자가 사전에 취득할 수 있다는 점을 비롯해, 특허가 출원되자마자 바로 실시권을 얻어 시장에 진입함으로써 고객을 사전에 선점하는 등 기술실시자가 실제 다양한 이익을 얻게 된다. 특히 무엇보다 특허실시자는 추후 실시특허가 무효가 될 수 있는 가능성을 사전에 판단하여 그에 따라 실시료를 감액하는 등 일정한 위험회피 노력을 하고 무효위험을 감수하는 것이 일반적이다. 따라서 미국의 경우 추후 특허가 무효가 된 경우에도 실시료 반환을 청구할 수 없다고 판단하는 것이 일반적이다.[374] 최근 한국 법원도 역시 "특허권의 소급적 무효는 특허권자와 특허실시권자 사이의 특허권 실시계약이라는 사법상의 법률관계까지 소급하여 무효로 된다고 볼 수는 없다"고 판결하여 유사한 입장을 취하고 있다. 특히 한국 법원의 입장은 "특허실시계약의 목적이 된 특허가 신규성이 없거나 산업상 이용 가능성이 없어 처음부터 무효였던 것이 아니라, 유효하게 등록되었다가 이후 진보성의 결격을 원인으로 무효가 확정된 경우는 특허실시계약이 효력을 상실한다고 보기 어렵다."고 판단하고 있다.[375]

사례의 경우 한국제약의 노바티스에 대한 특허 기술실시료 반환청구는 특허 실시계약의 특징상 원칙적으로 허용되지 않는다고 해석하는 것이 타당하다. 다만, 이 사례에서 만일 노바티스가 특허가 추후 무효가 된 경우에도 계속하여 기술실시료를 지급하는 계약을 체결하였다면 이러한 약정은 특허권 남용으로서 원칙적으로 집행이 허용되지 않는다고 할 수 있다.

374 See, e.g., Transitron Electronic Corp. v. Hughes Aircraft Co., 649 F.2d 871(1st Cir. 1981); Nashua Corp. v. RCA Corp., 431 F.2d 220(1st Cir. 1970);SCM Corp. v. Radio Corp. of America, 318 F. Supp. 433(S.D. N.Y. 1970).

375 서울고등법원 2012. 4. 19. 선고 2011나20142(본소), 2011나20159(반소) 판결.

3) 특허 취소 제도

출원된 특허에 하자가 존재하는 경우에 특허권의 효력을 부인하는 제도로써 특허무효심판 제도가 있으나, 원칙적으로 특허무효 심판은 '이해관계인'이나 '심사관'이 특허요건 등의 결격이 존재하는 경우에 특허등록을 무효로 심판할 수 있도록 하는 제도로써 그 절차가 까다롭다는 단점이 있다. 특히, 직접적 이해관계자는 존재하지 않지만, 무효 사유가 있음에도 하자 있는 특허가 계속 존재하는 경우에는 일반 공공이 언제든지 특허침해 위험을 부담하여야 하고, 공공의 기술사용이 제한된다는 점에서 결격 사유가 있는 특허를 방치하는 것은 적절하지 않다. 따라서 특허등록 후 6개월 이내에는 '누구든지' 쉽게 특허취소사유를 특허심판원에 제공하면 심판관이 해당 특허의 취소 여부를 신속하게 결정하는 특허취소신청 제도를 새롭게 규정하고 있다.[376]

376 제132조의2(특허취소신청) ① 누구든지 특허권의 설정등록일부터 등록공고일 후 6개월이 되는 날까지 그 특허가 다음 각 호의 어느 하나에 해당하는 경우에는 특허심판원장에게 특허취소신청을 할 수 있다. 이 경우 청구범위의 청구항이 둘 이상인 경우에는 청구항마다 특허취소신청을 할 수 있다.
1. 제29조(같은 조 제1항제1호에 해당하는 경우와 같은 호에 해당하는 발명에 의하여 쉽게 발명할 수 있는 경우는 제외한다)에 위반된 경우
2. 제36조제1항부터 제3항까지의 규정에 위반된 경우
② 제1항에도 불구하고 특허공보에 게재된 제87조제3항제7호에 따른 선행기술에 기초한 이유로는 특허취소신청을 할 수 없다.

제 3 편

저작권

Ⅰ. 저작권의 개념

1. 저작권의 의의와 특징

(1) 저작권의 의의

사례❶

A는 인터넷에 유명 연예인 "한소희 짱!"이라는 자신의 전용 블로그를 운영하고 있다. A는 2025년 12월 24일을 맞이해 지난 한 해 동안 한소희의 활동을 보도한 신문기사를 전부 스크랩해서 정리한 다음 이를 자신의 블로그에 올려놓았다.

A의 블로그를 방문한 B는 1년 동안 한소희의 모든 활동사항이 정리된 A의 블로그 내용을 그대로 복사하여 자신의 블로그에 옮겨 놓았다. 우연히 B의 블로그를 방문한 A는 자신의 블로그에 있는 내용이 B에게 그대로 옮겨진 것을 보고, 자신이 한 해 동안 고생해서 모은 자료를 무단 이용한 것을 문제 삼아 저작권 침해혐의로 형사 고발하였다.

A의 저작권 침해 주장은 타당한가?

사례❷

여행사를 운영하는 A는 미국 서부 엘로우스톤 인근을 여행하는 15박 16일 여행상품을 판매하면서 홍보책자와 여행안내서에 수록되는 안내지도 및 숙박 정보 등을 B 여행사의 여행안내 책자에 수록된 내용을 모방하여 기재하였다. 다만, A는 B의 여행책자에 수록된 내용 배열과 단어 일부를 바꾸고, 수록된 지도의 일부 명칭과 표시를 수정하여 여행책자를 발간·배포하였다. 이에 대해 B는 A가 자신이 직접 발굴하고 조사한 인근 숙박업소 및 식당 위치 등의 정보와 인근지도가 수록된 여행책자에 대한 저작권을 침해하였다고 주장하여 저작권 침해혐의로 고소하였다.

A는 B의 안내책자를 일부 참고한 것은 사실이나, B책자에 수록된 숙박업소 목록, 인근 관광지 및 중요 지명은 단순한 사실로서 저작권 보호대상이 아니라고 주장한다. A의 주장은 타당한가?

저작권은 문학학술 또는 예술의 범위에 속하는 창작물에 대한 보호제도라는 점에서 산업적 이용 가능성이 있는 기술적 사상을 보호하는 특허권 제도와 차이가 있다. 특히 저작권의 보호대상은 상당히 넓은 편으로서 원칙적으로는 예술적 가치가 있는 창작물의 표현이 보호 대상이지만 '문학성 및 예술성'의 의미가 추상적으로 확대되어 옴으로서 저작권 보호대상을 한정하는 데에는 중요한 의미를 가지고 있지 않다.

먼저 저작권의 보호를 받는 창작물이 되기 위해서는 작가의 1) 독자적인 창작성을 가지고, 2) 사상 또는 감정을 담고 있는 표현물이어야 한다.[377] 여기서 먼저 독자적 창작성은 저작물이 저작자 자신의 정신적 노력의 소산으로서 독창성을 가진 특징이 존재하여야 하는 것을 의미한다. 따라서 원칙적으로 존재하는 상황을 그대로 전달하는데 불과한 단순한 사실의 전달(뉴스 기사)은 저작권 보호의 대상인 창작물의 요건으로서 창작성이 결여된 것으로 해석된다.[378] 다만, 최근에 시사 보도 뉴스기사 중에서 기자의 독창적인 표현방식이 부가되는 경우에는 역시 저작권의 보호대상이 될 수 있다.

그러나 사실의 보도는 역시 그 독창성이 현저히 떨어지기 때문에 신문, 방송의 뉴스에 대해서는 저작권을 인정하더라도 그 범위가 제한된다고 할 수 있다. 우리 저작권법 제27조(시사적인 기사 및 논설의 복제 등)는 이용을 금지하는 표시가 없는 한, 정치 · 경제 · 사회 · 문화 · 종교에 관하여 「신문 등의 자유와 기능보장에 관한 법률」 제2조의 규정에 따른 신문 및 인터넷신문 또는 「뉴스통신진흥에 관한 법률」 제2조의 규정에 따른 뉴스통신에 게재된 시사적인 기사나 논설을 원칙적으로 다른 언론기관이 복제 · 배포 또는 방송할 수 있다고 규정하고 있다.[379]

377 정상조, 앞의 책, 224면 송영식 · 이상정, 『저작권법 개설』(세창출판사, 2007), 30면 ; 오승종, 『저작권법』(박영사, 2007), 39면.

378 Feist Publications, Inc. v. Rural Telephone Service Co., 499 U.S. 340(1991)(이 사건에서는 전화회사에 등록된 고객의 전화번호를 모아놓은 전화번호부가 창작성을 가진 저작물로서 인정될 수 있는지가 다투어졌으나, 저작물로 인정되기 위해서는 최소한의 독창성(creativity)이 필요하다는 논거 하에서 전화번호를 모아놓은 것에 불과한 사건의 전화번호부는 저작권 보호의 대상이 될 수 없다고 판결되었다.).

379 저작권법 제27조(시사적인 기사 및 논설의 복제 등) 정치 · 경제 · 사회 · 문화 · 종교에 관하여 「신문 등의 자유와 기능보장에 관한 법률」 제2조의 규정에 따른 신문 및 인터넷신문 또는 「뉴스통신진흥에 관한 법률」 제2조의 규정에 따른 뉴스통신에 게재된 시사적인 기사나 논설은 다른 언론기관이 복제 · 배포 또는 방송할 수 있다. 다만, 이용을 금지하는 표시가 있는 경우에는 그러하지 아니하다.

다만, 저작권으로 보호받기 위한 창작성의 정도는 크게 문제되지 않는다. 원칙적으로 단순한 기호의 나열도 창작품으로 보호가 가능하다. 따라서 시력검사를 위한 단순한 시력표도 창작성을 인정할 수 있다.[380] 반면에 단순한 제품의 사진은 표시를 하는 것 이외에 다른 내적 가치를 내포하지 않는 것으로 보여지는 경우에 창작성이 부정된다. 특히 특허권의 보호대상인 발명과 달리, 다른 사람의 작품과 거의 유사하다고 하여도 일단 본인이 모방 없이 독창적으로 직접 작성한 것이라면 저작권의 보호대상이 된다.

또한 이와 같은 저작권의 보호대상이 되기 위해서는 그 안에 사상, 감정의 표현이 존재하여야 한다. 이점에서 단순히 물건 혹은 용역에 대한 표시를 보호하는 상표법과 저작권은 차이가 있다. 따라서 저작물의 단순한 제목·제호 등은 원칙적으로 저작권법의 보호대상이 되기 어렵다. 예를 들어, "애마부인", "행복은 성적순이 아니에요" 등의 표시는 사상이나 감정의 충분한 표현이 아니기 때문에 저작권을 인정하기가 곤란하다.[381] 그러나 아주 짧은 시와 그 제호와 같이 길이는 극히 짧지만 사상이나 감정의 함축적 의미가 내포되어 있는 경우에는 당연히 저작물로서 인정이 가능하다.

우리 저작권법 제4조는 저작물의 예시 규정에서 소설·시·대본 등과 같은 어문저작물, 음악저작물, 미술저작물, 건축저작물, 영상저작물뿐만 아니라 지도·도표·설계도·약도·모형 그 밖의 도형저작물, 컴퓨터 프로그램저작물로 열거하고 있다.[382]

사례 1의 경우, 유명 연예인의 지난 기사와 활동에 대한 보도내용은 원칙적으로 저작권을 인정하기 어렵고, 특히 그와 같은 기사를 모아서 자신의 블로그에 종합해 놓은 것만으로는 자신의 독창적인 창작성이 없기 때문에 저작권을 인정하기가 곤란하다. 다만, 예외적으로 기존의 사실 혹은 기타 타인의 저작물을 데이터베이스로 정리하거나, 종합적으로 새롭게 편성한 경우에는 편성물 자체에 대한 편집저작권 혹은 데이터베이스저작권이 인정된다.[383] 그러나 사례와 같이 단순히 정리한 정도로는 편집저작권 혹

380 대법원 1992.6.23. 선고 91도2101 판결.

381 서울민사지법 1990.9.28. 선고 89가합62247 판결.

382 저작권법 제4조(저작물의 예시 등) ① 이 법에서 말하는 저작물을 예시하면 다음과 같다.
1. 소설·시·논문·강연·연설·각본, 그 밖의 어문저작물
2. 음악저작물
3. 연극 및 무용·무언극, 그 밖의 연극저작물
4. 회화·서예·조각·판화·공예·응용미술저작물, 그 밖의 미술저작물
5. 건축물·건축을 위한 모형 및 설계도서, 그 밖의 건축저작물
6. 사진저작물(이와 유사한 방법으로 제작된 것을 포함한다.)
7. 영상저작물
8. 지도·도표·설계도·약도·모형, 그 밖의 도형저작물
9. 컴퓨터 프로그램저작물

383 저작권법 제6조(편집저작물) ① 편집저작물은 독자적인 저작물로서 보호된다.

은 데이터베이스저작권이 성립했다고 보기 어렵다.[384]

사례 2에서 대법원은 여행책자 중 여행지의 역사, 관련 교통 및 위치 정보, 운영시간, 전화번호 및 주소, 입장료, 쇼핑, 식당 및 숙박 정보 등에 관한 부분은 객관적 사실이나 정보로써 이것을 일반적인 표현형식에 따라 있는 그대로 기술한 것에 지나지 않은 경우에는 창작성을 인정할 수 없다고 판시하였고, 지도 부분도 산과 고도 정보 등 자연적 현상과 도로 및 주유소 등 인문적 현상을 종래의 통상적인 방식과 특별히 다를 것 없이 표현한 경우에는 창작성을 인정할 수 없다고 판시하였다. 다만, 관광지, 볼거리, 음식 등을 주관적으로 묘사하거나 설명하고 있는 부분의 경우에는 독창적인 표현방식이 존재하는 경우 저작권을 인정할 수 있지만 그 내용이 전체 책자에서 차지하는 질적·양적 비중이 미미하여 그 창작적 특성이 인용책자에서 감지된다고 보기 어려운 경우에는 역시 창작성 인정이 어렵다고 판단하고 있다.[385]

(2) 저작권의 보호대상–아이디어/표현 이분법

사례 ❶

영화 제작자 A는 영화 "다이하드 2편"에서 영화의 중요부분을 구성하는 한 장면으로서, 흐르는 항공기 연료에 불을 붙여 항공기를 폭파하는 장면을 보고 영감을 얻어 현재 제작하고 있는 베트남전을 소재로 한 영화의 한 장면에 그 아이디어를 사용하였다.

A가 제작한 영화에서는 베트공 토벌 작전에 나선 주인공이 석유가 흘러 나오는 차를 베트공들을 향해 달리도록 만든 뒤에, 자신의 zipo 라이터를 흐르는 기름에 던져서 기름을 흘리며 달리던 차량이 폭발하는 장면을 연출하였다. 이에 대해 다이하드 2편의 제작자인 워너브러더스는 A가 자사의 영화에서 사용되었던 장면을 그대로 표절한 것이라고 주장하고 저작권 침해에 따른 손해배상을 주장하고 있다.

워너브러더스의 주장은 타당한가?

② 편집저작물의 보호는 그 편집저작물의 구성부분이 되는 소재의 저작권 그 밖에 이 법에 따라 보호되는 권리에 영향을 미치지 아니한다.

384 박익환, "데이터베이스 제작자의 법적 보호 -현행 저작권법의 해석을 중심으로-", 『산업재산권』 제15호 (2004), 253면.

385 대법원 2011. 2. 10. 선고 2009도291 판결.

사례❷

A는 자동차 네비게이션 작동 소프트웨어를 제작하고 있는 중에, 최근 생산된 B회사제품의 '운전편의성을 고려한 길 찾기' 모드를 사용해 보았다. B회사 제품은 기존 제품들이 사용하는 최단거리와 빠른 도착시간 반영 알고리즘 이외에, 많은 운전자들이 짜증스러워 하는 신호 등 및 커브길을 최대한 생략한 이동경로를 찾아주는 알고리즘을 반영하여 다른 사용자들에게 인기를 끌 것이 예상되었다. A는 자사의 네비게이션을 업데이트 하면서 B사 제품의 운전편이성 알고리즘을 본 따서, 신호등 수 및 커브구간 숫자와 직선구간 우선 경로를 반영한 알고리즘을 완성하여 이것을 네비게이션 소프트웨어 코드로 변환하였다. 추후 B회사는 A 회사의 소프트웨어가 자사의 독창적인 네비게이션 소프트웨어를 모방한 것이라고 주장하고 저작권 침해혐의로 형사고소 하였다.

A가 저작권 침해책임을 면하기 위해 주장할 수 있는 내용은 무엇인가?

저작권법의 보호대상이 되는 저작물은 창작적 표현에 한정된다. 특허의 경우에는 기술적 사상을 가진 아이디어를 보호대상으로 하지만 저작권법은 기능성을 가진 아이디어를 보호대상으로 하지 않는다. 특히 기술적 사항이 아니기 때문에 특허대상이 될 수도 없는 단순한 아이디어는 일반 공공의 고유재산이라고 할 수 있고 따라서 이것을 특정인의 배타적 지배하에 두는 것은 타당하지 않다. 또한 개인의 창작적 표현 속에 내재된 아이디어는 누구나 자유롭게 이용할 수 있도록 허용하는 것이 표현에 관한 창작활동을 촉진시키는 결과가 된다.

예를 들어, 영화 전반을 이끌어가는 남녀 간의 인연 혹은 잘못된 만남, 집안의 갈등 등과 같은 전반적인 줄거리는 단순한 아이디어에 불과하고, 이 아이디어를 구체적으로 전개해 가는 상황으로서 붉게 타오르는 사막의 석양을 배경으로 하는 사랑고백, 그 대사 등은 창작적 표현에 해당한다. 반면에, 병원의 문진표 등도 자체적인 독창성이 없다면 의학지식에 의해 구성된 아이디어 부분에 해당한다고 할 수 있다.[386]

이와 같은, 아이디어/표현 이분법을 컴퓨터프로그램저작권에 적용하면, 프로그램의 알고리즘은 대체로 '아이디어'에 해당하여 저작권법의 보호대상이 아니고, 소프트웨어의 코드는 알고리즘의 '표현'에 해당하여 저작권법의 보호대상이 된다고 설명된다. 그러나 특정 알고리즘 혹은 아이디어를 구현하는 방법이 일정한 코드로 수렴되는 경우, 혹은 코드를 통해 구체화 되는 내용이 저작권법의 보호대상이 아닌 산업적 아이디어에

386 *See* Morrissey v. Procter & Gamble, 379 F.2d 675(First Cir. 1967); Robert P. Merges, Peter S. Menell, and Mark A. Lemley, Intellectual Property in the New Technological Age 380~381 (2d ed. 2000).

불과한 경우에는 당해 코드는 사실상 아이디어와 합체되어 저작권의 보호대상으로 인정되기 어렵다. 예를 들어, "MS Word, 한글"과 같은 워드프로세스 프로그램의 메뉴 구성은 대부분 상단에 위치해 있고 풀다운(Pull Down) 방식으로 제목을 누르면 세부적인 내용이 아래로 펼쳐지도록 구성되어 있다. 이와 같은 메뉴 구성방식은 컴퓨터 프로그램저작물로서 보호되는 독창적인 표현 안에 섞여있는 공유 아이디어 부분이라고 할 수 있다.[387]

위 사례 1의 경우 원 영화에서 사용되었던 아이디어는 저작권의 보호대상이 아니기 때문에 이를 모방한다고 해도 저작권 침해의 문제는 발생하지 않는다. 사례 2의 경우, 알고리즘은 아이디어에 불과하여 이 알고리즘을 구체화 한 코드가 다르다면 컴퓨터 소프트웨어 저작권의 침해는 인정되지 않는다.

(3) 저작유사권(Publicity Right)

사례

미국에서 공을 굴려 복권당첨자를 추첨하는 실시간 방송 Wheel of Fortune에 등장하는 여성 진행자 White는 오랫동안 이 프로그램을 진행하였기 때문에 이 방송 프로그램에서 빼놓을 수 없는 존재이다. 특히 최종 당첨자를 가리는 공을 추첨기에서 집어 들어 매력적인 포즈를 취하는 이미지는 당첨을 기다리는 수많은 사람들의 마음을 주말마다 설레게 한다고 평가되고 있다. 한국의 삼성전자는 미래에 회사가 추구하는 목적과 이미지를 형상화하기 위해 이 복권추첨 프로그램의 여성 진행자인 White를 형상화하여 로보트가 추첨된 공을 들고 동일한 포즈를 취하고 있는 장면을 찍으며 SAMSUNG의 로고를 광고하였다.

이에 대해 사건의 주인공인 White는 삼성전자가 자신이 형상화한 이미지를 무단 이용하였기 때문에 저작권에 유사한 권리를 침해당하였다고 주장하였다. 반면 삼성전자는 White의 목소리, 외모, 초상권을 그대로 이용한 적이 없기 때문에 어떠한 권리 침해도 존재하지 않는다고 주장하고 있다.

양자의 주장 중 옳은 것은?

자신의 성명, 초상, 목소리, 서명, 이미지 등을 상업적으로 이용하거나 그 이용을 허락할 수 있는 권리를 저작유사권이라고 한다. 예를 들어, 목소리나 비슷한 외양을 통해 떠오르는 특정인의 널리 알려진 이미지를 이용할 수 있도록 허락할 수 있는 권리로

387 Lotus Development Corporation v. Borland International, Inc., 1995 WL. 94669(1st. Cir. 1995)(미국 연방항소법원은 Lotus 1·2·3 프로그램의 메뉴구조에 대한 저작물성을 부인하였다.).

서 허락을 받지 않고 무단으로 특정인이 그 노력에 의해 형상화한 공적인 이미지를 사용하는 경우에는 권리 침해가 성립하게 된다.

미국에서는 "Wheel of Fortune"에 등장하는 여성 호스테스의 이미지를 떠올리는 로보트를 이용하여 광고한 사례의 White 사건에서 공식적으로 이 이론을 인용하여 배상을 인정하였다.[388] 한국에서는 최근 전직 프로야구 선수들의 사전 동의 없이 위 선수들의 성명을 영문 이니셜로 변경하여 인터넷 야구게임에 등장하는 캐릭터에 사용한 행위가 위 선수들의 퍼블리시티권을 침해한 것이라고 본 사례가 있다.[389] 저작유사권이 인정되기 위한 요건으로는 1) 일반 공공에 특정인의 성명, 초상, 목소리, 서명, 이미지를 떠올릴 수 있는 인식이 존재할 것, 2) 그와 같은 이미지 생성을 위한 당사자의 기여도가 보상을 인정할 수 있을 정도일 것이어야 한다.[390] 저작유사권이 인정되면 침해의 당사자는 해당 업종에서 자신의 성명, 초상, 목소리, 서명, 이미지 사용을 통해 얻는 정당한 대가를 요구할 수 있다.

특히, 저작유사권은 일반적인 초상권과는 다른 개념으로, 초상권이 단순히 공공에 인식되지 않은 단순한 자신의 이미지에 대한 사용권을 의미하는 것에 반해, 저작유사권은 일반 공공에 인식된 상품화된 자신의 성명, 초상, 목소리, 서명, 이미지 이용에 대한 대가로서 그 자신이 실제로 모델계약으로 얻을 수 있는 수익에 가까운 금액이 청구될 수 있다.

(4) 데이터베이스 제작자의 권리

사례

인터넷 및 모바일 취업 웹사이트 '잡코리아'는 기업체로부터 구인광고를 수집하여 인터넷에 게시하여 구인자와 구직자를 연결해주는 플랫폼 서비스 업체이다. 잡코리아는 방문자들의 숫자가 늘어날수록 구글 애드센스 등을 통한 광고판매 수익을 얻을 수 있어서, 방문자 숫자를 유지하는 것이 매우 중요하다. 반면, 피고인인 인터넷취업 웹사이트 '사람인'은 동일 업종에 종사하는 사업자로서, 가상 사설망을 사용하여 IP를 여러 개로 분산시킨 후 이른바 '봇'을 이용한 크롤링을 통해 잡코리아의 기업채용 정보를 부분적으로 계속 반복하여 복제하였다. 잡코리아는 이에 대해 저작권 침해 및 부정경쟁행위를 원인으로 침해금지 및 손해배상을 청구하였

388 White v. Samsung, 971 F. 2d 1395(9th Cir. 1992).

389 서울서부지법 2010.4.21.자 2010카합245 결정 [영문이니셜등사용금지가처분신청]

390 Roger E. Schechter & John R. Thomas, Intellectual Property-The Law of Copyrights, Patents and Trademarks §11.3(2003).

으나, '사람인'은 '잡코리아'에 게재된 정보는 단순한 기업체의 구인광고로서 창작성이 인정되지 않는 사실 정보에 불과하여 저작권 위반이 인정될 수 없다고 주장하였다.

또한 설사, 데이터베이스 자체에 대한 저작권성이 인정된다고 하여도 자신이 복제한 것은 개별 '소재 정보'의 일부분 복제에 불과하여, 검색 알고리즘 등으로 구성된 데이터베이스의 전부 또는 상당부분을 복제한 것이 아니기 때문에 저작권 침해가 인정되지 않는다고 주장한다.

'사람인'의 주장은 타당한가?

저작권법은 창작성이 없기 때문에 저작물로 보호되지 않는 '개별 사실 등의 소재를 체계적으로 배열 또는 구성한 편집물을 대상으로 그 소재에 접근하거나 그 소재를 검색할 수 있도록 만든 것을 데이터베이스'로 정의하고, 이것의 제작·보충·갱신 등에 기여한 자를 '데이터베이스 제작자의 권리'로서 예외적인 보호를 인정한다.[391] 여기서 데이터베이스의 '소재'는 저작물이나 부호·문자·음·영상 그 밖의 형태의 자료를 의미하는 것으로 저작물일 필요가 없기 때문에 대상에는 제한이 없다.[392] 원칙적으로 데이터베이스 제작자는 데이터베이스의 '전부 또는 상당부분'을 복제·배포·방송·전송할 수 있는 권리를 가지고, '데이터베이스의 전부 또는 상당부분'을 허락 없이 크롤링하는 행위 등은 데이터베이스 제작권자의 권리 침해에 해당한다.[393]

그런데 사례에서 '구직 정보'는 일단 피심인의 데이터베이스를 구성하는 개별 소재에 해당하고, 원칙적으로 데이터베이스의 개별 소재의 복제는 '당해 데이터베이스의 상당한 부분'으로 간주되지 않는다.[394] 그러나 법은 다시 예외적으로 개별 소재를 제3자가 "반복적이거나 특정한 목적을 위하여 체계적으로 복제하여", "해당 데이터베이스의 일반적인 이용과 충돌"하거나 "데이터베이스제작자의 이익을 부당하게 해치는 경

391 저작권법 제2조 제19호. "데이터베이스"는 소재를 체계적으로 배열 또는 구성한 편집물로서 개별적으로 그 소재에 접근하거나 그 소재를 검색할 수 있도록 한 것을 말한다.
저작권법 제93조(데이터베이스제작자의 권리) ① 데이터베이스제작자는 그의 데이터베이스의 전부 또는 상당한 부분을 복제·배포·방송 또는 전송(이하 이 조에서 "복제등"이라 한다)할 권리를 가진다.

392 저작권법 제2조 제17호. "편집물"은 저작물이나 부호·문자·음·영상 그 밖의 형태의 자료(이하 "소재"라 한다)의 집합물을 말하며, 데이터베이스를 포함한다.

393 대법원 2017. 8. 24. 선고 2017다224395 판결.

394 특히, 데이터베이스 제작자는 그의 데이터베이스의 '전부 또는 상당한 부분'을 복제·배포·방송 또는 전송할 권리를 가지는 것으로, 원칙적으로 '일부분의 복제'나 '개별 소재' 자체는 데이터베이스권의 효력이 미치지 않는다.
저작권법 제93조 ① 데이터베이스제작자는 그의 데이터베이스의 전부 또는 상당한 부분을 복제·배포·방송 또는 전송(이하 이 조에서 "복제등"이라 한다)할 권리를 가진다.
② 데이터베이스의 개별소재는 제1항의 규정에 따른 당해 데이터베이스의 상당한 부분으로 간주되지 아니한다. 다만, ….

우"에는 데이터베이스의 상당부분 복제로 간주하여 데이터베이스 제작자의 권리 침해로 인정하고 있다.[395]

마지막으로, 이와 같은 데이터베이스에 대한 제작자의 권리가 인정되기 위해서는 권리 주장자가 "데이터베이스의 제작 또는 그 소재의 갱신·검증 또는 보충에 인적 또는 물적으로 '상당한 투자'를 한 것"으로 인정할 수 있어야 한다.[396] 예를 들어, 부동산업자들이 매물정보를 부동산협회 사이트에 올리고, 고객들이 이것을 검색하도록 만든 경우에, 제3자가 여기에 올려진 부동산 매물정보를 복제하여 사용한 경우 부동산 협회는 데이터베이스 제작권자로서 권리를 행사할 수 없다고 판단한 사례가 있다.[397] 즉, 데이터베이스 제작권자로서 권리를 인정받기 위해서는 저작권법 제2조 제20호에 규정된 요건을 갖추어야 하는데, '데이터베이스의 제작 또는 그 소재의 갱신·검증 또는 보충에 인적 또는 물적으로 상당한 투자'를 하였음이 입증되어야 한다. 단순히, 회원들이 자발적으로 입력한 사항이 자동적으로 개시되는 것에 불과한 경우에는 관리자를 데이터베이스 제작자로 인정할 수 없다.

2. 저작권의 효력 발생 시기 및 존속기간

(1) 저작권의 효력 발생 시기

저작권의 효력은 창작과 즉시 발휘된다(저작권법 제10조 제2항).[398] 이른바 무방식주의로서 저작권에 관한 표시나 등록절차 없이 창작과 동시에 저작권이 성립되고 보호

395 개별 소재인 '매물확인정보'의 복제는 피심인의 데이터베이스 자체에 대한 복제가 아니기 때문에 권리침해가 아니라고 판단될 여지가 있으나, 저작권법 제93조 2항 단서에 따라, 특정한 목적을 위해 체계적으로 복제되어 데이터베이스제작자의 이익을 부당하게 해치는 것으로 판단되어, 결과적으로 데이터베이스의 상당한 부분의 복제로 간주될 수 있다.
저작권법 제93조 ② … 다만, 데이터베이스의 개별 소재 또는 그 상당한 부분에 이르지 못하는 부분의 복제등이라 하더라도 반복적이거나 특정한 목적을 위하여 체계적으로 함으로써 해당 데이터베이스의 일반적인 이용과 충돌하거나 데이터베이스제작자의 이익을 부당하게 해치는 경우에는 해당 데이터베이스의 상당한 부분의 복제등으로 본다.

396 저작권법 제2조 제20호. "데이터베이스제작자"는 데이터베이스의 제작 또는 그 소재의 갱신·검증 또는 보충(이하 "갱신등"이라 한다)에 인적 또는 물적으로 상당한 투자를 한 자를 말한다.

397 박영길, "EU의 데이터베이스권(sui generis right)에 관한 약간의 검토", 지적재산권법연구 제5권(한국지적재산권학회, 2001), 177면; 네덜란드 항소법원은, "부동산 매물을 수집하는 것은 기술적인 의미에서 데이터베이스이지만, 단순히 내부업무를 위해 부동산중개를 원하는 부동산 소유자들의 목록을 수집하여 모아 놓은 형태에 불과한 경우에는 데이터베이스 배열 등을 위해 실질적인 투자가 증명되지 않는 한 데이터베이스 제작자의 권리가 인정되지 않는다"고 판단하였다.

398 저작권법 제10조(저작권) ① 저작자는 제11조 내지 제13조의 규정에 따른 권리(이하 "저작인격권"이라 한다.)와 제16조 내지 제22조의 규정에 따른 권리(이하 "저작재산권"이라 한다)를 가진다.
② 저작권은 저작물을 창작한 때부터 발생하며 어떠한 절차나 형식의 이행을 필요로 하지 아니한다.

된다. 미국의 경우 과거에는 저작권 표시(예: copyright ©)를 효력 발생 요건으로 요구하였으나 국제 베른협약에 가입한 이후 무방식주의로 변경하여 저작권 표시는 더 이상 저작권의 효력 발생요건이 아니다.[399] 특히 한국 저작권법은 미국법과 달리 예술적 표현이 특정유형물에 고착될 것을 저작권 보호요건으로 하지 않기 때문에 공연물 등은 창작 즉시 보호대상이 된다.[400]

다만, 저작권에도 특허와 유사한 등록제도가 존재하지만, 저작권의 등록은 저작자와 발행 연월일의 추정, 저작권 양도의 제3자에 대한 대항효, 권리 침해자에 대한 과실추정 등의 일정한 효과 등을 가지고 있을 뿐이고 저작권의 효력에 직접적인 영향력을 미치지는 않는다(저작권법 제53조 제1항).[401] 우선 저작권의 등록은 한국저작권위원회(제112조)가 저작권등록부(프로그램의 경우에는 프로그램등록부)에 기록함으로써 한다(저작권법 제55조 1항). 저작자를 등록하게 되면 먼저 저작권법 제53조 제1항 제1호에 의하여 실명등록이 된 자가 당연히 저작자로 추정된다. 따라서 저작자가 아님을 주장하는 자가 이를 주장·입증하여야 한다.

(2) 저작권의 존속기간

사례

A는 클래식 고전 음악가인 B의 아들로서 2014년 12월 20일경 고향집에서 1980년 1월 30일에 사망한 아버지의 유품을 정리 하던 중에 아버지가 작곡 연습을 하던 습작 악보를 발견하였다. 이 습작 악보집의 곡들은 이미 1945년 1월 1일자 독립신문에 게재된 직후부터 널리 알려지고 불려진 곡으로서 그 동안은 실제 작곡가가 누구인지가 알려져 있지 않았었고, 다수의 성악가와 대중가수들이 이 곡에 가사를 붙여 판매용 앨범을 출시해 오고 있다.

399 오승종, 앞의 책, 899면.

400 Robert P. Merges, Peter S. Menell, and Mark A. Lemley, Intellectual Property in the New Technological Age 364(2d ed. 2000).

401 저작권법 제53조(저작권의 등록) ① 저작자는 다음 각 호의 사항을 등록할 수 있다.
1. 저작자의 실명·이명(공표 당시에 이명을 사용한 경우에 한한다.)·국적·주소 또는 거소
2. 저작물의 제호·종류·창작연월일
3. 공표의 여부 및 맨 처음 공표된 국가·공표연월일
4. 그 밖에 대통령령으로 정하는 사항
② 저작자가 사망한 경우 저작자의 특별한 의사표시가 없는 때에는 그의 유언으로 지정한 자 또는 상속인이 제1항 각 호의 규정에 따른 등록을 할 수 있다.
③ 제1항 및 제2항에 따라 저작자로 실명이 등록된 자는 그 등록저작물의 저작자로, 창작연월일 또는 맨 처음의 공표연월일이 등록된 저작물은 등록된 연월일에 창작 또는 맨 처음 공표된 것으로 추정한다. 다만, 저작물을 창작한 때부터 1년이 지난 후에 창작연월일을 등록한 경우에는 등록된 연월일에 창작된 것으로 추정하지 아니한다.

2015년 1월 1일 A는 이들 곡들을 재 편곡하여 판매용 앨범을 제작하던 BMI 등의 3-4개의 음반 제작사들에게 저작권료를 지급할 것을 요청하였으나, 음반제작사들은 A가 저작권을 주장하는 곡들은 이미 무명 저작물로써 공표시점인 1945년 1월 1일부터 70년이 경과하여 저작권이 모두 소멸하였음을 주장하였다.

이 사안에서 A가 저작물의 공표시점이 70년이 지났음에도 해당 저작물의 실명 저작자가 자신의 아버지이고 그의 사후 70년이 경과하지 않았다는 것을 주장하여 음반사들에게 저작권을 행사할 수 있는가?

언급한 바와 같이 저작권의 존속기간은 원칙적으로 저작권법 제10조 제2항과 제39조에 의하여 저작물의 창작시를 시기로 하여 저작자 생존중 및 저작자 사후(공동저작물의 경우 맨 마지막으로 사망한 저작자의 사망 후) 70년간 존속한다.[402] 다만, 저작권자를 알 수 없는 무기명 · 이명 저작물의 경우에는 원칙적으로 저작물의 공표 후 70년이 경과하여 소멸하게 된다.[403] 그러나 무명 · 이명 저작물의 저작권이 아직 효력을 발휘하고 있는 동안 즉, 공표 후 70년 내에 저작자의 실명 또는 널리 알려진 이명이 밝혀진 경우 또는 실명등록이 있는 경우에는 다시 제39조의 원칙 규정이 적용되어 저작자 생존기간 동안과 사후 70년이 그 저작권의 존속기간이 된다. 사례의 경우 A가 아버지의 저작물에 대한 실명을 밝힌 시점은 아직 저작물의 효력이 존속하는 때로서 실제 저작자가 1980년 1월 30일 사망하였음을 입증한 경우에는 사망 시점부터 다시 70년이 저작권의 효력존속 시기가 된다. 따라서 A는 여전히 저작권의 상속인으로서 그 아버지의 저작권을 주장할 수 있다고 해석할 수 있다. 그 외, 업무상 저작물, 영상저작물은 원칙적으로 공표한 때부터 70년간 존속한다. 다만, 창작한 때부터 50년 이내에 공표되지 아니한 경우에는 창작한 때부터 70년간 존속한다.[404]

402 저작권법 제39조(보호기간의 원칙) ① 저작재산권은 이 관에 특별한 규정이 있는 경우를 제외하고는 저작자가 생존하는 동안과 사망한 후 70년간 존속한다.
② 공동저작물의 저작재산권은 맨 마지막으로 사망한 저작자의 사망 후 70년간 존속한다.

403 제40조(무명 또는 이명 저작물의 보호기간) ① 무명 또는 널리 알려지지 아니한 이명이 표시된 저작물의 저작재산권은 공표된 때부터 70년간 존속한다. 다만, 이 기간 내에 저작자가 사망한지 70년이 지났다고 인정할만한 정당한 사유가 발생한 경우에는 그 저작재산권은 저작자가 사망한 후 70년이 지났다고 인정되는 때에 소멸한 것으로 본다.
각 호의 어느 하나에 해당하는 경우에는 제1항의 규정은 이를 적용하지 아니한다.
제1항의 기간 이내에 저작자의 실명 또는 널리 알려진 이명이 밝혀진 경우
제1항의 기간 이내에 제53조제1항의 규정에 따른 저작자의 실명등록이 있는 경우

404 제41조(업무상저작물의 보호기간) 업무상저작물의 저작재산권은 공표한 때부터 70년간 존속한다. 다만, 창작한 때부터 50년 이내에 공표되지 아니한 경우에는 창작한 때부터 70년간 존속한다.
제42조(영상저작물의 보호기간) 영상저작물의 저작재산권은 제39조 및 제40조에도 불구하고 공표한 때부터 70년간 존속한다. 다만, 창작한 때부터 50년 이내에 공표되지 아니한 경우에는 창작한 때부터 70년간 존속한다.

Ⅱ. 저작권의 권리

1. 저작인격권

(1) 개념과 특징

1) 저작인격권의 의의

특허권의 보호대상이 산업적 효용성이 있는 기술적 사상으로서 비교적 특허권자 개인의 자아와 큰 관련성을 가지지 않는 반면에 저작권의 보호대상이 되는 저작물은 저작자 자신의 사상·감정의 표현물이라는 점에서 저작자 개인의 인격·자아와 밀접한 관련이 있다. 따라서 저작권자가 저작물에 대해 가지는 통제권 중에는 금전적 대가의 대상으로 하기에는 적합하지 않은 것들이 포함되어 있다.

즉, 저작권의 인격을 내포한 작품의 동일성을 해칠 수도 있는 권리들이 다른 사람에 의해서 행사된다면 작품의 권위를 떨어뜨림으로서 결국 저작권자에게까지 영향을 미치게 된다. 따라서 저작권 중에서 금전적 대가를 받고 타인에게 양도할 수 없는 권리를 설정하여 이를 저작인격권이라고 한다. 이러한 저작인격권은 저작재산권에 반대되는 개념으로서 공표권, 성명표시권, 동일성 유지권으로 구분된다.

2) 저작인격권의 성질과 행사

저작인격권은 저작자 일신에 전속하는 권리로서(일신전속성) 원칙적으로 권리자체가 그 개인을 떠나서는 존재할 수 없다(저작권법 제14조). 예를 들어 이혼 청구권과 같은 권리는 그 당사자가 아니면 행사할 수 없는 것과 동일한 이치이다. 이것은 저작권이 내포한 저작자의 인격적 가치에 대한 훼손을 최소화하기 위한 것으로, 저작자의 사망 후에 그의 저작물을 이용하는 자도 저작자가 생존하였더라면 그 저작인격권의 침해가 될 행위를 하는 것이 금지된다. 다만, 그 행위의 성질 및 정도에 비추어 사회통념상 그 저작자의 명예를 훼손하는 것이 아니라고 인정되는 경우에는 일부 예외가 인정될 수 있다.[405]

405 저작권법 제14조(저작인격권의 일신전속성) ① 저작인격권은 저작자 일신에 전속한다.
② 저작자의 사망 후에 그의 저작물을 이용하는 자는 저작자가 생존하였더라면 그 저작인격권의 침해가

하나의 저작물에 대해 여러 명이 저작권을 분할하여 가지고 있는 것을 공동저작물이라고 하는데, 저작인격권의 특성상 원칙적으로 공동저작물의 저작인격권은 저작자 전원의 합의에 의하지 아니하고는 이를 행사할 수 없다.[406] 따라서 공동저작권자 중 1인의 저작권 행사는 다른 자들의 저작권에 따른 제한을 받게 된다. 다만 공동저작물의 저작인격권의 행사에 있어서 각 저작자는 신의에 반하여 합의의 성립을 방해할 수 없다. 또한 공동저작물의 저작자는 그들 중에서 저작인격권을 대표하여 행사할 수 있는 자를 정할 수 있다.

(2) 종류

1) 공표권

사례

A는 극작가로서 소설의 소재를 찾던 중 부산에서 조직폭력배 생활을 하였던 친구 B를 만나 여러 이야기를 전해 들었다. A는 B와 이야기를 나누다가 그가 교도소 시절에 썼다는 일기장을 건네 받게 되었다.

그 일기장에 적힌 여러 내용이 영화의 소재로 쓰이기에 적합하다고 생각한 A는 일기장의 내용을 영화대본으로 각색하여 사용할 수 있도록 해달라고 B에게 사정하였다. B의 허락을 받은 A는 영화대본을 완성하여 영화사에 제공하였고, 영화사는 이를 토대로 영화를 촬영하며 중간중간 원본 일기장의 내용을 영화에 담았다.

그러나 나중에 영화를 본 B는 자신의 부끄러웠던 사생활이 다시 드러나는 것 같아 일기장을 A에게 준 것을 후회하며 더 이상 영화를 상영하지 말 것을 요구하고 있다. B의 주장근거는 자신이 허락한 것은 일기장을 토대로 영화대본을 만드는 것이었을 뿐 자신의 일기장 내용이 그대로 일반대중에게 영화를 통해 공개되는 것을 허락한 적은 없다는 것이다.

A의 주장은 받아들여 질 수 있는가?

저작자는 그 저작물을 공표하거나 공표하지 아니할 것을 결정할 권리를 가진다(저작권법 제11조). 여기서 공표는 저작물을 공연, 공중송신 또는 전시 그 밖의 방법으로 공중에게 공개하는 경우와 저작물을 발행하는 경우를 의미한다(저작권법 제2조 25호).

될 행위를 하여서는 아니 된다. 다만, 그 행위의 성질 및 정도에 비추어 사회통념상 그 저작자의 명예를 훼손하는 것이 아니라고 인정되는 경우에는 그러하지 아니하다.

406 저작권법 제15조(공동저작물의 저작인격권) ① 공동저작물의 저작인격권은 저작자 전원의 합의에 의하지 아니하고는 이를 행사할 수 없다. 이 경우 각 저작자는 신의에 반하여 합의의 성립을 방해할 수 없다.
② 공동저작물의 저작자는 그들 중에서 저작인격권을 대표하여 행사할 수 있는 자를 정할 수 있다.
③ 제2항의 규정에 따라 권리를 대표하여 행사하는 자의 대표권에 가하여진 제한이 있을 때에 그 제한은 선의의 제3자에게 대항할 수 없다

즉, 공표는 자신의 작품을 외부에 알리는 것을 말하기 때문에 작품의 가치와 내용을 잘 알고 있는 창작자가 판단할 전권사항이라고 할 수 있다. 특히 공표시기는 무명, 이명 저작물의 경우에 저작권의 소멸 기산점이 되기 때문에 공표 여부를 결정하는 것은 또 다른 중요한 의미가 있다. 따라서 원칙적으로 저작권자 아닌 제3자가 창작물의 공표여부를 결정할 수는 없다.

그러나 저작물을 사용하기 위해서는 필연적으로 당해 저작물을 공표하는 과정이 수반될 수밖에 없다. 따라서 저작권법은 저작자가 공표되지 아니한 저작물의 저작재산권을 양도 또는 이용허락을 한 경우에는 그 상대방에게 저작물의 공표를 동의한 것으로 추정한다.[407] 결국 다음에 설정하는 복제권 등의 저작재산권의 사용허락이 있는 경우에는 공표의 허락까지 있었던 것으로 추정하는 것이다. 특히 미술저작물 · 건축저작물 또는 사진저작물의 경우에는 저작권자가 그 원작품을 양도한 경우에는 그 상대방에게 저작물의 원작품 전시방식에 의한 공표를 동의한 것으로 추정한다(저작권법 제11조 3항).

사례의 경우 일기장의 저작권자는 일기장을 토대로 영화대본을 작성할 수 있는 저작물의 이용을 허락한 것으로 해석된다. 특히 원본 저작물을 가지고 이를 각색한 2차 저작물을 작성할 권한을 부여한 것으로 볼 수 있다. 저작권법 제11조 제2항은 이와 같이 저작권자가 공표되지 아니한 저작물의 저작재산권에 대한 이용허락을 한 경우에는 그 상대방에게 저작물의 공표를 동의한 것으로 추정한다. 따라서 사례의 경우 영화 속에서 미공개된 일기장의 내용이 공표되었다고 하더라도 저작권의 침해는 성립하지 않는다.

2) 성명 표시권, 동일성 유지권

사례

A는 소설가로서 자신의 소설을 발표하면서 출판업자에게 독점출판권을 주고 1000만 원을 받았다. 소설이 발표된 후 A는 자신의 소설 안에 본래 자신이 작성한 것과 달리 몇몇 인물이 각색되어 빠지고, 다른 인물이 추가된 것을 발견하였다.

407 저작권법 제11조(공표권) ① 저작자는 그의 저작물을 공표하거나 공표하지 아니할 것을 결정할 권리를 가진다.
② 저작자가 공표되지 아니한 저작물의 저작재산권을 제45조의 규정에 따른 양도 또는 제46조의 규정에 따른 이용허락을 한 경우에는 그 상대방에게 저작물의 공표를 동의한 것으로 추정한다.
③ 저작자가 공표되지 아니한 미술저작물 · 건축저작물 또는 사진저작물(이하 "미술저작물 등"이라 한다.)의 원본을 양도한 경우에는 그 상대방에게 저작물의 원본의 전시방식에 의한 공표를 동의한 것으로 추정한다.
④ 원저작자의 동의를 얻어 작성된 2차적 저작물 또는 편집저작물이 공표된 경우에는 그 원저작물도 공표된 것으로 본다.
⑤ 공표하지 아니한 저작물을 저작자가 제31조의 도서관등에 기증한 경우 별도의 의사를 표시하지 아니하면 기증한 때에 공표에 동의한 것으로 추정한다.

A는 즉시 이것을 출판사에 항의하였으나 출판사는 독점출판권 안에는 당연히 소설의 편집권이 포함된 것이라고 주장하고 A의 원안대로 출판할 수는 없다고 주장한다.

원안대로 고쳐 줄 것을 주장하는 A와 출판사의 주장 중 타당한 것은?

저작자는 저작물의 원작품이나 그 복제물 또는 저작물의 공표에 있어서 그의 실명 또는 이명을 표시할 권리를 가지고 이를 성명표시권이라고 한다(저작권법 제12조). 저자의 성명표시권은 원칙적으로 저작자 본인만이 행사할 수 있기 때문에 저작물을 이용하는 자는 그 저작자의 특별한 의사표시가 없는 때에는 저작자가 그의 실명 또는 이명을 표시한 바에 따라 이를 표시하여야 한다. 다만, 저작물의 성질, 그 이용 목적 또는 형태 등에 비추어 부득이하다고 인정되는 경우에는 예외가 인정된다.

성명표시권과 함께 또 하나의 핵심적인 저작인격권은 동일성 유지권으로서 원칙적으로 저작자는 그 저작물의 내용·형식 및 제호의 동일성을 유지할 권리를 가진다(저작권법 제13조). 저작물의 동일성은 그 저작물을 작성한 저작자의 인격 및 권위와도 밀접한 연관이 있기 때문에 이를 이용하는 자가 저작자의 동의 없이 저작물의 내용을 자의적으로 변경할 수 없도록 만드는데 그 의의가 있다.

다만, 예외적으로 저작권법에 의한 이용자의 변경권이 인정되는데 저작자는 1) 학교교육 목적에 의한 저작권 제한규정(저작권법 제25조)에 의해 저작물을 이용하는 경우 학교교육 목적상 부득이하다고 인정되는 범위 안에서의 표현의 변경, 2) 건축물의 증축개축 그 밖의 변형, 3) 특정한 컴퓨터 외에는 이용할 수 없는 프로그램을 다른 컴퓨터에 이용할 수 있도록 하기 위하여 필요한 범위에서의 변경, 4) 프로그램을 특정한 컴퓨터에 보다 효과적으로 이용할 수 있도록 하기 위하여 필요한 범위에서의 변경, 5) 그 밖에 저작물의 성질이나 그 이용의 목적 및 형태에 비추어 부득이하다고 인정되는 범위 안에서의 변경에 대해서는 이의를 제기할 수 없다. 다만, 저작물의 본질적인 내용의 변경에 대해서는 이의제기가 가능하다(저작권법 제13조).

이와 관련하여, 후술하는 저작재산권의 내용인 2차저작물작성권과 구분이 필요한데, 동일성유지권은 단순히 저작물의 내용이나 형식을 변경하지 않을 권리인 반면, 2차 저작물 작성권은 원저작물을 번역·각색·변형하여 새로운 저작물을 만들 권리로써 저작물을 일부 변형한 것에서 더 나아가 '독립된 별개의 저작물로 존재할 수 있는 창작물'을 제작한 경우에 그 침해가 성립한다. 그런데 2차저작물 작성권에 동의한 경우, 혹은 추정되는 경우 등에서, 저작자가 그와 별개로 새롭게 창작된 저작물이 마음에 들지 않는 경우, '2차저작물 작성권'과 별도로 저작 인격권의 일종인 '동일성 유지권' 침해를 주장하여 실제 그 침해가 인정되는지가 문제된다.

통설은, 저작자의 2차저작물 작성권에 대한 허락에는 2차적저작물의 창작과정에서 필연적으로 수반되는 원저작물의 내용 형식에 대한 변경 행위 등에 동의한다는 의사가 함께 포함된 것으로 보아야 한다고 해석하고 있다.[408] 다만, 저작물의 본질적인 내용을 변경하는 것은 2차저작물 작성권에 대한 동의에도 불구하고 동일성유지권에 대한 저작자의 허락을 간주할 수 없다는 견해가 유력하게 제기되는데, "비극을 희극으로 바꾸거나 저작물의 내용을 왜곡하는 오역 행위" 등이 그 예로 제시된다.[409]

사례의 경우, 출판업자에 대한 독점출판권과 무관하게 여전히 저작자는 동일성 유지권을 보유한다. 따라서 저작자의 동의 없는 저작물 내용의 수정은 원칙적으로 허용되지 않는다. 이 사례에서 특히 저작물 전체를 양도했다고 보는 경우에도 원칙적으로 특약이 없는 한 2차 저작물 작성권은 양수자에게 부여되지 않기 때문에 동일한 결론에 이른다.

2. 저작 재산권

(1) 의의

저작재산권은 저작인격권과는 달리 개인에 전속하지 않는 권리로서 대가를 받고 양도·양수될 수 있는 재산적 가치로서 성질을 가진 권리이다. 저작권의 양도, 대여는 이러한 저작재산권을 그 대상으로 한다.

408 박익환, "2차적저작물의 이용과 동일성유지권침해", 계간 저작권84호(21권 4호)(2008),9면; 서울고등법원 2020. 1. 21. 선고 2019나2007820 판결 [저작권침해금지 등 청구의 소] ("전체 저작물과 별개로 실질적 유사성이 유지된 캐릭터 등에서의 변형은 2차적저작물작성권이 양도된 이상 2차적저작물을 작성하는 과정에서의 변형으로서 동일성유지권 침해라고 볼 수 없다")

409 박익환, 앞의 글, 9면.

(2) 종류

1) 복제권

가. 복제권의 의의

사례 ❶

역사가인 A는 10여 년의 조사 끝에 조선시대 말 소작 농부들의 여러 세대에 걸친 삶이 기록되어 있는 역사책을 발간했다. A는 토지 매매 기록부터 당시 선교사들의 인터뷰·편지 기록까지 다양한 자료를 이용하였다. A는 역사적 사실을 정렬하고 서술하는데 있어 자신의 간결한 문체와 생생한 표현을 통해 그 당시 시대를 현장감 있게 사실적으로 묘사하였다.

문제 1: B는 조선 말 소작농의 생활이라는 책을 쓰면서 A책의 상당 부분을 도용하였다. 그는 그의 원고를 친구들에게 보여 주었으나 아직 정식 출판을 요청하거나 계약은 하지 않았다. B는 저작권 침해의 책임을 져야 하나?

문제 2: A의 독자인 C는 A의 책을 도서관에서 빌려서 그 책 전부를 scan하여 디지털화한 다음 파일로 그의 pc에 저장하여 여가시간을 이용하여 컴퓨터를 통해 책을 보고 있다. 저작권 침해에 해당하는가?

저작자는 그 저작물을 복제할 권리를 가진다.[410] 저작권법 제2조 제22호에 의하면 복제는 인쇄·사진촬영·복사·녹음·녹화 그 밖의 방법으로 일시적 또는 영구적으로 유형물에 고정하거나 다시 제작하는 것을 말한다. 예컨데, 건축물의 경우에는 그 건축을 위한 모형 또는 설계도에 따라 이를 시공하는 것, 각본·악보 그 밖의 이와 유사한 저작물의 경우에는 그 저작물의 공연·실연 또는 방송을 녹음하거나 녹화하는 것을 포함한다. 따라서 단순히 저작서적의 복사 및 손으로 옮겨 쓰는 행위뿐만 아니라 전자적 방식에 의한 기록 매체로부터 일부를 추출해 내거나, 새롭게 편집·기록하는 것 등을 포괄적으로 의미한다.[411]

특히, 저작물 복제의 개념은 어문저작물, 음악저작물, 미술저작물 등의 세부 유형에 따라 각각 다르게 나타나고 일반인들이 사용하는 개념과는 다른 의미를 가지고 있다. 예를 들어, 음악악보에 그려져 있는 곡을 직접 연주하여 음반에 고정하는 행위는 전형적인 복제행위가 되는데 일반인들은 이를 녹음·녹화권 등으로 표현하기도 한다.

일단 복제가 성립하기 위해서는 일시적이라도 유형물에 고정되거나, 유형물로 다시

410 저작권법 제16조(복제권) 저작자는 그의 저작물을 복제할 권리를 가진다.

411 오승종, 앞의 책, 410면.

제작되어야 한다. 따라서 작곡된 악보를 보고 음을 대중 앞에서 1번 부른 경우에는 공연권 등의 침해는 성립할 수 있으나 복제권을 침해했다고 해석할 수는 없다. 다만, 유형물로 고정되는 의미는 종이, 나무, 플라스틱 등에 수록된 것뿐만 아니라 컴퓨터 파일, CD-ROM 등의 전자매체에 기록된 것도 모두 포함한다. 또한 복제의 의미는 반드시 원본과 동일하게 복제할 필요는 없고 원본을 모방하여 실질적인 동일성이 인정되면 족하다.[412] 또한 복제물을 다시 복제한 경우에도 당연히 원본 저작물의 복제로 인정된다. 다만, 원저작물과 달리 독립적으로 창작되었으나 결과적으로 동일한 것은 복제한 것에 해당하지 않는다.

사례 문제 1에서 B가 A책의 상당 부분을 도용하였다면 당연히 복제행위에 해당하고 저작자의 복제권을 침해한 것이 된다. 여기서 아직 그의 원고를 친구들에게 보여 주었을 뿐 정식 출판을 요청하거나 계약은 하지 않았다는 것은 복제권 침해 혐의의 성립에 큰 영향을 주지 않는다. 물론 후술하는 저작권 침해의 예외 사유인 사적이용을 위한 복제(제30조)에 해당할 여지는 있으나 비밀유지의무가 없는 일반인에게 복제된 작품을 공개하였다는 점에서 예외인정의 한도를 넘어섰다고 보는 것이 타당하다.

반면, 문제 2에서 그의 팬이 책을 빌려서 scan하여 디지털화한 다음 파일을 PC에 저장한 것은 저작물을 다른 유체물에 고정한 전형적인 복제에 해당한다.

사례❷

패션에 관심이 많은 A는 자신의 블로그 안에 최신 국내외 유행 패션스타일을 소개하기 위하여 유명디자이너의 홈페이지에 게시된 의상 사진을 링크(Link) 형태로 소개하여 블로그 방문자가 필요한 경우 손쉽게 해당 디자이너의 패션사진을 볼 수 있도록 만들었다.

수많은 디자이너의 패션 형태를 정리한 A의 블로그는 인기를 끌었고, A는 덕택에 다수의 패션업체로부터 협찬을 얻게 되었다. A의 이러한 행태에 대해 다수의 디자이너들은 A가 자신의 창작적 노력은 전혀 없이 다른 저작자들의 작품을 이용해 상업적 이익을 얻고 있다고 비난을 하였고, 결국 A가 그의 블로그 안에 저작자의 허락 없이 직접 링크를 걸어 저작 패션 사진을 이용하도록 하는 것은 실질적으로 복제권 침해라고 주장하고 있다.

A는 저작권 침해책임을 지는가?

인터넷에서 이용자들이 접속하고자 하는 웹페이지로의 이동을 쉽게 해주는 기술을 의미하는 인터넷 링크 가운데 이른바 심층링크(deep link) 또는 직접링크(direct link)

412 오승종, 앞의 책, 411면.

는 웹사이트의 서버에 저장된 저작물의 인터넷 주소(URL)와 하이퍼텍스트 태그(tag) 정보를 복사하여 이용자가 이를 자신의 블로그 게시물 등에 붙여두고 여기를 클릭함으로써 위 웹사이트 서버에 저장된 저작물을 직접 보거나 들을 수 있게 하는 것을 의미한다.

때로는 이러한 링크만으로 저작물을 게시한 것과 유사한 효과를 얻을 수 있지만 우리 판례는 링크는 "인터넷에서 링크하고자 하는 저작물의 웹 위치 정보 내지 경로를 나타낸 것에 불과한 것으로 이것은 저작권법상 복제개념인 '유형물에 고정하거나 유형물로 다시 제작하는 것'에 해당하지 않고, 추가적으로 인터넷 온라인상 저작물을 송신하는 송신개념에도 해당하지 않는다."고 판단하고 있다.[413] 따라서 사례에서 A는 저작권 침해책임을 부담하지 않는다.

나. 복제권 침해의 요건-실질적 유사성

사례

가수 완다걸수 그룹의 최근 "Soo hot"은 이미 발표된 외국가수 Rihanna의 "shut up and drive"곡과 매우 유사하다. Rihanna 측은 완다걸수의 곡 사용금지를 청구하였으나 확인 결과 두 곡은 모두 동일한 "Sampling CD"에서 같은 sample을 추출·이용하여 작곡된 것으로 밝혀졌다.

완다걸수는 두 곡은 필연적으로 동일할 수밖에 없다고 주장하지만, Rihanna 측은 완다걸수의 노래가 자사의 곡과 실질적으로 유사하기 때문에 저작권 침해임을 주장한다.

Rihanna 측의 주장은 타당한가?

복제권의 침해를 입증하기 위해서 원고는 피고가 저작물로부터 복제를 하였고 그 결과 피고의 작품이 저작품과 "실질적인 유사성"을 가지고 있음을 입증하여야 한다. 이러한 실질적 유사성의 판단은 소설·수필·시 등과 같은 어문저작물, 음악, 미술, 사진, 영상저작물 등 저작물 각각의 특성을 반영하여 판단되어야 하는 사항이기 때문에 일률적으로 어디까지가 실질적 유사성이 인정되는지를 정확히 판단하기는 어렵다. 결국 개별사안에서 법원에 의해 확인되는 것이 일반적이다. 다만, 일반적으로는 주관적 기준과 객관적 기준으로 구분될 수 있고, 특히 객관적 기준의 경우에는 저작물의 특성을 반영하여 세부적인 이론이 전개된다.

413 대법원 2009.11.26. 선고 2008다77405 판결; 대법원 2010.03.11. 선고 2009다4343 판결.

우선 실질적 유사성을 판단하는 주관적 기준은 누구의 관점으로 실질적인 유사성을 따질 것인가의 문제이다. 즉, 합리적인 사람을 기준으로 할 것인가 아니면, 전문가를 기준으로 할 것인가 혹은, 저작권의 대상이 된 청중이 기준인지 아니면 통상적인 관람자로서 당해 작품의 평균적인 소비자들인가가 포괄적으로 문제될 수 있다. 최근 미국 연방항소법원은 유명한 TV 인형 캐릭터인 Barney(유명한 보라색 공룡)를 모방한 공룡 할로윈 복장이 실제 저작권 상품과 실질적인 유사성이 있는지를 판단하는 기준은 그러한 작품의 대상이 된 어린아이들을 기준으로 판단되어야 한다고 판시하였다.[414]

다음으로 실질적 유사성을 판단하는 객관적 기준이 문제되는데 언급한 바와 같이 어문저작물, 영상, 음악, 미술, 사진 등 각각의 저작물의 특성에 따라 어느 부분의 어느 정도까지가 실질적 유사성이 있는 것으로 판단될 수 있는지가 각각 다르게 판단된다.

예를 들어, 그림에서는 특정 한 부분뿐만 아니라 전체적인 구도, 원근법, 색감도 역시 실질적 유사성의 판단기준이 되는지 문제될 수 있고, 특히 음악저작물의 경우 멜로디만을 기준으로 판단하는 경우와 멜로디뿐만 아니라 화음, 리듬, 음악형식 등을 종합하여 판단하는 경우에 실질적 유사성의 기준이 각각 다르기 때문이다.

일반적으로는 저작물의 특정 요소보다는 전체적인 요소 모두를 종합하여 보는 것이 일반적이다 라고 할 수 있으나, 우선은 각 저작물 중에서 저작권의 보호대상이 될 수 있는 것만 뽑아내어 이것들만을 종합하여 실질적 유사성이 있는지를 고려하는 방법이 중요한 방법 중 하나이다.[415]

따라서 어문, 영상저작물의 경우 실질적 유사성은 아이디어, 사실 등을 제외하고 저작권 보호대상이 되는 독창적 표현부분만을 객관적 기준으로 하여야 하고, 음악저작물도 마찬가지로 일반적으로 사용되어 온 전통적 리듬, 화음, 음조를 제외한 독창적 표현만을 선별하여 실질적 유사성 여부를 판단하게 된다.

예를 들어, 음악저작물의 경우 최근에는 이미 존재했던 수많은 곡들의 화음과 리듬을 한곳에 모아놓은 이른바 “Sampling CD”를 사용하여 특정리듬을 조금 변형한 곡들이 많이 만들어지는데 동일한 “Sampling CD”를 사용해 창작한 음악저작물은 양자가 유사할 수밖에 없다. 따라서 원곡 자체가 Sampling CD를 사용하여 실질적 유사성을 판단할 독창성이 매우 작다면 그만큼 저작권 침해를 인정할 여지는 더 적다고 할 수 있다.

이와 같은 유사한 논리는 컴퓨터 소프트웨어저작권에도 동일하게 적용되는데 이른

414 Lyons Partnership, L.P. v. Morris Costumes, Inc., 243 F.3d 789(4th Cir. 2001).

415 대법원 2004.7.8. 선고 2004다18736 판결.(음악저작물의 저작권 침해여부를 판단하기 위해서는 저작권 보호대상이 표현에 해당하는 부분을 기준으로 판단) ; 오승종, 앞의 책, 1114면.

바 합병이론(Merger Doctrine)에 따르면 어느 특정 아이디어를 표현할 방법이 하나밖에 없는 경우에는 결국 그 아이디어를 표현한 저작물이 아이디어와 결합하여 더 이상 저작권의 보호대상이 될 수 없게 된다.[416] 만일 하드웨어를 구현하는 특정 컴퓨터 소프트웨어 방식이 사실상의 표준으로 자리잡게 되면 기기 호환성을 위해 누구나 그것을 따라야만 하는 상황이 된다. 이때 이미 표준으로 자리잡은 소프트웨어는 저작권의 보호대상으로써 의미가 약하기 때문에 실질적 유사성을 판단할 기준으로 사용되지 못하게 된다. 그런데 외형상 코드의 내용이 다르지만, 실제 당해 코드를 통해서 표현되는 알고리즘의 구현형태가 동일하거나 일정한 코드를 병렬적으로 나열하여 모듈을 만드는 경우에 그 구조가 사실상 동일한 경우 등, 소스코드를 통해 표현하려고 하는 내용이 동일하다는 이유로 저작권 침해를 인정할 수 있는지가 문제된다. 판례는 일반적으로 단순한 코드의 외형상 동일성 여부뿐만 아니라, 구조와 기능, 모듈사이의 기능구조 등을 함께 고려하여 판단하는 입장이다.[417]

독창적인 창작물임에도 불구하고 이와 같은 외관상의 실질적 유사성이 인정되는 경우에는 그 작품의 유사성에도 불구하고 독창성을 가진 순수한 창작품이다는 사실을 후일에 공개된 창작품의 저작권자가 주장 입증하여야 한다. 사례의 경우, 동일한 Sampling CD를 가지고 작업하였고, 리듬이나 멜로디 부분에 독창성이 존재함을 주장 입증한다면 저작권 침해의 책임을 묻기는 곤란하다고 할 것이다.

다. 복제의 인정범위

사례

대학생 B는 영화동호회 회원으로서 웹하드 전용 사이트인 Xfile.com에 있는 동호회 자료실을 검색하였다. 자료실에는 극장에서 최근 상영된 최신영화 1편이 올라와 있었다. B는 이때 이 영화를 직접 download 받아 하드디스크에 저장하지 않고 실시간으로 직접 시청하였다.

불법복제 된 영화를 실시간으로 직접 시청한 B에 대해 저작권자는 저작권의 침해에 대한 책임을 요구하고 있다. B는 자신이 영화를 시청하기는 했지만 복제한 적이 없다고 주장하고 있으나, 저작자는 실시간으로 시청하는 도중 영화파일이 사용자의 컴퓨터 안에 있는 RAM 부분에 일시적으로 저장되는 과정을 거치기 때문에 불법적인 복제권 침해라는 주장을 하고 있다.

사례에서 저작권자의 주장은 타당한가?

416 Robert P. Merges, Peter S. Menell, and Mark A. Lemley, Intellectual Property in the New Technological Age 384(2d ed. 2000).

417 서울고등법원 2009. 5. 27 선고 2006나113835 판결.

원칙적으로 복제의 개념은 추상적이고 넓기 때문에 디지털저작물을 컴퓨터 기억매체에 저장하는 것도 복제에 포함된다. 특히 저작권자의 복제권은 저작 유사물을 외부에 정착하거나 고정하는 모든 행위를 금지할 수 있기 때문에 실연자, 음반제작자, 방송사업자가 저작인접권으로써 보유하는 복제권보다 훨씬 넓은 개념이라고 할 수 있다.

다만, 이러한 복제의 범위를 영구적인 고정에 한정시켜야 하는지 아니면 일시적으로 저장하는 것도 복제라고 인정할 수 있는지가 문제된다. 특히 컴퓨터를 이용한 디지털 환경에서 이른바 컴퓨터 안의 일시적 기억장치의 일종인 'RAM(Random Access memory)'에 일시적으로 저장되는 복사를 저작권법상의 '복제'의 개념으로 인정하여야 하는지가 문제된다.[418]

인터넷을 이용하는 과정에서 컴퓨터 화면을 통해 디지털화된 저작물에 접근해서 읽거나 보게 되는 경우 컴퓨터의 RAM과 같은 일시적 기억장치에 저작권 컨텐츠(contents)가 올라가게(loading) 된다. 이때 RAM에 일시적으로 올라간 것도 복제로 인정하게 되면 저작권의 보호범위는 넓어지게 되지만 저작권 위반의 책임은 무한정하게 커질 염려가 있다. 특히, 온라인 서비스 제공자의 책임 문제와도 관련이 있는데 개별 서비스 이용자의 업로드와 다운로드 과정에서 서버의 RAM 복제를 거치게 됨으로 온라인 서비스 사업자의 필터링에 의한 복제권 침해방지 의무 등이 문제될 여지가 있다. 미국 판례의 경향은 RAM 복제도 복제의 일종의 간주하여 저작권 침해를 인정하고 있다.[419]

한국의 경우 한미 FTA의 체결로 인해 개정된 2012년 저작권법은 제2조 22호의 복제 개념안에 소위 '일시적 복제'를 포함하는 것으로 개정되었다. 다만, 제35조의2 및 제101조의3제2항 신설하여 원활하고 효율적인 정보처리를 위하여 필요하다고 인정되는 범위에서 일시적으로 복제하는 경우 등에는 그 예외를 인정하고 있다.

사례의 경우 일시적 복제 개념이 인정된다는 점에서 당연히 권한 없는 복제로서 저작권 침해에 해당하게 된다.

418 오승종, 앞의 책, 414면.

419 MAI Systems Corp. v. Peak Computer, Inc., 991 F.2d 511(9th Cir. 1993).

2) 공연권

사례

20세의 A는 2025년 7월 B 대학 소극장에서 개최된 “Summer Water Bomb” 행사에서 유명 연예인들이 참여하는 바람에 사람들이 몰려 좌석이 만석이 되자 행사장으로 입장할 수 없었다. A는 행사장 밖 바로 앞에서 동아리 친구 15명과 함께 물총을 쏘면서 행사장에서 들리는 유명가수 ‘K’씨의 노래를 따라 부르며 춤을 추고 놀이를 즐기고 있던 중에 행사요원으로부터 행사장 밖에서는 다른 사람들이 들을 수 있도록 노래를 따라 부르지 말라는 주의를 받았다.

A는 길거리에 들리는 노래를 친구들과 함께 따라 부르는 것은 특별한 문제가 되지 않는다고 생각하며 계속 소리를 지르며 따라 불렀고, 행사 주최측은 A를 저작권법 위반혐의로 고발하였다. 여기서 A의 저작권 위반이 인정될 만한 행위가 존재하는가?

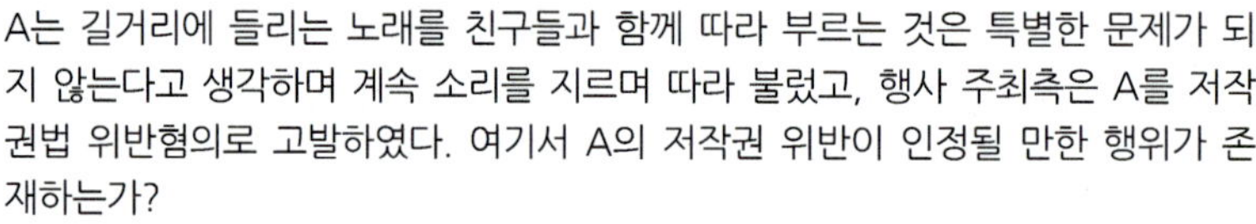

저작권자는 그의 저작물을 공연할 권리를 가진다(저작권법 제17조). 여기서 공연이란 “저작물 또는 실연·음반·방송을 상연·연주·가창·구연·낭독·상영·재생 그 밖의 방법으로 공중에게 공개하는 것을 말하며”, 추가적으로 “동일인의 점유에 속하는 연결된 장소 안에서 이루어지는 송신을 포함하는 개념이다(저작권법 제2조 제3호). 각각의 저작물 유형마다 공중에게 그것을 공개하는 방법은 각각 다르기 때문에 공연의 모습도 다르게 나타난다. 예를 들어, 음악저작물인 악보의 경우 악보를 대중 앞에서 연주하는 행위가 전형적인 모습이고, 시·수필 등과 같은 어문저작물은 대중 앞에서 낭독하는 것만으로 공연되었다고 평가할 수 있다.

다만, 공연은 저작물을 외부로 표현하는 실연을 수반하는 것이 일반적이기는 하지만 저작물 자체의 표현에 중점을 둔 점에서 실연이라는 개념과는 구분되어야 한다. 즉, 실연은 저작물을 연기·무용·연주·가창·구연·낭독 그 밖의 예능적 방법으로 표현하거나 저작물이 아닌 것을 이와 유사한 방법으로 표현하는 것을 의미한다(저작권법 제2조 4호). 따라서 저작물을 인간이 직접 표현한다는 점에서 실연은 공연의 개념에 포함되지만 ‘공연’의 개념 충족을 위해서는 ‘공중에게 공개한다.’는 요건이 추가로 요구된다.[420]

특히 공연은 실연 복제물을 재생하여 공중에게 전달한다는 점이 중요한 의미로서 내포되어 있지만, 실연은 단순한 복제물의 전달을 의미하지 않고 표현적 활동을 반드시 요구한다.[421] 따라서 예를 들어, 음반에 녹음된 음악저작물의 복제물을 공중 앞에서 단

420 오승종, 앞의 책, 422면.

순히 재생하는 경우에는 공연에는 해당하지만 실연에는 해당하지 않는다.

또한 공연은 방송과도 구별되는데 대중에 대한 공개를 내용으로 하는 점에서는 유사하지만, 저작권법 제2조 제3호에 의하여 '동일인의 점유에 속하는 연결된 장소에서의 송신'은 방송이 아니라 공연에 해당하고 그 외는 방송으로 구분된다.[422]

즉, 저작권법의 규정에 따라 사업주체인 점유자의 동일성 유무에 따라서 방송과 공연으로 구분되는데, 예를 들어 백화점의 1층부터 5층까지 층별 매장의 사업자가 각각 다른 경우에 백화점 관리자가 상업용 음반을 각층 모두에게 재생한 경우라면 이것은 방송의 개념에 들어가고, 만일 1층부터 5층까지 동일한 관리주체에 의하여 관리되는 동일 사업체라면 '동일인의 점유에 속하는 연결된 장소에서의 송신'이 되어 '공연'에 해당하게 된다.[423]

상업용 음반을 비영리 목적으로 공연한 경우에는 저작권법 제29조 제2항에 의하여 저작권 침해의 예외가 인정되지만 방송의 경우에는 예외가 인정되지 않기 때문에 양자를 구분할 실익이 있다.

공연권에서 특히 중요한 개념은 "일반공중에 공개"라는 개념인데, 이것은 4-5인 가량의 노래방에서의 이용행위도 당연히 공연에 포함하는 개념으로 상당히 추상적이라고 할 수 있다.[424] 원칙적으로 공개된 장소뿐만 아니라 개방되지 않은 장소도 공개장소에 포함되나 비개방장소의 경우 인원의 수, 인원의 성질 등이 추가적으로 고려될 필요가 있다. 예를 들어, 모인 구성원이 가족이나 친족에 불과하다면 공개요건을 충족했다고 보기 어렵다.[425]

사례의 경우 A의 행위는 전형적인 저작물의 공연개념에 해당한다. 따라서 저작물의 공연권이 저작권자에게 부여된 이상 저작권자의 허락을 받지 않고 2인 이상의 다중 앞에서 음악 저작물을 가창하는 등의 방법으로 '실연한 경우'에는 공연권 침해가 된다. 다만, 그 대가를 받지 않은 경우에는 이후에 논의될 '반대급부를 받지 않은 판매용 음반의 공연'에 해당하여 저작권 침해의 예외에 해당하는지 여부를 판단할 필요가 있다.

421 오승종, 앞의 책, 422면.

422 오승종, 앞의 책, 428~429면.

423 오승종, 앞의 책, 429면.

424 대법원 1996.3.22. 선고 95도1288 판결(비디오 방에서 비디오테이프를 재생하여 고객들에게 원하는 비디오를 감상하게 하는 경우도 공연에 해당한다고 할 수 있다.).

425 대법원 1996.3.22. 선고 95도1288 판결.

3) 배포권 · 대여권

사 례

A는 스터디 카페를 운영하는 사업자로서, 자신의 가게에서 장시간 머물던 학생들이 잠시 쉬는 시간에 온라인 게임을 하면서 쉴 수 있도록 카페 PC에서 온라인 게임 플랫폼에 등록된 자신의 ID로 접속하여 자신이 구매한 게임 소프트웨어를 사용할 수 있도록 하였고 소정의 ID 대여료를 받았다. A는 자신이 합법적으로 금전을 지불하고 구매한 PC 게임은 자신의 소유로서, 대가를 받고 사실상 대여한 행위가 자신의 소유물에 대한 대여행위로 아무런 문제가 되지 않는다고 생각한다.

A에게 대가를 지불한 손님들도 모두 A의 카페 안 PC에서만 게임을 즐겼을 뿐이고, 각각 접속하여 한 개의 ID로 동시접속 하는 등의 상황은 발생하지 않았다. A가 대가를 받고, 자신이 구매한 PC게임을 제3자가 잠시 사용할 수 있도록 대여한 행위는 저작권을 침해하는 것인가?

저작자는 저작물의 원본이나 그 복제물을 배포할 권리를 가진다(저작권법 제20조). 따라서 원칙적으로 저작자는 자신의 저작물이 제3자에게 양도되는 것을 통제할 권한을 가지고 있다.

그러나 저작권자가 자신의 저작물을 제3자에게 판매하여 완전히 소유권을 넘긴 경우에는 적어도 그 판매된 저작물의 복제본 자체로서 음악음반, 영상 VTR, 서적 등에 대해서는 새로운 소유권자가 그 저작물을 다시 재판매하거나 제3자에게 다시 양도할 권리를 가지고 있다고 보아야 한다.

즉, 저작권자의 배포권은 그 저작물이 제3자에게 판매되면서 이제 소멸되었다고 해석하는 것이 타당하다. 이것을 본래 권리소진이론 혹은 최초판매의 원칙이라고 한다.[426] 우리 저작권법 제20조도 이와 같은 권리소진이론에 따라 단서조항을 두어 "저작물의 원본이나 그 복제물이 당해 저작재산권자의 허락을 받아 판매 등의 방법으로 거래에 제공된 경우"에는 저작권자가 더 이상 배포권을 행사할 수 없다고 규정하고 있다. 원칙적으로 이와 같은 배포에는 양도, 재판매 혹은 대여의 개념을 포함하고 있다.

그러나 이와 같은 원칙에 대한 중요한 예외로서 저작권법 제21조는 배포권에 대한 제한 원칙에도 불구하고 저작자는 "상업용 음반이나 상업적 목적으로 공표된 프로그램을 영리를 목적으로 대여할 권리"를 여전히 가진다고 규정하고 있다.[427]

426 오승종, 앞의 책, 461면 ; Roger E. Schechter & John R. Thomas, Intellectual Property-The Law of Copyrights, Patents and Trademarks §1.2.3(2003) ; 정상조, 앞의 책, 157면.

427 저작권법 제21(대여권) 제20조 단서의 규정에 불구하고 저작자는 상업적 목적으로 공표된 음반(이하 "상업

즉, 배포권은 권리소진이론에 의하여 소진되는데 반해 상업용 음반의 영리목적 대여 혹은 프로그램의 대여의 경우에는 이와 같은 권리소진 이론이 적용되지 않아 저작물이 저작자로부터 제3자에게 판매된 경우에도 저작자가 여전히 대여권을 행사할 수 있도록 인정한 것이다.[428]

입법취지상 영리목적의 음반대여 혹은 프로그램 대여가 통제되지 않는다면 저작권자가 실질적인 이득을 취할 수 없기 때문에 이를 배려한 조항이라고 할 수 있다.

사례의 경우, 우선 게임회사의 플랫폼에 접속하여 자신이 구매한 프로그램을 이용하는 현재의 거래관행에서, 설치된 프로그램에 대한 접속 ID를 대여하는 행위가 실제 저작물의 대여행위와 동일하게 취급될 수 있는지는 논란의 여지가 있다. 다만, 컴퓨터 프로그램에 대한 접속 ID가 실제 저작물 이용의 유일한 수단이라면 저작물 자체에 대한 대여로 판단되는 것이 타당하다. 이와같이 해석한다면, 저작권법상의 영리목적 음반대여와 동일하게 컴퓨터 프로그램의 영리목적 대여는 저작권자의 허락을 받아야만 가능하다. 대여권은 권리소진이론이 적용되지 않기 때문에 저작권자가 그 저작물을 판매한 이후에도 여전히 보유하고 있는 권리로서 프로그램 자체의 정식 구매 여부는 대여권 침해에 영향을 미치지 않는다.

4) 공중송신권

사례

500석의 수용능력을 갖춘 대규모 Y 리조트는 여름철 파도풀장을 개장하면서 여름에 어울리는 음악 Surfing U.S.A.를 비롯해 Cool의 "해변의 여인" 등 신나는 여름음악들을 옥외 스피커를 통해 계속 내보내어 리조트 단지 내에 임차된 시설인 레스토랑, 노상 스파욕장의 손님들이 즐길 수 있도록 하였다.

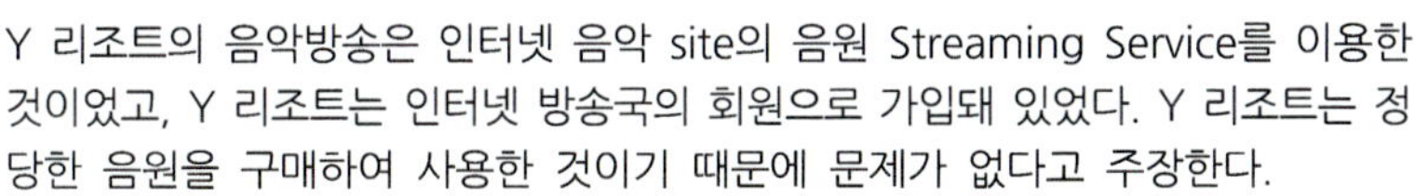
Y 리조트의 음악방송은 인터넷 음악 site의 음원 Streaming Service를 이용한 것이었고, Y 리조트는 인터넷 방송국의 회원으로 가입돼 있었다. Y 리조트는 정당한 음원을 구매하여 사용한 것이기 때문에 문제가 없다고 주장한다.

Y 리조트의 저작권 침해행위가 존재하는가?

저작자는 그의 저작물을 공중송신할 권리를 가진다(저작권법 제18조). 여기서 공중송신권은 기존의 방송과 전송, 디지털 음원송신을 모두 포괄한 개념으로서 저작물, 실

용 음반"이라 한다)이나 상업적 목적으로 공표된 프로그램을 영리를 목적으로 대여할 권리를 가진다.

428 오승종, 앞의 책, 468면.

연 · 음반 · 방송 또는 데이터베이스(이하 "저작물 등"이라 한다.)를 공중이 수신하거나 접근하게 할 목적으로 무선 또는 유선통신의 방법에 의하여 송신하거나 이용에 제공하는 것을 말한다(저작권법 제2조 제7호). 공중송신의 개념 안에 방송 · 전송이 모두 포함되기 때문에 이들을 구별할 실익은 적지만 저작권 예외관련 조항에서는 여전히 방송 · 전송 등을 구별하고 있기 때문에 구별할 실익이 있다.

먼저 공중송신에 포함된 방송은 공중이 동시에 수신하게 할 목적으로 음 · 영상 또는 음과 영상 등을 송신하는 것을 말한다(제2조 제8호). 공중이 '동시'에 수신한다는 점에서 공중송신 중 공중의 구성원이 개별적으로 선택한 시간과 장소에서 접근할 수 있도록 저작물 등을 이용 제공하는 "전송" 개념과 구별된다(제2조 제10호). 공중송신에 포함된 또 하나의 개념은 '디지털음성송신'인데 이것은 공중으로 하여금 동시에 수신하게 할 목적으로 공중의 구성원의 요청에 의하여 개시되는 디지털 방식의 음의 송신을 말한다(제2조 제11호). 저작물을 아날로그 형태로 보내지 않고 디지털데이터로 전환하여 전송하는 것을 통제하기 위한 개념이라고 할 수 있다. 디지털음성송신은 수신자의 요청에 의하여 전송이 된다는 점에서 방송과는 차이가 있고, VOD, AOD와 같은 서비스가 그 예에 속한다. 특히, 디지털음성송신은 제76조에 의하여 실연자에 대한 보상청구권만이 인정될 뿐이고 침해행위에 대한 금지청구권이 인정되지 않는다. 이와 같은 공중송신권은 저작물 또는 그 복제물을 무선 또는 유선통신의 방법에 의하여 전달하는 것을 통제하는 핵심적인 권리가 된다.

사례의 경우 원저작물을 동일인이 점유하지 않은 다른 공간에 공개한 방송에 해당하고 따라서 저작권자의 공중송신권을 침해하였다고 할 수 있다. 다만, 이러한 방송이 비영리목적의 공연 · 방송에 대한 특례에 해당하여 저작권 침해의 예외가 인정될 수 있는지는 별도로 논의된다.

5) 2차 저작물 작성권

사례❶

유명 가수 DJ D는 Y씨가 작곡하고 부른 70년대 유행곡 "고속도로"란 곡을 리메이크하기 위해 허락을 구하였다. Y씨는 흔쾌히 그 노래를 DJ D가 2집 앨범에서 부를 수 있도록 복제, 공연, 공중전송권을 허락하였다.

DJ D는 기존의 곡에다 힙합 리듬을 붙이고 강한 드럼 비트를 사용하여 최신 유행하는 테크노 댄스 음악을 만들어 내었다. 새로운 DJ D의 노래를 들어본 Y씨는자신의 노래가 완전히 바뀌어 있는 것에 화가 났고, DJ D에게 저작권 침해에 대한 손해배상 청구를 요구하고 있다.

DJ D는 Y씨가 자신의 작사, 작곡 음원을 사용하도록 허용하였으면서도 이것을 어떻게 사용하는지를 문제 삼는 것은 적절하지 않다는 입장이다.

Y씨의 주장은 타당한가?

저작자는 그 저작물을 원저작물로 하는 2차적 저작물 또는 그 저작물을 구성부분으로 하는 편집저작물을 작성하여 이용할 권리를 가진다. 따라서 원저작자의 동의 없는 2차 저작물의 작성과 이용은 저작권 침해를 구성한다.

먼저, 원저작물을 번역·편곡·변형·각색·영상제작, 그 밖의 방법으로 작성한 창작물을 "2차적 저작물"이라고 하는데, 원칙적으로 창작성을 갖춘 2차적 저작물은 원저작물과는 별도로 독자적인 저작물로 보호된다.[429] 따라서 2차적 저작물의 창작자는 원저작물의 창작자와는 별도의 독자적인 저작권을 취득하게 된다(저작권법 제5조).

즉, 원저작자의 동의 없이 2차적 저작물이 만들어지는 경우에 2차 저작권이 독립적으로 존재할 수 있는지는 의문의 여지가 있으나 원저작자의 동의 없는 2차 저작권 자체의 성립을 인정하지 않는 미국과 달리 현행 우리 저작권법에 따르면 원저작자의 허락이 없다고 하더라도 2차 저작권의 이용이 저작권 침해가 되는 것은 별론으로 하고, 일단 2차적 저작물로서 보호받는 데에는 지장이 없다고 해석하는 것이 일반적이다.[430] 다만, 일단 원저작자의 허락 없이 2차적 저작물을 창작하여 이용하는 것은 원저작자의 2차적 저작물 작성권이라고 하는 저작권을 침해하는 것이 된다.[431]

사례의 경우, 작곡가가 가수에게 인정하는 복제권, 공연권, 공중송신권은 악보 상으로 존재하는 음악저작물을 표현하여 유형물에 고정하거나 있는 그대로 대중에서 표현하고, 송신할 권리를 의미한다. 따라서 기존의 악보를 편곡·변형하여 새로운 음악 저작물을 만들 2차 저작물 작성권을 부여하는 것은 별도의 다른 문제라고 할 수 있다. 사례에서 DJ D는 허락 받지 않고 2차 저작물을 만들었기 때문에 일단 2차 저작물 작성권을 침해한 것이 된다.

429 저작권법 제5조(2차적 저작물) ① 원저작물을 번역·편곡·변형·각색·영상제작, 그 밖의 방법으로 작성한 창작물(이하 "2차적 저작물"이라 한다.)은 독자적인 저작물로서 보호된다.
② 2차적 저작물의 보호는 그 원저작물의 저작자의 권리에 영향을 미치지 아니한다.

430 대법원 1995.11.14. 선고 94도2238 판결 ; 대법원 1996.6.11. 선고 95다49639 판결. 그러나 미국 연방저작권법17 U.S.C. §106(2)은 원저작자의 동의 없이 창작된 2차 저작물은 저작물로써 그 성립자체를 부인된다.

431 저작권법 제22조(2차적 저작물 작성권) 저작자는 그의 저작물을 원저작물로 하는 2차적 저작물을 작성하여 이용할 권리를 가진다.

사례❷

만화가인 L씨는 일본을 상대로 전쟁을 벌이는 자신의 만화를 소재로 영화 만들기를 원하는 영화사와 저작권 라이선스를 체결하였다. 그러나 영화가 완성되어 공개된 후에 L씨는 영화의 내용이 자신의 원작 만화 내용과 달리 23세기의 우주를 배경으로 벌어지는 전쟁으로 각색된 것을 알게 되었다.

L씨는 원작의 내용을 본인의 동의 없이 고치는 것은 라이선스 계약에 포함되어 있지 않다고 주장하고 영화상영금지를 청구하고 있다. 반면 영화사는 원작자체를 영상물로 만들기는 부적당해서 각색이 불가피하였고, 이것은 원저작자도 잘 알고 있는 내용이다고 항변하고 있다.

여기서 L의 영화상영금지 청구는 타당한가?

사례❸

저작권자 A는 창고관리 솔루션을 개발하여 보급하는 업체로서 창고관리 프로그램인 '로지큐브[Logic CUBE WMS(Warehouse Management System)]를 개발하여 판매하고 있다. A는 이 사건의 피고인 B 회사로부터 창고 자재 관리 프로그램 EXEOnline의 개발을 의뢰받아 기존 프로그램인 로지큐브의 데이터베이스, 스크립트 웹소스를 일부 수정하여 프로그램을 완성한 후 그 소스 파일 등을 B에게 전달하였다. 사건의 B 회사는 물류컨설팅과 관련 정보시스템 개발판매를 주영업 내용으로 하는 회사로, EXEOnline 프로그램을 받은 이후에 A로 부터 넘겨받은 소스코드를 일부 수정하여 '랩실론'이라는 물류관리 솔루션을 개발 판매하고 있다.

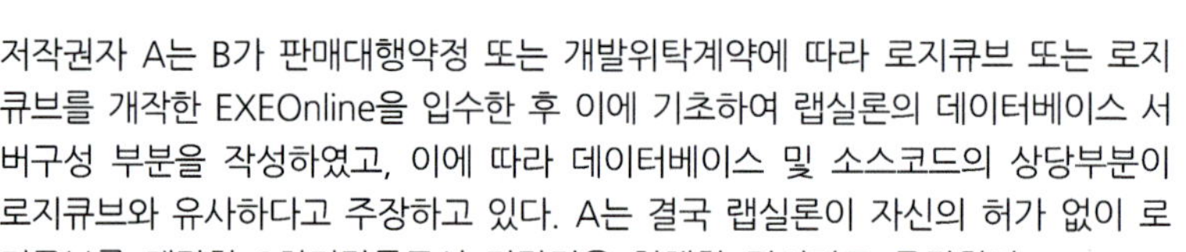

저작권자 A는 B가 판매대행약정 또는 개발위탁계약에 따라 로지큐브 또는 로지큐브를 개작한 EXEOnline을 입수한 후 이에 기초하여 랩실론의 데이터베이스 서버구성 부분을 작성하였고, 이에 따라 데이터베이스 및 소스코드의 상당부분이 로지큐브와 유사하다고 주장하고 있다. A는 결국 랩실론이 자신의 허가 없이 로지큐브를 개작한 2차저작물로서 저작권을 침해한 것이다고 주장한다.

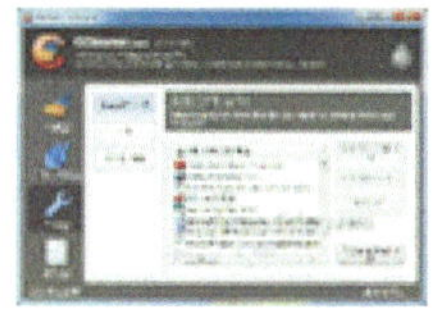

반면, B는 자신이 개발위탁계약에 따라 적법하게 EXEOnline을 취득하여 이를 개작할 권리를 가지고 있고, 이에 따라 로지큐브가 아닌 EXEOnline에 기초하여 랩실론을 개발한 것으로 이것은 원고가 주장하는 저작권을 침해하는 행위에 해당하지 않는다고 주장하고 있다.

결국 이 사건에서 핵심쟁점은 EXEOnline을 개발수탁 의뢰한 B가 이것을 양수받은 후에 이 프로그램을 개작변경한 2차저작물을 작성할 권한이 있는지에 대한 것이다. 이와 관련해, 최초 A와 B 사이의 EXEOnline의 개발수탁계약 내용 안에는 B의 2차저작물 작성권에 대한 별도의 약정이 존재하지 않는다. 저작권 침해를 주장하는 A의 주장은 타당한가?

원저작자는 2차 저작물 작성권을 가지기 때문에 원칙적으로 번역, 각색된 결과물 등을 이용할 권리도 보유하고 있다. 그 구체적 범위에 대해서 문제가 있지만 원칙적으로 2차 저작물의 작성을 위해서는 원저작권자의 이용 매체별 별도의 이용허락이 있어야 하는 것으로 해석된다. 즉, 일반적으로 저작재산권 전부를 양도(매도)하는 경우에 별도의 특약이 없는 경우에는 2차 저작물의 작성권은 함께 양도되지 않는다고 해석된다. 예를 들어, 방송국이 극본작가로부터 방송극 제작의 허락을 받은 경우에 방송극을 다시 비디오로 제작해서 판매하는 것까지 허락한 것으로 볼 수는 없다고 할 수 있다.

다만, 이와 같은 2차 저작물 작성과 관련하여 현행 저작권법 제99조는 영상저작물에 대해서 특례를 인정하고 있다. 즉, 저작권법은 저작물을 영상화하는 경우에는 원저작물의 상당부분을 개작하는 것이 불가피하다는 사정을 고려하여, 구체적인 라이선스 계약에 포함되어 있지 않은 경우에도 저작물의 영상화에 동의하는 경우에는 저작물을 각색할 수 있는 권리를 허락한 것으로 추정하고 있다.[432] 특히 여기서 영상화의 대상에는 개념상 '영상화'가 어려운 음악저작물도 포함하는 개념으로 영화속에 삽입된 음악저작물 사용을 영상 제작자가 동의받은 이상 영화를 상영하는 영화관 등은 영화속에 삽입된 음악저작물의 공연을 위해 음악 저작권자로부터 별도의 공연 허락을 받을 필요가 없다.[433]

이와 유사하게 저작권법 제45조는 컴퓨터 프로그램에 대한 유사한 특례를 인정하여, 컴퓨터 프로그램 저작권을 양도할 때는 특약이 없으면 2차적저작물작성권도 함께 양도된 것으로 추정 한다고 규정하고 있다.[434]

특히, 컴퓨터프로그램을 일반적인 저작권과 달리 해석하여 2차적 저작물작성권이 당연히 양도되는 것으로 규정한 이유는, 컴퓨터프로그램은 그 특성상 기술적 이용을

432 저작권법 제99조(저작물의 영상화) ① 저작재산권자가 저작물의 영상화를 다른 사람에게 허락한 경우에 특약이 없는 때에는 다음 각 호의 권리를 포함하여 허락한 것으로 추정한다.
1. 영상저작물을 제작하기 위하여 저작물을 각색하는 것
2. 공개상영을 목적으로 한 영상저작물을 공개 상영하는 것
3. 방송을 목적으로 한 영상저작물을 방송하는 것
4. 전송을 목적으로 한 영상저작물을 전송하는 것
5. 영상저작물을 그 본래의 목적으로 복제·배포하는 것
6. 영상저작물의 번역물을 그 영상저작물과 같은 방법으로 이용하는 것
② 저작재산권자는 그 저작물의 영상화를 허락한 경우에 특약이 없는 때에는 허락한 날부터 5년이 경과한 때에 그 저작물을 다른 영상저작물로 영상화하는 것을 허락할 수 있다.

433 대법원 2016. 1. 14. 선고 2014다202110 판결.

434 제45조(저작재산권의 양도) ①저작재산권은 전부 또는 일부를 양도할 수 있다.
②저작재산권의 전부를 양도하는 경우에 특약이 없는 때에는 제22조에 따른 2차적저작물을 작성하여 이용할 권리는 포함되지 아니한 것으로 추정한다. 다만, 프로그램의 경우 특약이 없으면 2차적저작물작성권도 함께 양도된 것으로 추정한다.

위해 만들어진 저작물로써 프로그램의 지속적인 관리를 위해 사용자가 빈번하게 변경·수정하는 것이 당연히 예상되기 때문이다(저작권법 45조 2항 단서).

따라서 사례 2의 경우 저작권법 제99조에 의하여 저작권자가 명시적으로 개작이나 각색을 반대하는 약정을 하지 않는 이상 저작물의 영상화에 대한 동의를 하면서 2차 저작물작성권한을 허용한 것으로 추정할 수 있다. 만일, 저작권자가 2차 저작물작성권한을 명시적으로 허용하지 않았다는 사실을 주장하기 위해서 저작권자가 그 사실을 입증하여야 한다.

사례 3의 경우, 저작권법 제45조 2항 단서에 따라 컴퓨터프로그램은 양도 시에 다른 특약이 없는 한 당연히 2차 저작물작성권이 양수인에게 양도된 것으로 추정된다. 따라서 컴퓨터프로그램의 개발을 위탁한 B는 개발업체로부터 양수 받은 프로그램을 수정·개작하여 사용할 수 있다.

(3) 온라인 서비스 제공자의 책임

저작권의 침해와 관련해 온라인상에서 저작권 침해 행위를 하는 이용자들에게 온라인 서비스를 제공하는 제공자의 책임이 문제될 수 있다. 특히, 최근에 발생하는 저작권 침해유형의 상당부분이 온라인상에서 발생하고 있기 때문에 온라인 서비스 제공자가 그 서비스 이용자가 저지른 저작권 침해행위에 대해서 어떠한 책임을 부담하여야 하는지가 문제된다.

일반적으로 저작권 침해 사실을 알고도 방치·방조한 경우에는 저작권 침해 방조에 의해 민법 제750조 불법행위에 대한 책임을 져야 하는 것이 당연하다. 다만, 온라인 서비스 제공자가 이용자의 저작권 침해사실을 알고 당해 저작물의 복제·전송을 중단시킨 경우에도 이미 온라인상에 공표·전송된 저작물의 복제에 대한 책임을 져야 하는지가 문제될 여지가 있다. 이에 대해 저작권법은 온라인 서비스 제공자의 책임이 면제되는 일반적인 사유를 규정하고 있다.

먼저 온라인 서비스 제공자가 저작권 침해 사실을 알고 복제전송을 방지하거나 중단시킨 경우에는 온라인 서비스 제공자의 저작권 등의 권리 침해에 관한 책임은 감경 또는 면제될 수 있다. 또한, 복제전송을 방지하거나 중단시키려고 하였으나 그것이 기술적으로 불가능한 경우에는 온라인 서비스 제공자의 책임은 면제된다(저작권법 제102조 제1, 2항).

특히 온라인 서비스 제공자는 저작권법에 따라 보호되는 자신의 권리가 침해됨을 주장하는 "권리주장자"가 그 사실을 소명하여 온라인 서비스 제공자에게 그 저작물 등의 복제 · 전송을 중단시킬 것을 요구하는 경우에는 즉시 그 저작물 등의 복제 · 전송을 중단시키고 그 사실을 복제자 등에 통보하여야 한다(저작권법 제103조 제1, 2항).

다만, 이 경우에 복제 · 전송자가 자신의 복제 · 전송이 정당한 권리에 의한 것임을 소명하여 그 복제 · 전송의 재개를 요구하는 경우 온라인 서비스 제공자는 재개요구사실 및 재개예정일을 권리주장자에게 지체 없이 통보하고 그 예정일에 복제 · 전송을 재개시켜야 한다(저작권법 제103조 제3항). 온라인 서비스 제공자가 이와 같은 조치를 취한 경우에는 저작권법 등에 의하여 보호되는 권리의 침해에 대하여 그의 책임을 감경 또는 면제할 수 있다(저작권법 제103조 제5항).

더 나아가 저작권법은 제133조의2(불법복제물등의 삭제명령) 규정과 제133조의3(시정권고) 규정에서 정보통신망을 통한 불법복제물 등에 대해서는 문화체육관광부장관이 온라인서비스제공자에게 불법복제물 등의 복제 · 전송자에 대한 경고 및 복제물의 삭제 또는 전송중단을 비롯해 6개월 이내의 기간을 정해 반복적으로 불법복제물 등을 전송한 복제 · 전송자의 계정 정지를 직접 명령하거나 시정권고를 할 수 있도록 하고 있다. 이 규정은 온라인서비스 사업자의 행위를 정부가 직접 통제함으로써 한편으로는 저작권 보호에 기여하지만 다른 한편으로는 패러디 방식 등을 통해 기존의 표현물을 이용한 간접적인 의사표현을 국가가 직접통제 할 가능성이 있다는 비판도 제기된다.

III. 저작권 침해의 예외

1. 의의

현행 저작권법은 저작물의 복제, 공연, 공중전송 등에 해당하지만, 예외적으로 저작권 침해가 성립하지 않거나 보상을 조건으로 자유롭게 이용할 수 있는 사유를 개별적으로 열거하고 있다. 이러한 저작권 침해 예외조항들은 저작자의 권리보호와 동시에 창작적 표현에 접근할 공공의 이용권을 조화시키기 위한 노력의 일환이라고 할 수 있다. 즉, 저작물의 가치나 저작물의 잠재적 시장에 미치는 영향력이 미미한 행위에도 저작권 침해 소송이 남발된다면 결과적으로 공공의 창작물에 대한 접근권을 지나치게 제한하는 결과를 가져온다. 따라서 저작물에 대한 보호를 통해 지속적인 창작을 유도하고 더 많은 창작물에 대한 공공의 접근을 보장하려는 저작권법의 기본취지에도 맞지 않는 것이 된다.

따라서 우리 저작권법은 제23조 이하에서 다양한 저작권 침해의 예외조항을 두고 있는데 이것은 저작권자의 권리 제한에도 불구하고 공공의 창작적 표현에 대한 최소한의 접근권을 보장하기 위한 조항이라고 할 수 있다. 특히, 과거 우리 저작권법은 저작권 침해의 예외를 개별적으로만 열거하여 각 예외조항에 해당하지 않는다면 저작권 이용의 정도나 이용의 목적, 혹은 저작자에게 미치는 영향력 유무에 관계없이 모두 저작권 침해가 인정되는 문제점이 있었다.

그러나 한미 FTA의 발효와 함께 2011년 개정을 통해 미국의 공정사용(Fair Use) 조항과 유사한 제35조의 3을 규정하여 저작권 침해의 예외에 대한 일반조항을 규정함으로써 저작권 사용자들이 과도한 저작권 침해 책임에서 벗어날 수 있도록 배려하고 있다. 다음에서는 저작권의 예외에 대하여 중요사항을 중심으로 논의한다.

2. 내용

(1) 학교교육 목적 등에의 이용

사례

고등학교 역사교사 A는 삼국시대에 관한 역사수업을 진행하던 중에 수업에 도움이 될 수 있는 소재로써 최근 고구려 건국 시조인 주몽의 일대기와 관련된 사극 드라마를 수업시간에 10분씩 1개월 동안 교실에서 상영하였다. 학생들에게 이 수업이 많은 호응을 얻자 A의 수업방식이 학교 홈페이지에 소개되었다.

그러나 마침 저작권침해 사범신고에 따른 포상금을 노리는 B가 웹사이트 검색중 이 사실을 알고 저작권 협회에 A의 침해 사실을 제보하였다. 저작권 협회는 A가 수업 중 공표된 저작물인 방송 드라마를 학생들에게 보여주는 행위는 공연권, 복제권 등의 침해에 해당한다고 공문을 보내왔다. A의 행위는 저작권 침해에 해당하는가? 이 사건에서 이 수업을 듣는 학생 C는 수업 중 문제가 되었던 장면 파일을 다른 친구에게 이 메일로 전송하였다.

C의 행위는 저작권 침해에 해당하는가?

저작권법 제25조 1항은 "고등학교 및 이에 준하는 학교 이하의 학교교육 목적상 필요한 교과용 도서에는 공표된 저작물을 게재할 수 있다."고 규정하여 교육목적에 의한 저작물의 복제를 허용하고 있다(제25조 1항). 또한 제25조 2항은 교과용도서를 발행한 자가 교과용도서를 본래의 목적으로 이용하기 위하여 필요한 한도 내에서 교과용도서에 게재한 저작물을 복제 · 배포 · 공중송신하는 행위를 허용하여 온라인 수업에서도 교과서에 사용된 저작물 사용을 허용하고 있다. 이것은 교과용 도서에 저작물을 복제하여 수록하는 것을 저작권의 예외로 인정한 것으로 공익 목적을 위한 저작권 행사의 예외라고 할 수 있다. 다만, 공식적인 교과서가 아니라고 하여도 교과용 도서로 인정될 수 있는데, 고등학생의 진학정보와 수업정보를 제공하는 잡지에 대해서 대법원은 고등학교 및 이에 준하는 학교교육 목적으로 사용되는 교과용 도서로 인정하여 저작물인 수능시험문제 게재를 허용한 바 있다.[435]

한가지 중요한 점은 교과용 도서 등에 대한 복제권 침해의 예외를 인정하는 것은 '고등학교 및 이에 준하는 학교 이하의 학교교육' 목적에 이용되는 교과용 도서에 제한된다는 점이다. 대학 교재는 교과용 도서라고 하여도 저작물의 게재가 저작권 침해의 예외로 인정되지 않는다.

435 대법원 1979.6.26. 선고76도1505판결.

반면 동조 3항은 교과용 도서에 게재하는 것이 아니라 수업목적으로 저작물을 사용하는 경우에 대해 예외를 인정하고 있는데 "학교 · 교육기관 또는 교육훈련기관이 수업목적으로 이용하는 경우에는 공표된 저작물의 일부분을 복제 · 배포 · 공연 · 전시 또는 공중송신 할 수 있고, 저작물의 성질이나 그 이용의 목적 및 형태 등에 비추어 부득이한 경우에는 저작물의 전부 복제 등도 허용될 수 있다."고 규정한다.[436] 특히, 제 3항의 수업목적 이용의 대상은 "고등학교 및 이에 준하는 학교 이하의 학교"로 제한된 교과용 도서의 이용을 위한 복제 허용과 달리, 대학 이상의 고등교육법과 기관과 교육훈련기관을 포함하는 훨씬 넓은 개념이라는 점에서 차이가 있다. 제3항 각호의 교육기관의 수업을 지원하기 위하여 국가나 지방자치단체에 소속된 수업지원기관 역시 동일 한 예외가 인정된다(저작권법 제25조 4항). 특히 제3항 각 호의 학교 · 교육기관 또는 교육훈련기관에서 교육을 받는 자도 수업목적상 필요하다고 인정되는 경우에는 공표된 저작물을 복제하거나 전송할 수 있다(저작권법 제25조 5항). 이와 같은 수업목적을 위한 저작권의 이용에 대한 예외는 대학 등의 고등교육기관도 포함된다는 점에서 고등학교 이하의 학교에서 사용하는 '교과용 도서'에 저작물을 허락없이 게재하도록 허용하는 규정과 차이가 있다.

다만, 이들 규정에 따라 저작물을 이용하고자 하는 자는 문화체육관광부장관이 정하여 고시하는 기준에 의한 보상금을 당해 저작재산권자에게 지급하여야 하는 것이 원칙이고, 예외적으로 저작권법 제25조 2항에 따라 '고등학교 및 이에 준하는 학교 이하의 학교'에서 그 '수업목적상 필요한 범위 안에서' 공표된 저작물을 복제 · 공연 · 방송 또는 전송하는 경우에는 대학 등 고등학교 이상의 학교에서 수업목적을 위한 저작물을 사용한 것과 달리 보상금 지급의무를 부담하지 않는다(저작권법 제25조 6항).

사례는 저작물인 방송드라마를 고등학교에서 수업목적상 사용한 것이 분명하기 때문

436 저작권법 제25조(학교교육 목적 등에의 이용)③ 다음 각 호의 어느 하나에 해당하는 학교 · 교육기관 또는 교육훈련기관이 수업 목적으로 이용하는 경우에는 공표된 저작물의 일부분을 복제 · 배포 · 공연 · 전시 또는 공중송신(이하 이 조에서 "복제등"이라 한다)할 수 있다. 다만, 공표된 저작물의 성질이나 그 이용의 목적 및 형태 등에 비추어 해당 저작물의 전부를 복제등을 하는 것이 부득이한 경우에는 전부 복제등을 할 수 있다. <개정 2020. 2. 4., 2024. 2. 27.>
1. 특별법에 따라 설립된 학교
2.「유아교육법」, 「초 · 중등교육법」 또는 「고등교육법」에 따른 학교
3. 국가나 지방자치단체가 운영하는 교육기관
4.「학점인정 등에 관한 법률」 제3조에 따라 평가인정을 받은 학습과정을 운영하는 교육훈 련기관(정보통신매체를 이용한 원격수업기반 학습과정에 한정한다)
④ 국가나 지방자치단체에 소속되어 제3항에 따른 학교 또는 교육기관의 수업을 지원하는 기관(이하 "수업지원기관"이라 한다)은 수업 지원을 위하여 필요한 경우에는 공표된 저작물의 일부분을 복제등을 할 수 있다. 다만, 공표된 저작물의 성질이나 그 이용의 목적 및 형태 등에 비추어 해당 저작물의 전부를 복제등을 하는 것이 부득이한 경우에는 전부 복제등을 할 수 있다.

에 저작권 침해의 예외에 해당한다. 이 경우에는 언급한 바와 같이 보상금 지급의무도 부담하지 않는다. 또한 이 수업을 듣는 학생도 수업목적상 필요하다고 인정되는 경우에는 공표된 저작물을 복제하거나 전송할 수 있음으로 저작권 침해가 성립하지 않는다.

(2) 사적 이용을 위한 복제(제30조)

사례

L은 최근 유행하는 완다걸수의 음반을 구입하여 집에서 듣고 있던 중에 학교에서도 이 곡들을 여자친구가 선물한 MP3 player로 듣기 위해, Mp3 player에서 저장이 가능한 Mp3 파일로 음원을 재추출(ripping)하였다.

L은 지금까지 대부분의 곡들을 음반을 구입한 후 이렇게 디지털로 음원을 추출하여 컴퓨터에 보관하고 있다가 가끔은 이를 CD로 만들어 여자친구에게 선물하곤 하였다.

어느 날 L이 3년 동안 사귀던 여자친구에게 헤어질 것을 요구하자, 그의 여자친구는 L이 수많은 음반에서 해당곡들을 MP3 파일 형태로 바꾸었고, 이를 자신에게도 배포한 사실을 한국 저작권협의회에 알려주었다. 결국 L은 저작권 위반혐의자로 고발되었다.

L은 저작권 침해혐의가 있는가?

저작권법은 일반 개인의 개인적 목적을 위한 저작물 일부분의 복제에 대해 저작권 침해의 예외를 인정하고 있다.[437] 창작적 표현물에 대한 개인의 접근권을 보장하기 위한 조항이라고 할 수 있다.

저작권법의 목적이 궁극적으로는 더 많은 창작물의 생산을 유도하기 위해서라고 할 때, 창작적 표현을 유도하기 위한 관점에서도 개인의 표현물에 대한 최소한의 접근을 보장할 필요가 있다. 따라서 저작권법은 영리를 목적으로 하지 않는 사적 이용을 위한 복제로서 개인적으로 이용하거나 가정 및 이에 준하는 한정된 범위 안에서 이용하는 경우에 복제권 침해의 예외를 인정하고 있다. 다만, 사적이용을 위한 저작권 침해의 예외가 인정되는 범위는 복제권에 한정되고 있기 때문에 이를 정보통신시설에 전송하거나 방송하는 등의 행위는 저작권 침해를 구성한다.

437 저작권법 제30조(사적이용을 위한 복제) 공표된 저작물을 영리를 목적으로 하지 아니하고 개인적으로 이용하거나 가정 및 이에 준하는 한정된 범위 안에서 이용하는 경우에는 그 이용자는 이를 복제할 수 있다. 다만, 공중의 사용에 제공하기 위하여 설치된 복사기기, 스캐너, 사진기 등 문화체육관광부령으로 정하는 복제기기에 의한 복제는 그러하지 아니하다.

사례의 경우 자신이 구입한 CD에서 음원을 추출하여 자신의 Mp3 player로 옮기는 행위는 여전히 개인적인 목적을 위한 복제에 해당한다고 할 수 있다. 다만, 이렇게 자신의 컴퓨터에 모아놓은 Mp3 파일을 여자친구에게 CD로 복사해 준 행위는 가정 및 이에 준하는 한정된 범위에서 이용한 것으로 볼 수가 없기 때문에 저작권 침해의 예외 조항인 사적복제 행위로 인정될 수 없다.

또한 저작권법 제30조는 사적이용 복제에 있어서 중요한 예외를 규정하고 있는데, "공중의 사용에 제공하기 위하여 설치된 복사기, 스캐너, 사진기 등 문화체육관광부령으로 정하는 복제기기에 의한 복제"는 원칙적으로 복제권의 예외가 인정되지 않는다. 여기서 공중의 사용에 제공하기 위해 설치한 복사기는 그것이 유상이든 무상이든 공공장소에 설치된 모든 복사기기를 포함하는 것으로 본다.[438]

따라서 법문상으로는 "공중의 사용에 제공하기 위해 설치된 복사 기기, 스캐너, 사진기 등 문화체육관광부령으로 정하는 복제기기에 의한 복제"는 그 수량이나 목적에 관계없이 무조건 저작권 침해가 된다. 특히, 이 예외는 '한정된 범위 안에서 이용하는 경우'를 그 예외로 하기 때문에, 공중 복사기기가 아니라고 하더라도, '교과서를 처음부터 끝까지 복제하는 행위'는 당연히 '사적이용을 위한 복제'로 인정되지 않는다.

(3) 영리를 목적으로 하지 아니하는 공표된 저작물의 공연·방송(제29조)

사례

대학의 연극 동아리 회장인 B는 얼마 전 뮤지컬 "Cats"의 공연을 구경한 후 매우 감명을 받았다. B는 어렵지만 이번 가을 축제 때 이것을 축소모델로 하여 학내에서 연극으로 상연하려고 연습을 했고, 초대장까지 모두 배포를 끝냈다.

그 와중에 B의 동아리가 학내에 연극광고를 붙여놓은 것이 우연히 교내신문에 보도되었고, 실제 Cats의 주관 공연사가 이것을 알게 되었다. Cats의 주관 공연사는 만일 가을 축제 때 B의 연극동아리가 Cats를 대중 앞에서 실연한다면 저작권 침해로 고소하겠다고 통보장을 보냈다.

여기서 B의 연극상연은 저작권 침해를 구성하는가?(대학연극의 참가쿠폰은 모두 초대권이었다.)

저작권법 제29조 1항은 영리를 목적으로 하지 아니하고 청중이나 관중 또는 제3자로부터 어떤 명목으로든지 반대급부를 받지 않는 비영리목적의 저작물 공공사용에 대

438 송영식 · 이상정, 앞의 책, 192면 ; 오승종, 앞의 책, 639면.

해서는 공표된 저작물을 공연 또는 방송할 수 있도록 허용하고 있다. 다만, 공연의 대상에서 '상업용 음반 또는 상업적 목적으로 공표된 영상저작물을 재생하는 경우'를 제외한다(법 제29조 1항). 여기서 '영리를 목적으로 하지 아니하는 공연·방송'이라 함은 후술하는 제29조 2항의 '반대급부를 받지 않은 공연'과 달리 단순히 저작물 공연의 직접대가를 취하지 않는 비영리성의 개념을 넘어서서 저작물의 공연·방송이 어떠한 형태의 상업적 영리목적과도 관련이 없다는 것을 말한다. 즉, 대기업이 기업의 이미지 개선차원에서 개최하는 무료 관람회 혹은 백화점이 대기 손님들에게 제공하는 무료 영화관람 등은 그 대가를 받지 않는 무료이지만 모두 기업홍보 및 영업이익과 간접적으로 관련되어 있어서 저작권 제29조 1항의 '영리를 목적으로 하지 않는 공연·방송'에 해당하지 않는다.

또한 상업용 음반 또는 상업적 목적으로 공표된 영상저작물은 그 대상에서 제외된다는 점에서 다음에서 설명하는 제29조 2항의 '반대급부 없는 공연에 대한 저작권 침해 예외규정'과 차이가 있다.

그 외, 그 자체는 비영리목적이지만 실연자에게 통상의 보수를 지급하는 경우에는 비영리 목적의 공연·방송권의 예외가 인정되지 않는다(저작권법 제29조 1항 단서). 사례의 경우 대학의 동아리 회원들이 무료로 공연하는 연극은 공연자가 반대 급부를 받지 않는 한 전형적인 비영리목적의 공연에 해당한다고 할 수 있다. 따라서 저작권 침해주장은 타당하지 않은 것이 된다.

(4) 공연의 직접 대가로서 반대급부를 받지 않는 상업용 음반 등의 공연

사례❶

A백화점은 불황기에 손님들의 소비를 촉진하기 위한 방법을 연구하던 중 시간의 흐름을 잊고 편안한 쇼핑을 즐기도록 하기 위해서는 편하고 낭만적인 음악을 틀어주는 것이 가장 효과적이다 라는 결론에 도달했다.

A백화점은 한국에게 친근한 외국가수 Enya, ABBA 그룹 등의 곡을 선정하여 직영으로 운영하는 1층부터 8층 전 매장에 내보냈다. 이에 대해 EMI 등 저작권을 대행하는 외국계 음반회사들은 저작권 침해소송을 제기하였다.

A백화점은 음악들을 틀은 후에 그 대가를 고객들에게 청구하거나 받은 적이 없기 때문에 비영리목적의 공연으로서 저작권법 제29조의 예외에 해당한다고 주장하고 있다.

A백화점의 주장은 타당한가?

상업용 음반 또는 상업적 목적으로 공표된 영상저작물을 재생하여 공중에게 공연하는 경우에 직접적인 공연대가를 받지 않는다면 원칙적으로 저작권 침해의 예외가 인정된다(저작권법 제29조 제2항).

여기서 음반은 "음을 디지털화한 것"(디지털 음원)을 포함하는 것으로(법 제2조 제5호), '상업용' 음반은 '시중에 판매할 목적으로 제작된 음반을 의미한다. 예를 들어, 프랜차이즈 본사가 작곡자에게 복제권 등의 동의를 받아 원곡을 구매한 후 그 지점에 배포하기 위해 임의로 제작한 CD 등은 그 대상에 해당하지 않는다.[439] 이와 같이 '상업용 음반'을 엄격히 해석하는 이유는 "상업용 음반을 재생하여 공중에게 공연하는 행위를 허락하는 것은 실제 아무런 보상 없이 저작권자의 공연권을 제한하는 결과가 되지만, 음반의 재생에 의한 공연으로 그 음반이 시중의 소비자들에게 널리 알려짐으로써 당해 음반의 판매량이 증가하게 되고 그에 따라 음반제작자는 물론 저작권자 또한 간접적인 이익을 얻게 된다는 점"을 고려하고 있기 때문이다.[440] 따라서 예외 규정의 내용과 취지에 비추어 보면, 이 규정에서 '상업용 음반'은 실제 시중에 판매할 목적으로 제작된 음반으로 한정 해석하여야 하는 것으로 법원은 판단하고 있다.[441]

다만, 저작권법 제29조 제2항은 그 예외를 대통령령으로 정하도록 규정하고, 이에 따라 저작권법 시행령 제11조는 이러한 저작공연권 제한조항이 인정되지 않는 사유를 다시 규정하고 있다. 시행령 제11조에 따라 단란주점과 같은 유흥주점에서 하는 공연, 음악이나 영상저작물을 감상하게 하는 것을 영업의 주요 내용의 일부로 하는 공연, 골프장 · 스키장 · 에어로빅장 등의 전문체육시설에서 하는 공연, 여객용 항공기나 선박 또는 여객용 열차에서 하는 공연 등에는 저작물 사용의 예외가 인정되지 않는다.[442]

---

439 대법원 2012.5.10. 선고 2010다87474 판결(스타벅스 저작권 침해사건).

440 대법원 2012.05.10. 선고 2010다87474 판결.

441 대법원 2016. 8. 24. 선고 2016다204653 판결(롯데하이마트).

442 제11조(상업적 목적으로 공표된 음반 등에 의한 공연의 예외) 법 제29조 제2항 단서에서 "대통령령이 정하는 경우"란 다음 각 호의 어느 하나에 해당하는 공연을 말한다. <개정 2017. 8. 22.>
1. 「식품위생법 시행령」 제21조제8호에 따른 영업소에서 하는 다음 각 목의 공연
가. 「식품위생법 시행령」 제21조제8호가목에 따른 휴게음식점 중 「통계법」 제22조에 따라 통계청장이 고시하는산업에 관한 표준분류(이하 "한국표준산업분류"라 한다)에 따른 커피 전문점 또는 기타 비알코올 음료점업을 영위하는 영업소에서 하는 공연
나. 「식품위생법 시행령」 제21조제8호나목에 따른 일반음식점 중 한국표준산업분류에 따른 생맥주 전문점 또는 기타 주점업을 영위하는 영업소에서 하는 공연
다. 「식품위생법 시행령」 제21조제8호다목에 따른 단란주점과 같은 호 라목에 따른 유흥주점에서 하는 공연
라. 가목부터 다목까지의 규정에 해당하지 아니하는 영업소에서 하는 공연으로서 음악 또는 영상저작물을 감상하는 설비를 갖추고 음악이나 영상저작물을 감상하게 하는 것을 영업의 주요 내용의 일부로 하는 공연
2. 「한국마사회법」에 따른 경마장, 「경륜 · 경정법」에 따른 경륜장 또는 경정장에서 하는 공연

저작권법 시행령 제11조에 따라 상업용 음반의 공연에 대해 저작권 침해의 예외가 인정되지 않는 사업자들은 저작권료를 지급하여야 하는데, 한국음악저작권협회 등의 저작권 사업자단체가 공동으로 2025년 개정한 음악 저작물 공연권에 대한 저작료 징수규정에 따라 저작료를 징수하고 있다. 이 규정에 따르면, 50m² 규모 이상의 커피 전문점, 기타 비알코올 음료점, 생맥주 전문점, 기타 주점은 규모에 따라 최저 월 2000원에서 1만 원, 50m² 규모 이상의 체력단련장은 최저 월 5700원에서 2만 9800원 수준으로 저작권료를 차등 지급해야 한다.[443]

또 하나 주의할 것은, 시행령 11조 6호가 규정하는 「유통산업발전법」 별표가 지정하는 대형유통매장(3000m² 이상)이 아니라고 하여도, 원칙적으로는 저작물 공연권 침해의 예외가 인정되는 저작물은 '상업용 음반'으로 한정된다는 점이다. 일반인들은 '상업용 음반'을 CD, DVD, Blue-Ray 음반으로 생각하는데, 실시간 스트리밍 음악도 역시 '상업용 음반'에 해당하는지 여부가 과거 논란이 되었다. 과거 2016년 대법원 역시 '판매용 음반'을 시중에 판매할 목적으로 제작된 음반으로 한정 해석하여, 롯데 하이마트에서 스트리밍 음악을 공연한 행위에 대해서, 저작물 공연권 위반의 예외를 인정하지 않았었다.[444] 2016년 개정된 저작권법은 제2조 '음반'에 대한 정의를, "음원을 디지

3. 「체육시설의 설치·이용에 관한 법률」에 따른 다음 각 목의 시설에서 하는 공연
가. 「체육시설의 설치·이용에 관한 법률」 제5조에 따른 전문체육시설 중 문화체육관광부령으로 정하는 전문체육시설
나. 「체육시설의 설치·이용에 관한 법률 시행령」 별표 1의 골프장, 무도학원, 무도장, 스키장, 에어로빅장 또는 체력단련장
4. 「항공사업법」에 따른 항공운송사업용 여객용 항공기, 「해운법」에 따른 해상여객운송사업용 선박 또는 「철도사업법」에 따른 여객용 열차에서 하는 공연
5. 「관광진흥법」에 따른 호텔·휴양콘도미니엄·카지노 또는 유원시설에서 하는 공연
6. 「유통산업발전법」 별표에 따른 대규모점포(「전통시장 및 상점가 육성을 위한 특별법」 제2조제1호에 따른 전통시장은 제외한다)에서 하는 공연
7. 「공중위생관리법」 제2조제1항제2호 숙박업 및 같은 항 제3호나목의 목욕장에서 영상저작물을 감상하게 하기 위한 설비를 갖추고 하는 상업적 목적으로 공표된 영상저작물의 공연
8. 다음 각 목의 어느 하나에 해당하는 시설에서 영상저작물을 감상하게 하기 위한 설비를 갖추고 발행일부터 6개월이 지나지 아니한 상업적 목적으로 공표된 영상저작물을 재생하는 형태의 공연
가. 국가·지방자치단체(그 소속기관을 포함한다)의 청사 및 그 부속시설
나. 「공연법」에 따른 공연장
다. 「박물관 및 미술관 진흥법」에 따른 박물관·미술관
라. 「도서관법」에 따른 도서관
마. 「지방문화원진흥법」에 따른 지방문화원
바. 「사회복지사업법」에 따른 사회복지관
사. 「양성평등기본법」 제47조 및 제50조에 따른 여성인력개발센터 및 여성사박물관
아. 「청소년활동진흥법」 제10조제1호가목에 따른 청소년수련관
자. 「지방자치법」 제144조에 따른 공공시설 중 시·군·구민회관

443 한국음악저작권협회, 음악저작물 사용료 징수규정, 제7조 9항, 10항.

444 대법원 2016. 8. 24. 선고 2016다204653 판결(롯데하이마트).

털화 한 것을 포함하는 것"으로 개정하여, 인터넷에서 디지털 음악을 스트리밍 방식으로 전송 받아 매장에서 공연하는 행위도 그 음원이 판매용으로 제작된 것이라면 '상업용 음반'으로 인정될 길이 열리게 되었다.

사례의 경우, 일단 백화점이 동일 건물의 운영주체이고 이 한정된 공간 안에서 상업용 음반을 송신하였음으로 방송이 아니라 공연에 해당하게 된다. 따라서 일단 비영리목적의 공연에는 해당하나 저작권법 시행령 제11조 제6호의 「유통산업발전법」 별표가 규정하는 3000m² 이상인 대형마트 · 전문점 · 백화점 또는 쇼핑센터에서 하는 공연에 해당하여 비영리 목적 공연권의 예외를 인정받을 수 없다.

더 나아가 저작권법은 제76조의2를 신설하여 상업용 음반을 사용하여 공연하는 자에게 저작권 침해의 예외에도 불구하고 상당한 보상금을 해당 실연자에게 지급하도록 규정하고 있다. 이때 보상금의 지급방법과 금액 등은 학교교육목적 등의 이용에 있어서 보상과 관련된 규정을 준용한다. 따라서 상업용 음반을 비영리목적으로 공연한 자는 저작권침해가 인정되지는 않는다고 해도 실연자에 대해서는 향후 보상금 지급의무가 발생한다고 할 수 있다.

(5) 프로그램에 관한 특례

사례

정보컴퓨터 공학과에 재학 중인 A는 2년 전에 구입한 Windows XP가 설치된 컴퓨터를 Windows 10으로 교체하였다. A는 기존에 이용한 프린터를 사용하기를 원하였으나 기존 H사의 프린터 Driver가 신형 OS와 호환되지 않아 사용이 불가능하였다.

A는 자신이 스스로 Windows 10의 호환드라이버를 만들어내기 위해 Windows 10과 프린터 드라이버의 공개되지 않은 호환성 관련 소스코드를 알아내기 위해 관련 프로그램을 역분석(reverse engineering) 하였다. 역분석 과정에서 A는 필연적으로 Windows 10과 프린터 제어프로그램의 복사방지를 위한 기술적 보호조치를 해제하여야 했고, 관련 프로그램은 A의 컴퓨터 HDD에 복제 · 저장되었다. A는 이러한 역분석을 통해 얻은 정보를 이용해 호환 프린터드라이버를 만들었고 같은 동호회 회원들에게 역분석을 통해 얻은 호환성 관련 정보를 제공하였다.

A의 이러한 행위는 결국 Windows 10 전용으로 출시한 신형프린터의 판매를 감소시키는 결과를 가져왔고, 프린터프로그램 제작사인 H사와 Windows 10의 제작사는 자사의 프로그램을 허락 받지 않고 함부로 복제하고 기술적 보호조치를 무력화했으며, 관련 호환성 정보를 배포한 A를 저작권법 위반혐의로 제소하였다.

이 사건에서 A가 저작권 위반의 책임을 벗어날 수 있는 방법은 무엇인가?

컴퓨터프로그램은 저작권의 보호대상 중에서 상업적 성격이 강하고 상품에 포함된 창작적 표현과 일반적인 아이디어를 외부에서 쉽게 구별할 수 없다는 특징을 가지고 있기 때문에 일반 저작권과 다른 특칙이 인정된다. 우선 프로그램에 대해서는 저작권 예외 규정인 제23조(재판절차 등에서의 복제), 제25조(학교교육 목적 등에의 이용), 제30조(사적이용을 위한 복제) 및 제32조(시험문제로서의 복제) 규정이 적용되지 않는다.[445] 반면 프로그램에 대해서는 별도의 규정으로서 저작권법 제101조의3에서 재판목적의 이용, 학교교육목적의 이용, 비영리 개인목적의 이용, 프로그램 시험 목적의 이용을 위한 복제·배포를 허용하고 있다.

특히, 저작권의 일반적인 복제·배포에 대한 예외규정 이외에도 프로그램에 대해서는 특수하게 호환목적을 위한 프로그램코드의 역분석이 허용된다.[446] 프로그램코드의 역분석은 독립적으로 창작된 컴퓨터프로그램저작물과 다른 컴퓨터프로그램과의 호환에 필요한 정보를 얻기 위하여 컴퓨터프로그램 저작물코드를 복제 또는 변환하는 것을 말한다(저작권법 제2조 34호). 따라서 역분석을 시행한 자가 적어도 프로그램 이용의 정당한 권한이 있는 자라면 역분석 과정에서 필연적으로 발생하는 복제에 대해서 저작권침해의 책임을 부담하지 않는다. 이와 관련해 또한 문제가 되는 것은 기술적 보호조치를 회피한 행위의 위법성 문제이다. 즉, 위 사례처럼 호환성 정보를 얻기 위해 기술적 보호조치를 회피하거나 무력화 시킨 행위의 위법성이 문제된다. 미국의 DMCA법과 같이 과거 폐지된 컴퓨터프로그램보호법은 제30조에서 정당한 권원 없이 기술적 보호조치를 회피, 제거, 무력화시키는 행위를 모두 저작권침해로 간주하는 것으로 규정하였으나 정당한 권원에 의해 사용하는 자가 다른 프로그램과의 호환성을 유지하기 위해 필요한 경우에는 그 예외를 인정하였다.

현행 저작권법은 컴퓨터프로그램보호법을 저작권법 안으로 통합하면서 제104조의 2에서 정당한 권한 없이 고의 또는 과실로 제2조제28호가목의 기술적 보호조치를 제거·변경하거나 우회하는 등의 방법으로 무력화하는 행위를 금지하고, 국가의 법집행,

445 저작권법 제37조의2(적용 제외) 프로그램에 대하여는 제23조, 제25조, 제30조 및 제32조를 적용하지 아니한다.

446 저작권법 제101조의4(프로그램코드역분석) ① 정당한 권한에 의하여 프로그램을 이용하는 자 또는 그의 허락을 받은 자는 호환에 필요한 정보를 쉽게 얻을 수 없고 그 획득이 불가피한 경우에는 해당 프로그램의 호환에 필요한 부분에 한하여 프로그램의 저작재산권자의 허락을 받지 아니하고 프로그램코드 역분석을 할 수 있다.
② 제1항에 따른 프로그램코드 역분석을 통하여 얻은 정보는 다음 각 호의 어느 하나에 해당하는 경우에는 이를 이용할 수 없다.
1. 호환 목적 외의 다른 목적을 위하여 이용하거나 제3자에게 제공하는 경우
2. 프로그램코드 역분석의 대상이 되는 프로그램과 표현이 실질적으로 유사한 프로그램을 개발·제작·판매하거나 그 밖에 프로그램의 저작권을 침해하는 행위에 이용하는 경우

합법적인 정보수집 또는 안전보장 등을 위하여 필요한 경우 등 예외를 규정하고 있다. 그러나 개인의 기술적 보호조치의 무력화 행위 자체에 대해서는 저작권 침해 간주규정을 두고 있지 않기 때문에 기술적 보호조치의 무력화 행위만으로 저작권 침해가 인정된다고 할 수 없다.

결론적으로 사례에서 A는 프로그램 사용의 정당한 권원을 가진 자로서 호환성을 확보하기 위한 목적의 역분석을 시행할 권한이 있고 역분석을 통해 얻은 정보를 제3자에게 제공한 목적이 호환성 확보라는 점에서 위법하지 않다고 할 수 있다. 또한 호환정보 획득을 위한 과정에서 기술적보호조치를 회피한 행위도 현행 저작권법에서는 위법으로 판단되지 않는다.

(6) 컴퓨터 저작물 이용과정에서 발생한 일시적 복제

사례

A는 프로그램 제작자로서, 2019년 10월부터 화면 캡처용 프로그램(오픈캡처)을 제작하여 무료로 배포하였다. 이 프로그램은 설치된 상태에서 사용자가 위 프로그램을 실행하기만 하면, 유료버전이 자동적으로 컴퓨터 하드디스크 드라이브에 설치되고, 업데이트가 이루어진 다음 "비업무용으로 사용하는 경우 무료로 사용할 수 있고, 업무용으로 사용할 경우 라이선스를 구매해야 한다"는 내용의 약관이 제시된다. 사용자들은 이 약관에 동의해야만 오픈 캡처 유료 버전을 사용할 수 있다.

2020년 5월 1일 B 회사의 직원들은 약관에 동의하여 사용할 수 있게 된 오픈 캡처 유료버전을 업무용으로 사용하였고, IP를 추적하여 이를 알게 된 A는 B의 저작권 침해를 주장하였다. 소장에서 A는 일단 무료버전이 배포되어 사용자들이 이 프로그램을 컴퓨터에 설치하는 것 자체는 복제권 침해가 아니지만, 프로그램 실행 시 온라인을 통해 유료 사용자용 프로그램이 사용자 PC의 메모리에 상주하여 일시적 복제가 이루어지는데, 이것은 업무용 유료사용에 동의한 경우에만 그 사용이 허용되는 것으로써, 동의 조건을 위반하여 업무용으로 이 프로그램을 사용하는 것은 저작권법 제35조의 2에서 인정하는 일시적 복제의 면책 사유에 해당하지 않는, '불법적인 일시적 복제'에 해당한다는 것이다.

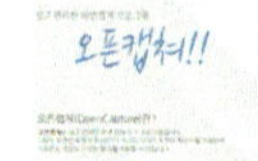

이에 대해, B는 "저작재산권자로부터 컴퓨터프로그램의 설치에 의한 복제를 허락받은 자가 이 프로그램을 컴퓨터 하드디스크 드라이브(HDD) 등 보조기억장치에 설치하여 사용하는 것은 저작권법 제46조 제2항에 따라 정당한 것이다"고 항변하였다. 특히, B는 "이 사건 유료 프로그램이 메모리에 일시적으로 복제되는 경우에도 저작권법 제35조 2는 '컴퓨터 프로그램의 사용을 위한 일시적 복제'는 복제권 침해범위에서 면책하고 있기 때문에 A가 주장한 저작권 침해는 이 사건에서는 인정되지 않는다"고 주장하였다.

B의 주장은 타당한가?

일반 저작물과 달리 컴퓨터 저작물에 대해서는 일시적 복제에 대한 면책규정 제35조의 2가 존재한다.[447] 한미 FTA 당시 '일시적 복제'를 복제행위로 규정하는 대신, 컴퓨터를 이용한 인터넷 검색 등에서 버퍼링(Buffering)이나 캐싱(Cashing) 등을 통해 발생하는 컴퓨터 저작물의 자동적이고 순간적인 일시적 복제는 저작권 침해에 대한 면책을 인정하는 것이 합의되어 규정된 것이다. 실제, 인터넷 환경에서 컴퓨터 저작물을 이용하는 경우에는 저작물 이용의 효율성을 높이기 위해 일시적으로 Ram 등 컴퓨터 부품에 컴퓨터 저작물이 일시적으로 복제되는 것이 빈번하게 발생한다.

다만, 면책을 위한 요건은 그것이 1) 컴퓨터에서 저작물을 이용하는 경우이고, 2) '원할 하고 효율적인 정보처리를 위해 필요하다고 인정되는 범위'에 한정되며, 3) 컴퓨터를 이용한 저작물 이용 행위 자체가 저작권 침해에 해당하지 않아야 한다. 결국, 여기서 일시적 복제란 합법적인 컴퓨터 저작물을 이용하는 과정에서 기술적 절차에 따라 잠정적 혹은 부수적으로 발생하는 '복제'를 의미한다고 할 수 있다.

이 사건에서 법원은 다음과 같이 판시하고 있다. 우선, 복제권 허가 범위를 넘는 사용에 대해서, "저작재산권자로부터 컴퓨터 프로그램의 설치에 의한 복제를 허락받은 자가 위 프로그램을 컴퓨터 하드디스크 드라이브(HDD) 등 보조기억장치에 설치하여 사용하는 것은 저작권법 제46조 제2항이 규정하는 "저작물의 이용을 허락받은 자가 허락받은 이용 방법 및 조건의 범위 안에서 그 저작물을 이용하는 것"에 해당한다. 그런데 복제를 허락받은 사용자가 저작재산권자와 계약으로 정한 프로그램의 사용 방법이나 조건을 위반하였다고 하더라도, 위 사용자가 그 계약 위반에 따른 채무불이행책임을 지는 것은 별론으로 하고 저작재산권자의 복제권을 침해하였다고 볼 수는 없다." 또한 법원은 이와 관련하여 수반되는 일시적 복제와 관련해, "법 제35조의2는 '원활하고 효율적인 정보처리를 위하여 필요하다고 인정되는 범위'에서 일시적 복제가 저작물의 이용 등에 불가피하게 수반되는 경우는 물론 안정성이나 효율성을 높이기 위해 이루어지는 경우 그 면책을 인정하고 있고, 일시적 복제 자체가 독립한 경제적 가치를 가지는 경우에만 제외된다"고 해석하고 있다.

그런데, 첫째, 오픈캡처 유료버전은 피고가 제공한 업데이트 과정을 통해 컴퓨터에 복제된 것으로 피고의 허락 하에 이루어진 것으로 볼 수 있으므로 영구적 복제권 침해로 볼 수 없다고 법원은 판단하였다. 또한 법원은 둘째, 오픈캡처 유료버전을 실행할 때 그 컴퓨터프로그램의 일부가 사용자 컴퓨터의 주기억장치인 램(RAM)의 일정 공간

447 저작권법 제35조의2(저작물 이용과정에서의 일시적 복제) 컴퓨터에서 저작물을 이용하는 경우에는 원활하고 효율적인 정보처리를 위하여 필요하다고 인정되는 범위 안에서 그 저작물을 그 컴퓨터에 일시적으로 복제할 수 있다. 다만, 그 저작물의 이용이 저작권을 침해하는 경우에는 그러하지 아니하다.

에 일시적으로 저장됨으로써 일시적 복제가 이루어지지만, 이는 통상적인 컴퓨터 프로그램의 작동과정의 일부이므로 저작물인 컴퓨터프로그램의 이용에 불가피하게 수반되는 경우로서 독립한 경제적 가치를 가진다고 하기 어려우므로 저작권법 제35조의2에 따라 일시적 복제권 침해로 볼 수 없다고 판시하였다.[448] 이 사례에서 A가 실제 유료조건에 위반된 사용자를 저작권 침해로 제소하기 위해서는, "이 프로그램은 비영리 목적으로만 설치, 사용할 수 있고, 업무용으로 사용하는 경우에는 프로그램 설치 및 사용을 금지합니다."라고 설치 자체에 대한 허가를 제한하였어야 한다.

(7) 저작물의 공정이용

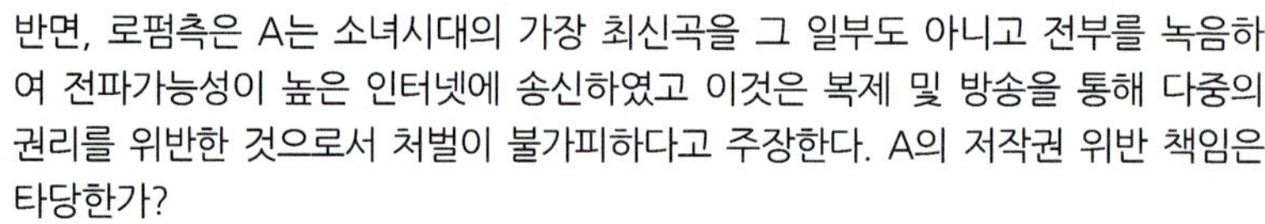

사례 ❶

35세의 회사원 A는 이제 4살인 자신의 딸이 소녀시대 곡을 따라 부르고 춤추는 모습이 너무 귀여워 이것을 비디오로 녹화하여 자신의 인터넷 블로그에 동영상 파일로 올려 놓았다. A의 블로그에 올려진 동영상에는 춤추는 여자 아이의 모습과 함께 소녀시대의 최신곡인 "I got a boy" 음악이 흘러나오고 있었다.

A는 얼마 후 엔터테인먼트의 법률자문 로펌으로부터 소녀시대의 상업용 음반에 수록된 원곡을 복제, 방송, 전송한 혐의로 고발되어 벌금 150만 원의 약식명령이 청구되었다.

A는 자신의 행위가 영리를 목적으로 하는 것이 아니라 단지 딸아이의 모습을 주변사람들에게 보여주기 위한 비영리적 목적으로서 함께 녹화된 소녀시대의 곡도 음질이 나빠 간신히 들리는 등 실제 저작권을 침해하는 정도가 크지 않은 데 비해 150만 원의 벌금으로 형사처벌하는 것은 지나치게 과중한 것이라고 항변한다.

반면, 로펌측은 A는 소녀시대의 가장 최신곡을 그 일부도 아니고 전부를 녹음하여 전파가능성이 높은 인터넷에 송신하였고 이것은 복제 및 방송을 통해 다중의 권리를 위반한 것으로서 처벌이 불가피하다고 주장한다. A의 저작권 위반 책임은 타당한가?

현행 우리 저작권법은 2012년 개정을 통해 법 제35조의 5를 규정하여 제23조부터 규정된 각각의 개별 저작권 예외사항에 해당하지 않는다고 하여도 저작물의 일반적인 이용 방법과 충돌하지 않고 저작권자의 정당한 이익을 부당하게 해치지 아니하는 경우에는 저작물을 이용할 수 있다고 규정하고 있다.[449] 특히 구체적인 허용한도를 고려할

448 대법원 2017. 11. 23. 선고 2015다1017 판결.

449 제35조의5(저작물의 공정한 이용) ① 제23조부터 제35조의4까지, 제101조의3부터 제101조의5까지의 경우 외에 저작물의 일반적인 이용 방법과 충돌하지 아니하고 저작자의 정당한 이익을 부당하게 해치지 아니

때는 제35조의 5 제2항에 따라 이용의 목적 및 성격, 저작물의 종류 및 용도 등의 특성, 이용된 저작물의 비중, 저작물 이용이 저작물의 시장가치에 미치는 영향을 고려하도록 규정하고 있다. 이 조항은 실제 미국의 공정사용(Fair Use) 조항을 우리 법에 도입한 것으로 미국 연방저작권법 제107조는 저작권자가 입은 손해는 극히 적은 반면에, 공공의 이익이 크고 사용의 목적이 정당하다면 저작권 침해의 예외를 인정해오던 기존의 판례법상 나타난 일반 원칙을 수용하여 1976년에 제정되었다.[450]

우리법의 공정이용 조항에 있어서 공정이용 여부를 판단하는 조건 역시 미국 현행 공정사용 조항과 유사한데, 미국의 경우도 1) 사용의 목적(상업적 혹은 비상업적), 2) 저작물의 속성(창작성이 높은지 혹은 낮은지), 3) 권한 없이 이용된 저작물의 비중(전체가 이용되었는지, 아니면 부분적 사용인지), 4) 그 사용이 저작물의 가치 혹은 저작물의 잠재적 시장에 미치는 영향력을 고려하여 공정사용 여부를 결정하게 된다.[451]

사례의 경우 이용대상인 저작물 자체는 순수 창작물로서 창작성이 높지만, 이용행위는 그 목적이 비영리적이고, 실제 인터넷에 복제 전송된 곡의 음질이 현저히 낮기 때문에 현재 판매중인 음반의 곡을 대체 할 수는 없어서 저작물의 시장가치에 미치는 영향은 현저히 낮다고 할 수 있다. 따라서 사례는 전형적인 공정이용에 해당하여 저작권 침해의 예외에 해당한다고 할 수 있다.

추가적으로, 현행 저작권법은 제35조의3(부수적 복제 등)에서, 사진촬영, 녹음 또는 녹화를 하는 과정에서 보이거나 들리는 저작물이 촬영 등의 주된 대상에 부수적으로 포함되는 경우에는 저작재산권자의 이익을 부당하게 해치지 않는 한, 이를 복제 · 배포 · 공연 · 전시 또는 공중송신할 수 있도록 허용하고 있다.

하는 경우에는 저작물을 이용할 수 있다.
② 저작물 이용 행위가 제1항에 해당하는지를 판단할 때에는 다음 각 호의 사항 등을 고려하여야 한다.
1. 이용의 목적 및 성격
2. 저작물의 종류 및 용도
3. 이용된 부분이 저작물 전체에서 차지하는 비중과 그 중요성
4. 저작물의 이용이 그 저작물의 현재 시장 또는 가치나 잠재적인 시장 또는 가치에 미치는 영향

450 Robert P. Merges, Peter S. Menell, and Mark A. Lemley, Intellectual Property in the New Technological Age 490(2d ed. 2000) ; 17 U.S. §107.

451 Robert P. Merges, Peter S. Menell, and Mark A. Lemley, Intellectual Property in the New Technological Age 509~510(2d ed. 2000).

(8) 기타의 저작권 예외 사유들

1) 저작권 침해 예외의 내용

① 재판절차 등에서의 복제 : 재판절차를 위하여 필요한 경우이거나 입법·행정의 목적을 위한 내부자료로서 필요한 경우에는 그 한도 안에서 저작물을 복제할 수 있다. 다만, 그 저작물의 종류와 복제의 부수 및 형태 등에 비추어 당해 저작재산권자의 이익을 부당하게 침해하는 경우에는 예외가 인정되지 않는다(저작권법 제23조).

② 정치적 연설 공공저작물 등의 자유이용 : 공개적으로 행한 정치적 연설 및 법정·국회 또는 지방의회에서 공개적으로 행한 진술은 어떠한 방법으로도 이용할 수 있다. 다만, 동일한 저작자의 연설이나 진술을 편집하여 이용하는 경우에는 그렇지 않다(저작권법 제24조). 미국의 경우 저작권의 보호대상이 되기 위해서는 일단 유형물에 고정되어야 한다. 따라서 연사의 연설, 강사의 강의, 가수의 공연 등은 모두 유형물에 고정되기 전에는 제3자가 이것을 녹음 등의 방법으로 복제사용할 수 있는 것이 원칙이다. 그러나 우리 저작권법은 유형물에 고정여부를 묻지 않고 창작적 표현자체를 보호하기 때문에 연설·강연 등도 그 자체로 저작권의 보호대상이 된다. 저작권법 제24조는 이와 같이 보호되는 정치연설에 대한 예외를 인정한 것으로 대통령, 국회의원, 국정 공무원 등의 기자회견을 녹화, 방송, 전송하는 행위 등에 대해 저작권 예외를 인정한다. 그외, 저작권법 제24조의2는 제7조가 인정하는 법률, 판결 이외에도 국가 또는 지방자치단체가 보유한 저작물 중 일정한 예외사유에 해당하는 저작물을 제외한 저작물을 허락 없이 이용할 수 있다고 규정하여 공공저작물의 허락없는 무료사용을 규정하고 있다.

③ 시사보도를 위한 이용 : 방송·신문 그 밖의 방법에 의하여 시사보도를 하는 경우에 그 과정에서 보이거나 들리는 저작물은 보도를 위한 정당한 범위 안에서 복제·배포·공연 또는 공중송신 할 수 있다(저작권법 제26조). 예를 들어, 최근 멀티플랙스 영화관의 변화 추세와 관객들의 반응을 보도하면서 상영되고 있는 영화의 몇몇 장면들이 방송에 잡혀 보도된 경우에는 저작권법상 공중전송권 등의 침해책임을 지지 않는다.

④ 시사적인 기사 및 논설의 복제 : 정치·경제·사회·문화·종교에 관하여 「신문 등의 자유와 기능보장에 관한 법률」 제2조의 규정에 따른 신문 및 인터넷신문 또는 「뉴스통신진흥에 관한 법률」 제2조의 규정에 따른 뉴스통신에 게재된 시사적인 기사나 논설은 다른 언론기관이 복제·배포 또는 방송할 수 있다. 다만, 이

용을 금지하는 표시가 있는 경우에는 이러한 예외가 적용되지 않는다(저작권법 제27조). 예를 들어, 중국의 쓰촨성 지진 참사를 보도한 CNN의 뉴스를 인용하여 보도하는 경우로서 "CNN은 중국 쓰촨성의 매몰자가 10만 명이 넘는다는 보도기사를 내보냈습니다…"라고 보도하는 경우에는 저작권법상 예외가 인정된다.

⑤ 공표된 저작물의 인용 : 공표된 저작물은 보도 · 비평 · 교육 · 연구 등을 위하여는 정당한 범위 안에서 공정한 관행에 합치되게 이를 인용할 수 있다(저작권법 제28조). 예를 들어, "광우병의 위험성"이란 책을 저술하면서 미국 CNN방송 뉴스, 유명학자의 저서내용을 인용하는 경우이다. 공표된 저작물의 인용은 그 인용범위가 적절하고 인용 목적이 인용물 자체를 영리적으로 이용하기 위한 것이 아니라 자신의 의견을 보완하거나 혹은 다른 의견을 비평하기 위한 것인 때에 저작물의 정당한 이용으로 허용될 수 있다.

⑥ 도서관 등에서의 복제 등 : 「도서관법」에 따른 도서관과 도서 · 문서 · 기록, 그 밖의 자료를 공중의 이용에 제공하는 시설 중 대통령령이 정하는 시설은 다음 각 호의 어느 하나에 해당하는 경우에는 그 도서관 등에 보관된 도서 등을 사용하여 저작물을 복제할 수 있다(저작권법 제31조) 다만, 제1호 및 제3호의 경우에는 디지털 형태로 복제할 수 없다.

1. 조사 · 연구를 목적으로 하는 이용자의 요구에 따라 공표된 도서 등의 일부분의 복제물을 1인 1부에 한하여 제공하는 경우
2. 도서 등의 자체보존을 위하여 필요한 경우
3. 다른 도서관 등의 요구에 따라 절판 그 밖에 이에 준하는 사유로 구하기 어려운 도서 등의 복제물을 보존용으로 제공하는 경우

⑦ 시험문제로서의 복제 : 학교의 입학시험 그 밖에 학식 및 기능에 관한 시험 또는 검정을 위하여 필요한 경우에는 그 목적을 위하여 정당한 범위에서 공표된 저작물을 복제 · 배포할 수 있다. 다만, 영리를 목적으로 하는 경우에는 저작권 침해의 예외가 인정되지 않는다(저작권법 제32조).

⑧ 시각장애인 등을 위한 복제 등 : 공표된 저작물은 시각장애인 등을 위하여 점자로 복제 · 배포할 수 있다(저작권법 제33조 제1항). 또한 시각장애인 등의 복리증진을 목적으로 하는 시설 중 대통령령이 정하는 시설은 영리를 목적으로 하지 아니하고 시각장애인 등의 이용에 제공하기 위하여 공표된 어문저작물을 녹음하거나 시각장애인 등 전용 기록방식으로 복제 · 배포 또는 전송할 수 있다(동조 제2항).

⑨ 방송사업자의 일시적 녹음 · 녹화 : 저작물을 방송할 권한을 가지는 방송사업자는 자신의 방송을 위하여 자체의 수단으로 저작물을 일시적으로 녹음하거나 녹화할 수 있다(저작권법 제34조 제1항). 이와 같이 만들어진 녹음물 또는 녹화물은 원칙적으로 녹음일 또는 녹화일로부터 1년을 초과하여 보존할 수 없다. 다만, 그 녹음물 또는 녹화물이 기록의 자료로서 대통령령이 정하는 장소에 보존되는 경우에는 그러하지 아니하다(동조 제2항).

⑩ 미술저작물 등의 전시 또는 복제 : 미술저작물 등의 원본의 소유자나 그의 동의를 얻은 자는 그 저작물을 원본에 의하여 전시할 수 있다. 다만, 가로 · 공원 · 건축물의 외벽, 그 밖에 공중에게 개방된 장소에 항시 전시하는 경우에는 그러하지 아니하다(저작권법 제35조 제1항). 특히, 개방된 장소에 항시 전시되어 있는 미술저작물 등은 어떠한 방법으로든지 이를 복제하여 이용할 수 있다. 다만, 다음 각 호의 어느 하나에 해당하는 경우에는 그러하지 아니하다(동조 제2항).

1. 건축물을 건축물로 복제하는 경우
2. 조각 또는 회화를 조각 또는 회화로 복제하는 경우
3. 제1항 단서의 규정에 따른 개방된 장소 등에 항시 전시하기 위하여 복제하는 경우
4. 판매의 목적으로 복제하는 경우

⑪ 번역 등에 의한 이용 : 학교교육 목적 등에의 이용(제25조) · 영리를 목적으로 하지 아니하는 공연 · 방송(제29조) 또는 사적이용을 위한 복제(제30조)의 규정에 따라 저작물을 이용하는 경우에는 그 저작물을 번역 · 편곡 또는 개작하여 이용할 수 있다(저작권법 제36조). 그 외, 재판절차이용(제23조) · 정치적 연설의 이용(제24조) · 시사보도를 위한 이용(제26조) · 시사적인 기사 및 논설의 복제(제27조) · 공표된 저작물의 이용(제28조) · 시험문제로서의 복제(제32조) 또는 시각장애인을 위한 이용(제33조) 규정에 따라 저작물을 이용하는 경우도 그 저작물을 번역하여 이용할 수 있다(저작권법 제36조). 번역물은 일종의 2차 저작물로서 원저작물에 대한 저작권 침해의 예외를 인정함과 동시에 2차 저작물인 번역물의 생성을 허용한 것이라고 할 수 있다.

2) 출처의 명시

저작권법의 예외규정에 의하여 저작물을 이용하는 자가 저작물 사용의 예외를 인정받기 위해서는 그 출처를 명시하여야 한다(저작권법 제37조 제1항). 다만, 제26조(시

사보도를 위한 이용)·제29조(영리를 목적으로 하지 아니하는 공연·방송) 내지 제32조(시험문제로서의 복제) 및 제34조(방송사업자의 일시적 녹음·녹화)의 경우에는 명시의무가 적용되지 않는다.

출처의 명시는 저작물의 이용 상황에 따라 합리적이라고 인정되는 방법으로 하여야 하며, 저작자의 실명 또는 이명이 표시된 저작물인 경우에는 그 실명 또는 이명을 명시하여야 한다(동조 제2항).

Ⅳ. 저작인접권자의 권리

1. 의의

저작인접권자는 저작물을 직접 창작한 자가 아니지만 저작물을 외부에 표현한 실연자와 실연자가 표현한 저작물을 복제한 음반제작자, 그리고 방송사업자를 의미한다. 이들은 저작권자는 아니지만 저작물의 예능적 또는 기술적 이용·표현을 통해 다른 가치를 창출함으로써 이에 대한 경제적 보상을 인정하는 것이 타당하고, 그러한 성격을 가진 것이 저작인접권자의 저작인접권이라고 할 수 있다.

특히 저작인접권자를 보호할 때 저작인접권자가 저작자의 이익을 침해하는지에 대한 우려가 있고 더 나아가 창작적 표현물에 대한 또 다른 권리자를 인정함으로써 결과적으로 공공의 창작적 표현에 대한 접근권이 더욱더 제한된다는 비판이 있다. 실제로 저작물의 이용을 위해 저작권자와 저작인접권자 모두로부터 허락을 받아야 하는 경우에는 저작물의 이용이 저해되는 것이 사실이다. 예를 들어, 저작자는 이용을 허락하지만 저작인접권자인 피아니스트가 공연장에서 자신의 공연 녹음을 거절하는 경우가 존재할 수 있다.

그러나 저작인접권은 저작물의 예술적 또는 기술적 이용·표현 방법의 독창성에 대한 경제적 보상으로서 성격을 가지고 있기 때문에 저작자의 권리와는 구분된다. 또한 저작인접권자의 복제권과 배포권 및 전송권 방송권은 그 내용이 자신이 실연한 공연 혹은 음을 고정한 음반이나 방송 자체에 한정되며 그 존속기간도 실연음반에의 고정된 때로부터 70년(방송은 방송시 부터 50년)으로 제한되기 때문에 저작권보다 비교적 짧다. 따라서 저작권에 미치는 영향이나 창작물에 대한 공공의 접근을 제한하는 정도는 그다지 크지 않다고 할 수 있다.

특히, 저작권자의 허락여부가 저작인접권의 취득요건은 아니지만 음반 또는 방송물의 상업적 이용과 같은 저작인접권의 행사는 음악 또는 극본 등의 저작물 이용을 대부분 수반하기 때문에 저작권자로부터 이용허락을 받은 범위 내에서만 그 권리의 행사가 허용되기 때문에 저작자의 권리를 제한하는 범위도 매우 한정적이다.

2. 실연자의 권리

사 례

얼마 전 SBS 스타쇼에 출연한 김연아는 가수 태연의 "만약에"라는 곡을 불러서 호응을 얻었다. B는 이러한 김연아의 곡을 녹음하여 인터넷 블로그에 전송하여 놓았다.

이 곡이 만일 작사 · 작곡가 Y씨의 것이었다면 B는 저작권법상 누구의 권리를 침해한 것이 되는가?

특히 본래 이 곡을 처음으로 부른 가수 태연은 본인의 노력이 들어가 인기를 얻은 곡이 다른 사람에 의해 불려지는 것을 불쾌하게 생각하고 이것을 금지하고 싶다면 어떠한 조치를 취할 수 있는가?(김연아는 작사 · 작곡가의 허락을 받은 것을 전제함)

실연자는 저작물을 현실로 표현한 자로서 복제권(제69조), 배포권(제70조), 대여권(제71조), 공연권(제72조), 방송권(단, 실연자의 허락을 받아 녹음된 실연은 제외(제73조)), 전송권(제74조), 방송사업자에 대한 보상청구권(제75조), 디지털음성송신사업자에 대한 보상청구권(제76조)[452]을 행사한다. 이러한 권리의 기본적 개념은 모두 저작권자의 권리와 동일하나 그 범위에 있어서 약간의 차이점이 존재한다.

우선 복제권의 경우 저작권자의 복제권보다 훨씬 제한적인 범위 내에서 인정된다. 즉, 표현된 실연과 완전히 동일한 복제를 금지하는 권리에 한정된다. 따라서 제3자가 자신의 실연을 의도적으로 모방하는 것을 금지할 수는 없다. 다만, 이 경우 실연권자는 저작유사권(Publicity Right) 침해를 주장할 수는 있다. 이와 같은 실연권자의 복제권은 일반적으로 음반제작자 또는 영상제작자에게 복제를 허락함으로써 행사되는데 이때 복제의 인정범위는 각각의 복제매체 또는 이용방법을 개별적으로 열거하여 계약을 체결하는 것이 일반적이다.

그러나 가수전속계약을 체결하면서 저작인접권자가 복제권의 범위를 구체적으로 기재하지 않은 경우에는 새로운 매체에 실연을 복제하는 것을 허용하였는지 문제가 될

452 저작권법 제76조(디지털음성송신사업자의 실연자에 대한 보상) ① 디지털음성송신사업자가 실연이 녹음된 음반을 사용하여 송신하는 경우에는 상당한 보상금을 그 실연자에게 지급하여야 한다.
② 제25조 제5항 내지 제9항의 규정은 제1항의 규정에 따른 보상금의 지급 등에 관하여 준용한다.
③ 제2항의 규정에 따른 단체가 보상권리자를 위하여 청구할 수 있는 보상금의 금액은 매년 그 단체와 디지털음성송신사업자가 대통령령으로 정하는 기간 내에 협의하여 정한다.
④ 제3항의 규정에 따른 협의가 성립되지 아니한 경우에는 문화체육관광부장관이 정하여 고시하는 금액을 지급한다.

수 있다. 판례의 태도는 일치하지 않는데, 거래업계의 관행을 중시하여 1984년도에 체결한 음반제작계약을 7년이 경과한 1991년에도 계속적으로 음반을 제작하도록 허락한 것으로 해석하고 당시 LP와 카세트테이프만을 제작하였으나 1991년에는 CD 매체에 기록하는 것도 허락한 것으로 해석하는 판결이 있다.[453] 반면, 음반사가 허락받은 저작인접권의 범위는 해당 매체 음반의 제조·유통·판매에 한정된다고 판단한 판결도 있다.[454]

또한 저작인접권자의 방송권도 제한적인 범위 안에서만 인정된다고 할 수 있는데, 실연자의 허락을 받아서 녹음된 실연에 대해서는 방송권을 행사할 수가 없고, 방송에 의한 보상권만을 획득하게 된다.[455] 즉, 실연자의 허락을 받아서 녹음된 실연을 담은 음반이 제작되어 판매된 경우에는 당해 음반에 실린 실연내용의 방송여부를 결정할 수 있는 배타적 권리는 행사할 수 없고 오직 방송된 경우 보상청구권만을 가질 뿐이다. 판매용 음반에 고정된 실연에 대한 공연권도 역시 실연자가 행사할 수는 없다(제72조). 그러나 실연이 녹음된 상업용 음반을 사용하여 공연을 하는 자는 상당한 보상금을 해당 실연자에게 지급하여야 한다(제76조의 2).

특히 영상제작물에 포함된 실연을 복제·방송하는 권리는 특약이 없는 한 영상제작자에게 양도된 것으로 추정한다(저작권법 제100조 3항). 저작권법상 음반은 음이 유형물에 고정된 것만을 의미하기 때문에 영상과 함께 고정된 것은 음반의 개념에서 제외된다. 결과적으로 영상음악의 실연자는 음반대여권에 의한 보호를 받지 못하는 결과가 된다.

사례의 경우, 작사·작곡자의 허락 없는 복제·공중전송이 이루어졌을 뿐만 아니라, 저작인접권자로서 실연자인 김연아의 허락 없는 복제(실연 녹음), 전송이 이루어져 그 권리를 침해한 것이 된다. 또한 방송국에서 방송된 영상을 방송사업자의 허락 없이 녹화하여 그 복제권을 침해한 것이 된다.

그러나 원곡을 부른 또 다른 실연권자인 태연은 그 자신이 표현한 실연에 대한 복제

453 서울민사지법 동부지원 1994.5.13 선고 93가합8632 판결.(다만, 이 경우에는 음반회사의 이익이 수백만원에 불과하다는 점을 고려하였다고 평가된다.) 서울민사지법 동부지원 1994.1.13. 선고 93가합2498 판결.

454 서울남부지법 2007.4.12. 선고 2004가합14681 판결.

455 저작권법 제73조(방송권) 실연자는 그의 실연을 방송할 권리를 가진다. 다만, 실연자의 허락을 받아 녹음된 실연에 대하여는 그러하지 아니하다.
저작권법 제75조(방송사업자의 실연자에 대한 보상) ① 방송사업자가 실연이 녹음된 상업용 음반을 사용하여 방송하는 경우에는 상당한 보상금을 그 실연자에게 지급하여야 한다. 다만, 실연자가 외국인인 경우에 그 외국에서 대한민국 국민인 실연자에게 이 항의 규정에 따른 보상금을 인정하지 아니하는 때에는 그러하지 아니하다.

를 막을 권리만을 가질 뿐 원저작물의 이용을 막을 어떠한 권한도 가지고 있지 않다.

3. 음반제작자 및 방송사업자의 권리

사례

얼마 전 SBS에 출연한 소녀시대의 가수 태연은 "만약에"라는 곡을 라이브로 불러서 큰 호응을 얻었다.

C는 가수 태연의 CD에 수록된 원곡과 라이브 곡이 어떻게 다른지 비교하기위해 "서울음반에서 출시한 태연의 1집 앨범에 실린 원곡과 당시 SBS 방송을 녹음하여 인터넷 블로그에 함께 올려놓았다.

여기서 권리가 침해되는 저작권법의 권리자들은 누구인가?

음반제작자 역시 실연자와 유사하게 음반의 복제·배포권, 대여권, 전송권, 방송사업자의 음반제작자에 대한 보상, 디지털음성송신사업자에 대한 보상청구권을 보유하고 있다. 실연자가 그 자신이 표현한 실연에 한정된 복제권 등을 가진다면 음반제작자는 자신이 제작한 음반에 한정된 복제권 등을 보유한다.

여기서 음반은 음이 유형물에 고정된 것으로서 음과 함께 영상은 영상저작물 특례규정의 적용을 받음으로 음이 영상과 함께 고정된 것은 제외된다. 따라서 제3자가 무단으로 음반을 완전 복제하는 것은 음반제작자의 권리를 침해하는 것이나 그 음반에 녹음된 음악을 모방하여 독자적인 녹음물을 제작하는 것은 음반제작자의 권리를 침해한 것이라고 볼 수 없다.

음반제작자와 함께 또 다른 저작인접권자로서 방송사업자를 들 수 있다. 다만, 방송사업자는 저작인접권자로서 행사할 수 있는 권리의 종류가 매우 제한적인데 공연권, 복제 및 동시중계방송권만을 행사할 수 있다(저작권법 제84조, 제85조, 제85조의 2). 여기서 복제권은 방송물을 녹음 또는 녹화 사진 기타의 유사한 방법으로 복제하거나 녹음 녹화된 방송물을 테이프 등으로 복제할 권리를 의미한다.

동시 중계방송권은 그의 방송을 동시 중계방송할 권리를 의미한다. 특히 방송사업자는 실연이 녹음된 상업용 음반에 대해서는 실연자, 음반제작자에게 상당한 보상을 제공하는 조건으로 특별한 승낙 없이 방송을 위해 이용이 가능하다.

사례의 경우 우선 원곡 저작권자의 복제권과 공중송신권 및 저작인접권자인 실연자

태연의 복제권, 전송권, 음반제작사의 복제권, 전송권 그리고 방송을 녹음하여 전송하였음으로 방송사업자의 복제권을 침해하는 것이 된다.

4. 저작인접권의 보호기간

저작인접권의 보호기간은 저작권과 비교할 때 비교적 짧은 기간 존속한다. 우선 저작인접권(실연자의 인격권은 제외)은 1) 실연의 경우에는 그 실연을 한 때, 2) 음반의 경우에는 그 음을 맨 처음 음반에 고정한 때, 3) 방송의 경우에는 그 방송을 한 때부터 발생하고, 어떠한 절차나 형식의 이행을 필요로 하지 아니한다(저작권법 제86조 제1항).

이러한 저작권인접권은 다음 각 호의 어느 하나에 해당하는 때의 다음 해부터 기산하여 70년(방송의 경우에는 50년)간 존속한다(제86조 제2항). 1) 실연의 경우에는 그 실연을 한 때(다만, 실연을 한 때부터 50년 이내에 실연이 고정된 음반이 발행된 경우에는 음반을 발행한 때), 2) 음반의 경우에는 그 음반을 발행한 때(단, 음을 음반에 맨 처음 고정한 때의 다음 해부터 기산하여 50년이 경과한 때까지 음반을 발행하지 아니한 경우에는 음을 음반에 맨 처음 고정한 때), 3) 방송의 경우에는 그 방송을 한 때이다.

제 4 편

상표법

Ⅰ. 상표권의 개념과 의의

1. 상표법의 취지와 상표권의 의의

(1) 상표법의 취지

상표법은 생신된 "상품이나 서비스의 출치표시"를 보호함으로써 소비자의 오인유발을 방지하여 소비자의 올바른 선택을 보조하는 역할을 수행한다. 특허 · 저작권법이 인간의 창작적 노력의 산물인 기술적 사상과 창작적 표현 자체를 보호하여 지적 창작물의 지속적인 생산을 유도하기 위한 제도라면 상표법은 생산된 상품 · 서비스의 유통을 보호하고 촉진하는 역할을 수행한다고 할 수 있다.[456]

따라서 상표법은 상표를 구성하는 독창적인 문자 표현 등의 지적 창작물을 보호하는 것이 주 목적이 아니라 상표가 가지는 기능적 요소로서 출처의 표시, 품질보증 등의 역할을 유지 보호하는 데 주된 목적을 두고 있다.[457] 즉, 상표법의 주된 목적은 상표에 나타난 독창적인 기호 · 표식과 같은 창작물에 대한 배타적 권리를 부여하는 것이 아니라 상표의 식별성과 소비자의 오인유발가능성을 막는 데 있다고 할 수 있다. 이와 같은 궁극적인 목적을 위해 상표법은 협의의 상표뿐만 아니라 서비스표를 비롯해 단체표장, 업무표장, 지리적 표시 등을 보호의 대상으로 하고 있다.

선출원주의를 채택하고 있는 상표법이 보호하는 상표의 범위는 원칙적으로 등록된 상표에 한정되지만, 예외적으로 등록되지 않은 주지 · 저명상표도 이와 동일 · 유사한 상표의 등록을 거부함으로써 간접적으로 보호하고 있다(상표법 제7조 제1항 9호). 이것은 상표법이 단순한 상표의 창작적 표현을 보호하는 데 목적을 두지 않고, 넓은 범위에서 '출처의 표시'와 그에 따른 신용을 보호하는 데 따른 결과이다.

456 상표법 제1조(목적) 이 법은 상표를 보호함으로써 상표사용자의 업무상의 신용유지를 도모하여 산업발전에 이바지함과 아울러 수요자의 이익을 보호함을 목적으로 한다.

457 박종태, 『상표법』(한빛지적소유권센터, 2008), 16면.

(2) 상표의 의의

"상표"란 자기의 상품(지리적 표시가 사용되는 상품을 제외하고 서비스 또는 서비스의 제공에 관련된 물건을 포함함)과 타인의 상품을 식별하기 위하여 사용하는 '표장(標章)'을 말한다(상표법 제2조 1호). 여기서 다시 "표장"이란 기호, 문자, 도형, 소리, 냄새, 입체적 형상, 홀로그램 · 동작 또는 색채 등으로서 그 구성이나 표현방식에 상관없이 상품의 출처를 나타내기 위하여 사용하는 모든 표시를 말한다(상표법 제2조 2호). 2016년 법 개정 전에는 서비스를 표시하는 것을 별도 서비스표로 지칭하였으나 개정법에서는 이러한 구분을 삭제하였고, 상표의 개념도 시각적으로 인식할 수 있는 것으로 한정하지 않고, "상품의 출처를 표시하는 모든 것"을 포함하는 개념으로 개정되었다. 개정법에 따라 '촉감' 등에 의한 출처 표시도 역시 상표로 보호받을 가능성이 열리게 되었다.

특히, 상표는 상호와 구분될 필요성이 있는데, 상호는 원칙적으로 상법상 상인의 명칭(물건, 서비스가 아니라 그 주체가 보호대상)이고, 상표는 상품 · 서비스의 명칭을 표시하기 위한 것이다. 특히 상표는 등록되어서 상표법의 보호대상이 되나, 상호는 등기 여부에 관계없이 상법상 일정한 보호대상이 된다.

[상표의 예]

또한 상표는 상품이나 서비스를 식별하게 해주는 출처표시로서 기능하는 총체적 외관이나 인상을 의미하는 트레이드 드레스(Trade dress)보다는 작은 개념이다. 트레이드 드레스는 코카콜라병, 켄터키 프라이드치킨 할아버지 등을 예로 들 수 있는데, 상품 · 서비스를 특징짓는 종업원의 유니폼 형태 · 색깔 등 트럭의 외관 디자인 등 대단히 넓은 개념이라고 할 수 있다. 다만, 우리 상표법도 입체상표개념을 인정하고 있기 때문에 특정 상품 · 서비스를 연상시키는 독특한 형상 등은 입체상표로서 등록하여 보호를 받을 수 있을 것이다.

그 외, 상품을 생산·제조·가공·증명 또는 판매하는 것 등을 업으로 영위하는 자나 서비스업을 영위하는 자가 공동으로 설립한 법인과 그 소속단체원의 영업, 상품 서비스에 사용하여 단체소속원임을 표시하는 단체표장을 별도로 규정하고 있다(상표법 제2조 3호). 엄밀히 말하면 상품을 표시하는 상표개념에는 속하기 어렵지만, 최근 농산물을 비롯한 다양한 전통방식에 의한 생산품들은 이들 단체소속원에 의하여 생산된 것임을 표시하는 것이 상품의 품질보증 및 원제조자의 식별성을 높이는 매우 중요한 역할을 하기 때문에 상표법상 보호규정을 두고 있다고 할 수 있다.

2. 상표권의 효력과 선출원 주의

(1) 상표권의 효력과 존속기간

사례

A는 삼겹살을 비롯한 돼지고기 전문 음식점을 개설하면서 "돼지가 뿔났네!"라는 간판을 내걸고 장사를 시작하였고, 의외로 독특한 간판 덕택에 많은 사람들이 몰렸다.

어느 날 A는 "돼지!뿔났어?"란 유사한 B의 돼지고기 전문점 간판을 발견하였다. B는 이미 이 간판을 요식업종을 지정 서비스로 하여 상표 등록을 마친 상태이다. A는 저작권과 마찬가지로 자신의 간판구호는 자신의 영업을 지칭하는 독특한 창작물로서 작성 즉시 보호를 받아야 한다고 생각한다.

A는 B의 동일 유사한 상표사용 중지를 청구할 수 있는가? 또한 B는 상표를 등록한 날로부터 10년이 지나고 나면, 이것을 다시 10년 동안 등록갱신할 수 있는가?

상표권은 설정등록에 의하여 발생한다.[458] 상표를 등록하여 상표권을 보유한 자는 상표출원 시에 지정한 상품에 대하여 사용되는 상표를 배타적으로 사용할 권한을 가진다.[459] 이와 같은 상표권자의 권리를 침해하는 행위는 1) 타인의 등록상표와 동일·유

458 제82조(상표권의 설정등록) ① 상표권은 설정등록에 의하여 발생한다.
② 특허청장은 다음 각 호의 어느 하나에 해당하는 경우에는 상표권을 설정하기 위한 등록을 하여야 한다.
1. 제72조제3항 또는 제74조에 따라 상표등록료(제72조제1항 각 호 외의 부분 후단에 따라 분할납부하는 경우에는 1회차 상표등록료를 말하며, 이하 이 항에서 같다)를 낸 경우
2. 제76조제2항에 따라 상표등록료를 보전하였을 경우
3. 제77조제1항에 따라 상표등록료를 내거나 보전하였을 경우
③ 특허청장은 제2항에 따라 등록한 경우에는 상표권자의 성명·주소 및 상표등록번호 등 대통령령으로 정하는 사항을 상표공보에 게재하여 등록공고를 하여야 한다.

사한 상표를 그 지정상품과 유사한 상품 또는 동일한 상품에 사용하는 행위, 2) 등록상표와 동일 또는 유사한 상표를 그 지정상품과 동일 또는 유사한 상품에 사용하거나 사용하게 할 목적으로 교부·판매·위조·모조 또는 소지하는 행위, 3) 등록상표를 위조 또는 모조하거나 위조 또는 모조하게 할 목적으로 그 용구를 제작·교부·판매 또는 소지하는 행위, 4) 등록상표 또는 이와 유사한 상표가 표시된 지정상품과 동일 또는 유사한 상품을 양도 또는 인도하기 위하여 소지하는 행위로 구분된다(법 제108조). 이와 같은 침해행위가 발생하는 경우 상표권자는 그러한 행위의 금지 및 예방과 침해행위에 의한 손해배상을 청구할 수 있는 권리를 보유한다.[460]

이와 같은 상표권은 상표권의 설정등록이 있는 날부터 10년간 존속하고, 특히 상표권의 존속기간은 상표권의 존속기간 갱신등록신청에 의하여 10년씩 갱신할 수 있다(상표법 제83조). 특허·저작권의 경우에는 원칙적으로 만료된 기간을 갱신하는 제도자체가 존재하지 않는 점에 반해 상표권은 상표권자의 의사에 따라 지속적으로 기간을 갱신할 수 있는 것이 큰 차이점이라고 할 수 있다.

특허·저작권의 경우에는 존속기간의 만료와 함께 독창적 기술과 창작적 표현에 대한 배타적 권리를 소멸시켜서 공공의 접근가능성을 확보하는 것이 이전의 기술과 창작적 표현을 토대로 생성된 후속 기술·표현들을 위해 중요한 의의가 있다.

그러나 상표법은 법의 목적자체가 상표자체를 보호하기보다는 소비자의 오인유발가능성을 막고 상품의 식별성을 확보하는 것이기 때문에 특허·저작권법과 접근자체가 다르다. 상표법에는 기존의 개념을 토대로 발전된 2차 상표라는 것이 존재하지 않고, 상표라는 것이 상품의 식별 표지이기 때문에 아이디어나 창작적 표현과 같이 본래 공공의 소유영역에 속한다기보다 오히려 그와 같은 구별된 상품·서비스를 제공하는 상표권자의 영역에 다 가깝게 존재한다고 할 수 있다.

사례의 경우, 등록하지 않은 상표는 원칙적으로 보호받지 못한다. 주지·저명 상표의

459 상표법 제89조(상표권의 효력) 상표권자는 지정상품에 관하여 그 등록상표를 사용할 권리를 독점한다. 다만, 그 상표권에 관하여 전용사용권을 설정한 때에는 제95조제3항에 따라 전용사용권자가 등록상표를 사용할 권리를 독점하는 범위에서는 그러하지 아니하다.

460 제107조(권리침해에 대한 금지청구권 등) ① 상표권자 또는 전용사용권자는 자기의 권리를 침해한 자 또는 침해할 우려가 있는 자에 대하여 그 침해의 금지 또는 예방을 청구할 수 있다.
② 상표권자 또는 전용사용권자가 제1항에 따른 청구를 할 경우에는 침해행위를 조성한 물건의 폐기, 침해행위에 제공된 설비의 제거나 그 밖에 필요한 조치를 청구할 수 있다.
③ 제1항에 따른 침해의 금지 또는 예방을 청구하는 소가 제기된 경우 법원은 원고 또는 고소인(이 법에 따른 공소가 제기된 경우만 해당한다)의 신청에 의하여 임시로 침해행위의 금지, 침해행위에 사용된 물건 등의 압류나 그 밖에 필요한 조치를 명할 수 있다. 이 경우 법원은 원고 또는 고소인에게 담보를 제공하게 할 수 있다.

경우 예외가 인정되기도 하지만,[461] 사례의 상표를 수요자들에게 널리, 혹은 현저하게 인식되어 있는 주지·저명 상표라고 보기는 어렵다. 따라서 등록하지 않는 한 다른 사람의 동일·유사한 상표 사용을 금지할 수 없다. 또한 상표권은 원칙적으로 10년간 등록 후 갱신등록이 허용된다.

(2) 선출원 등록주의

특허제도와 동일하게 상표법은 선출원 등록주의를 일반 원칙으로 채택하고 있다. 따라서 각기 다른 날에 동일 또는 유사한 상품에 사용할 동일 또는 유사상표가 출원된 경우에는 먼저 출원한 자만이 그 상표에 관하여 상표등록을 받을 수 있다.[462]

다만, 시간의 선후에 관계없이 같은 날 동일 또는 유사한 상품에 사용할 동일·유사한 상표가 출원된 경우에는 협의에 의하여 등록받을 자를 결정하는 것이 원칙이고, 만일에 협의할 수 없는 경우에는 특허청장이 행하는 추첨에 의하여 결정된 하나의 출원인만이 상표등록을 받을 수 있다. 특허의 경우 협의가 불가능할 경우에는 모두가 특허출원이 불가능함에 반해 상표권은 추첨을 통해 1인을 결정한다는 점이 차이점이다.

3. 상표등록 요건

(1) 상표등록의 요건과 의의

상표법이 상표를 보호하는 이유는 '시장에서 유통·사용되는 상품·서비스의 출처를 명확히 표시하여 이것을 보호하고, 궁극적으로 상품·서비스의 품질에 대한 소비자의 오인을 방지하기 위한 것이기 때문에, 법률상 보호되는 상표등록을 위해서는 시장에서 사용되고 있거나 사용될 상품·서비스의 '출처를 표현할 수 있는 표기' 일 것을 요구한

461 상표법 제34조 1항 9호, 11호.

462 상표법 제35조(선출원) ① 동일 또는 유사한 상품에 사용할 동일 또는 유사한 상표에 관하여 다른 날에 2 이상의 상표등록출원이 있는 때에는 먼저 출원한 자만이 그 상표에 관하여 상표등록을 받을 수 있다.
② 동일 또는 유사한 상품에 사용할 동일 또는 유사한 상표에 관하여 같은 날에 2 이상의 상표등록출원이 있는 때에는 출원인의 협의에 의하여 정하여진 하나의 출원인만이 그 상표에 관하여 상표등록을 받을 수 있다. 협의가 성립하지 아니하거나 협의를 할 수 없는 때에는 특허청장이 행하는 추첨에 의하여 결정된 하나의 출원인만이 상표등록을 받을 수 있다.
…
⑥ 제1항 및 제2항에도 불구하고 먼저 출원한 자 또는 협의·추첨에 의하여 정하여지거나 결정된 출원인으로부터 상표등록에 대한 동의를 받은 경우(동일한 상표로서 그 지정상품과 동일한 상품에 사용하는 상표에 대하여 동의를 받은 경우는 제외한다)에는 나중에 출원한 자 또는 협의·추첨에 의하여 정하여지거나 결정된 출원인이 아닌 출원인도 상표를 등록받을 수 있다.

다. 각국의 입법 예에 따라 조금씩 차이는 있지만, 일반적으로 법률의 보호를 받는 상표는 실체적 요건으로, 1) 상표법의 보호대상이 되는 '표장' 개념에 합당할 것, 2) 상표 사용의사가 있을 것, 3) 식별력을 갖출 것, 4) 상표불등록 사유에 해당하지 않을 것이라는 요건이 일반적으로 요구된다. 또한 절차적 요건으로서 각국의 상표등록 요건에 따라 출원절차 및 심사절차를 마칠 것이 요구된다. 우리 상표법은 제33조에서 상표등록의 요건으로서 사실상 '식별력이 없는 상표'를 등록 결격 요건으로 규정하고 있고, 제34조에서는 다시 식별가능성이 있음에도 혼동가능성 등을 유발하는 상표 등을 '등록 받을 수 없는 상표'로 규정하고 있다. 이중에서 가장 핵심적 요건은 상표법 제33조의 상표등록 요건이라고 할 수 있다. 다음에서 차례로 살펴본다.

(2) 상표등록의 실체적 요건

1) 표장개념에 부합할 것

원칙적으로 상표법상 보호대상이 되는 표장은 상품·서비스를 표현·표시하기 위한 감각적 표현전부를 의미한다.[463] 그러나 우리 상표법은 상표의 개념 정의에서 "자기 상품과 타인의 상품을 식별하기 위하여 사용하는 표장으로, 기호, 문자, 도형, 소리, 냄새, 입체적 형상, 홀로그램·동작 또는 색채 등으로서 그 구성이나 표현방식에 상관없이 상품의 출처(出處)를 나타내기 위하여 사용하는 모든 표시를 말한다"고 규정하고 있다.[464] 2016년 법 개정 전에는 "시각적인 것 이외에 소리, 냄새에 의존하는 비시각적인 것들은 예외적으로 시각적 방법으로 표현할 수 있는 한도에서 상표의 개념"으로 인정하였으나, 현행법에 의하면 "구성이나 표현방식에 관계없이 출처를 나타내기 위해 사용하는 모든 표시가 상표로 구성될 수 있다.

따라서 현행 상표법에 따르면 독특한 냄새, 소리, 촉감 등이 모두 상표 개념으로 포섭될 수 있는데, 예를 들어, 콜라병의 마개를 딸 때 들리는 "톡"하는 경쾌한 소리, 특정 서비스점에서 사용하는 독특한 '아로마 향기' 등이 다른 요소들과 결합하여 포괄적으로 상표로서 인정받을 수 있게 된다.

2) 사용의사의 존재

우리 상표법 제3조는 상표등록을 받을 수 있는 자에 대하여 "국내에서 상표를 사용하는 자 또는 사용하려고 하는 자"가 자기의 상표를 등록받을 수 있다고 규정하고 있

463 박종태, 앞의 책, 30면.
464 상표법 제2조 1항 1, 2호.

다. 따라서 최소한 상표를 현재 사용하고 있지 않더라도 사용하고자 하는 의사를 가진 자가 상표를 등록하는 것이 원칙이다. 이러한 취지에서 상표법은 또한 3년 이상 사용하지 않는 상표에 대해서는 취소심판에 의한 상표등록 취소가 가능하도록 규정하고 있다.[465] 다만, 우리 상표법은 상표의 사용의사만을 요구하고 있기 때문에 실제 상표사용은 상표권 등록요건이 아니다.

그러나 미국의 경우는 사용주의로서 실제 상표를 사용하고 있을 것을 요구하기 때문에 상표 등록 시 상표가 실제 사용되고 있다는 사실을 입증할 증거자료를 제출하여야 한다.[466] 미국의 경우 상표제도가 판례법(Common Law)에서 발전된 권리의 한 형태로 인정되면서 판례법상 확립되어 온 이론의 영향을 많이 받았는데 일반적으로 판례법상 상표에 대한 전속적인 권리를 인정받기 위해서는 상표사용의 증거가 요구되었다.

3) 상표의 식별력이 존재하여야 함(법 제33조 1항)

가. 식별력, 특별 현저성의 의미

상표의 식별력이란 자기의 상품과 다른 영업자의 상품을 구별할 수 있도록 하는 힘을 의미한다. 식별력을 가지고 있지 않은 보통명사나 자신의 상품 설명에 불과한 기술적·관용적 상표 등은 다른 일반인도 자유롭게 사용을 허락하는 것이 타당하기 때문에 상표권에 의한 배타적 행사의 대상이 되지 못한다.

일반적으로 식별력의 판단 주체는 관련분야의 거래업자, 수요자가 기준이 되지만, 상표법은 법률규정에 의하여 식별력이 없어서 원칙적으로 상표등록이 불가능한 상표를 구체적으로 규정하고 있다.[467] 다만, 식별력이 없어서 상표등록이 불가능한 표장도 식별력을 취득하는 경우에는 상표등록이 허용될 수 있다는 것을 주의할 필요가 있다.

465 상표법 제119조(상표등록의 취소심판) 1항 3호: 상표권자·전용사용권자 또는 통상사용권자 중 어느 누구도 정당한 이유없이 등록상표를 그 지정상품에 대하여 취소심판청구일전 계속하여 3년 이상 국내에서 사용하고 있지 아니한 경우.

466 Roger E. Schechter & John R. Thomas, Intellectual Property-The Law of Copyrights, Patents and Trademarks §26.2.1(2003).

467 상표법 제33조(상표등록의 요건) ① 다음 각 호의 어느 하나에 해당하는 상표를 제외하고는 상표등록을 받을 수 있다.
1. 그 상품의 보통명칭을 보통으로 사용하는 방법으로 표시한 표장만으로 된 상표
2. 그 상품에 대하여 관용하는 상표
3. 그 상품에 산지·품질·원재료·효능·용도·수량·형상(포장의 형상을 포함한다.)·가격·생산방법·가공방법·사용방법 또는 시기를 보통으로 사용하는 방법으로 표시한 표장만으로 된 상표
4. 현저한 지리적 명칭·그 약어 또는 지도만으로 된 상표
5. 흔히 있는 성 또는 명칭을 보통으로 사용하는 방법으로 표시한 표장만으로 된 상표
6. 간단하고 흔히 있는 표장만으로 된 상표
7. 제1호 내지 제6호 외에 수요자가 누구의 업무에 관련된 상품을 표시하는 것인가를 식별할 수 없는 상표

나. 식별력 없는 명칭

① 보통명칭, 관용표장

사례
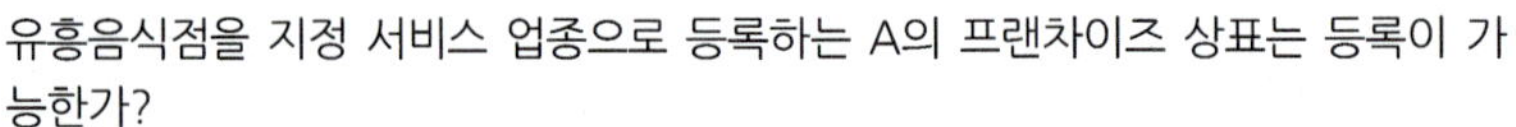

A는 돼지고기 삼겹살을 기본안주로 하여 소주를 비롯한 다양한 주류를 마실 수 있는 유흥음식점을 개업하였다. 상당히 널리 알려져서 지명도를 가지게 된 A는 제2호점부터는 "소주와 막걸리 그리고 삼겹살"이라는 상표를 출원등록하여 유흥음식점 프랜차이점으로 개설하려고 한다.

유흥음식점을 지정 서비스 업종으로 등록하는 A의 프랜차이즈 상표는 등록이 가능한가?

상표법 제33조 1항 1호는 "상품의 보통명칭을 보통으로 사용하는 방법으로 표시한 표장만으로 된 상표"를 등록할 수 없는 상표로 예시하고 제2호는 "그 상품에 대하여 관용하는 상표"를 등록불가능한 상표로 규정하고 있다. 이와 같은 보통명칭과 관용표장은 일반적으로 동종유형의 상품에 일반적으로 사용되어 온 전형적인 표식으로서 식별력을 가지지 못하는 전형적인 예이다.

먼저 보통명칭이라 함은 상품 시장에서 거래자 또는 일반수요자에게 상품의 일반명칭으로 널리 알려진 경우를 말한다. 이러한 보통명칭은 일반수요자들이 실제 보통명칭으로 사용한다는 점이 관용표장과 다른 차이점이다.[468] 예를 들어, 아이스크림, 단팥빵, 만년필 등이 특정 유형의 상품을 통칭하는 용어로 실제 사용되고 있는 보통명사의 예이다.

반면 관용표장은 특정종류에 속하는 상품에 관하여 동업자들 사이에서 관용적으로 쓰여지는 표장을 의미하고 동업자들 사이에서 널리 인식되고 있는 것으로 족하고 실제 사용되는 용어일 필요는 없다.[469] 예를 들어, 전기·전자 제품에 관용화된 표현으로 Hitec, Net, 의사들이 일반적으로 사용하는 NPO(Non Per Oral ; 의학계에서 금식(禁食)을 지칭하는 표현) 등이 그 예이다.

사례에서, 문제가 된 상표인 삼겹살, 막걸리, 소주는 보통명사로서 이미 일반인들이 보편적으로 사용하는 용어이기 때문에 식별성이 전혀 없고 상표등록이 될 수 없다.

468 대법원 1987.2.24. 선고 86후42 판결.
469 박종태, 앞의 책, 207면.

② 기술적 표장

사례

1 김밥과 분식 등을 전문으로 판매하는 프랜차이점인 "김밥천국" 본사는 최근 대법원 판결을 통해 "알바천국"이 상표등록을 인정받자, 유사한 표장인 "김밥천국"에 대한 상표등록을 신청하였다. "김밥천국"은 상표 등록이 될 수 있는가?

2 스타벅스 코리아는 남양유업이 최근 출시한 "더블샷" 커피가 자사의 상표권 내용에 포함되는 "더블샷"과 동일한 명칭을 사용하고 있어서 미등록 주지상표에 대한 부정경쟁방지 행위에 해당한다고 주장하고 특허청에 "더블샷" 상표등록을 신청함과 동시에 미등록상표에 대한 부정경쟁방지혐의 등으로 남양유업을 제소하였다. 이러한 스타벅스의 상표권 침해주장에 대해서 남양유업은 "더블샷"은 상품의 품질과 효능을 직감할 수 있는 기술적 표장이기 때문에 상품 식별력이 없다고 주장하였다. 스타벅스의 "더블샷"은 상표권 등록이 가능한 상표로서 보호될 수 있는가?

상표법 제33조 1항 3호는 그 상품에 산지 · 품질 · 원재료 · 효능 · 용도 · 수량 · 형상 · 가격 · 생산방법 · 사용방법 · 시기 등을 보통으로 사용하는 방법으로 표시한 표장만으로 하는 상표로서 이른바 기술적 표장을 상표등록 대상에서 제외하고 있다. 상품의 품질 내용을 설명하거나 특성을 설명할 목적으로 표시된 상표는 일반인들이 누구나 쉽게 떠올릴 수 있는 표시방법이기 때문에 상품 식별력이 약하다.

특히 단순히 일반적 표현에 불구한 용어에 대해 특정인이 배타적 권리를 가진다는 것은 공공의 이익에 비추어 볼 때 타당하지 않다고 할 수 있다. 예를 들어, 주간에 발행되는 잡지의 통칭으로 주간만화, 원재료를 나타내는 고무장갑 · 감자칩 · 새우깡, 그 외 제조과정을 설명하는 '구워 만든 고구마' '고추장에 담근 삼겹살' 등이 그 예이다.

다만, 흔히 알고 있는 단어의 조합이라고 하더라도 그 표장이 실제 제공하는 서비스와 직접 연관성이 없어 일반인이 쉽게 표장이 주는 의미를 통해 상품이나 서비스 내용을 연상할 수 없다면 '기술적 표장'에 해당하지 않는다. 사례 1에서 '알바천국'은 아르바이트의 이상 세계나 낙원 등을 의미하고 아르바이트 정보 제공서비스로 쉽게 연상되지 않기 때문에 '기술적 표장'에 해당하지 않지만, '김밥천국'은 누구나 쉽게 이것이 김밥 전문점에서 제공하는 상품과 서비스를 의미하는 것으로 직감할 수 있어서 '기술적 표장'에 해당하고 따라서 등록이 불가능하다.

사례 2에서 서울고등법원은 남양유업의 주장을 받아 들여 '더블샷'이 통상 일반커피에 비해 농도가 2배가량 진한 커피를 의미하는 기술적 표장으로 인식되는 만큼 이를 상표로 보기 어렵다고 판단하였다. 소송진행 도중 특허청 역시 대상 표장을 '기술적 표장'으로 판단하고 상표등록을 거부하였다.

③ 지리적 명칭 및 성명

사례

1 서울에 사는 A는 생조기를 건조·가공하여 굴비로 만들어 판매하는 어판업에 종사한다. A는 최근 자신이 납품받고 있는 중국산 조기를 굴비상품으로 판매하기 위한 전용 상표를 생각하던 중에 "황해도 굴비"라는 상표를 등록하려고 한다.

이 상표는 등록 가능한가?

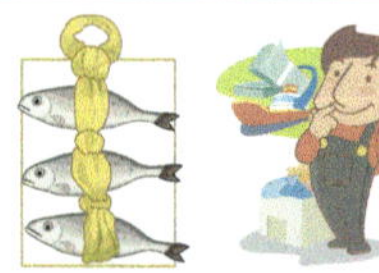

2 공과대학을 나온 김○○박사는 퇴임 후 냉면집을 개업하려고 한다. 수많은 연구 끝에 냉면육수 뽑는 독특한 방법을 개발한 김박사는 "김박사집 냉면"을 상표로 등록하려고 한다.

이 상표는 등록 가능한가?

상표법 제33조 1항 4호는 "현저한 지리적 명칭·그 약어 또는 지도만으로 된 상표"를 등록불가능 상표로 규정하고 있다. 지리적 명칭 뒤에 부가적인 표장이 붙은 경우에도 식별력이 없는 단순한 표장인 경우에는 여기에 해당한다.[470] 따라서 앞에서 살펴본 제3호에서는 물건의 '산지'를 상표로 사용할 수 없게 규정함과 동시에 제4호는 지리적 명칭자체를 상표로 사용할 수 없도록 하여 일반적으로 식별력이 없는 지리적 표시를 상표로 등록할 수 없도록 하고 있다.

그러나 이것에 대한 예외로서 이러한 지리적 명칭을 사용한 표장이 특정 상품에 대한 지리적 표시인 경우에는 그 지리적 표시를 사용한 상품을 지정상품으로 하여 지리적 표시 단체표장 등록을 받을 수 있다.[471] 여기서 규정하는 "지리적 표시"는 상품의 특정 품질·명성 또는 그 밖의 특성이 본질적으로 특정 지역에서 비롯된 경우에 그 지역에서 생산·제조 또는 가공된 상품임을 나타내는 표시를 말한다.[472]

따라서 당해 지역과 본질적 연관성을 가지고 그 지역에서 생산·제조 또는 가공된 것에 한하여 지리적 표시를 붙일 수 있다. 이러한 지리적 표시를 할 수 있는 상품을 대

470 박종태, 앞의 책, 231면.

471 상표법 제33조 ③ 제1항 제3호(산지에 한한다) 또는 제4호의 규정에 해당하는 표장이라도 그 표장이 특정 상품에 대한 지리적 표시인 경우에는 그 지리적 표시를 사용한 상품을 지정상품으로 하여 지리적 표시 단체표장등록을 받을 수 있다.

472 상표법 제2조 1항4호.

상으로 이 상품을 생산·제조 또는 가공하는 것을 업으로 영위하는 자만으로 구성된 법인은 직접 사용하거나 그 감독 하에 있는 소속단체원으로 하여금 자기 영업에 관한 상품에 사용하게 하기 위해서 "지리적 표시 단체표장" 등록을 할 수 있다.[473]

따라서 사례의 경우, A는 당해 상품의 원생산지·가공지 등에 대한 진실한 지리적 표시를 할 수 있고, 또한 이 상품을 생산·제조 또는 가공하는 것을 업으로 영위하는 자라면 법인을 구성하여 지리적 표시 단체표장 등록을 할 수 있다. 그러나 원산지 혹은 가공지 등과 전혀 다른 지리적 표시는 원칙적으로 표시할 수 없고, 또한 A가 실제 원산지에서 생산·제조 또는 가공하는 것을 업으로 영위하는 자에도 해당하지 않음으로 지리적 표시 단체표장 등록도 불가능하다. 따라서 원론적으로 상표등록 불가 사유인 상표법 제33조 1항 4호의 "현저한 지리적 명칭·그 약어 또는 지도만으로 된 상표"에 해당할 뿐 그에 대한 예외가 인정되지 않는다. 또한 상표불등록 사유중 하나인 상표법 제34조 1항 11호 "상품의 품질을 오인하게 하거나 수요자를 기만할 염려가 있는 상표"에 해당할 수도 있다.

상표법 제33조 1항 5호는 또한 "흔히 있는 성 또는 명칭을 보통으로 사용하는 방법으로 표시한 표장만으로 된 상표"를 등록가능 상표에서 제외하고 있다. 흔히 있는 성명이나 기타 명칭은 당해 지역이나 성명보유자와의 관계를 혼동하게 할 위험이 있어 원칙적으로 상표 등록이 불가능하다고 할 수 있다. 여기서 특히 "성 또는 명칭"은 본인의 것이 아닌 것을 사용하는 행위를 금지하는 것이 아니라 식별성이 없는 표장을 상표보호의 대상에서 제외하는 것이다. 사례 2의 경우, 표장의 핵심이 "성 또는 명칭"으로서 뒤의 수식어구는 부가적인 보통명사에 불과하다. 따라서 "흔히 있는 성 또는 명칭을 보통으로 사용하는 방법으로 표시한 표장만으로 된 상표"라고 할 수 있고 상표등록 대상에서 제외된다.

④ 사용에 의한 식별력취득

사 례

D는 오징어 분말과 땅콩을 주원료하여 자신이 생산하는 "오징어 땅콩"이라는 과자의 이름을 등록하지 않은 상태에서 10년간 사용하여 이제 사람들은 "오징어 땅콩"하면 D가 만든 과자의 형상을 확실히 떠올리고 있다.

이때 제3자인 F는 "오징어와 땅콩"이라는 거의 같은 이름의 과자를 만들어 출시하려고 하자 D는 서둘러서 다시 자신의 상표를 등록하려고 한다.

D의 상표등록은 가능한 것인가?

473 상표법 제2조 1항6호.

상표등록이 인정되지 않은 기술적 표장 및 현저한 지리적 명칭 등과 같이 본래는 식별력이 없는 표장이 계속적인 사용에 의해 수요자들 사이에서 출처표시로서 의미가 부여되어, 사후적으로 식별력을 취득하는 경우에는 그 상표를 사용한 상품을 지정상품으로 하여 상표등록이 가능하다.[474] 이 요건을 충족하기 위해서는 1) 상당기간에 걸쳐 독점·배타적으로 특정 상품에 대한 표시로서 당해 표장이 사용될 것, 2) 수요자에게 그 표장이 누구의 것인지 현저하게 인식되어 있을 것을 요한다. 예를 들어, 새우깡(재료표시), 이마트(보통명사) 등이 예라고 할 수 있다.

상표법은 식별력을 취득하여 등록할 수 있는 대상으로 제33조 1항 1호와 2호의 보통명사와 관용표현은 제외하고 있으나 원칙적으로 이후에 식별력을 취득하게 되면 더 이상 보통명사나 관용적 표현이라고 할 수 없기 때문에 상표등록의 대상이 된다고 하는 견해가 유력하다.[475] 사례의 경우 오징어 땅콩은 원재료 성분명만으로 구성된 기술적 표장으로서 원칙적으로 상표등록 대상이 될 수 없으나, 사용에 의하여 식별력을 취득하였기 때문에 등록가능하다고 해석될 수 있다.

(3) 불등록요건

1) 의의

상표법은 식별력이 없는 표장에 대해서 등록제외 사유로 규정하는 것 이외에 식별력을 갖춘 경우에도 특허받을 수 없는 상표 불등록 사유를 제34조에서 규정하고 있다. 이러한 상표불등록 대상이 되는 표장은 상표등록이 되는 경우에 기존에 존재하던 국가·국제기구 등의 기관과의 관계에 혼동을 유발하거나, 다른 사람의 선출원 상표권을 침해하고, 혹은 주지·저명상표의 명성 혹은 식별성을 훼손하는 상표 등이다.

2) 국기 등과 유사, 국가·저명한 고인과의 관계 등에 대한 허위표시 등

사례

1 비틀즈의 열광적인 팬인 A는 자신의 통닭집을 비틀즈 음악과 사진으로 실내장식을 하면서 "비틀즈의 형들이 튀긴 닭"이라는 간판을 내걸고 있다. A자신의 가게가 유명해지자 간판의 이름을 상표 등록하려고 한다.

이것은 상표 등록이 가능한가?

474 상표법 제33조 ② 제1항제3호부터 제7호까지에 해당하는 상표라도 상표등록출원 전부터 그 상표를 사용한 결과 수요자 간에 특정인의 상품에 관한 출처를 표시하는 것으로 식별할 수 있게 된 경우에는 그 상표를 사용한 상품에 한정하여 상표등록을 받을 수 있다.

475 박종태, 앞의 책, 210면, 214면.

2 여성용 속옷을 비롯한 각종 여성용품점을 운영하는 B는 가게의 이름으로 사용할 파격적인 상표를 찾던 중에 "엄마가 벗어서 기쁜 날"이라는 상표를 생각하고 이것을 상표출원 등록하려고 한다.

이 상표는 등록이 가능한가?

상표불등록 사유를 규정한 제34조 1항은 1호는 국가의 국기(國旗) 및 국제기구의 기장(記章) 등으로서 다음 각 목의 어느 하나에 해당하는 상표를 규정하고, 대한민국의 국기·국장·군기·훈장·포장·기장, 외국의 국기·국장, 「공업소유권 보호를 위한 파리협약」 동맹국·세계무역기구 회원국 또는 상표법조약 체약국의 국기와 유사한 상표 및 국제적십자, 국제올림픽 위원회 또는 저명한 국제기관 등의 명칭이나 표장과 동일하거나 이와 유사한 상표의 사용 등을 금지한다(제34조 1항 1호). 2호의 경우 국가·인종·민족·공공단체·종교 또는 저명한 고인과의 관계를 허위로 표시하거나 이들을 비방 또는 모욕하거나 이들에 대하여 나쁜 평판을 받게 할 염려가 있는 상표를 금지한다(제34조 1항 2호).

사례 1의 경우가 제2호에 해당하는 경우로서 저명한 고인과의 관계를 허위로 표시하고 있는 사례라고 할 수 있다. 그 외, "머더 테레사의 언니가 운영하는 빵집" 등이 그 예이다. 3호는 국가·공공단체 또는 이들의 기관과 공익법인의 비영리 업무나 공익사업을 표시하는 표장으로서 저명한 것과 동일·유사한 상표를 사용하는 것을 금지한다. 예를 들어, 보이스카웃, YMCA, 적십자와 같은 비영리 공익법인의 업무표장과 유사한 상표를 사용하는 경우에는 마치 저명한 비영리법인과 후원관계에 있거나 자매관계에 있는 것 같은 혼동을 유발할 우려가 있다(제34조 1항 3호). 4호는 공서양속에 반하는 상표의 등록을 금지하는데 상표 그 자체 또는 상표가 상품에 사용되는 경우 수요자에게 주는 의미와 내용 등이 일반인의 통상적인 도덕관념인 선량한 풍속에 어긋나거나 공공의 질서를 해칠 우려가 있는 상표를 의미한다(제34조 1항 4호). 예를 들어, "Yankee, Go Home!"과 같이 국가 간의 우호관계를 훼손할 우려가 있는 상표, "마음대로 싸라!"와 같이 공중도덕 감정을 저해하는 상표 등이 그와 같은 유형이다.[476]

사례 2는 이와 같은 공서양속에 반하는 상표의 예로서 성적수치심을 유발하는 광고에 해당한다. 그 외 정부가 개최하거나 정부의 승인을 얻어 개최하는 박람회 또는 외국정부가 개최하거나 외국정부의 승인을 얻어 개최하는 박람회의 상패·상장 또는 포장과 동일 또는 유사한 표장이 있는 상표(제34조 1항 5호), 저명한 타인의 성명·명칭 또는 상호·초상·서명·인장·아호·예명·필명 또는 이들의 약칭을 포함하는 상표로서 그 타인의 승낙을 받지 않은 상표(제34조 1항 6호)도 역시 상표등록이 불가능한 상표들이다.

476 박종태, 앞의 책, 270면.

3) 타인의 선출원 등록상표와 동일·유사한 상표

사례

A는 빵집을 운영하면서 지정상품을 빵으로 "St.Louis Bread Company"란 상표를 등록하여 사용해 오고 있다. B는 제과 관련 요리정보와 요리법을 강의하는 인터넷 서비스업을 개업하면서 지정 서비스업은 41류 교육업(요리지도업, 제과제빵지도업) "St.Louis.Bread.Com"이란 서비스표를 출원 등록하려고 한다.

B의 서비스표는 등록 가능한가?

상표법 제34조 1항 7호는 타인의 선출원 등록상표(지리적 표시 등록단체표장을 제외한다.)와 동일 또는 유사한 상표로서 '그 지정상품과 동일 또는 유사한 상품에 사용하는 상표'를 등록 불가능 상표로 규정하고 있다. 이것은 선출원등록상표권자의 권리인 사익을 보호함과 동시에 유사상표의 중복등록에 따른 수요자의 혼동을 방지하는데 주목적이 있다.

이 규정에 해당하기 위해서는 기본적으로 두 가지 요건이 충족되어야 하는데, 우선 등록하려는 상표와 타인의 선출원 '상표의 동일 · 유사성'이 인정되어야 한다. 상표의 유사성을 판단하는 주관적 기준은 거래자나 일반 수요자를 기준으로 혼동을 일으킬 우려가 있는지를 심사한다. 동일 유사성의 판단방법은 상표전체를 비교 판단하는 전체적 관찰, 상표의 각 부분을 분리하여 관찰하는 요부관찰, 상표의 식별기능을 할 수 있는 부분만을 분리 관찰하는 방법이 있다.[477]

다음 두 번째 요건은 상표가 사용되는 지정 상품의 동일 · 유사성이다. 원칙적으로 선출원등록된 상표와 동일 또는 유사한 상표라고 하더라도 그 등록 상표의 '지정상품과 동일 또는 유사한 상품'에 사용되는 상표가 아니라면 상표등록 거부 사유에 해당하지 않는다.[478] 지정 상품의 유사성이 상표등록 거부 판단의 전제가 된다.

상품의 유사성 여부 판단은 원칙적으로 거래통념에 따라 결정된다. 다만, 우리 상표법은 선출원에 의한 등록상표 및 그 지정상품과의 동일 · 유사성만을 문제삼고 그 결과로 수요자의 혼동가능성이 있는지를 심사하고 있지는 않다. 물론 동일 · 유사한 상표가 동일 · 유사한 상품에 사용되는 경우에는 대부분 수요자의 오인을 유발하고 혼동을 초

477 대법원 1999.4.23. 선고 98후874 판결 ; 대법원 1990.7.27. 선고 89후919 판결 ; 박종태, 앞의 책, 157면 ; 정상조, 앞의 책, 503면.

478 대법원 1994.11.25. 선고 94후1435 판결 ; 대법원 1994.12.2. 선고 ; 93후1285 판결 ; 박종태, 앞의 책, 289면.

래하는 것이 일반적이지만, 예외적으로 동일 · 유사상표가 공존하는 경우에도 혼동가능성이 없을 수도 있다는 점에서 입법론적 비판의 대상이 되는데, 2023년 개정된 7호 단서는 예외적으로 "그 타인으로부터 상표등록에 대한 동의를 받은 경우(동일한 상표로서 그 지정상품과 동일한 상품에 사용하는 상표에 대하여 동의를 받은 경우는 제외한다)에는 상표등록을 받을 수 있다."고 규정하고 있다. 즉, 최소한 동일 상품에 대한 유사상표 혹은 유사상품에 대한 동일 상표에 대해서는 선출원 타인의 동의를 받아 등록이 가능할 여지가 규정되어 있다.

사례의 경우 상표자체는 전체적으로 유사하다고 할 수 있으나 선출원 등록상표가 사용되는 지정상품은 식품 빵류이나 등록하려는 지정 서비스표는 교육업으로서 서로 종류가 전혀 다르기 때문에 상표등록불가 사유인 상표법 제34조 1항 7호의 사유에 해당하지 않는다.

4) 주지·저명상표와 동일·유사상표

가. 주지·저명상표 보호의 의의

상표법은 기본적으로 상표등록에 관하여 선출원주의에 입각해서 먼저 상표등록을 출원한 자에게 상표권을 부여하고 있다. 따라서 상표법이 보호하는 상표는 상표법상 출원 · 등록한 상표에 한정되는 것이 원칙이다. 그러나 상표법은 예외적으로 수요자에게 '널리 알려진' 주지상표 및 수요자에게 '현저하게 인식되어 있는' 저명상표의 경우에는 등록유무를 가리지 않고 이와 동일 · 유사한 상표의 등록을 금지하고 있다. 결과적으로 주지 · 저명상표는 상표법상 등록을 하지 않은 경우에도 간접적인 보호를 받게 되는 결과가 된다. 그 이유는 상표등록 출원 시에 수요자 간에 현저히 인식된 상표가 이미 타인에 의하여 보유되고 있는 경우에 그와 동일 · 유사한 상표의 등록을 허용하는 경우에는 소비자의 오인유발가능성을 보호하는 상표법의 근본 취지에 반하는 결과가 되기 때문이다.[479]

원칙적으로 부정경쟁방지법은 주지성을 갖춘 상표를 비롯한 출처표시에 대해서 그 상표등록여부를 불문하고 침해금지 청구권과 손해배상청구권 등에 의한 보호를 하고 있기 때문에 주지 · 저명 상표도 이 한도에서 등록유무에 관계없이 일정한 권리를 부여받게 된다. 상표법상으로도 역시 주지 · 저명상표와 동일 · 유사상표의 등록은 상표법 제34조 제4호의 공서양속 위반 상표 혹은 제11호의 오인 유발상표로서 상표등록이 허

479 정상조, "주지상표의 보호-상표법과 부정경쟁방지법의 조화를 위한 제언-", 『법학』(서울대학교 법학연구소, 2002.), 131면 ; 박종태, 앞의 책, 306면.

용될 수 없다. 상표법은 이에 더 나아가 주지저명 상표와 동일 · 유사상표에 대한 등록 불가능을 규정하여 주지 · 저명 상표의 보유자가 아직 등록하지 않은 경우에도 제3자가 이를 등록하려고 하거나 등록한 경우는 등록을 저지하거나 무효 주장을 할 수 있는 근거를 마련하고 있다.

나. 주지상표와 동일·유사상표의 등록불가(9호, 10호)

사 례

한국에서 가정용 칼을 제조판매하는 A는 "한칼"이라는 상표를 등록하여 사용하려고 한다. 그러나 일반 소비자들은 잘 모르지만 당해 분야에 관계하는 거래자들과 수요자들 대부분은 모두 한국에는 등록되지 않은 상표인 독일의 "행켈"이 매우 우수한 품질의 칼이라는 것을 잘 알고 있다.

특허청 심사관은 독일의 행켈과 유사상표이기 때문에 출원등록이 불가능하다고 한다. 이때 A는 일반 소비자들은 독일의 행켈이라는 상표를 잘 모르기 때문에 소비자 혼동이 발생하지 않고, 더욱이 독일의 행켈은 한국에 등록도 되어있지 않은 상표로서 상표 등록 거부가 타당하지 않다고 주장한다.

A의 주장은 타당한가?

먼저 법 제34조 1항 9호는 타인의 상품을 표시하는 것이라고 수요자 간에 '널리' 인식되어 있는 상표(지리적 표시를 제외한다.)와 동일 또는 유사한 상표로서 그 타인의 상품과 동일 또는 유사한 상품에 사용하는 상표는 출원등록이 불가능하다고 규정한다. 이 규정은 이른바 주지상표와 동일 · 유사상표가 주지상표의 지정상품과 동일 · 유사상품에 사용되기 위해 등록되는 것을 막기 위한 규정이다. 먼저 주지상표는 11호의 저명상표와 달리 일반 대부분의 소비자에게 '현저'하게 인식된 것은 아니지만 관련 동종업계에 종사하는 거래자 및 수요자들 다수에게는 특정인의 상표로서 널리 알려진 것을 말한다. 여기서 특히 문제되는 것은 상표의 '주지성'인데, 특정지역의 상당수의 수요자에게만 알려진 상태면 주지상표로서 보호받는데 충분한 것인가 아니면 압도적 다수의 수요자에게 널리 알려져야 하는지가 문제된다.

상표법과 비교하여 부정경쟁방지법은 "국내에 널리 인식된 표지"라고 하여 표현상으로 상표법보다 상당히 약한 수준만으로도 주지상표에 대한 보호를 인정한다. 따라서 양자의 일치를 위해 상표법의 등록 거부사유도 역시 부정경쟁방지법과 마찬가지로 넓게 해석하는 것이 타당하다는 견해가 유력하다.[480] 이 견해에 따르면 문제된 상품이나

480 정상조, 앞의 논문, 134면.

영업의 종류와 성질에 따라서 국내 전반의 수요자들 모두에게 알려져야 할 필요가 없이, 특정지역의 수요자들에게만 알려져 있는 경우에도 주지상표에 해당하게 된다.

반면, 우리나라의 대부분의 기업은 전국을 대상으로 영업을 수행하기 때문에 원칙적으로 주지성의 획득을 위해서는 전국적으로 널리 알려질 것이 요구된다는 견해도 있다.[481] 주지상표는 저명상표보다는 수요자에 대한 인지성이 약한 것이기 때문에 엄격히 해석하여 전국적 소비자의 인식을 요구할 필요는 없다고 본다.

다음 요건으로 이러한 주지상표와 동일·유사한 상표는 주지상표가 사용되는 '그 상품과 동일·유사한 상품'에 사용되어야 한다. 이 점이 주지상표와 다음에서 설명하는 저명상표와의 차이점이라고 할 수 있는데, 주지상표의 경우 저명상표만큼 수요자 인지성을 요구하지 않기 때문에 소비자 오인유발이 나타나기 위해서는 주지상표가 사용되는 상품과 동일·유사한 상품에 주지상표와 동일·유사한 상표가 사용되어야 한다.

사례의 경우, 주지상표는 일반소비자 모두가 당해 상표를 인식할 필요가 없고 관련업계의 거래자 및 수요자 다수가 '널리' 인식하고 있는 정도면 충분하다. 따라서 이 사례에서는 당해 분야에 종사하는 관계자들과 수요자들 대부분이 인식하고 있는 문제의 상표는 주지상표로 충분히 인정될 수 있다. 또한 주지상표가 사용되는 지정 상품인 칼에 사용되는 동일·유사상표는 상표등록 거부요건을 충족하였다고 할 수 있다. 특히 주지상표에 대한 간접적인 보호는 그 상표의 등록여부와 관계없이 보호되는 것이 특징이다.

다. 저명상표와 동일·유사상표의 등록불가(11호, 13호)

사례

B는 욕실용품 전문제조업체로서 관련상품에 "LOUI-VUITTON"이라는 상표를 사용해 왔는데 아예 이것을 출원 등록하려고 한다. 특허청 심사관은 저명한 상표인 LOUIS VUITTON과 유사하다는 이유로 상표등록을 거부하였다. 그러나 B는 자사의 상표가 지정 사용되는 상품은 진품 LOUIS VUITTON이 사용되는 의류 패션상품과 유사하지 않기 때문에 상표등록거부의 사유가 될 수 없다고 주장하고 있다.

B의 항변은 타당한가?(다만, 실제로 소비자들은 B사의 매장 분위기가 LOUIS VUITTON 매장과 유사하고, 값비싼 대리석 비누받침대 등과 같은 고급 욕실용품이 LOUIS VUITTON의 패션브랜드 이미지와 유사하여 상당히 호감적인 반응을 하는 것으로 나타났다.)

481 박종태, 앞의 책, 309면.

저명상표란 기업의 광고선전, 이미지 고급화 전략, 상품의 우수한 품질 등으로 인해 특정거래 분야 안에서의 주지성을 넘어 이종상품이나 이종영업에 관계하는 거래자 및 일반 대중들에게 '현저하게' 알려져 있는 상표를 의미한다.[482] 이러한 저명상표는 그 상표가 사용되는 상품의 유형에 관계없이 일반수요자에게까지 '현저히' 알려져 있다는 점에서 동종·유사상표가 사용되는 경우에는 사용되는 상품의 유사성에 관계없이 혼동을 일으킬 우려가 있다.[483] 따라서 저명상표는 주지상표보다 그 보호범위가 더 넓다고 할 수 있다. 구체적으로 상표법 제7조 1항 제11호는 "수요자 간에 현저하게 인식되어 있는 타인의 상품이나 영업과 혼동을 일으키게 하거나 그 식별력 또는 명성을 손상시킬 염려가 있는 상표"를 금지하여 저명상표와 동종·유사한 상표는 당해 상표가 사용되는 상품이 저명상표가 사용되는 상품과 동종·유사한지 여부에 관계없이 혼동을 일으킬 염려가 있는 경우에 등록을 할 수 없도록 규정하고 있다. 특히 13호는 저명상표의 기준을 국내를 넘어서서 외국의 수요자에게까지 확대시킴으로써 외국에서는 저명하지만 국내 수요자에게는 아직 알려지지 않은 외국의 저명상표도 보호될 수 있도록 하고 있다.[484] 이 규정에 해당하기 위해서는 먼저 문제의 상표가 저명상표와 동일·유사하여야 하는데, 저명성의 판단은 상품의 판매량, 광고선전의 방법·횟수, 사용지역·거래의 범위, 영업활동 등이 기준이 된다.[485] 또한 당해 상품뿐만 아니라 이종상품을 거래하는 일반 소비자에게까지 인식되어 있을 것을 요구한다.

다음으로 저명상표와 동일·유사한 상표를 사용함으로써 출처 등에 혼동을 일으킬 우려가 있어야 한다. 저명상표가 사용되는 상품과 유사성이 없는 상품에 사용된다고 하여도 일정한 경우에는 소비자 혼동이 발생할 수 있다. 특히 요즘의 영업패턴은 회사가 위험을 분산하기 위해 다양한 상품을 취급하는 것이 일반적이기 때문에 추상적인 관련성만 있다면 혼동가능성은 존재한다. 특히 저명상표가 가지는 신용에 기대여 고객을 유인하려는 의도가 있는 경우에는 비유사 상품에 사용되었다고 하더라도 소비자의 혼동가능성을 명백히 이용한 것이라고 할 수 있다. 사례의 경우 LOUI-VUITTON의 고급 욕실용품은 실제 저명상표인 LOUIS VUITTON의 지정상품과 동종·유사상품은 아니지만 LOUIS VUITTON의 브랜드 이미지를 이용하려는 의사가 있고, 실제로 소비자들의 혼동이 나타나고 있으므로 상표등록 거부의 사유가 된다.

482 박종태, 앞의 책, 317면.

483 정상조, 앞의 논문, 137면.

484 상표법 제34조 1항 13: 국내 또는 외국의 수요자간에 특정인의 상품을 표시하는 것이라고 인식되어 있는 상표(지리적표시를 제외한다.)와 동일 또는 유사한 상표로서 부당한 이익을 얻으려 하거나 그 특정인에게 손해를 가하려고 하는 등 부정한 목적을 가지고 사용하는 상표.

485 대법원 1989.6.27. 선고 88후219 판결 ; 박종태, 앞의 책, 320면.

5) 품질의 오인을 야기하는 상표(12호)

사 례

A는 노란색을 내는 황색색소와 나무향을 내는 수종의 화학계열 식품첨가물을 비롯해 단맛을 내는 사카린 등을 섞고, 여기에 "자연산(自然山)"이란 이름을 붙인 자신의 농장에서 키운 양봉벌꿀을 10% 첨가하여 소나무의 향이 은은히 베어나는 벌꿀을 만들어 냈다.

A는 스스로 자신의 호를 '토종'이라고 붙였다. A는 상품을 출시하면서 자기 농장의 이름과 자신의 호를 결합하여 "자연산(自然山) 토종벌꿀"이란 상표를 붙여 판매하였고, 이 상표를 등록하려 한다.

A의 상표는 등록 가능한가?

상표법 제34조 1항 12호는 "상품의 품질을 오인하게 하거나 수요자를 기만할 염려가 있는 상표"를 상표등록불가능 사유로 규정하고 있다. 상표법의 기능이 상품의 식별가능성 혹은 소비자의 오인유발 가능성 방지라고 할 때, 이것은 단순히 상표의 출처표시기능만을 보호하는 것이 아니라 상품의 품질에 대한 소비자의 인식도 역시 그 보호범위에 포함하고 있다. 따라서 상표자체가 오히려 소비자에게 그 품질이나 출처, 원산지 등에 대한 혼동을 줄 우려가 있는 경우에는 등록을 거부하는 것이 상표법의 취지에 부합하는 것이 된다. 사례의 경우, 상표의 이름이 소비자들에게 마치 천연 토종꿀인 것 같은 오해를 일으켜서 품질에 혼동을 유발할 수 있기 때문에 상표등록거부의 사유가 된다.

6) 포도주나 증류주의 지리적 명칭(16호)

사 례

1 백포도주에 설탕을 첨가하여 거꾸로 세워두면 자연발효하여 그 안에서 탄산가스가 생성되는데, 이 거꾸로 세운 포도주의 병 꼭지에 가라 앉은 불순물을 버리고 진공포장을 한 것이 스파클링 와인이다.

O사는 최근 와인 산업에 진출하면서 이런 스파클링 와인을 생산하여 이것의 이름을 "베스트 엑설런트 샴페인"이란 이름으로 출시하였다. 다만, '샴페인'은 본래 프랑스 남부의 스파클링 와인 생산지로 유명한 지역의 이름이다.

이 상품의 이름은 상표로서 등록이 가능한가?

2 유명 가전제품 생산업체인 S사는 최신 모델인 LCD TV의 기본 색깔에 은은한 와인색을 입히고 이 TV 모델의 상표명을 프랑스의 유명한 와인생산지인 보르도 지방의 이름을 따다가 붙였다.

이 TV는 상표 등록이 가능한가?(단, 보르도지방은 제6조1항 4호의 상표등록불가 사유인 "현저한 지리적 명칭"에는 해당되지 않는다.)

상표법 제34조 1항 16호는 세계무역기구 회원국 내의 포도주나 기타 증류주의 산지에 관한 지리적 표시로 구성된 상표를 포도주·증류주 또는 이와 유사한 상품에 사용할 수 없다고 규정하여 상표등록을 원천적으로 봉쇄하고 있다.[486] 다만, 지리적 표시의 정당한 사용자가 그 해당 상품을 지정상품으로 하여 지리적 표시 단체표장 등록출원을 한 때에는 예외가 인정된다. 예를 들어, 포도주에 "보르도"란 명칭을 정당한 지리적 표시로 등록하고 그 지역 생산자조합의 농민들이 단체표장등록을 한 경우에는 예외가 인정된다. 이 규정의 취지도 역시 와인 혹은 증류주 상품의 원산지나 품질에 대한 소비자 오인유발 가능성을 막고 상표의 출처표시 기능을 확보하기 위한 것이라고 할 수 있다.

사례 1의 경우, 원칙적으로 포도주에 세계무역기구 회원국인 프랑스의 포도주 생산지역 이름을 붙이는 것은 상표등록이 불가능하다. 그러나 사례 2의 경우 와인 생산지역의 이름인 '보르도'를 포도주 상품 혹은 이와 유사한 상표가 아니라 전혀 관련 없는 TV에 붙이는 것은 허용된다. 제16호는 포도주나 증류주의 생산지역을 그와 전혀 관계없는 다른 상품에 붙이는 것은 원칙적으로 소비자 오인유발가능성이 없기 때문에 금지대상으로 하고 있지 않다.

7) 기타

상표 불등록 사유를 규정하는 제34조 1항은 그 밖에도 국내에 등록되지 않은 상표라도, 20호에서 "동업·고용 등 계약관계나 업무상 거래관계 또는 그 밖의 관계를 통하여 타인이 사용하거나 사용을 준비 중인 상표임을 알면서 그 상표와 동일·유사한 상표를 동일·유사한 상품에 등록출원한 상표"의 출원을 금지한다.

또한 21호는 "조약당사국에 등록된 상표와 동일·유사한 상표로서 그 등록된 상표에 관한 권리를 가진 자와의 동업·고용 등 계약관계나 업무상 거래관계 또는 그 밖의 관계에 있거나 있었던 자가 그 상표에 관한 권리를 가진 자의 동의를 받지 아니하고 그 상표의 지정상품과 동일·유사한 상품을 지정상품으로 하여 등록출원한 상표"의 등록을 허락하지 않는다. 출원등록된 상표를 보호하는 원칙의 예외라고 할 수 있다.

486 상표법 제34조 1항. 16. 세계무역기구 회원국 내의 포도주 또는 증류주의 산지에 관한 지리적 표시로서 구성되거나 그 지리적 표시를 포함하는 상표로서 포도주 또는 증류주에 사용하려는 상표. 다만, 지리적 표시의 정당한 사용자가 해당 상품을 지정상품으로 하여 제36조제5항에 따른 지리적 표시 단체표장등록출원을 한 경우에는 상표등록을 받을 수 있다.

Ⅱ. 상표권의 침해

1. 동일 유사상표의 사용(상표법 제 108조)

상표권을 침해하는 행위는 기본적으로 타인의 등록상표와 동일한 상표를 그 지정상품과 유사한 상품에 사용하거나 타인의 등록상표와 유사한 상표를 그 지정상품과 동일 또는 유사한 상품에 사용하는 행위이다.[487] 일반적인 상표 사용행위는 이와 같이 허락받지 않은 상표를 직접 유형물인 상품에 부착 혹은 표시하는 행위를 전제로 하지만, 최근에는 온라인상 상표를 표시하거나 온라인을 통해 일방적으로 다운로드하는 방식의 다양한 디지털 상품(Digital Goods)이 유통되고 있어서, 시대변화를 반영하기 위해 현행 상표법은 디지털 상품의 온라인 유통행위를 상표의 사용 행위에 포함시키고 있다.[488] 또한 최근 국내에서 해외 위조상품을 인터넷 등을 통하여 직접 구매하는 소비자가 증가함에 따라 해외 위조상품이 국내에 공급되는 것을 막기 위한 법적 근거를 마련하기 위하여 '상표의 사용' 행위에 '외국에서 상품 또는 상품의 포장에 상표를 표시한 것을 운송업자 등 타인을 통하여 국내에 공급하는 행위'를 추가하여 규정하고 있다.[489] 결과적으로, 온 오프라인상 상표권자의 허락을 받지 않고 사실상 상표를 이용하는 대부분 행위는 상표권 침해행위로 간주되게 된다.

그런데 상표법은 이에 더 나아가 1) 타인의 등록상표와 동일 또는 유사한 상표를 그 지정상품과 동일 또는 유사한 상품에 사용하거나 사용하게 할 목적으로 교부 · 판매 · 위조 · 모조 또는 소지하는 행위, 2) 타인의 등록상표를 위조 또는 모조하거나 위조 또는 모조하게 할 목적으로 그 용구를 제작 · 교부 · 판매 또는 소지하는 행위, 3) 타인의 등록상표 또는 이와 유사한 상표가 표시된 지정상품과 동일 또는 유사한 상품을 양도 또는 인도하기 위하여 소지하는 행위를 상표권 침해행위로 규정하고 있다(상표법 제

487 상표법 제108조 1항(침해로 보는 행위) ① 다음 각 호의 어느 하나에 해당하는 행위는 상표권(지리적 표시 단체표장권을 제외한다.) 또는 전용사용권을 침해한 것으로 본다.
1. 타인의 등록상표와 동일한 상표를 그 지정상품과 유사한 상품에 사용하거나 타인의 등록상표와 유사한 상표를 그 지정상품과 동일 또는 유사한 상품에 사용하는 행위

488 상표법 제2조 제1항 제11호 나목. "상품 또는 상품의 포장에 상표를 표시한 것을 양도 · 인도하거나 전기통신회선을 통하여 제공하는 행위 또는 이를 목적으로 전시하거나 수출 · 수입하는 행위"

489 상표법 제2조 제1항 제11호 다목. "외국에서 상품 또는 상품의 포장에 상표를 표시한 것을 운송업자 등 타인을 통하여 국내에 공급하는 행위")

108조 1항 2-4호).

또한 이와 별도로 지리적 표시 단체표장권을 침해한 기본적인 행위는 "타인의 지리적 표시 등록단체표장과 유사한 상표(동음이의어 지리적 표시를 제외한다.)를 그 지정상품과 동일한 상품에 사용하는 행위"이다.[490]

이러한 기본적 침해행위를 예비 준비 · 방조하는 행위로서 1) 타인의 지리적 표시 등록단체표장과 동일 또는 유사한 상표를 그 지정상품과 동일한 상품에 사용하거나 사용하게 할 목적으로 교부 · 판매 · 위조 · 모조 또는 소지하는 행위, 2) 타인의 지리적 표시 등록단체표장을 위조 또는 모조하거나 위조 또는 모조하게 할 목적으로 그 용구를 제작 · 교부 · 판매 또는 소지하는 행위, 3) 타인의 지리적 표시 등록단체표장과 동일 또는 유사한 상표가 표시된 지정상품과 동일한 상품을 양도 또는 인도하기 위하여 소지하는 행위들도 지리적 표시 단체표장권을 침해한 행위가 된다.

타인이 등록한 상표임을 표시한 상표권과 동일 유사한 명칭을 사용한 자는 그 침해행위에 대하여 고의가 추정되고(제112조), 상표법 제109조(손해배상의 청구)에 따라 상표권자 또는 전용사용권자에게 손해배상 책임을 부담한다. 다만, 상표권자가 해당 상표를 등록만 해 두고 실제 사용하지는 않았다는 등 손해 발생을 부정할 수 있는 사정을 침해자가 증명한 경우에는 손해배상책임을 인정할 수 없다.[491] 손해배상의 범위와 관련하여, 2025년에는 제110조 제7항을 개정하여 고의적으로 상표권자 또는 전용사용권자의 등록상표와 동일 · 유사한 상표를 그 지정상품과 동일 · 유사한 상품에 사용하여 상표권 또는 전용사용권을 침해한 자에 대해서는 제1항부터 제6항까지의 규정에 따라 손해로 인정된 금액의 5배를 배상액으로 인정하는 징벌적 손해배상제도가 규정되어 있다.

490 상표법 제108조 ② 다음 각 호의 어느 하나에 해당하는 행위는 지리적 표시 단체표장권을 침해한 것으로 본다.
1. 타인의 지리적 표시 등록단체표장과 유사한 상표(동음이의어 지리적 표시를 제외한다. 이하 이 항에서 같다.)를 그 지정상품과 동일한 상품에 사용하는 행위
2. 타인의 지리적 표시 등록단체표장과 동일 또는 유사한 상표를 그 지정상품과 동일한 상품에 사용하거나 사용하게 할 목적으로 교부 · 판매 · 위조 · 모조 또는 소지하는 행위
3. 타인의 지리적 표시 등록단체표장을 위조 또는 모조하거나 위조 또는 모조하게 할 목적으로 그 용구를 제작 · 교부 · 판매 또는 소지하는 행위
4. 타인의 지리적 표시 등록단체표장과 동일 또는 유사한 상표가 표시된 지정상품과 동일한 상품을 양도 또는 인도하기 위하여 소지하는 행위

491 대법원 2016. 9. 30. 선고 2014다59712 판결.

2. 상표침해의 면제

(1) 상표권의 효력이 미치지 않는 경우

사례❶

추어탕 전문 프랜차이점을 개설한 A는 자신의 영업 서비스 표에 자신의 호와 이름을 따라 "추어 전문인의 집"이라는 상호로 장사를 하였다. A의 실제 호는 '추어(秋漁)'이고 이름은 '전문인(全文寅)'이었다.

어느 날 A는 B로부터 자신이 등록한 서비스 표를 침해하였으니 손해배상을 하라는 청구서를 받았다. B의 등록 서비스 표는 "추어 전문人의 집"이었다.

A는 B의 서비스 표를 침해한 책임을 져야 하는가?

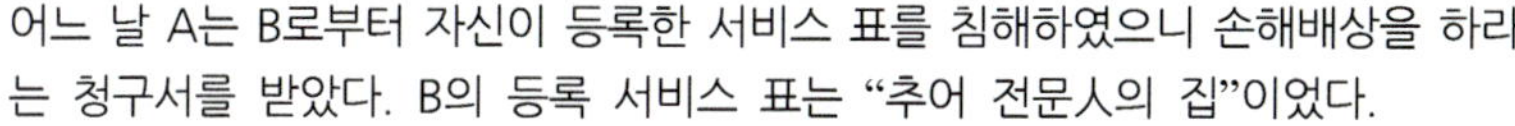

사례❷

보성지역에서 다원을 운영하면서 녹차를 증류하여 음료수로 가공·판매하는 A는 자신의 녹차음료 상품에 대하여 아래와 같은 '참 맑은'이라는 상표를 등록하여 사용하고 있다. A는 1년 후 유사한 '참 맑은'을 기호화시킨 상표를 사용하는 같은 지역 녹차생산자인 B로부터 상표권 침해소송을 제기 당하였다. A는 B의 상표 침해주장에 대해 자신의 상표는 '참 맑은'을 형상화 한 것으로 사용상품인 "녹차(캔음료), 우롱차(캔음료), 둥글레차(캔음료), 홍차(캔음료), 옥수수수염차(캔음료), 배 및 복숭아 과실음료(캔음료), 식혜(캔음료)" 등이 '매우 깨끗한, 잡스럽거나 더러운 것이 전혀 섞이지 않은'과 같은 사용상품의 품질을 나타내기 위한 것으로서 B 상품의 식별성을 해치지 않는 설명적 의미만을 가져 상표권 침해가 인정되지 않는다고 주장한다.

A의 주장은 타당한가?

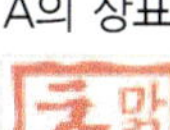

A의 상표

B의 상표

상표법 제90조는 등록된 상표와 동일·유사한 상표를 사용한 경우에도 상표권 침해가 성립하지 않는 경우로서 상표권의 효력이 미치지 않는 범위를 규정하고 있다. 이것은 본래 상표법이 상표를 구성하는 어구자체, 혹은 표장을 보호하는데 주목적이 있는 것이 아니라 그 출처표시기능 혹은 식별기능을 보호하는데 주목적이 있다는 것과 직접적인 연관이 있다.

즉, 등록된 상표와 동일 유사한 표현을 사용한다고 하더라도 등록된 상표의 식별성을 흐리게 하는 목적이 아니고, 단순히 어구자체의 본질적인 의미를 사용하는데 불과한 행위는 상표권의 침해를 구성하지 않는다. 상표법 제90조는 이렇게 어구자체가 가지는 본래적 의미를 이용하는 행위의 한 유형들을 상표권의 배타적 효력이 미치지 않은 것으로 규정하고 있다.

먼저 자기의 성명 · 명칭 또는 상호 · 초상 · 서명 · 인장 또는 저명한 아호 · 예명 · 필명과 이들의 저명한 약칭을 보통으로 사용하는 방법으로 표시하는 상표는 원칙적으로 상표권의 효력이 미치지 않는다.[492] 이것은 통념상 자신의 명칭을 사용한 상호 등을 표시하는 상표 등을 허용하는데 그 의의가 있다. 다만, 예외적으로 상표권의 설정등록이 있은 후에 부정경쟁의 목적으로 자기의 성명 · 명칭 또는 상호 · 초상 · 서명 · 인장 또는 저명한 아호 · 예명 · 필명과 이들의 저명한 약칭을 사용하는 경우에는 상표권침해 면제가 인정되지 않는다(상표법 제90조 3항).

두 번째로, 등록상표의 지정상품과 동일 또는 유사한 상품의 보통명칭 · 산지 · 품질 · 원재료 · 효능 · 용도 · 수량 · 형상, 가격 또는 생산방법 · 가공방법 · 사용방법 및 시기를 보통방법으로 사용하여 표시하는 상표에 대해서는 상표침해 주장을 할 수 없다.[493] 이것은 상품의 보통명칭이나 기술적 표장을 보통으로 사용하는 방법으로 표시한 상표를 허용하지 않는 것과 동일한 맥락으로서, 상표에 포함된 기술적 설명을 위한 어구의 사용은 상표권자가 배타적으로 사용할 수 있는 것이 아니기 때문에 일반인에게도 그 사용을 허락하는 것이 타당하다.

사례 2는 상표법 제90조 제1항 제2호의 '등록상표의 지정상품과 동일 · 유사한 상품의 보통명칭 · 산지 · 품질 · 효능 · 용도 등을 보통으로 사용하는 방법으로 표시하는 상표'의 예이다. 일반적으로 상표가 도안화되어 있더라도 전체적으로 볼 때 그 도안화의 정도가 일반인의 특별한 주의를 끌어 문자의 기술적 또는 설명적인 의미를 직감할 수 없고 새로운 식별력을 형성하지 못하는 경우에는 상표의 문언적 의미가 상품의 품질 · 효능 등을 나타내는지를 고려하게 된다. 대법원은 이 사건에서 A의 주장을 수긍하여 상표권 침해를 부인하였다.[494]

상표법 제90조 제1항 제2호의 '상품의 품질·효능·용도 등을 보통으로 사용하는 방법으로 표시하는 상표에 해당하는지' 여부는 그 상표가 지니고 있는 관념, 사용상품과의 관계 및 거래사회의 실정 등을 감안하여 객관적으로 판단하여야 하는바, 상표가 도안화되어 있더라도 전체적으로 볼 때 그 도안화의 정도가 일반인의 특별한 주의를 끌어

492 상표법 제90조 1항 1호.

493 상표법 제90조 1항 2호.

494 대법원 2011년 5월 26일 선고, 2009후3572 판결.

문자의 기술적 또는 설명적인 의미를 직감할 수 없는 등 새로운 식별력을 가질 정도에는 이르지 못하여 일반 수요자나 거래자들이 사용상품을 고려하였을 때 품질·효능·용도 등을 표시하고 있는 것으로 직감할 수 있으면 위 제90조 제1항 제2호의 상표에 해당한다.

세 번째로 입체적 형상으로 된 등록상표에 있어서 그 입체적 형상이 누구의 업무에 관련된 상품을 표시하는 것인지 식별할 수 없는 경우에는 등록상표의 지정상품과 동일하거나 유사한 상품에 사용하는 등록상표의 입체적 형상과 동일하거나 유사한 형상으로 된 상표를 사용하여도 상표권 침해가 인정되지 않는다.[495]

네 번째로, 등록상표의 지정상품과 동일 또는 유사한 상품에 대하여 관용하는 상표와 현저한 지리적 명칭 및 그 약어 또는 지도로 된 상표는 상표권의 침해가 면제된다. 예를 들어, 등록된 상표로 양평가든(112류 요식업 갈비, 불고기)이 존재하는 경우에 '남한강 양평가든(요식업)' 상호의 사용은 현저한 그 지역의 위치를 사용하는 상호로 상표권의 침해를 구성하지 않는다.

다섯 번째, 등록상표의 지정상품 또는 그 지정상품의 포장의 기능을 확보하는데 불가결한 입체적 형상으로 된 상표는 상표권의 침해가 성립하지 않는다.

또한 상표법 제90조 2항은 또한 지리적 표시 단체표장권에 대한 예외도 규정하고 있는데, 그 예외는 다음과 같다.

1. 지정상품 또는 그 지정상품의 포장의 기능을 확보하는데 불가결한 입체적 형상으로 된 상표
2. 지리적 표시 등록단체표장의 지정상품과 동일하다고 인정되어 있는 상품에 대하여 관용하는 상표
3. 지리적 표시 등록단체표장의 지정상품과 동일하다고 인정되어 있는 상품에 사용하는 지리적 표시로서 당해 지역에서 그 상품을 생산·제조 또는 가공하는 것을 업으로 영위하는 자가 사용하는 지리적 표시 또는 동음이의어 지리적 표시
4. 선출원에 의한 등록상표가 지리적 표시 등록단체표장과 동일 또는 유사한 지리적 표시를 포함하고 있는 경우에 상표권자·전용사용권자 또는 통상사용권자가 지정상품에 사용하는 등록상표

사례의 경우 상표법 제90조 1항 1호가 규정하는 바와 같이 자신의 호와 성명을 보통의 방법으로 사용하는 상표임으로 상표권의 효력이 미치지 않는다. 따라서 상표권 침해

495 상표법 제90조 1항 3호.

에 따른 책임을 질 필요는 없다. 그러나 만일 B의 등록된 상표권이 존재함을 알면서 그 명성에 편승하여 이득을 취할 목적으로 자신의 성명과 호를 변경하여 그 상표를 사용하였다면 예외는 인정되지 않는다.

(2) 선사용에 의한 상표 계속 사용권

사례

대구 지역의 한 재래시장에서 30년 넘게 생강가루를 밀가루 반죽에 함께 넣어 튀겨 만드는 생강빵을 팔아온 A는 이 지역 재래시장의 명물로 특유한 빵 맛이 널리 알려져 있다. A는 자신이 만드는 생강빵을 '매운 대구 생강빵'이라는 문구가 적힌 포장지에 담아 팔아 왔다.

2013년 프랜차이즈 제과업체인 B는 프랑스 북동부 지방에서 널리 먹는 '생강빵'을 한국화 하여 보급하기 위해 몇 가지 프로젝트를 진행하였고 그렇게 해서 만들어낸 생강빵에 '한국으로 건너온 달달 쌉쌀 생강빵'이란 상표를 만들어 등록하였다. B의 생강빵이 대구지역 분점에 납품된 이후에 유사한 '매운 대구 생강빵'이란 빵이 팔리고 있음을 알게 된 B는 A를 상표권 침해혐의로 고발하였다.

A는 그러나 자신의 상품이 B의 상표등록 전 30년 동안 먼저 '매운 대구 생강빵' 이란 표현을 사용해 오고 있었기 때문에 자신이 상표를 계속 사용할 수가 있다고 항변하고 있다. 반면에 B는 한국의 상표 체계가 선출원주의를 채택하고 있는 이상 먼저 상표출현 등록을 마친 자신의 상표가 우선권을 가져야 하고, 만일 유사한 상표를 사용하는 A의 주장을 인정하는 경우에는 대구지역에서 B의 상품과 자신의 상품을 소비자들이 혼동할 우려가 높다고 주장하고 있다.

이 사건에서 B의 상표권 침해주장과 상표사용금지청구가 받아들여져야 하는가?

타인이 선출원한 상표와 동일·유사한 상표를 동일·유사한 지정상품에 사용함에도 상표침해가 면제되는 또 다른 예외는 상표법 제99조가 규정하고 있는 '선사용에 따른 상표를 계속 사용할 권리'이다.[496] 선사용에 따른 상표사용권은 타인의 상표등록출원 전

496 상표법 제99조(선사용에 따른 상표를 계속 사용할 권리) ① 타인의 등록상표와 동일하거나 유사한 상표를 그 지정상품과 동일하거나 유사한 상품에 사용하는 자로서 다음 각 호의 요건을 모두 갖춘 자(그 지위를 승계한 자를 포함한다)는 해당상표를 그 사용하는 상품에 대하여 계속하여 사용할 권리를 가진다.
1. 부정경쟁의 목적이 없이 타인의 상표등록출원 전부터 국내에서 계속하여 사용하고 있을 것
2. 제1호의 규정에 따라 상표를 사용한 결과 타인의 상표등록출원시에 국내 수요자 간에 그 상표가 특정인의 상품을 표시하는 것이라고 인식되어 있을 것
② 자기의 성명·상호 등 인격의 동일성을 표시하는 수단을 상거래 관행에 따라 상표로 사용하는 자로서 제1항제1호의 요건을 갖춘 자는 해당 상표를 그 사용하는 상품에 대하여 계속 사용할 권리를 가진다.
③ 상표권자나 전용사용권자는 제1항에 따라 상표를 사용할 권리를 가지는 자에게 그 자의 상품과 자기의

에 타인의 인지도에 편승하려는 의도 등의 부정경쟁 목적 없이 국내에서 그와 동일·유사한 상표를 먼저 사용하고 있는 자가 주장할 수 있는 항변이다.

원칙적으로 이러한 항변은 상표권의 선출원주의 방식과 달리 상표의 사실적 선사용을 중요시 한다는 비판을 받을 수 있으나 상표를 먼저 사용한 자가 일정한 식별력을 취득한 경우에는 그와 같은 식별력을 보호하는 것이 소비자의 혼동가능성을 막을 수 있다는 점에서 일정한 의의를 찾을 수 있다. 따라서 선사용에 의한 상표 사용권은 타인의 상표등록 전에 동일·유사한 상표를 먼저 사용하고 있으면 무조건 성립하는 것이 아니고, 그러한 상표 사용을 통해 타인의 상표등록출원시에 국내 수요자가 그 상표를 특정인의 상품을 표시하는 것이라고 인식하는 일정한 식별력을 갖추어야 한다.

사례의 경우 B의 상표출원등록 전에 A가 이미 동일유사상표를 특정지역 안에서 계속 사용해왔고, 그 지역의 수요자들이 그와 같은 상표명칭이 A의 상품에 대한 것이라는 사실을 인식하고 있다는 점에서 A는 선사용에 의한 항변을 제기 할 수 있다고 해석할 수 있다. 다만, 이 경우 법 제99조 제3항에 따라 B는 A에게 혼동을 방지할 일정한 조치를 취해줄 것을 요구할 수 있다.

(3) 전통적 공정사용(Fair Use)

사례

A 신용카드 회사는 젊은 세대를 주 고객층으로 하는 "New Generation"이란 크레디트 카드를 개발하여 회사의 서비스 표로 등록하여 사용하고 있다.

어느 날 경쟁 회사인 B는 "*Cheer up! New Generation!*"란 광고를 하였다. 광고의 취지는 젊은 세대들이 미래의 능력을 평가하는 B사의 신용카드를 가지고 우울한 현재의 경제적 부담을 벗어 던지자는 의미였다.

A는 자신의 서비스 표인 "*New Generation*"을 B가 허락 없이 사용하였으므로 상표권의 침해에 해당한다고 주장한다.

A의 주장은 타당한가?

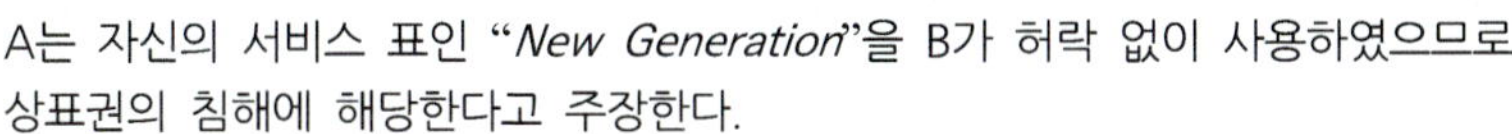

일반적으로 상표가 등록되기 위해서는 상표를 구성하는 그 어구 자체의 표현적 의미 이외에 2차적인 상품 식별력을 요구하게 된다. 이때 상표권자가 가지는 것은 원칙적으로 2차적인 상품 식별력에 한정되는 것이고 본래 상표어구의 표현력을 독점할 수는 없

상품 간의 출처의 오인이나 혼동을 방지할 수 있는 적당한 표시를 할 것을 청구할 수 있다.

다.[497] 따라서 상표권 침해혐의를 받는 피고의 상표 사용이 상표를 구성하는 독특한 식별성 있는 표현을 사용하거나 지정하는 것이 아니라 피고 자신의 상품 혹은 서비스 혹은 사업·영업방법 등을 보통의 방법으로 표시하기 위한 것이라는 주장을 하고 이것이 입증된다면 상표권의 침해가 인정되지 않는다.

이와 같이 상표를 구성하는 표현의 본질적인 의미를 사용한 것에 불과한 경우에는 이것을 상표의 공정사용(Fair Use)이라고 하는데 미국의 판례법에 의해 인정되어 온 이론이다. 이와 같은 주장을 하기 위해서는 피고가 사용한 상표가 그와 같은 표현적 의미를 가지고 있을 것이 요구된다. 우리 상표법 제90조 1항에서 규정하는 "자기의 성명·명칭 등의 보통방법에 의한 사용 혹은 동일 또는 유사한 상품의 보통명칭·산지·품질·원재료·효능·용도·수량·형상, 가격 또는 생산방법·가공방법·사용방법 및 시기를 보통으로 사용하는 방법 표시하는 행위" 등도 이와 같은 전통적인 공정사용의 범위에 속하는 한 유형이라고 할 수 있다. 다만, 우리 상표법은 상표내용 중에서 제3자가 사용할 수 있는 내용을 구체적으로 열거하고 있다는 점에서 범위가 훨씬 더 좁다고 할 수 있다.

우리법 규정에 의하면, 사례와 같이 "자신의 성명이나 명칭 등이 아니고, 그렇다고 상품의 산지·품질·사용방법과도 특별한 관련을 가지지 않은 상표의 표현을 제3자가 보통의 방법으로 사용한 경우에는 상표권 침해의 면제를 인정하기가 어려울 수 있다.

사례의 경우, New Generation 어구의 일반적 의미만을 사용한 B는 상표의 식별성을 침해하지 않았기 때문에 상표권 침해가 성립하지 않는다. 우리 법에는 명확한 규정이 없으나 판례는 상표의 식별성을 해치지 않는 범위에서 상표의 표현을 사용한 행위에 대해 상표권 침해의 예외를 인정하고 있다.[498]

497 Siegrun D. Kane, Trademark Law: A Practitioner's Guide § 12:2.4(2008).
498 대법원 2003.10.10. 선고 2002다63640 판결.

(4) 상표의 명목적 사용(nominative use)

사례

인터넷 포탈업체인 다음(Daum)은 미국의 대표적인 포탈업체인 Yahoo의 한국 법인인 Yahoo Korea의 시장점유율을 빼앗기 위해 분투하던 중에 다음과 같은 새로운 광고카피를 제작하였다.

"이순신 장군님! 야후(Yahoo)는 다음(Daum)이 물리치겠습니다."

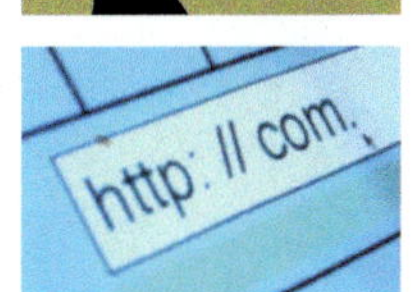

Yahoo Korea측은 다음(Daum)이 자신들의 서비스 내용과 아무런 관련이 없는 자사상표인 야후(Yahoo)를 허락 없이 사용하였기 때문에 상표권 침해가 성립한다고 주장하였다. 야후(Yahoo) 상표는 독특한 표현으로서 그 표현적인 어구의 의미는 거의 없지만, 식별력은 매우 강한 상표이다.

여기서 다음(Daum)이 상표권 침해 주장에 대항할 수 있는가?

타인의 등록 상표를 사용하는 목적이 식별성을 흐리게 하거나 혹은 타인의 명성이나 신용에 동반하여 이득을 얻기 위한 목적이 아니라 등록된 상표권자의 상품·서비스를 직접 지시·표시하기 위해 사용된 경우에는 상표권 침해가 인정되지 않는다. 이와 같은 행위는 타인의 상품 혹은 서비스를 표시하는 상표자체의 목적에 정확하게 일치하여 사용되었기 때문에 혼동의 가능성이 없는 한 상표권 침해가 성립하지 않는다. 일반적으로 비 혼동적 명목적 사용(nominative use)으로 불리운다.[499] 전통적인 공정사용이 등록된 상표의 본래적 어구 의미를 이용자 자신의 상품 혹은 서비스의 설명을 위해 이용하는 것에 반해, 상표의 명목적 사용은 상표권자의 상표 혹은 서비스 자체를 지시하기 위해 사용된 것을 말한다.

이 이론의 발단이 된 것은 "New Kids on The Block" 사건인데 이 사건에서 USA 뉴스와 다른 신문사들은 New Kids on The Block의 콘서트와 관련해 일종의 선호도를 조사하면서 소비자들이 선택할 수 있도록 몇 개의 콘서트 명칭을 제시하였는데, 그 중에는 "New Kids on The Block"이라는 문구가 포함되어 있었다. New Kids on The Block은 이러한 문구의 사용이 자신의 상표를 허락받지 않고 사용한 것이라는 이유로 상표권 침해를 주장하였다.[500] 미국 법원은 상표권자와 스폰서 관계 혹은 인증관계를 암시되지 않은 상표자 자체를 지시하기 위한 상표 사용은 명목적 사용으로서 일

499 Siegrun D. Kane, Trademark Law: A Practitioner's Guide §12:2.4(2008).

500 New Kids on the Block v. News America Pub., Inc., 971 F.2d 302, 20 Media L. Rep. 1468, 23 U.S.P.Q.2d 1534(9th Cir. 1992).

종의 공정사용에 해당한다고 판시하였다.[501]

이와 관련된 가장 흔한 상표사용은 비교 광고를 하면서 타사의 상표를 함께 사용한 경우이다. 예를 들어, "지는 IBM이 있으면 또는 컴팩도 있다!"와 같은 유형인데 이 경우에 경쟁사의 상표를 광고에 사용한 목적은 경쟁사와 자사의 비교를 위한 것이고 타사 상표로 자신의 상표를 오인 받게 할 의도는 아니었다. 따라서 이 경우에 식별력을 흐리게 하여 부정이득을 취할 목적이 없는 사업자는 명목적 사용으로 상표권 침해 책임을 지지 않는다고 할 수 있다.

우리나라 대법원의 경우도 소프트웨어 프로그램인 Windows의 매뉴얼을 제작하면서 Windows 상표를 사용한 것은 Windows 자체를 지시하기 위한 것으로 식별력을 흐리게 하거나 출처의 오인을 유발한 것이 아니기 때문에 상표권 침해가 성립하지 않는다고 판단하였다.[502]

사례의 경우도 비교 광고를 하는 과정에서 경쟁사를 지칭하기 위해 그 상표를 사용한 경우에 해당한다. 따라서 상표가 가지는 출처표시 기능을 침해한 것이 아니기 때문에 상표권의 명목적 사용으로 상표권 침해는 성립하지 않는다고 해석된다.

501 New Kids on the Block, 971 F.3d at 308.

502 대법원 2003.10.10. 선고 2002다63640 판결("타인의 등록상표와 유사한 표장을 그 지정상품과 동일 또는 유사한 상품에 사용하면 타인의 상표권을 침해하는 행위가 된다고 할 것이나, 타인의 등록상표와 유사한 표장을 이용한 경우라고 하더라도 그것이 상표의 본질적인 기능이라고 할 수 있는 출처표시를 위한 것이 아니라 서적의 내용 등을 안내·설명하기 위하여 사용되는 등으로 상표의 사용으로 인식될 수 없는 경우에는 등록상표의 상표권을 침해한 행위로 볼 수 없다.")(타인의 등록상표인 "Windows"를 제품의 사용설명서, 고객등록카드, 참고서 등에 표시한 경우, 이는 컴퓨터 소프트웨어 프로그램의 명칭을 표시한 것으로 그 사용설명서, 고객등록카드, 참고서에 기술되어 있는 내용을 안내·설명하기 위한 것일 뿐 상품의 출처표시로 사용된 것이라고 볼 수 없다고 한 사례).

학력

- Washington University in St. Louis 박사과정 졸업(전공 : IP Law & Antitrust Law)
- Washington University in St. Louis 석사과정 졸업(전공 : General U.S. Law)
- 서울대학교 법과대학 대학원 박사과정 수료(전공 : 경제법)
- 아주대학교 대학원 석사과정 졸업(전공 : 상법)
- 아주대학교 법학과 졸업

경력

- 아주대학교 법학전문대학원 교수(현직)
- 공정거래위원회 경쟁정책자문위원(지적재산권분과)
- 한국법제연구원 초청연구원
- 서울대학교 박사후 과정 연구원(Post.Doc.)
- 서울대학교/명지대학교/아주대학교 강사

최신판 과학기술과 법

지 은 이	오승한
펴 낸 이	김형근
펴 낸 곳	도서출판 기한재
주 소	경기도 파주시 회동길 56 (파주출판도시)
전 화	031)955-0900~2
팩 스	031)955-0100
등 록	1990년 3월 15일 제2-968호
발 행	2025년 9월 1일 1판 1쇄
정 가	29,000원

Published by Kihanjae Co.
ISBN 978-89-7018-818-8
http://www.kihanjae.com
E-mail : kihanjae@daum.net